本项目研究由广东省教育科学规划领导小组办公室提供资金支持
广东省2020年度中小学教师教育科研能力提升计划（强师工程）课题
《核心素养视域下高中物理教学多媒体积件应用研究》（2020YQJK287）

GeoGebra软件和高中物理的深度融合

乔永海 著

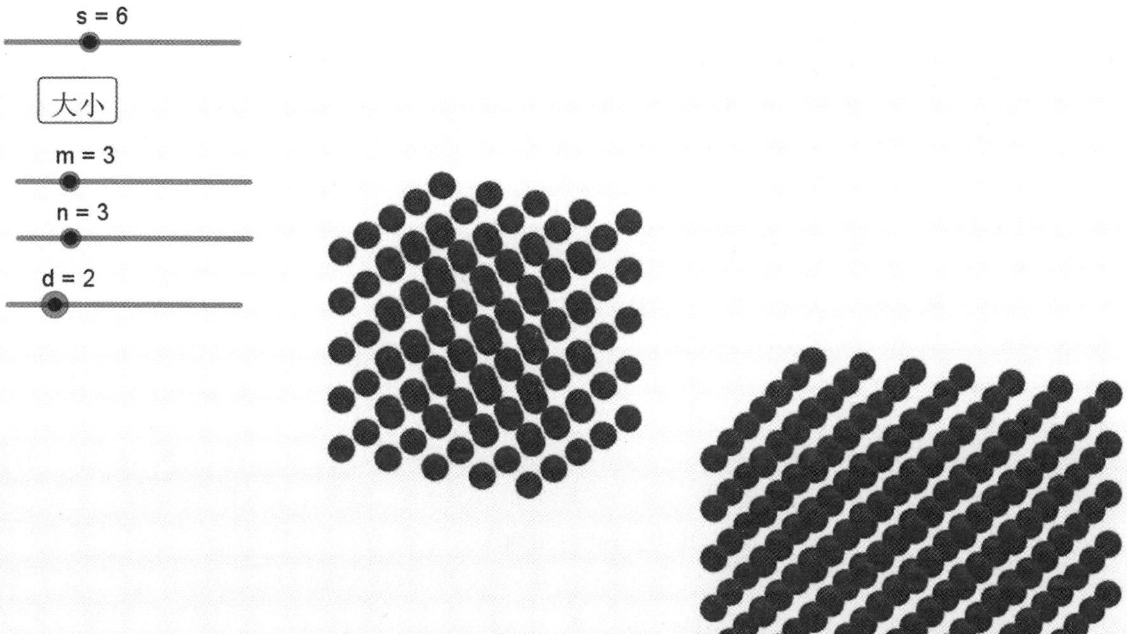

哈爾濱工業大學出版社
HARBIN INSTITUTE OF TECHNOLOGY PRESS

内容简介

本书介绍了用 GeoGebra 软件创建物理数字技术资源的方法,共有 62 个案例,涉及高中物理中静力学、万有引力、机械波、磁场等内容。每个案例都用图文介绍创建方法,扫描二维码观看视频,使得学习更加自主有效。本书还介绍了 GeoGebra 软件处理实验数据、求高次方程根、gif 动图的生成等功能,读者可以通过案例学习 GeoGebra 软件,进一步制作自己需要的积件,教师可以直接使用书中数字技术资源进行教学。

本书可作为高中物理教师信息技术培训教材、高中物理教师制作数字技术资源的自学教材、高校物理师范生培训信息技术的教材,也可以作为高中物理教学研究人员的参考资料。

图书在版编目(CIP)数据

GeoGebra 软件和高中物理的深度融合/乔永海著
.—哈尔滨:哈尔滨工业大学出版社,2022.1(2025.6 重印)
ISBN 978-7-5603-9829-7

Ⅰ.①G… Ⅱ.①乔 Ⅲ.①中学物理课-计算机辅助教学-教学研究 Ⅳ.①G633.72

中国版本图书馆 CIP 数据核字(2021)第 226204 号

策划编辑 刘培杰 张永芹
责任编辑 张永芹 宋 淼
封面设计 孙茵艾
出版发行 哈尔滨工业大学出版社
社 址 哈尔滨市南岗区复华四道街 10 号 邮编 150006
传 真 0451-86414749
网 址 http://hitpress.hit.edu.cn
印 刷 哈尔滨博奇印刷有限公司
开 本 787 mm×1 092 mm 1/16 印张 17.75 字数 315 千字
版 次 2022 年 1 月第 1 版 2025 年 6 月第 5 次印刷
书 号 ISBN 978-7-5603-9829-7
定 价 98.00 元

前　　言

我对软件研究有着浓厚的兴趣,遇到一个总想试试。当遇到 GeoGebra 软件时,我就喜欢上它了。我从网上买了北京第八十中学王贵军老师编写的《GeoGebra 与数学实验》一书,这是一本解决数学问题的书,成了我的入门读物。

2020 年初,因疫情闷在家里,我把《GeoGebra 与数学实验》啃了下来,同时用这个软件做了一些解决物理问题的数字技术资源。我有 25 年使用几何画板软件的经验作为积淀,这些经验为我理解 GeoGebra 带来了便利,GeoGebra 的功能十分强大,能解决很多几何画板无法解决的问题。

随着自己利用 GeoGebra 创作作品数量的增多,满意的作品就多了起来,于是我便动手写起了论文,这一写不要紧,所写的文稿被《物理通报》《物理教学探讨》《中小学数字化教育》《湖南中学物理》杂志所青睐,居然发表了 15 篇论文。这些权威的杂志为何喜欢这方面的文章? 说明关于 GeoGebra 与物理教学融合的研究有价值。

我用了一年多的时间就熟悉了 GeoGebra 软件,说明学习该软件的门槛并不高。我做了一个培训尝试,为 9 位老师培训了 7 次,学员大约完成了 20 个作品,悟性强的老师就能创建自己需要的作品了。但是,如果没有几何画板软件的功底,纯粹自学 GeoGebra 软件,入门还是有困难的。

云南师范大学的金惠吉和王静老师在《物理通报》发表论文《GeoGebra 软件在物理教学中的应用研究综述》,这篇文章提出"当前,关于 GeoGebra 软件应用的书籍都与数学相关,而没有出现与物理应用相关的书籍",这对我的触动很大,打算出版一本关于 GeoGebra 软件和物理教学融合的书籍。

说干就干,我利用高三结束后近 2 个月的暑假时间,集中精力完成书稿的编辑。我的想法是:选择经典案例,采用文本讲解方式和视频讲解方式,读者既可以阅读文本完成创作,又可以观看视频完成创作,读者扫描二维码就可以观看视频学习了。

编辑开始时我才发现任务难度很大:首先要优化做积件的流程,然后录屏、剪辑,再写文章,一天只能完成一个案例,用时两个月,62 个案例终于完成;其次,我想到一些学员可能是第一次使用该软件,为了搭个"引桥",根据经验把软件最重要的 33 个操作放在第一章内;最后,我把解方程工具、生成 gif 文件和下载全球优秀作品的经验作为尾声。这本书仅仅是抛砖引玉,我希望和各位老师一起创作出更加优秀的作品。我会在个人微信公众号"GeoGebra 软件和高中物理深度融合"里补加一些新的作品(若有需要公众号案例,可发邮件到 qggbstudy@ 163. com 咨询交流),赓续本书的素材。在哔哩哔哩网站(B 站)的"GeoGebra 高中物理”分章展示了近期完成的340个作品，更便于检索和参考。2022年作者被评为中小学正高级教师，本书是重要的业绩成果之一。今后，本书将会对提升高中物理教师“教师数字素养”发挥积极作用。

读者在学习时要善于利用软件的“作图过程导航栏”的功能，操作步骤如下：在绘图区属性“作图过程导航栏”里，勾选“显示”等3个复选框，在绘图区下部会出现作图步骤导航栏，导航栏的按钮控制显示创建积件的过程，从中学习积件的创建过程，这是学习他人优秀作品的很好途径。

为了使本书的针对性更强一些，我们依据2021新版人教版高中物理教材的目录编排本书的章目录。比如“第2章 GeoGebra 和《1.1 运动的描述》的深度融合”和人教版必修一（第一册）教材的第一章《运动的描述》对应。2021新版人教版高中物理教材共6册，物理必修3册，这3册的章是统一排序的；物理选择性必修3册，每册教材的章是独立排序的，详见本书“附录　新人教版高中物理教材和本书案例对应索引”。

由于本书展示的创建积件的过程生成图与下达指令中的字母均是正体，因而为了方便读者阅读，文中字母用法与图中字母用法相统一。同时为了便于读者学习和实践，我为读者提供了书中每一节的完整积件，读者可以自行扫描下方二维码下载。

广东省惠州市实验中学
乔永海

2023年10月

目　　录

第 1 章　GeoGebra 概述

1.1　GeoGebra 简介

GeoGebra 是一款免费的数学教育软件。该软件最早是由美国亚特兰大学的奥地利数学家 Markus Hohenwarter 设计的。GeoGebra 一词由几何(Geometry)与代数(Algebra)两个词构成,就是数形结合的意思。软件的设计者为了推进全球数学教育的进步,让这个优秀的软件免费,使得该软件在全球广泛传播。这款软件开放源代码,由众多跨国团队共同开发,不停地升级,在国际上获得无数赞誉,赢得人们对该软件编写人员的深深敬意[1][2]。

GeoGebra 比较容易学习,寥寥几个步骤就能创建出不错的积件来。GeoGebra 在物理学可视化资源开发中具有很强的功能,用 GeoGebra 创建积件时不需要编程功底,非常适合一线教师学习,并在中学物理教学中推广[3]。

1.2　从哪里获得 GeoGebra 软件

GeoGebra 软件是免费的,我们可以在官网上下载,下载软件的官网网址是:https://www.geogebra.org/download

进入下载页面,如图 1.1 所示,点击"GeoGebra 经典 5"下面的"下载"按钮,下载文件后安装即可。

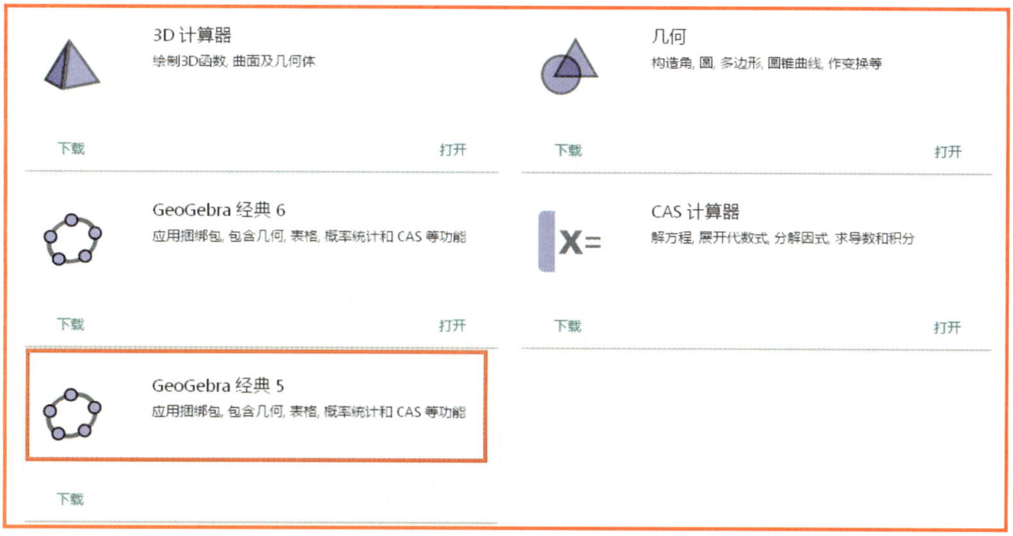

图 1.1　GeoGebra 软件的下载界面

1.3　GeoGebra 经典 5 界面简介

打开 GeoGebra 软件，首先出现的是主界面，如图 1.2 所示。主界面包括：菜单栏、工具栏和指令栏；区域最大的是绘图区和代数区，这是我们主要的“工作面”[1]。我们将在后面的操作中逐步认识它们，本书包含的内容十分丰富，我们采用的是“用到什么学什么”的学习方式，以任务驱动对软件的学习。

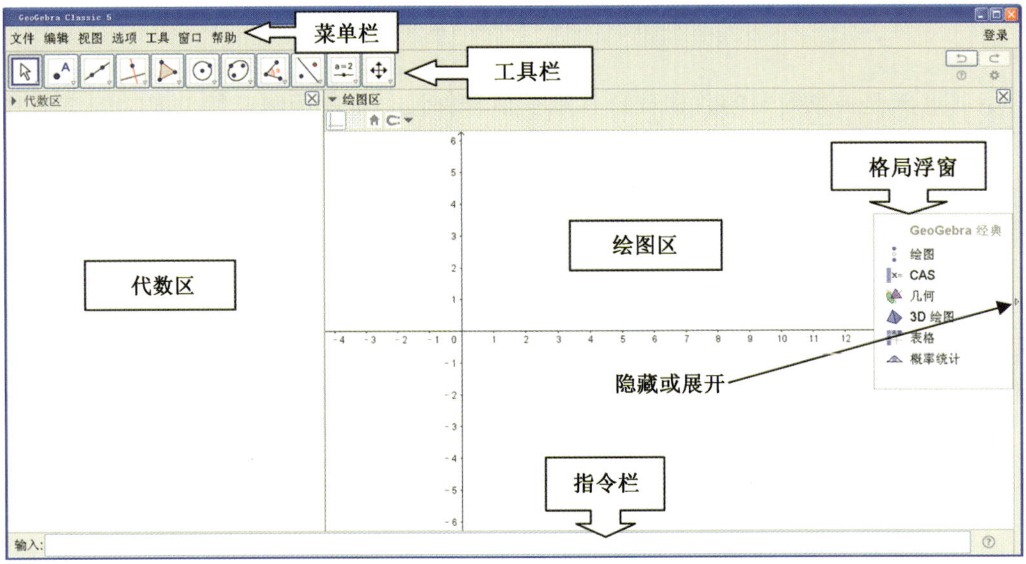

图 1.2　GeoGebra 软件的主界面

1.4　对象的基本操作方式

下面跟着做一些操作，你可以把这些当成“小游戏”，在操作的过程中，你会被软件的美妙功能所吸引，你将学会很多必须熟练掌握的技能。我们尽可能用最简单的操作来练习这些操作技能。用了一些打油诗般的小标题，目的是增加趣味性，增强学习后的印象。在看下文时，建议打开 GeoGebra 软件实时操作，边做边学效果更好。这些操作技能十分重要，熟练掌握这些技能可以为后面创建积件打好基础。

1.4.1　工具箱角有“拉环”，工具多多惹人爱

各种各样的工具是我们创建积件的基础，每个工具背后是由很多指令完成的，使用这些工具让我们避开了编程的工作。GeoGebra 软件的工具栏表面看起来并不多，如图 1.3 所示，仔细观察，每一个工具箱右下角都有一个小三角，小三角的功能是什么呢？

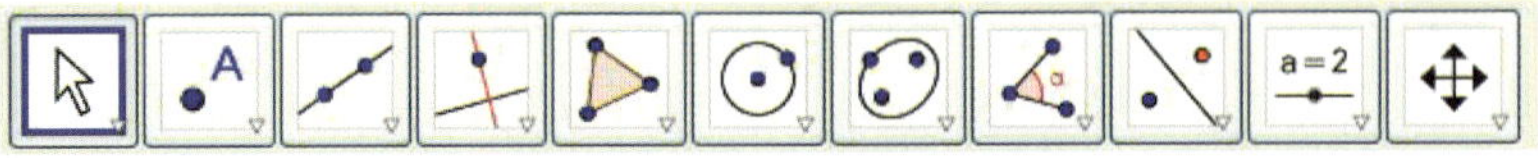

图 1.3　工具栏

点击工具箱右下角的小三角，就会展开许多工具来。以“点”工具箱为例，如图 1.4 所示，展开后发现，有“描点”“对象上的点”“交点”等 8 个工具。每一个带小三角的工具箱，就像是一个大抽屉的面板，小三角相当于抽屉的小拉环，拉开后，里面的工具尽显眼前，供你选择。选择后，该工具就出现在工具箱的上面，如果想要使用该工具，可以直接点击，如果需要更换工具，拉开“抽屉”选择。不同窗口对应的工具箱是不同的，比如，绘图区、3D 绘图区、运算区等，它们的工具箱是不同的，所以该软件中包含的工具的数量是相当庞大的。

图 1.4　展开工具箱里的小工具

我们如何知道选择的工具的功能和使用方法呢？以“圆（圆心与一点）”工具为例，当光标放在该工具上时，就会出现提示栏，第一行是该工具的标签，第二行介绍该工具的使用方法。请打开 GeoGebra 软件，开始操作，选择“描点”工具，在绘图区绘制点 A 和点 B。选择“圆（圆心与一点）”工具，先后点击点 A 和点 B，创建圆 c，圆 c 是以点 A 为圆心、过点 B 的圆。然后点击点 B 和点 A，创建圆 d，圆 d 是以点 B 为圆心、过点 A 的圆。如图 1.5 所示。可以看出，点击第一个点系统默认该点为圆心，点击第二个点系统默认该点为圆上一点，点击对象的顺序不同，创建的对象往往也不同。

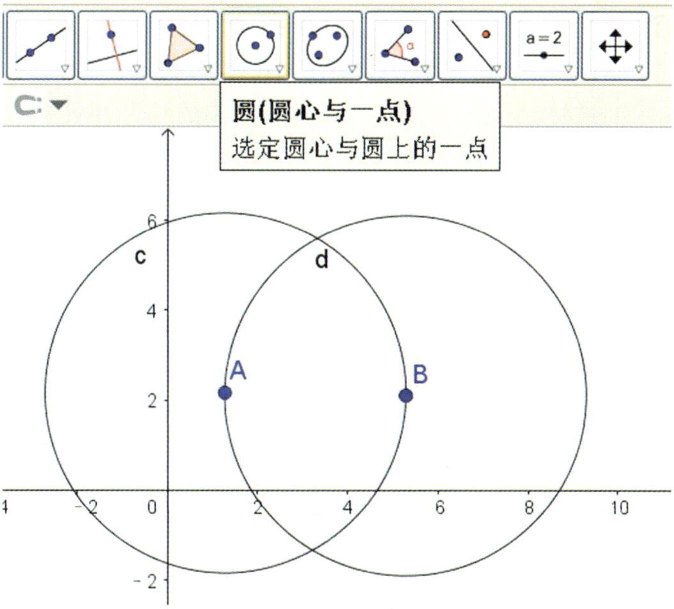

图 1.5　示例——圆工具的使用

1.4.2　工具用完要“归还”，移动工具用后点

一个工具在使用的时候，创建一个对象后再创建第二个对象，可以连续创建多个同类对象。请操作，选择“复选框”工具，点击绘图区，弹出对话框，点击：应用，创建布尔值为 a 的复选框。再点击绘图区，弹出对话框，点击：应用，创建布尔值为 b 的复选框，如图 1.6 所

示。如果不需要创建复选框,需要选择“移动”工具,这时就可以进行拖动、放缩等操作了。按一次 Esc 键,等效于选择“移动”工具。这一点,初学的朋友要反复练习,最容易在这里出麻烦。

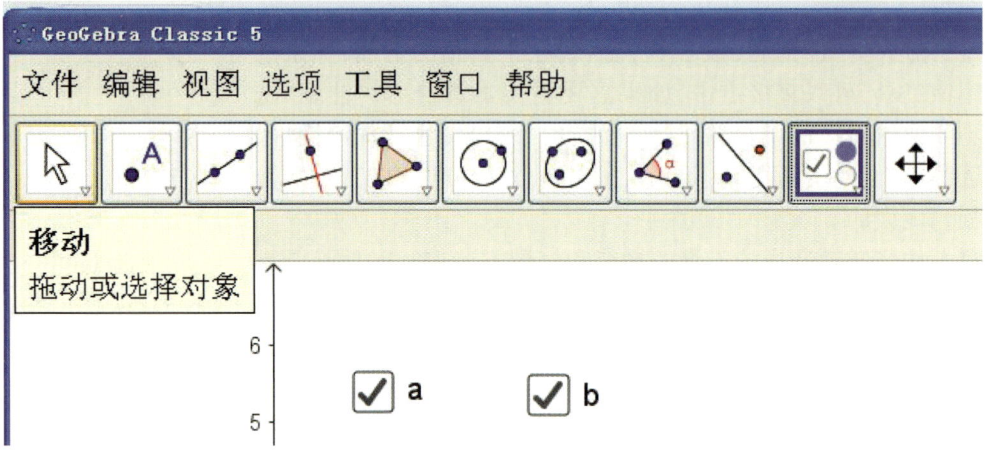

图 1.6　点移动工具意味着创建对象结束

1.4.3　按钮工具功能大,背后指令在操控

按钮、复选框和滑动条,这三个工具能让积件交互性增强,它们不同的组合会实现不同的功能。选择“线段”工具,在绘图区不同地方点击两次,创建线段 f,点 A 和点 B 是线段的端点。选择“对象上的点”工具,点击线段 f,创建点 C。选择“移动”工具,拖动点 C,发现点 C 只能在线段上移动,不能离开线段,这就是对象的约束和关联。能不能让点 C 运动起来呢? 这个功能很容易实现,点击点 C 后按右键,在快捷菜单里选:启动动画,点 C 就沿着线段 f 运动起来了。如何让它停下来呢? 注意观察,在绘图区左下角有一个播放、暂停按钮(是同一个按钮的两个状态),按一次暂停按钮,点 C 停止运动,如图 1.7 所示。点的下拉菜单中有 7 项很常用的功能,今后操作中会反复用到。

图 1.7　点的快捷菜单

能不能让点 C 改变运动方式呢？点击暂停⏸按钮，让点 C 停下来，光标移到点 C，右键，在下拉菜单里选：属性，打开属性窗口，在“代数区”标签卡里，点重复栏的下拉菜单，这里有四种运动方式可供选择，如图 1.8 所示，你可以根据需要选择其中的一个，比如，研究平抛物体的运动积件选择“递增(一次)”。

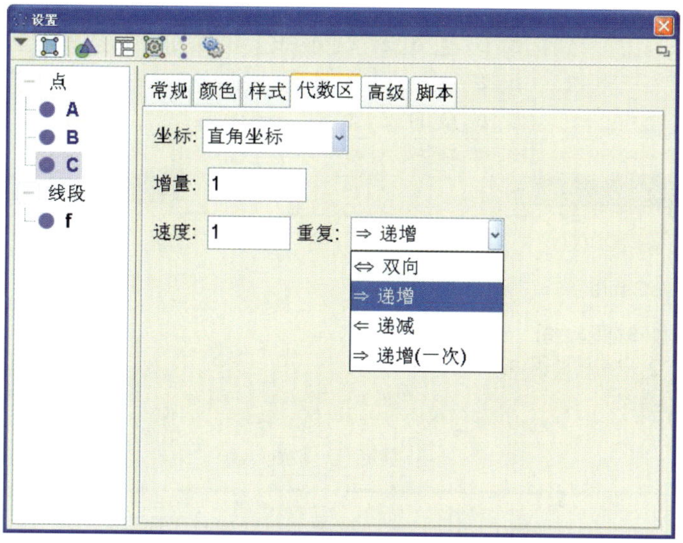

图 1.8 点的移动方式多，根据需求选择

能不能创建一个按钮来控制点 C 的运动呢？这需要复选框和按钮的组合，此功能非常有用，要熟练掌握。选择“复选框”工具，在绘图区点击，弹出对话框，点击：应用，创建的复选框布尔值为 a。选择“按钮”工具，在绘图区点击，弹出对话框，标题为：启动/暂停。代码为：

赋值[a,¬ a]

启动动画[C,a]

如图 1.9 所示，确定后，选择“移动”工具，点击“启动/暂停”按钮，可以控制点 C 的运动和暂停。

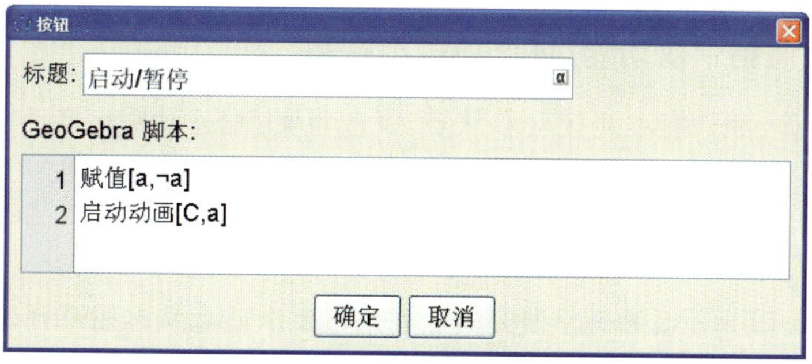

图 1.9 按钮对话框

1.4.4 小按钮藏着浮动窗，特殊符号这里寻

上面的指令：赋值[a,¬ a]中，出现了符号“¬ ”，这是数理逻辑中“非”的符号，它从哪

里找到呢？当你点击图 1.9 的标题栏时，栏后面出现一个小按钮 α ，点击它，出现浮动窗口，如图 1.10 所示，这里有我们需要的希腊字母表、数学符号等。选择需要的符号，该符号进入标题栏，利用剪切（Ctrl+x）、粘贴（Ctrl+v）可以把符号从标题栏复制，再粘贴到指令里面。

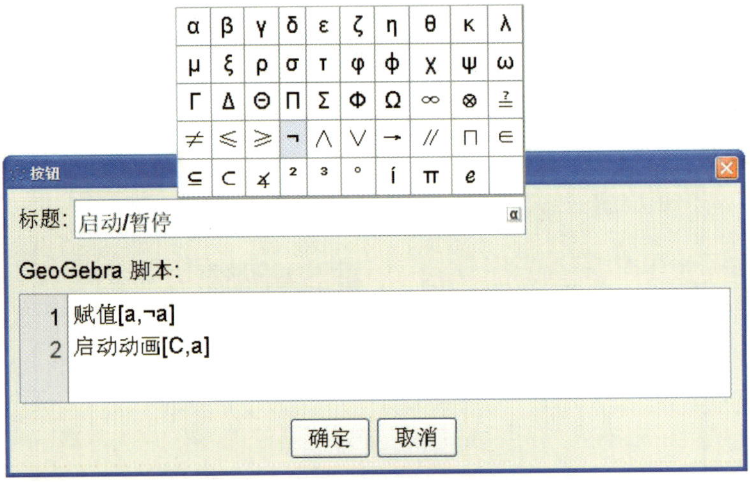

图 1.10　标题栏里藏着特殊符号按钮

小按钮 α 还隐藏在一个重要的地方：指令栏。当指令栏没有光标时，里面是空的，如图 1.11（上部）所示，一旦鼠标点击指令栏，框后面马上出现按钮 α ，如图 1.11（下部）所示，使用方法和上述介绍相同。这是软件编程人员为了简化界面的精心设计，但对于初学者来说，就像捉迷藏。

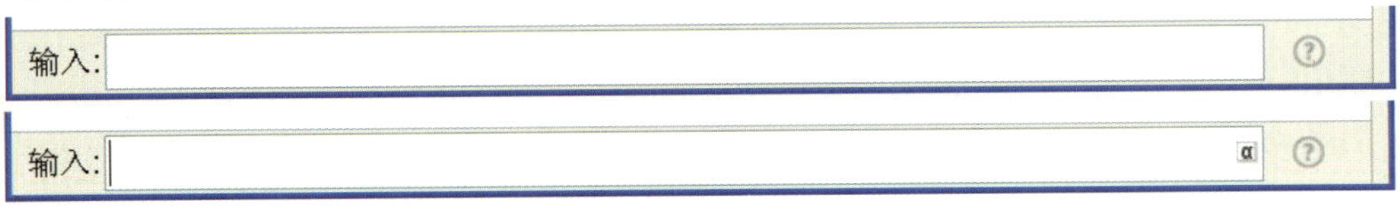

图 1.11　指令栏里藏着特殊符号按钮

1.4.5　赋值指令双功能，每个功能都有用

以图 1.7 为例，我们能不能让点 C 从点 A（起点）开始运动呢？拖动点 C 到点 A 的位置，再按动“启动/暂停”按钮即可。这个功能可以通过按钮工具来实现。选择“按钮”工具 ，点击绘图区，弹出对话框，标题为：复位，指令（脚本）为：

赋值[C,A]

确定，如图 1.12 所示。物理学研究的运动常常要求质点从起始点开始运动，只需先按下“复位”按钮，再按“启动/暂停”按钮即可。

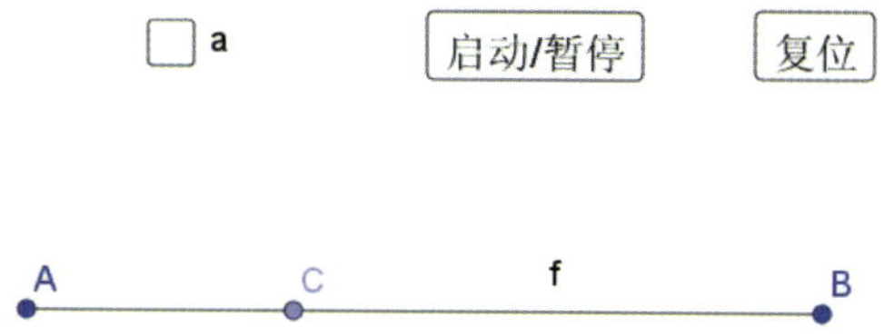

图 1.12　按钮和复选框组合控制运动

1.4.6　指令规则很重要，需要时从哪里找

指令在软件中的作用很大，其使用规则如何快速查出呢？以“函数”这一指令为例，当我们在指令栏输入“函数”后，软件自动显示出该指令的三种语法结构，选择其中一个即可。如图 1.13 所示。

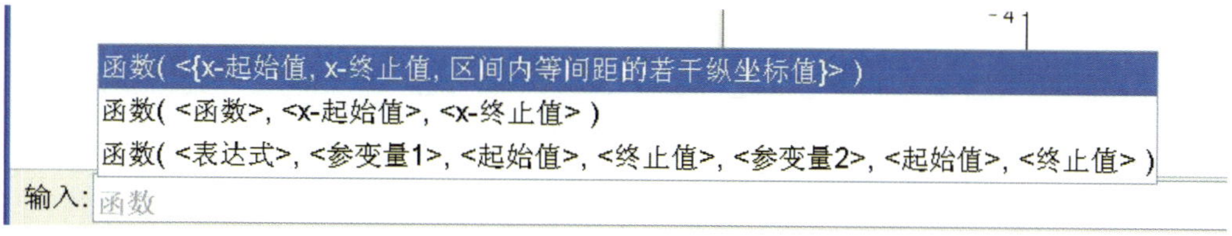

图 1.13　指令语法结构在这里显示

第二种方法是利用“指令帮助”工具显示指令的语法规则。在指令栏的右边有“指令帮助”工具 ，点击 ，出现“指令帮助”窗口，如图 1.14 所示。系统在“所有指令”中放置了全部指令，又把这些指令分类放在不同的类型里，可以从这里挑选。

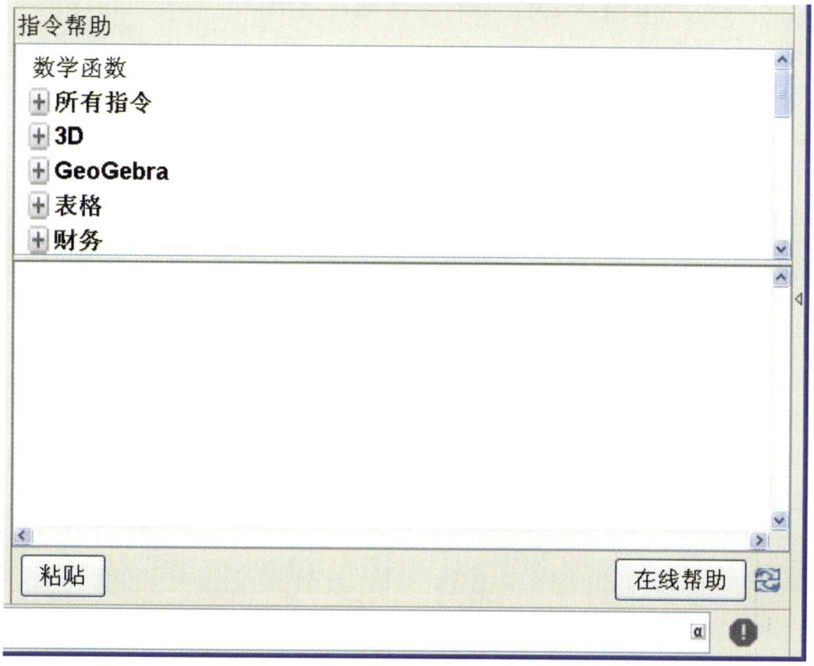

图 1.14　指令帮助窗口

选择需要的指令,如“函数”,单击“函数”,窗口下部出现其语法结构,双击“函数”后“函数”指令就进入指令栏,供进一步编辑,如图 1.15 所示。

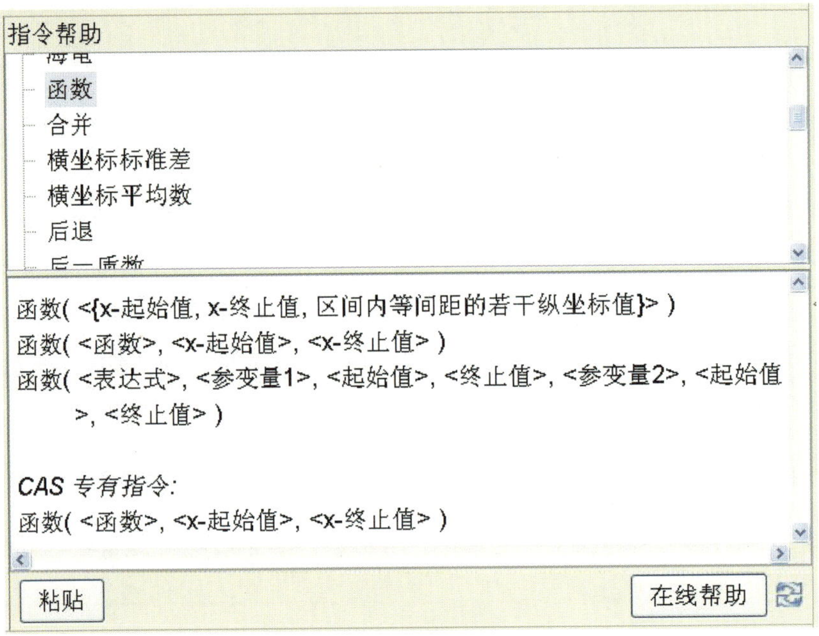

图 1.15　指令帮助窗口

1.4.7　指令汉化很方便,输入法切换是关键

下面我们谈谈指令中的中文、英语混排的问题。这里一旦出现问题,指令将无法运行,尤其当指令很长时(参考第 8.4 节、第 9.1 节的指令),纠错非常困难,现在要练好基本功。请操作,在指令栏输入:

函数(sin(x),0,2 π)

在绘图区出现一段函数图线,这是区间函数,如图 1.16 所示。该软件已经被志愿者翻译成 69 种语言[2],包括汉语。这对于记不住英语指令的学习者来说是一件好事,但要注意,除了指令的汉语部分外,其他部分必须在英语半角状态下输入,包括括号和标点,否则系统无法识别。

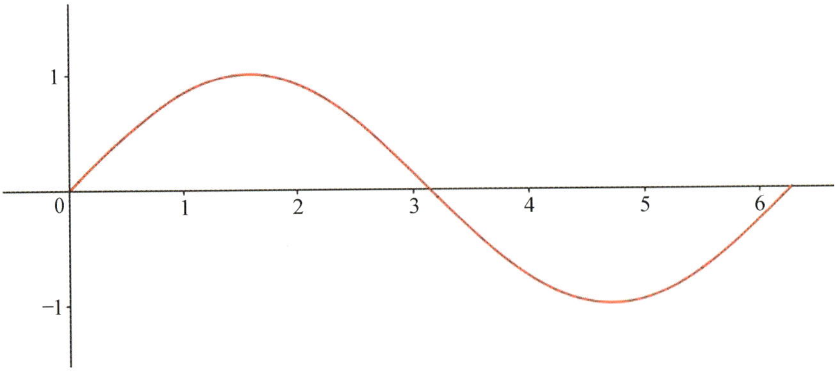

图 1.16　区间函数

下面的两组指令看似和上面的相同,实际是错误的。第一组是标点符号“,”是全角输入的,第二组的括号“()”也是全角输入的,这些系统无法识别。

函数(sin(x),0,2 π)→“,”用全角
函数(sin(x),0,2 π)→“( )”用全角 } 故意出错

输入后系统要求你重新输入,如图 1.17 所示。

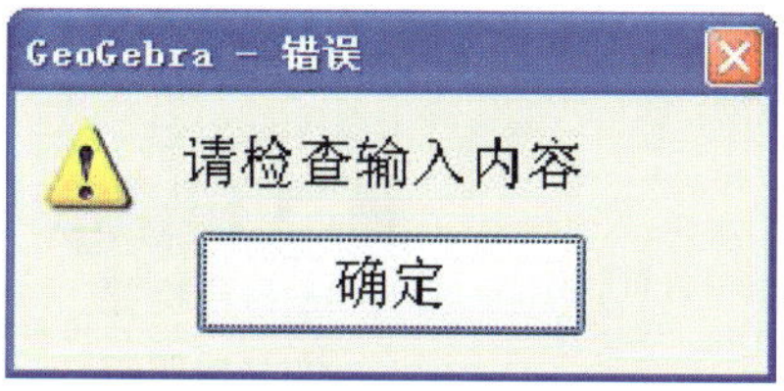

图 1.17　指令有错误的提示

1.4.8　重命名若有重名,软件自动做调整

GeoGebra 软件要求同一文件的对象名字具有唯一性,那么,当我们重命名时用到了前面出现的名字怎么办? 新建文件,选择“描点”工具,在绘图区点击两次,创建点 A 和点 B,如图 1.18 所示。当我们把点 B 重命名为 A 时,第一个点自动改名为:A_1,系统内部显示名字为:A_{1},且显示的是下角标形式。

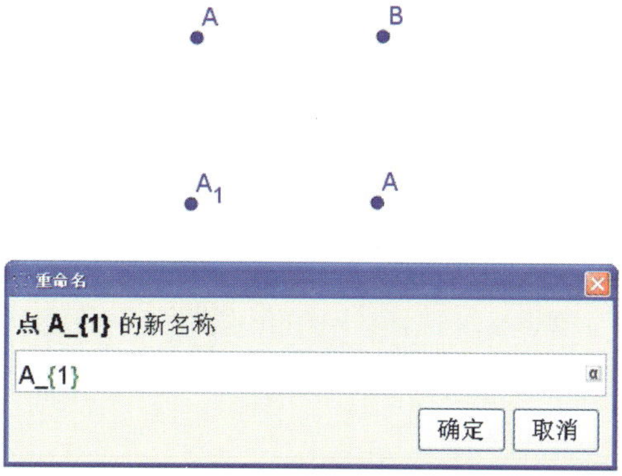

图 1.18　软件不允许重名

这里有两个提醒,一是如果需要下角标样式的名字,如 $F_{合力}$,输入的样式是:F_{合力};二是当指令中调用了某个对象的名字,这里系统自动修改,我们往往不知道,软件运行就会出现意外,让人始料不及。所以,对于指令中出现的名字,修改名字不能与其重复。

1.4.9　隐藏对象有三法,代数区操作功能大

隐藏和显示对象,是创建积件时很频繁的操作,这里介绍常用的 3 种方法。新建文件,选择“描点”工具,在绘图区创建点 A。如图 1.19 所示。

隐藏的第一种方式是,点击点 A,右键,在快捷菜单里点“显示对象”,对象被隐藏。

对象在绘图区不出现,如何让它显示呢? 观察代数区,点 A 并没有消失,其前面的点只是变成了空心。点击空心点,它马上变成实心,点 A 在绘图区出现。这是显示、隐藏对象的重要方法,就是点击代数区对象前面的点,实心点表示显示,空心点表示隐藏。当绘图区隐

藏的对象需要显示时,就会用到这种方法。

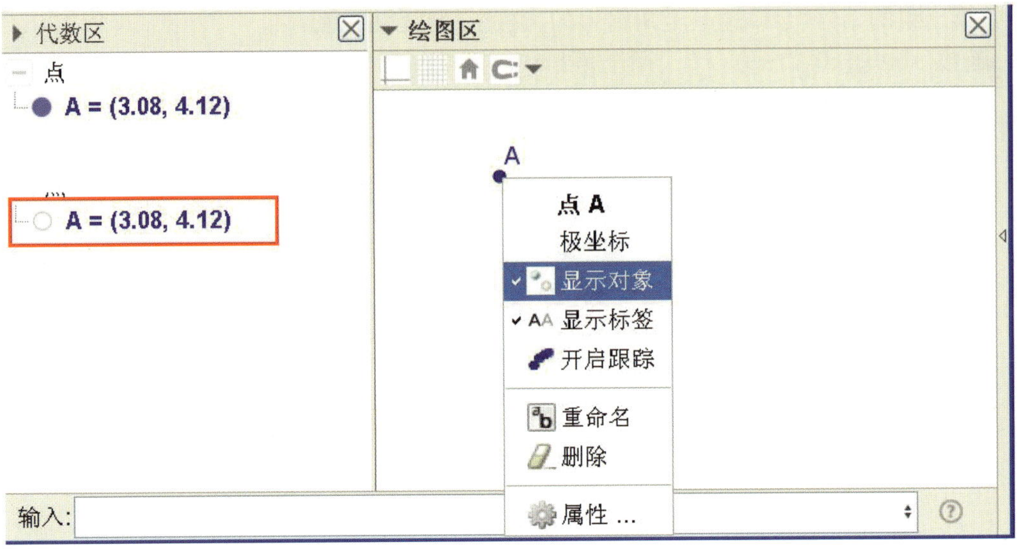

图 1.19 隐藏对象的方法

第三种方法,选中对象,按下“Ctrl+h”键,即可隐藏对象,这是快捷键方式,可以提高创建效率。

1.4.10 会变脸的样式栏,使用频繁要熟练

如图 1.20 所示,绘图区只有一个点 A,绘图区左上角有个小三角,如图 1.20(甲)所示,点击后,出现一条工具,叫作“绘图区坐标系样式栏”,显示/隐藏坐标轴的切换工具是,显示/隐藏网格的切换工具是,这两个工具经常使用。

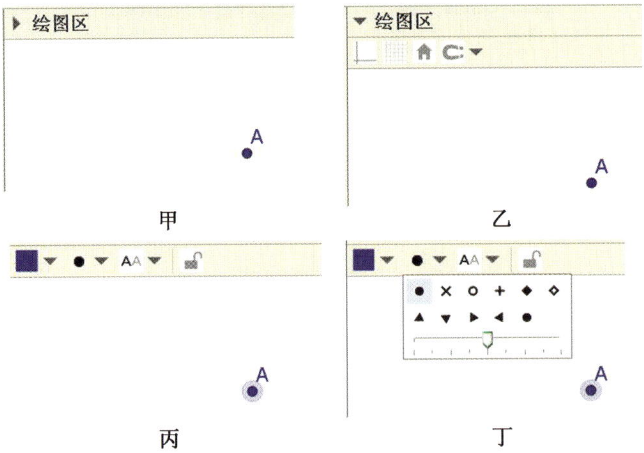

图 1.20 样式栏变脸和折叠是为了简化界面

点击点 A 后,工具马上变化,变为“对象样式栏”,如图 1.20(丙)所示。工具箱可以设置对象的颜色,其中的滑动条工具可以改变对象的虚实度(就是浓淡比),工具箱可以设置点的形状,有点型、×型,可以用在表示磁场的方向上。

1.4.11　初始坐标很单一，可以调试变花样

在积件中，如果不需要坐标轴，就隐藏；如果需要，还要根据实际做相应调节。调节坐标轴有三种方式。

第一种：滚动鼠标式。选择“移动”工具，光标在绘图区时，向上滚动鼠标，整个视图放大；向下滚动鼠标，整个视图缩小。提示：放缩的中心位于光标处。

第二种：当出现如图 1.21(a)所示图像纵向幅度太小的情况时，把光标移到纵轴上，按下 Ctrl 和鼠标左键，光标变成和坐标轴平行的双箭头，同时往上拖动，光标旁边显示“x：y”的值。在绘制图像时，经常采用这种方法来调节图像的大小，调整后如图 1.21(b)所示。

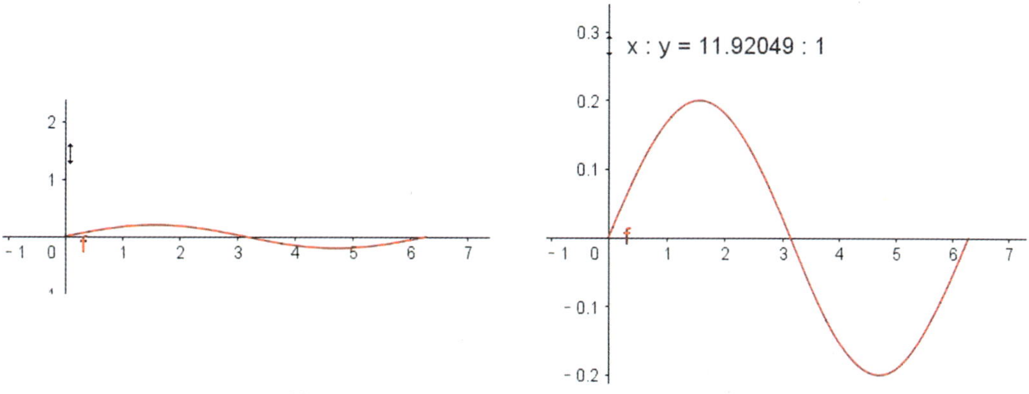

(a)　(b)

图 1.21　拉长纵轴

第三种：在坐标轴的属性窗口（图 1.22）里调节。打开绘图区属性窗口的方式有三种，其中一种是点击“设置”工具，选“高级”，出现属性窗口。点击标签栏，在常规选项卡里，有坐标轴的比例，在这里可以直接输入数值，还有绘图区背景的选择。坐标轴的样式中，可以改变坐标轴的颜色、线型和标签的样式等。

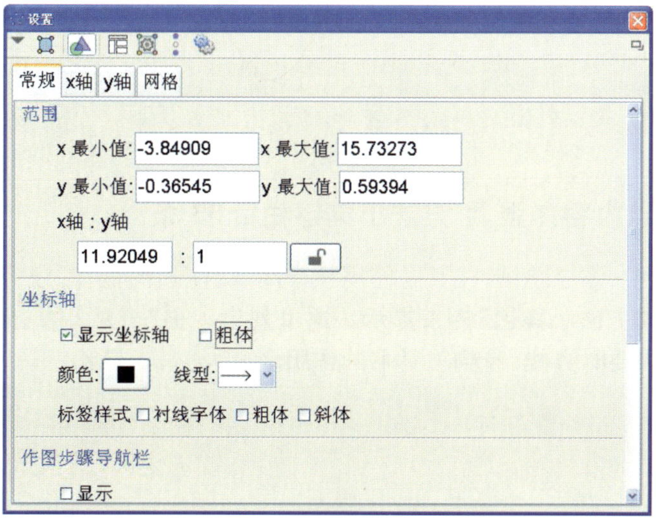

图 1.22　坐标轴的属性窗口

在“x 轴”标签栏内，不勾选“显示 x 轴”，x 轴被隐藏；不勾选“显示数值”，x 轴标度被隐藏；勾选“只显示正方向”，x 轴负半轴被隐藏。标签可以输入字母，如：t，表示时间。如图 1.23 所示。“y 轴”标签栏的项目是一样的，这里不再赘述。

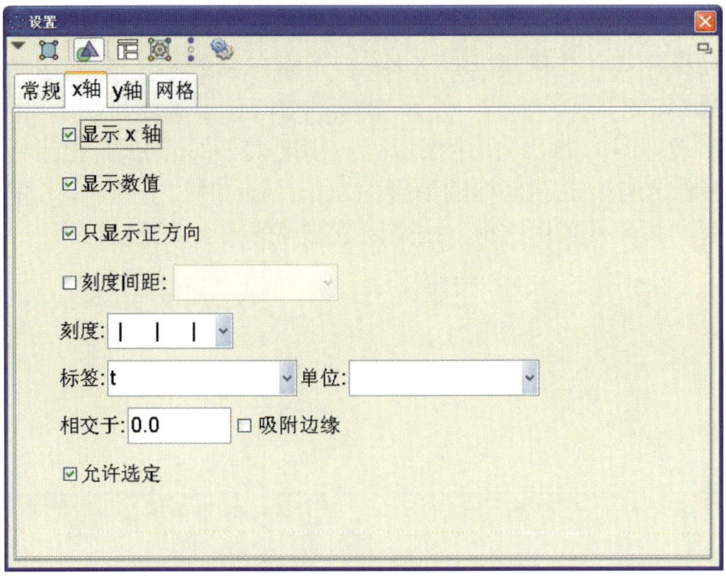

图 1.23　坐标轴的属性窗口

图 1.24 是修改后的坐标轴，表示速度–时间图像。

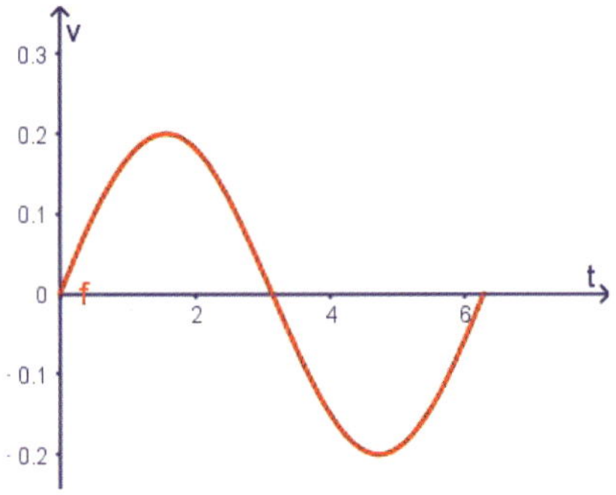

图 1.24　调节坐标轴

1.4.12　重点内容多强调 方法小集锦栏目 33 条

在学习的过程中，注意总结，尤其是使用频率高、功能强的操作，还有使用频率低、很有用的操作。我们以“方法小集锦”栏来提示。这里列出本书“方法小集锦”栏的目录和对应章节的位置，供你需要时查找，起到工具书的作用。

小方法集锦

这是积累经验形成的晶体,编号便于查询,重复的项目涉及的角度不同,有互补作用。

1.4.13　软件功能各千秋,实际应用多样化

GeoGebra 软件的功能很强大,但不要期望它成为万能软件,不同的软件在解决不同问题时各有千秋。比如,在仿真物体运动方面,Algodoo 软件就更具有优势,用 Algodoo 软件创建弹簧振子并研究振动过程的物理量变化,是很容易的事情。再比如,研究粒子在电场和磁场中运动,用“仿真物理实验室”软件,只需要放置电场、磁场和质点,设置参数后就可以运行。还有一个问题,当其他老师已经做出了优秀的作品,就不要重复劳动了。如:游标卡尺和螺旋测微器的仿真,前面已经有作者用 Flash 软件创建出了优秀的作品,在网站上很容易搜到,就不要再重新制作了。建议需要用到积件时,先检索是否已有优秀的作品;需要自己制作时,要选用合适的软件,这样才能提高效率。

第 2 章　GeoGebra 和《1.1 运动的描述》的深度融合

2.1　把高铁看作质点的情景

【设计意图】

本积件展示了长 100 m 的高铁被看成是质点的场景。如图 2.1 所示，100 m 的高铁还是很长的，滚动鼠标逐渐缩小视图（光标位置是缩放的中心，请体验一下），列车相对视图逐渐变短，当 10 km 里程碑出现时，高铁已经可以看成点了。当研究从广州到北京的运动，高铁的长度完全可以被忽略，高铁被视为质点。

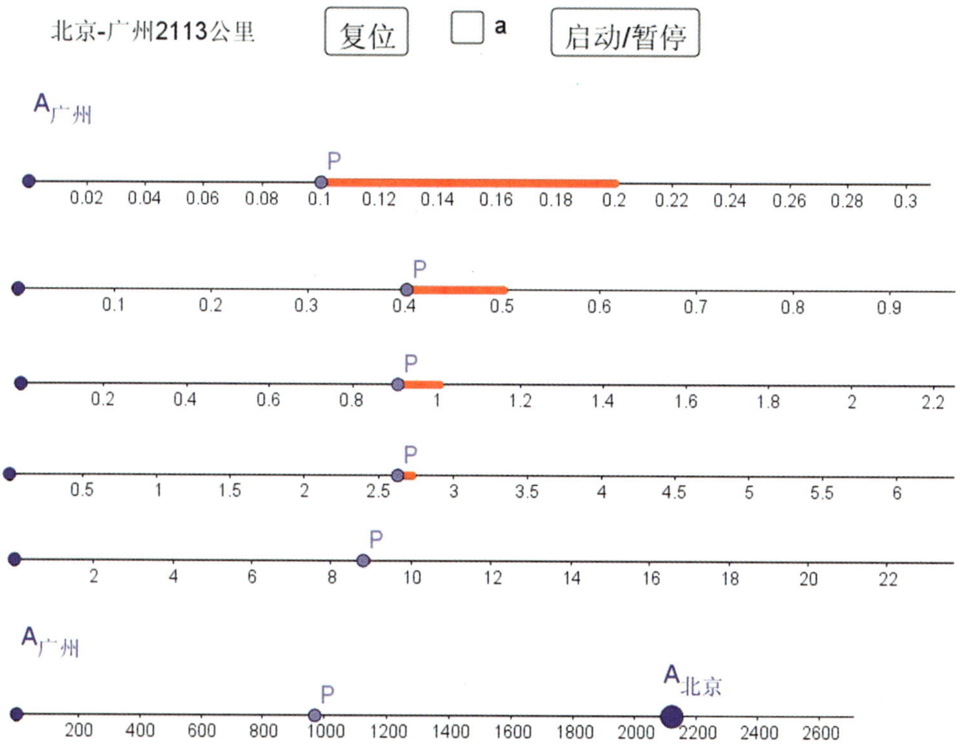

图 2.1　积件场景

【构造详解】

新建一个 GeoGebra 文件，选择“描点”工具，在坐标原点创建点，重命名为点 G，表示广州的位置。在指令栏输入：

B = (2113, 0)

表示北京的位置。在指令栏输入：

线段(G,B)

创建线段 f，表示从广州到北京的连线。隐藏坐标轴，选择“对象上的点”工具，在线段 f 上创建点，重命名为 P。如图 2.2 所示。在指令栏输入：

线段(P, (x(P) + 0.1, 0))

创建线段 g 表示列车，在代数区选择线段 g，修改样式为加粗、红色。

点击“设置”工具，选“高级”，在绘图区选项卡里，再点击 x 轴选项卡，勾选“只显示正方向”，单位栏选择：km，再点击 x 轴选项卡，不勾选“显示 y 轴”。如图 2.2 所示。

图 2.2　创建过程

小方法集锦

【方法小集锦 1：按钮和复选框的创建方法】

本书中把使用极其频繁的操作标记为“方法小集锦”，并编号，便于查询。后续介绍时语言上有所简化。

下面创建按钮。选择“按钮”工具，标题为：复位，指令为：

赋值[P,(0,0)]

选择“复选框”工具，在绘图区点击，弹出对话框，不填写任何数据，直接点击：应用，创建的复选框布尔值 e。选择“按钮”工具，在绘图区点击，弹出对话框，标题为：启动/暂停。指令为：

赋值[a,¬ a]

启动动画[P,a]

点击“确定”。

现在就可以演示了。光标移到坐标原点 G 位置，向下滚动鼠标，坐标轴就以点 G 为中心缩小视图，可以看到表示火车的线段逐渐变短，直到无法显示长度，当表示北京的点 B 出现时，火车虽然 100 米长，也只能看作点了，如图 2.3 所示。

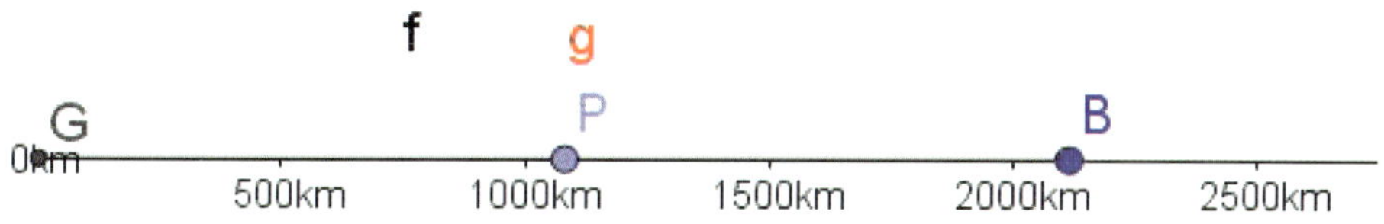

图 2.3　创建过程

【友情提示】

我们来解释一下本积件用到的部分指令：

线段(P, (x(P) + 0.1, 0))

线段指令的规则是：

线段(<点 1>, <点 2>)

<点 1>为 P;<点 2>为(x(P) + 0.1, 0)。

线段的另一种规则是：

线段(<点>, <长度>)

所以,用“线段(A, 0.1)”指令也能实现同样的功能,但多绘制一个端点。

第 7.1 节 卫星绕地球运动,卫星是否能看作质点？当研究卫星的圆周运动时,可以看作质点;当研究卫星的姿态变化时,不能看作质点。这个积件可以作为判断是否为质点的情景。

【小结】

本案例在教学中是非常实用的。本积件的创建看似简单,却应用到很多 GeoGebra 软件的重要操作,如修改坐标轴的样式、放缩视图、用指令创建点和线段等。当你熟悉了软件的功能,结合教学的需求,只要用心,一定能创建出很优秀的积件来。

【扫码看视频制作流程】

如果有条件,请扫描二维码观看本积件制作过程的视频。

图 2.4　制作过程视频二维码

2.2 仿真位移和速度梯形图像对应的运动

【设计意图】

本积件要创建一个梯形图像，可以表示位置-时间图像，或者表示速度-时间图像，在绘图区 2 分别显示对应的运动。如图 2.5 所示。

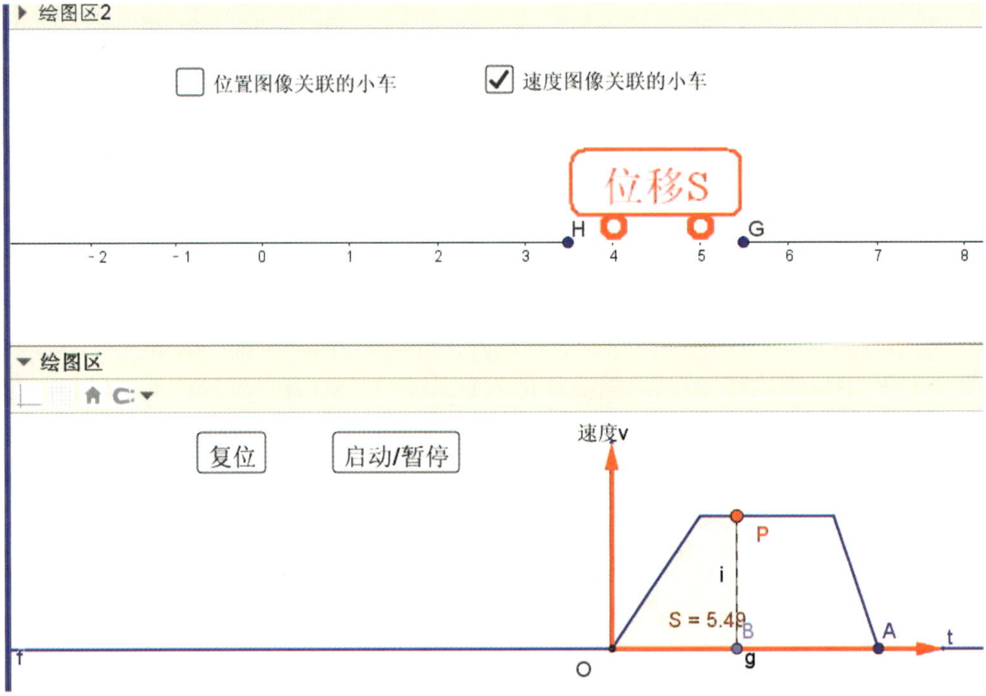

图 2.5 积件场景图

【构造详解】

创建流程图如图 2.6 所示。

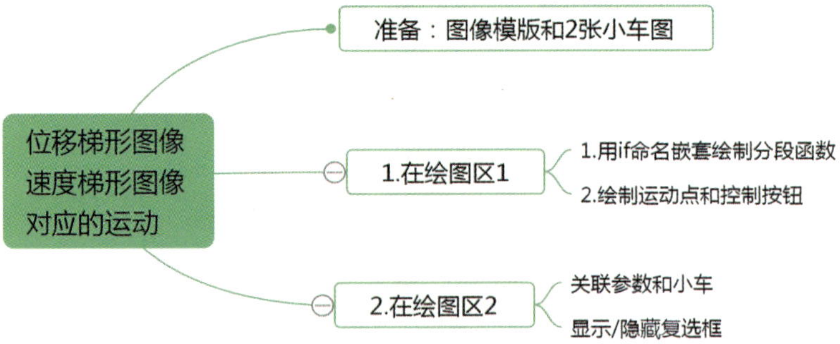

图 2.6 创建流程图

小方法集锦

【方法小集锦 2:图像模版的创建】

新建一个 GeoGebra 文件,选择“描点”工具,点击坐标原点,创建点,重命名为 O。选择“对象上的点”工具,在横坐标的正方向创建点 A;在纵坐标的正方向创建点 B,隐藏坐标轴。选择“向量”工具,样式为加粗,联结点 O 和点 A,创建向量,隐藏标签。选择“向量”工具,联结点 O 和点 B,创建向量,隐藏标签。如图 2.7 所示。今后如果需要坐标,根据需要重命名点 A、点 B 即可,如 v-t 图、S-t 图、U-I 图等。保存文件名为“图像模版”,关闭文件。

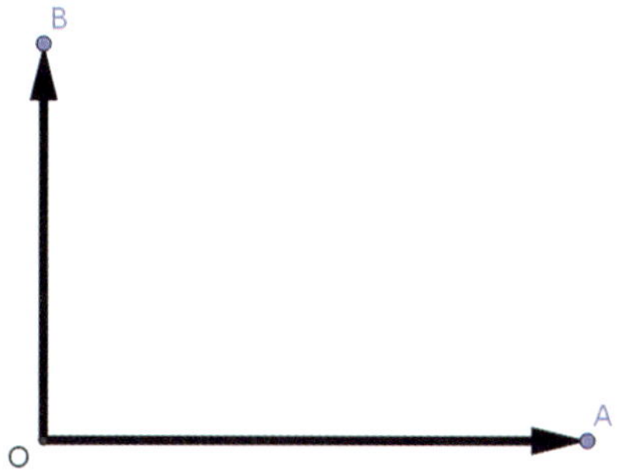

图 2.7　图像模版

打开前面创建的“图像模版”文件,另存为本节的文件名。在指令栏输入:

如果(x ≥ 6, 0, 如果(x ≥ 5, 18 - 3x, 如果(x ≥ 2, 3, 如果(x ≥ 0, 1.5x, 0))))

创建分段函数,函数对应的图像如图 2.8 所示。这是“if”指令的四次嵌套,注意嵌套时条件的顺序:x ≥ 5 的范围包含 x≥ 6 的范围,x ≥ 5 为“大区间”,x≥ 6 为“小区间”,而且“大区间”包含“小区间”,嵌套时,x≥ 6 要放在前面,依此类推。这是分段函数的语法规则,要特别注意。

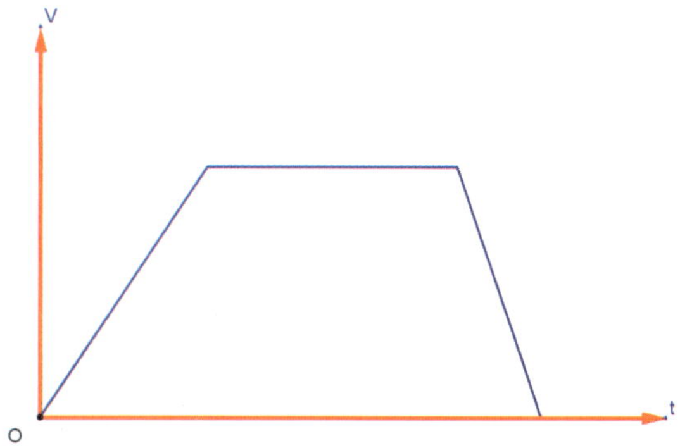

图 2.8　用指令创建分段函数图像

隐藏图 2.8 两个向量。在指令栏输入:

(6,0)

创建点 A。点 O 到点 A 是梯形图像的底。选择"线段"工具,先后点击点 O 和点 A,创建线段 g。选择"对象上的点"工具,在线段 g 上创建点 B。选择"垂线"工具,创建过点 B、垂直于线段 g 的直线 h。选择"交点"工具,创建直线 h 和图像的交点,重命名为 P。如图 2.9 所示。隐藏直线 h,选择"线段"工具,修改样式为虚线,联结点 B 和点 P,创建线段 i。

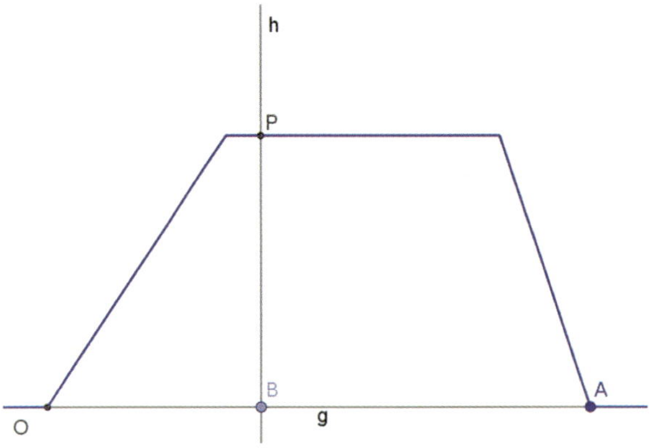

图 2.9　创建过程

选择"按钮"工具,点击绘图区,弹出对话框,标题为:复位,指令(脚本)为:赋值[B,O],确定。

选择"复选框"工具,点击绘图区,弹出的对话框,点击:应用,创建布尔值为 a 的复选框。

选择"按钮"工具,点击绘图区,弹出的对话框,标题为:启动/暂停,指令(脚本)为:

赋值[a,¬ a]

启动动画[B,a]

确定。按钮和复选框最好放置在窗口的左上角。

在指令栏输入:

d=y(P)

定积分(f(x),0,x(B))①

把积分标签重命名为 S。如图 2.10 所示。修改点 B 的属性,点击点 B,右键,在快捷菜单里选"属性",在属性窗口的"代数区""重复"栏选:递增(一次)。

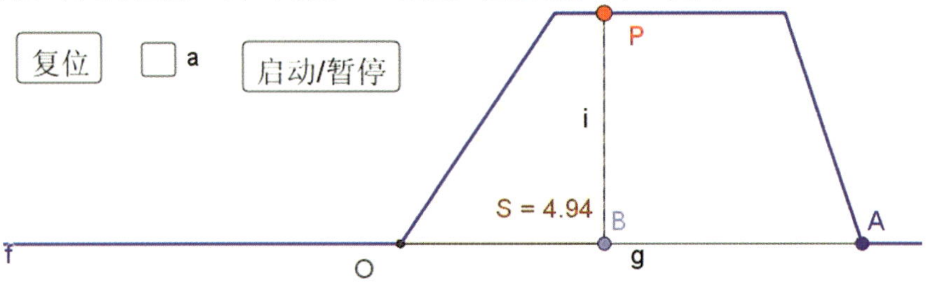

图 2.10　创建过程

① 本书教程基于软件 5-0-583-0 版本编写。需注意的是,2025 年发布的最新版本 5-2-884-1 中,"定积分"指令已改为"积分",部分其他指令也有相应调整,请读者留意。

下面进行第二步,在绘图区 2 里创建运动对象。由于两次创建的方法是一样的,我们只介绍第一种:位移图像对应的运动。速度图像对应的运动请按照同样的方法自行完成。

选择菜单:视图—绘图区 2,打开绘图区 2,拖拽标题栏,使绘图区 2 和绘图区呈上下排列。修改绘图区 2 的坐标轴,隐藏纵坐标。

【本书约定 1:关于绘图区的名称】

GeoGebra 软件有两个绘图区:绘图区和绘图区 2。“绘图区”其实是“绘图区 1”的简称。如果积件中只有“绘图区 1”,我们称为“绘图区”;如果积件用到了两个绘图区,为了避免混淆,称“绘图区”为“绘图区 1”。

【本书约定 2:关于积件的名称】

你也许熟悉课件,但不熟悉积件。课件是针对完整的一节课的,积件是解决某一个问题的小程序、小视频、图片、文字等。所以本书创建的是“积件”,不是课件。

点击绘图区 2,在指令栏输入:

(y(P), 0)

创建点 C。在指令栏输入:

(x(C)-2,y(C))

创建点 D。点 C,D 要和小车图片的控制点合并。提示:视频中用指令(x(C)-1,y(C))创建点距离点 C 太近,造成小车显示太小,这里修正。

小方法集锦

【方法小集锦 3:图像的插入和关联操作方法】

点击绘图区 2,选择菜单:编辑—插入图片—文件,插入小车图片。刚插入的图片很大,在窗口空白区单击鼠标后,拖动图片下方的两个控制点,减小两个控制点的距离,如图 2.11 所示。图片的两个控制点默认隐藏标签,可以显示出标签。

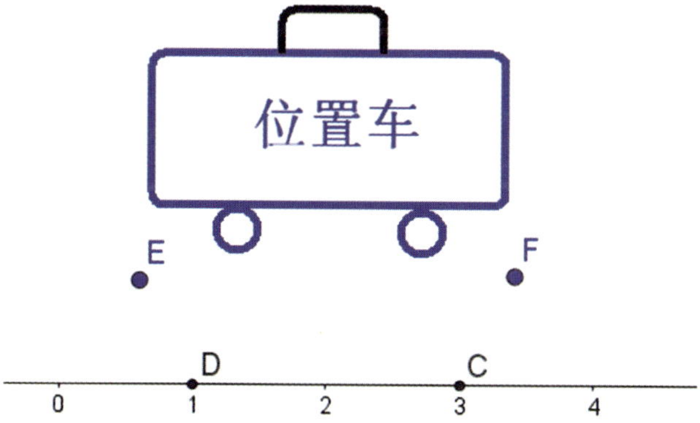

图 2.11　图片和点合并

双击点 F,弹出窗口,修改坐标为(x(C),y(C));同理,修改点 E 的坐标:(x(D),y(D))。

这样就实现了小车和点 F,E 的关联。

选择“文本”工具,在绘图区 1 纵轴处创建文字:位置 d,名称为:text1。选择“复选框”工具,点击绘图区,弹出的对话框,标题为:隐藏/显示位置图像关联的小车;再点击两个窗口的对象:text1、小车、点 C、点 D;点击:应用。

下面用同样的办法,把积分值 S 和另外插入的小车图片关联。绘制点指令为(S,0);纵坐标文本标识为速度 v。创建的方法请参考上文。

【友情提示】

本积件的难点是分段函数的创建。梯形图像的几条边是由函数创建的,函数的直线方程是如何创建的呢?先创建几个点,在点的基础上创建直线,代数区显示出直线的方程,参照各条边的方程,编辑梯形图像的指令。

【小结】

本案例用指令创建梯形分段函数,用“点”的指令创建关联点,贴图和关联点实现合并,达到图像控制物体运动的目的。

【扫码看视频制作流程】

如果有条件,请扫描二维码观看本积件制作过程的视频。

图 2.12 制作过程视频二维码

第3章　GeoGebra和《1.2 匀变速直线运动的研究》的深度融合

3.1　速度图像面积物理意义的微积分图解1.0版

【设计意图】

质点运动的速度-时间图像面积的物理意义表示质点的位移，理解该知识点需要微积分的思想，本案例要用下和(LowerSum)指令实现这一功能。如图3.1所示，线段AB表示质点做匀变速直线运动。拖动滑动条，线段下面的矩形数量增多，所有矩形面积的总和就无限逼近梯形的面积。

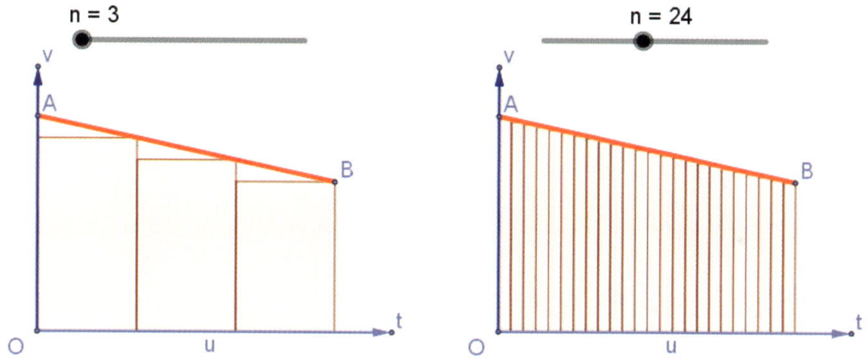

图3.1　积件情景

【构造详解】

新建一个GeoGebra文件，选择“滑动条”工具，点击绘图区，在属性对话框内，名称修改为n，最小值为3，最大值为50，增量为1，如图3.2所示。

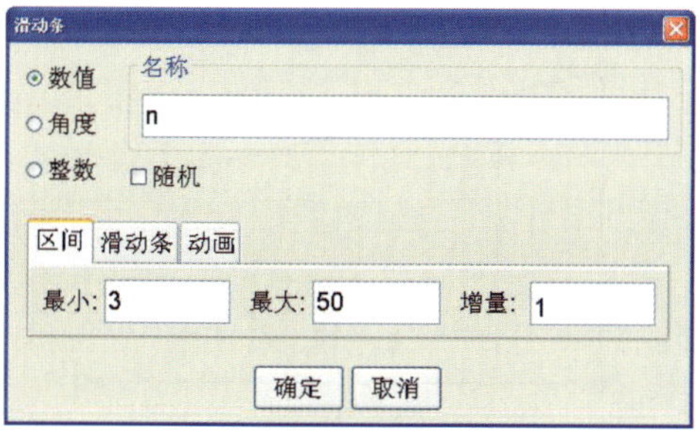

图3.2　滑动条属性对话框

选择“对象上的点”工具，在 y 轴上创建点 A；选择“描点”工具，在第一象限空白处创建点 B；选择“直线”工具，先点击点 A，再点击点 B，创建直线 f。下面我们要用指令在直线 f 上的 AB 段创建多个矩形，这里要用到软件的指令了。在最下方的指令窗口输入指令：

LowerSum(f,0,x(B),n)

这时候绘图窗口就出现了多个矩形序列，如图 3.3 所示。选择“描点”工具，拖动滑动条上的点，观察效果。我们还可以上下拖动点 A 或者点 B，获得匀速和加速的图像。

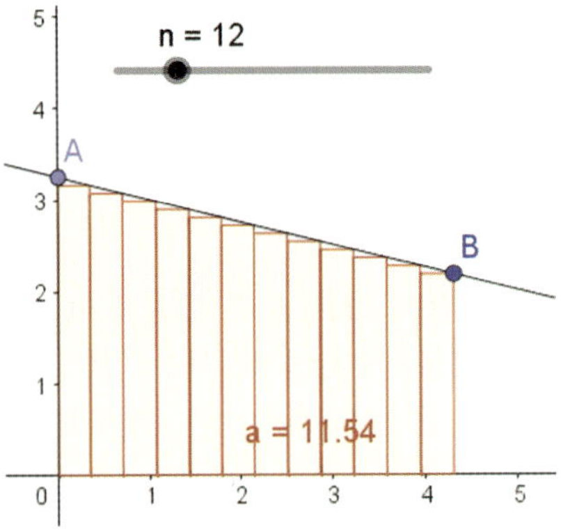

图 3.3　创建对应元素

具有物理意义的速度图不能是直线，所以我们要隐藏直线 f。选择“线段”工具，先点击点 A，再点击点 B，创建线段 AB，代表质点速度。还有一个要改进的就是坐标轴，具体修饰看下文【友情提示】栏目。

【友情提示】

下面我们创建速度和时间坐标轴，选择“对象上的点”工具，在 x 轴上创建点，并重命名为 t；在 y 轴上创建点，并重命名为 v；选择“交点”工具 在坐标原点创建点 C；选择“向量”工具，先后点击点 C 和点 t，获得向量代表时间轴；再先后点击点 C 和点 v，获得向量代表速度轴；隐藏系统坐标轴，如图 3.4 所示。再根据自己的喜好，在绘图区左上角的样式栏里修改对象的颜色、虚实，隐藏不必显示的标签，就获得了图 3.1 的效果。

在下一节，我们用多个滑动条，使积件的功能更强大。

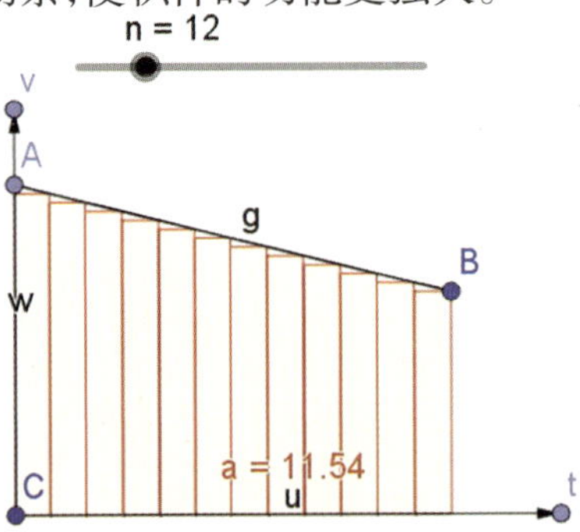

图 3.4　积件运行效果图

【小结】

本案例中我们用到了软件的指令，这里做一下解释：LowerSum(f,0,x(B),n)指令行的意义是，在函数 f 下的 0 到 x(B)区间创建 n 个矩形块。x(B)的意思是，提取点 B 的横坐标，这样，当拖动点 B 移动时，绘图区间会联动变化。这种提取坐标的方法用途很广，后面会多次遇到。软件指令允许使用中文，所以上述指令也可以输入为：下和(f,0,x(B),n)，这对于记不住单词的学员来说是一个福音。特别提醒：指令中除了中文，其他任何字符都必须在英文半角状态下输入，否则软件无法识别，详见本书第 1.4.7 节。指令中的 n 和滑动条关联，当拖动滑动条时，矩形数目也会随之变化。滑动条在今后的案例中使用非常频繁，要体会它的使用方法。

【扫码看视频制作流程】

如果有条件，请扫描二维码观看本积件制作过程的视频。

图 3.5　制作过程视频二维码

3.2　速度图像面积物理意义的微分图解 2.0 版

【设计意图】

我们创建的积件，要实现尽量多的功能，能否做到“一件多用”是要考虑的要素，这样可以提高功效。3.1 节积件的功能比较单一，我们可以制作功能更多的积件，既可以显示匀变速直线运动的情形（图 3.6(a)），又可以显示非匀变速运动的情形（图 3.6(b)），其实，制作起来并不复杂，只是多用了几个滑动条。

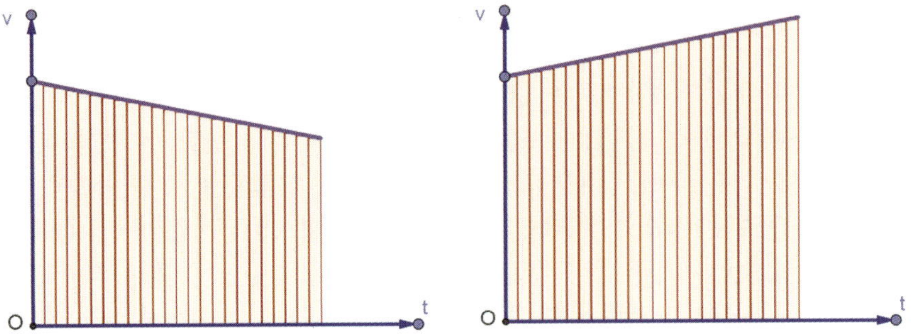

图 3.6(a)　匀变速直线运动

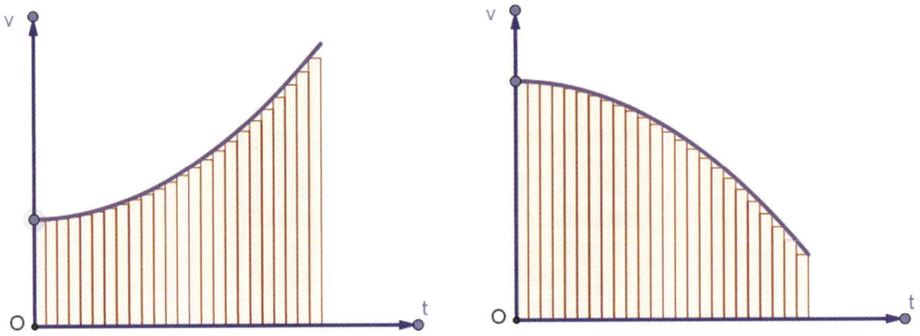

图 3.6(b)　非匀变速直线运动

【构造详解】

新建一个 GeoGebra 文件,选择“滑动条”工具,创建滑动条 a,最小值-2,最大值 2,增量 1。滑动条 a 用来控制直线是加速还是减速。继续创建滑动条 b 最小值 1,最大值 2,增量 1。滑动条 b 用来控制运动是匀变速运动还是非匀变速运动。继续创建滑动条 n,最小值 3,最大值 30,增量 1。滑动条 n 用来控制绘制矩形的个数。

以上连续创建 3 个滑动条,滑动条的引入会增加积件的灵活性。选择“对象上的点”工具,在纵坐标上创建点 A。然后,在指令栏输入指令:

y(A)+ax^b*0.2

创建函数 f。指令释义:初速度的值等于点 A 纵坐标的值,可以根据需要调节。当 b=1 时,a 为正值,为加速运动,a 为负值,为减速运动;当 b=2 时,速度图为向上或者向下的曲线,表示非匀变速运动。指令中“*0.2”项的功能是为了让曲线平缓一些。

选择“对象上的点”工具,在刚绘制的直线右边上绘制点 B。刚才创建的函数 f 的图像有些段不需要出现,因此,在指令窗口里输入指令:

function(f,0,x(B))

功能是只显示函数 f 在 A,B 之间的图线。Function 的汉语是函数,指令:函数(f,0,x(B))等效。隐藏函数 f。

继续在指令窗口里输入指令:

LowerSum(f,0,x(B),n)

等效指令为“下和(f,0,x(B),n)”。至此,积件创建完毕,如图 3.7 所示。

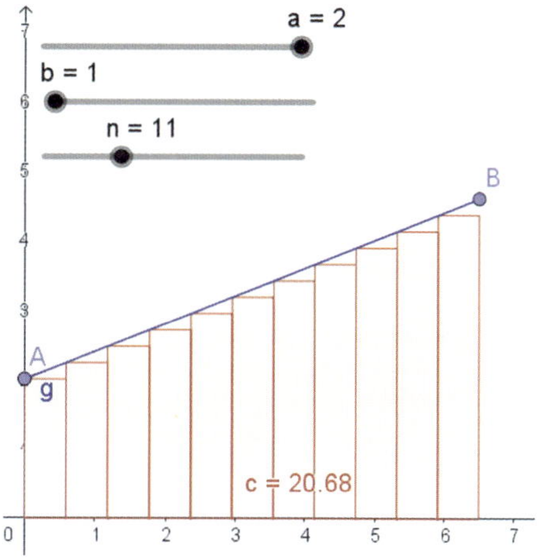

图 3.7　可以改变形状的速度图线

【友情提示】

系统原坐标系不合适,可以建立 v-t 坐标轴,隐藏系统坐标系,隐藏不必要的对象和标签,就有了图 3.6(a)和图 3.6(b)所示的样式。除了上述功能外,本积件还可以调节初速度和显示的区域。

【小结】

我们用了 3 个滑动条使得本积件的功能大为增强。学习的重点还有,如何调用点 A 的坐标使初速度可调;如何使创建的函数与滑动条关联;如何只显示所需曲线的一部分(区间函数)。大家可以仔细研究指令及其指令释义去体会,以便活学活用。

图 3.8　制作过程二维码

3.3 匀变速运动的比例关系图解

【设计意图】

本积件要展示初速度为零的匀变速直线运动的几个二级推论，推论一是相邻、相等时间内位移之比是1∶3∶5…；推论二是第一、二、三……个单位时间末的速度之比是1∶2∶3…。从图3.9中可以看出上述推论。

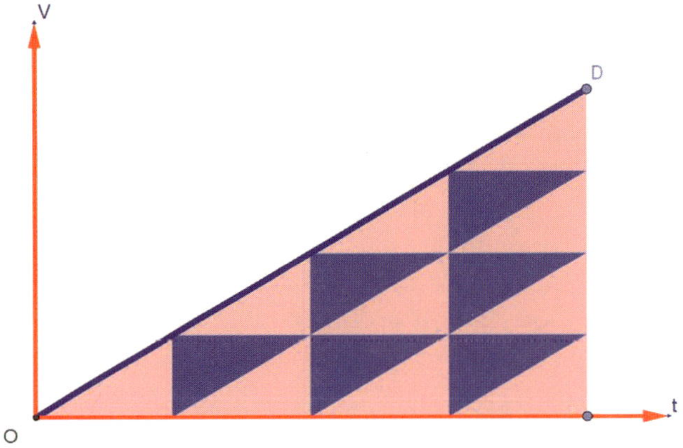

图3.9 从图像可以看出运动的规律

【构造详解】

打开2.2节创建的“图像模版”文件，另存为“匀变速运动的比例关系图解”。选择“描点”工具，在水平向量上创建点A；在竖直向量上创建点B。在指令栏输入：

(x(A),y(B))

创建点C。选择“射线”工具，先后点击点A和点C，创建线段f。选择“对象上的点”工具，在线段f上创建点D。选择“线段”工具，联结点O和点D，创建线段g，线段g用来表示速度图像。如图3.10所示。

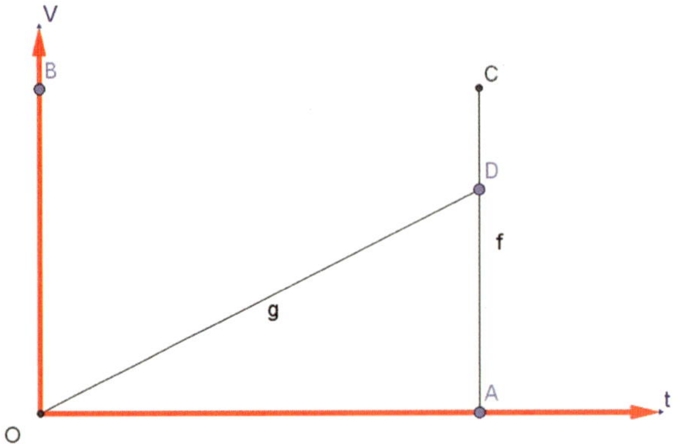

图3.10 创建过程

隐藏两个表示坐标轴的向量，显示坐标轴。选择“中点”工具，先后点击点 O 和点 A，创建点 E；先后点击点 O 和点 E，创建点 F；先后点击点 E 和点 A，创建点 G。选择“垂线”工具，先后点击点 F 和横坐标，创建直线 h；先后点击点 E 和横坐标，创建直线 i；先后点击点 G 和横坐标，创建直线 j。选择“交点”工具，点击直线 h，i，j 和线段 g 的交点，创建点 H，I，J。选择“垂线”工具，依次创建过点 H，I，J，且垂直于纵轴的水平线直线 k，l，m。选择“交点”工具，创建一系列水平线和竖直线的其他交点。如图 3.11 所示。

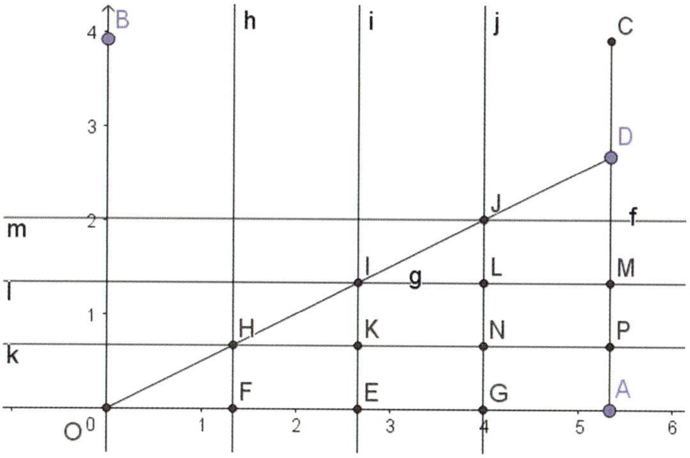

图 3.11　创建过程

隐藏所有的直线。下面作小三角。选择“多边形”工具，样式为红色，填充一定值，线径调到零。先后点击点 O，F，H，O，创建红色三角形。创建多边形时，起点和终点要一致。用同样的办法创建同类的其他三角形，如图 3.12 所示。

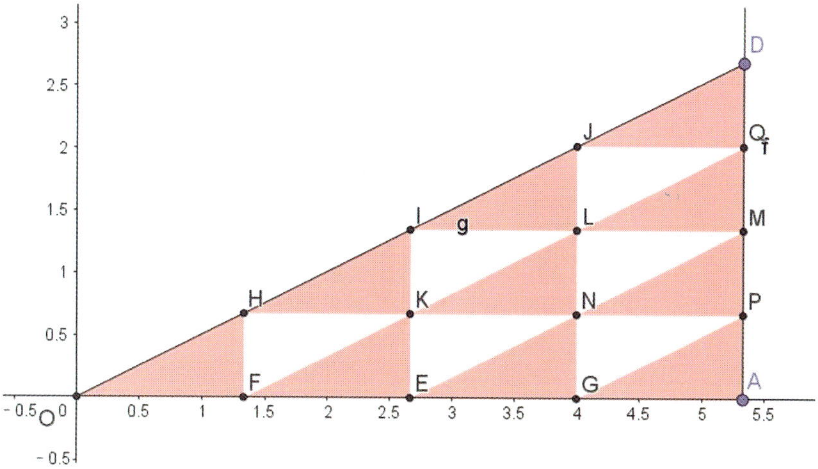

图 3.12　创建过程

选择“移动”工具（不可少，说明上面操作结束，开始新的操作），选择“多边形”工具，样式为蓝色，填充值稍大一些，线径调到零。先后点击点 F，K，H，F，创建蓝色三角形。用同样的办法创建同类的其他三角形，如图 3.13 所示。

隐藏坐标轴、线段 f、点 C。显示两个表示坐标轴的向量。隐藏不需要显示的标签和不需要显示的点。最后的情景如图 3.9 所示。

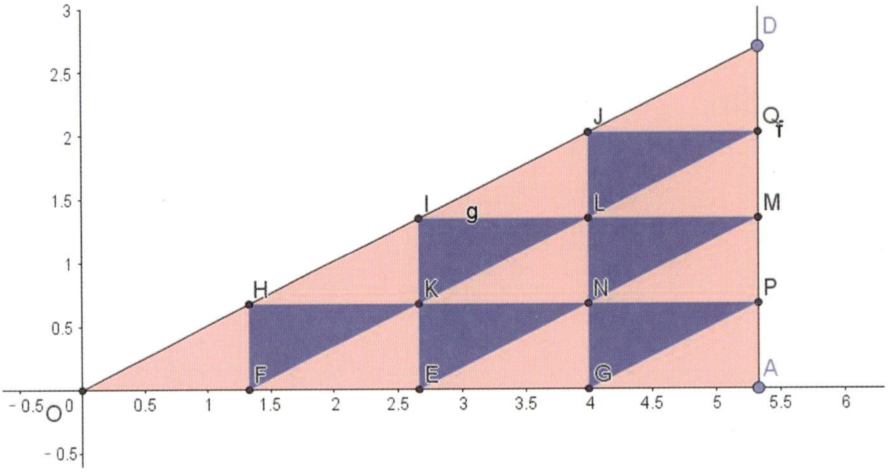

图 3.13 创建过程

【友情提示】

本积件虽然是简易版的，最后创建的对象数量也相当庞大，要善于用批量操作的方法提高制作效率。代数区对象的排列建议选“对象类型”，同类的标签放在一组，比如“点”，可以同时被选中，便于批量操作。

【小结】

本案例涉及的只有点、线、面，却能实现如此奇妙的动图功能，这要归功于对象之间的逻辑关联，注意品味。

【扫码看视频制作流程】

如果有条件，请扫描二维码观看本积件制作过程的视频。视频中创建的积件多了一个功能，能探究初速度不为零时位移比例关系是否成立。

图 3.14 制作过程视频二维码

3.4　V-t 图向 V-S 图的转换

【设计意图】

本积件要通过引用点坐标和积分值创建新点，并利用轨迹工具或者轨迹指令实现从速度-时间图像向速度-位移图像的转换。这是高三物理教学的一个难点，该积件对这一教学难点的突破有辅助作用。图 3.15 是匀减速运动的 V-t 图向 V-S 图的转换；图 3.16 是匀加速运动的 V-t 图向 V-S 图的转换。

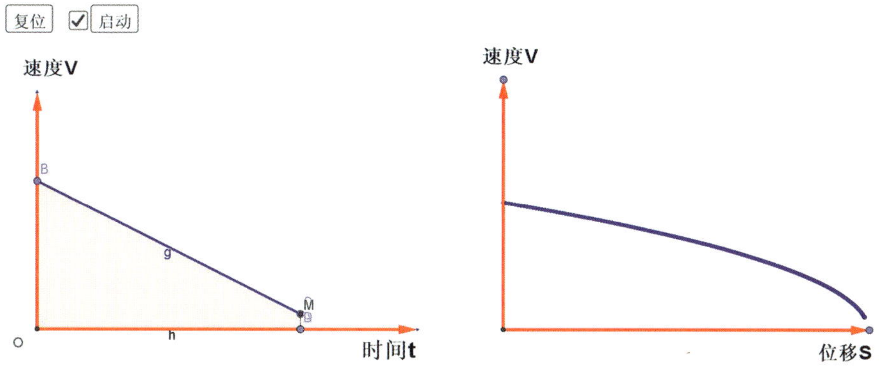

图 3.15　匀减速运动的 V-t 图向 V-S 图的转换

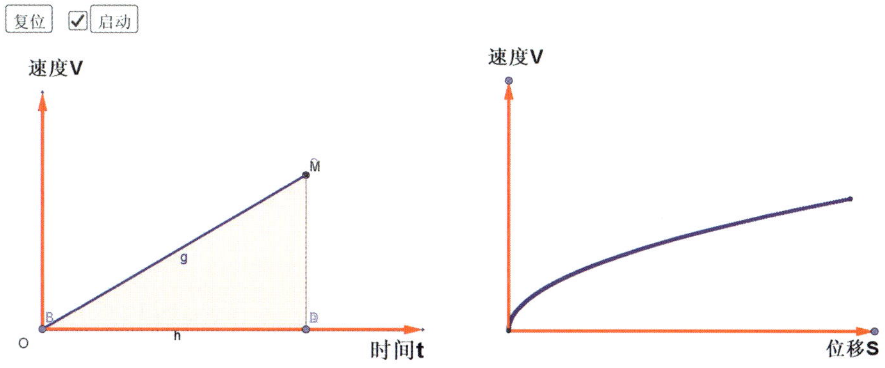

图 3.16　匀加速速运动的 V-t 图向 V-S 图的转换

【构造详解】

首先 2.2 节创建的“图像模版”文件，如图 3.17 所示，我们要在图像上创建可以改变的匀变速直线运动的图像。

隐藏纵向的坐标轴矢量。选择“中心对称”工具，先后点击点 V 和点 O，创建点 V′。选择“线段”工具，联结点 V 和点 V′，创建线段 f。选择“对象上的点”工具，在线段 f 上创建点 A，在水平向量上创建点 B。如图 3.18 所示。这样，点 A 的移动范围是线段 f，已经不仅仅限于纵坐标的正方向了。

选择“平行线”工具，先后点击点 B 和线段 f，创建直线 g。选择“对象上的点”工具

图 3.17 速度模版文件

，在直线 g 上创建点 C。选择“线段”工具，联结点 A 和点 C，创建线段 h，修改样式为粗蓝线，线段 h 表示速度图。

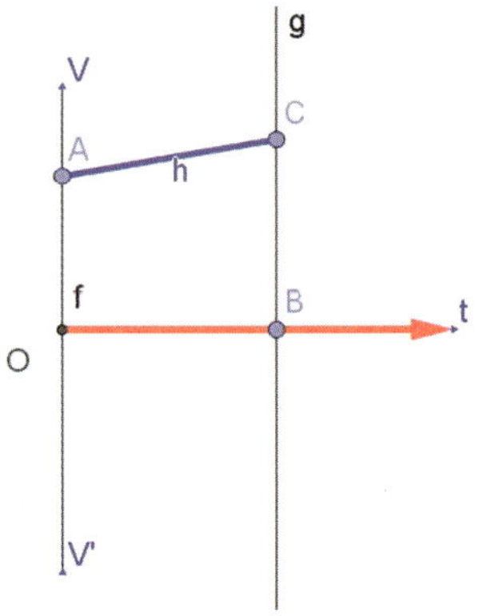

图 3.18 创建过程

隐藏水平向量。选择“线段”工具，联结点 O 和点 B，创建线段 i。选择“对象上的点”工具，在线段 i 上创建点 D。选择“平行线”工具，先后点击点 D 和直线 f，创建直线 j。选择“交点”工具，创建直线 j 和表示速度的线段 h 的交点 E。如图 3.19 所示。在指令栏输入：

定积分(h(x),0,x(D))

创建积分，重命名为 S。积分 S 对应面积，其物理意义是物体的位移。

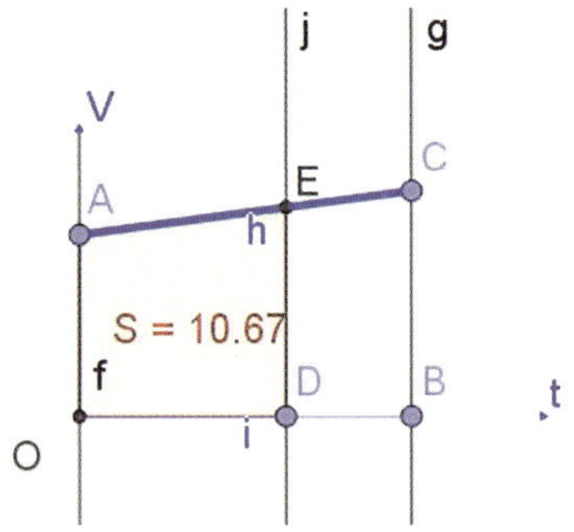

图 3.19 创建过程

隐藏直线 j 和直线 g。修改线段 f 为加粗红色，这里有了纵坐标的负半轴。显示两个坐标向量。

下面创建两个按钮控制点 D 的运动。打开点 D 的属性窗口，在代数区标签栏，修改点 D 的重复项为：递增（一次）。

选择“按钮”工具，点击绘图区，弹出的对话框，标题为：复位，指令（脚本）为：

赋值[D,O]

确定。

选择“复选框”工具，点击绘图区，弹出的对话框，点击：应用，创建布尔值为 a 的复选框。

再选择“按钮”工具，标题为：启动/暂停。指令为：

赋值[a,¬ a]

启动动画[D,a]

确定。如图 3.20 所示。

绘图区 1 的对象创建完毕，下面创建绘图区 2 的对象。

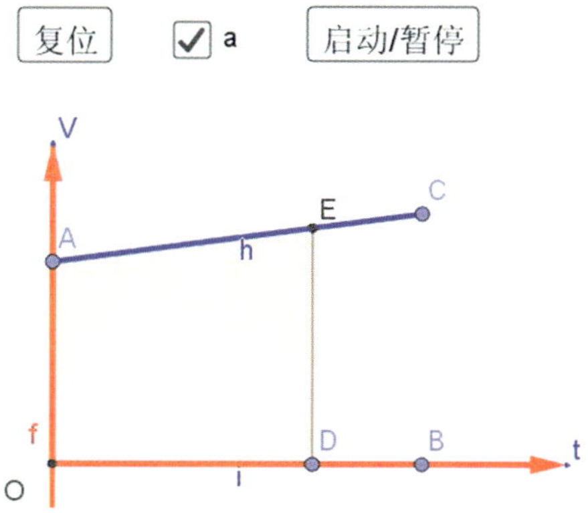

图 3.20　绘图区 1 的显示对象

选择菜单：视图—绘图区 2。在指令栏输入：

(S,y(E))

滚动鼠标缩小视图，看到创建的 F 点。在指令栏输入：

轨迹(F,D)

创建图像，即为对应绘图区 1 速度-时间图像的速度-位移图像。如图 3.21 所示。

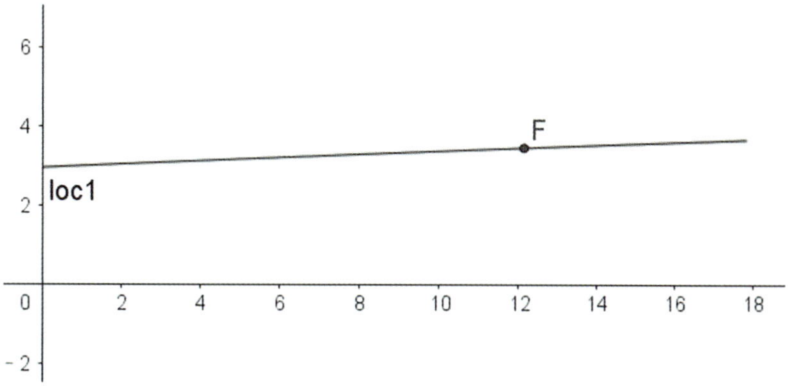

图 3.21　绘图区 2 的对象

修改图像样式，在坐标轴上创建水平和竖直两个向量，和绘图区1一样，这里不再赘述。隐藏不需显示的标签，利用“文本”工具，添加坐标值的标识。积件创建完毕。

【友情提示】

在操作积件时，可以变换成如图3.22所示情景，质点往复运动，对应的速度-位移图像是往返的曲线。这是学生不容易想到的。

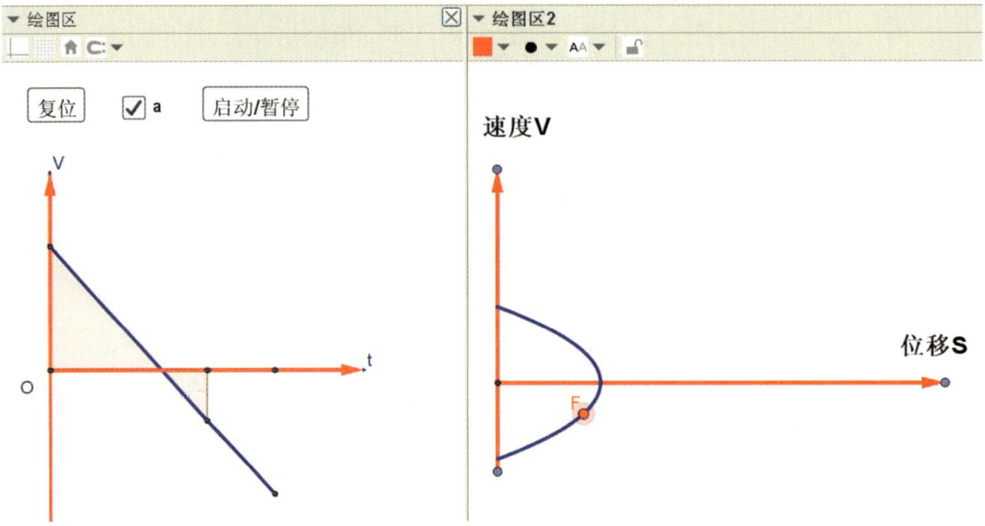

图3.22 往返运动的两类图像

由于纵轴上速度图的点可以移动到负半轴上，出现图3.23的情景，也是合理的。

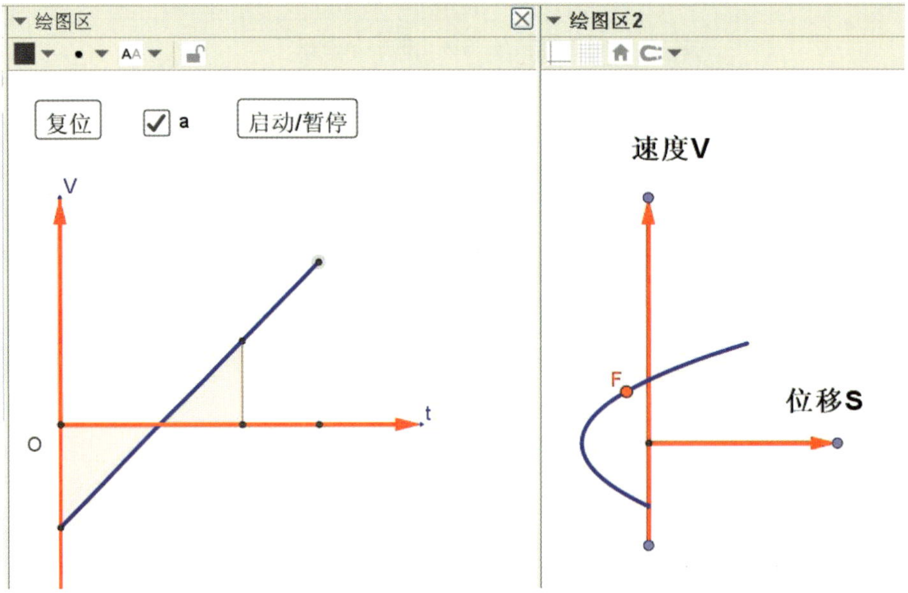

图3.23 往返运动的两类图像

【小结】

本案例的精华是用一个积分值、一个点的纵坐标值,创建一个新的点,该点的轨迹,即为速度-时间图像对应的速度-位移图像。绘制轨击迹用到了“轨迹”指令,也可以用“轨迹”工具,操作是先点击要显示轨迹的点 F,然后再点击控制点 F 移动的点 D。由于有两个窗口,最后图像显示在最后点击的绘图区 1 里。如果需要显示在绘图区 2 里,最好用指令语句创建。

【扫码看视频制作流程】

如果有条件,请扫描二维码观看本积件制作过程的视频。上文介绍的创建方法和二维码关联的视频在创建方法上稍有不同。

图 3.24　制作过程视频二维码

第 4 章　GeoGebra 和《1.3 相互作用》的深度融合

4.1　五个步骤制成平行四边形定则

【设计意图】

本积件要展示如下情境:可以随意调节分力 F_1,F_2的大小和方向,合力 F 会随之改变,如图 4.1 所示。

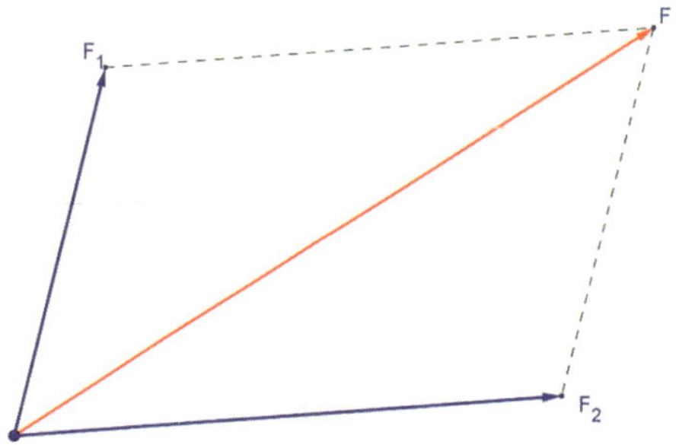

图 4.1　积件场景

【构造详解】

新建一个 GeoGebra 文件,点击“描点”工具,在绘图区创建 A,B,C 三个自由点。选择“向量”工具,创建由 A 到 B、由 A 到 C 的两个向量 u,v,代表两个分力。选择“平移”工具,先点击点 B,再点击向量 v,获得点 B′(注意体会该工具的意义)。再选择“向量”工具,创建由 A 到 B′的向量,它代表合力,如图 4.2 所示。选择“线段”工具联结 BB′,CB′。

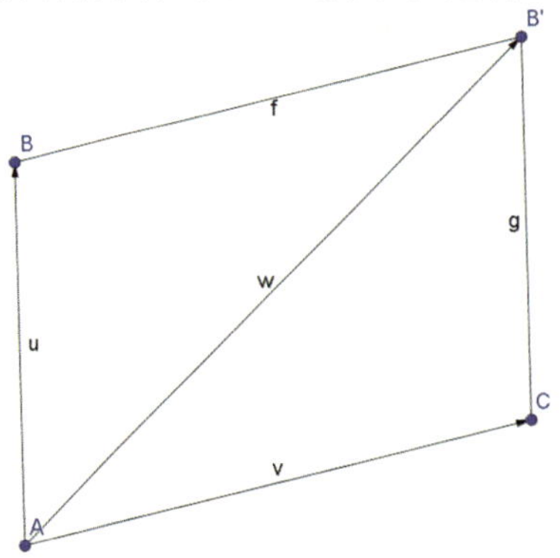

图 4.2　制作过程

【友情提示】

图 4.2 略显粗糙,显然不满足我们的要求,下面进行修饰。首先把对象的名字修改为物理习惯用法,鼠标左键点击点 B 后再点击右键,在快捷菜单里选择“重命名”,输入“F_1”,将来显示为 F_1,符号“_”的输入方法是:在英文状态下,按下 shift 键再按“-”号键,如图 4.3 所示。同理,重命名点 C 为“F_2”,将来显示为 F_2,重命名点 B′为 F。

图 4.3　重命名及其下角标输入法

【方法小集锦 4:对象样式的调节】

现在改变线条粗细、颜色和虚实,点击绘图区窗口左上角的三角符号,选择线段,修改为虚线,如图 4.4 所示。把两个分力的向量调粗一些(调最下方的滑动条),并改变为需要的颜色(点击最左侧的黑色色块进行选择)。隐藏不必要的标签,方法是右键标签,不勾选“显示标签”。拖动分力看看效果如何,你已经做出了第一个产品。关于点的样式调节,参考 1.4.10部分。

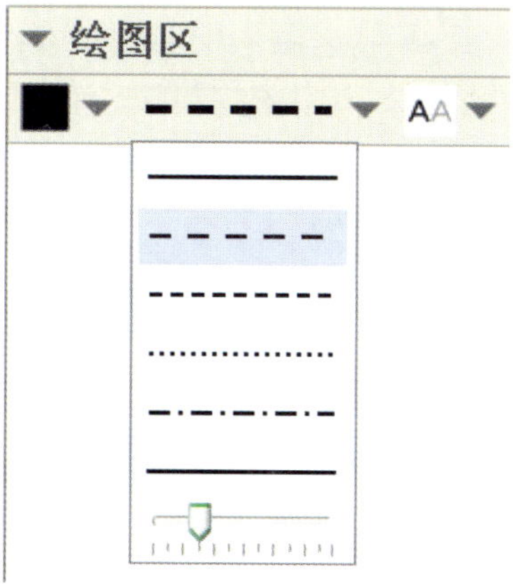

图 4.4　线型设置

【小结】

本案例我们学习了自由点、向量、线段和平移点四个工具的用法,学习了隐藏标签和重命名标签的方法,知道了非常隐蔽的“样式栏”的位置和修饰功能。F_1 的输入方法很特殊,要加强记忆。实践证明,这样通过任务驱动来认识软件的学法是高效的。

【扫码看视频制作流程】

如果有条件,请扫描二维码观看本积件制作过程的视频。

图 4.5 课例视频二维码

4.2 控制变量的平行四边形定则

【设计意图】

本积件要实现如下功能:可以只改变一个分力的大小或者方向(就是控制变量),探究合力变化的特点。如图 4.6 所示,只改变分力 F_2 的方向,不改变它的大小,另一个分力 F_1 保持不变,该积件能显示出合力随角度变化的规律。

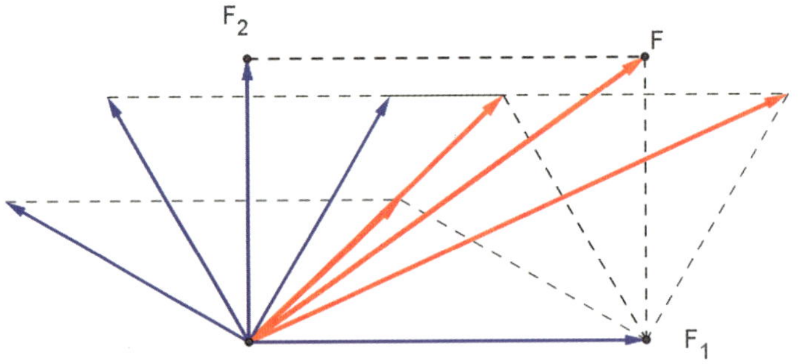

图 4.6 课例场景

图 4.7 控制的变量是只改变分力 F_2 的大小,研究合力变化的特点。这个案例功能多,是不是做起来很复杂呢? 其实不复杂。

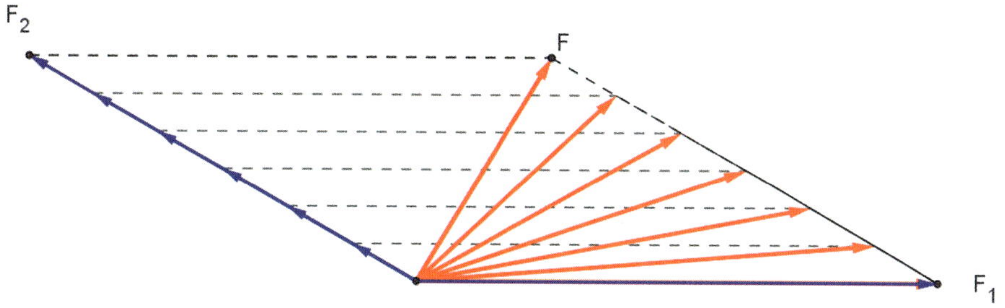

图 4.7　演示效果

【构造详解】

新建一个 GeoGebra 文件，选择“交点”工具，点击坐标原点，创建 A 点；选择“对象上的点”工具，在点 A 右侧 x 坐标轴上创建点 B；选择“圆(圆心与一点)”工具，先点击点 A、再点击点 B，创建圆 c。选择“对象上的点”工具，在圆 c 上点击 2 次，创建点 C 和点 D，用这两个点控制分力的方向；选择“射线”工具，先点击点 A、再点击点 C，创建射线 f；同样的操作创建由点 A 指向点 D 的射线 g。选择“对象上的点”工具，点击射线 f，创建点 E；在射线 g 上创建点 F，用点 E 和点 F 来控制分力的方向。然后创建分力和合力，方法和案例 1 相同，你可以独立完成，也可以按照下面的提示操作。

选择“向量”工具，先点击点 A、再点击点 F，创建向量 u；再创建由 A 指向 E 的向量 v。至此我们获得了第二个分力，下面创建合力。选择“平移”工具，先点击点 E、再点击向量 u，获得点 E′，选择“向量”工具，先点击点 A、再点击点 E′，创建向量 w；向量 w 代表合力。下面作辅助线，选择“线段”工具，先点击点 E、再点击点 E′，创建线段 h；继续点击点 F、再点击点 E′，创建线段 i，如图 4.8 所示。现在请你拖动 C 或者 D 来改变分力的方向(别忘记先点移动工具再拖动)，拖动 E 或 F 改变力的大小，看看效果如何。

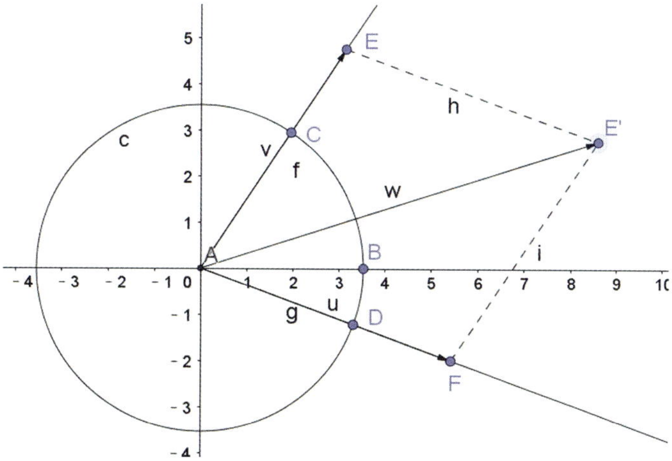

图 4.8　制作过程

【友情提示】

以上图形略显粗糙，下面是修饰工作。选择“移动”工具，在绘图区空白处点击一下，绘图区左上角的样式栏出现几个图标,点击“显示/隐藏坐标轴”图标,隐藏坐标轴。重要提示:选择工具完成操作后,最好点击“移动”工具(按动键盘的 Esc 键同效),再进行调节,初学者往往忽视这一点。重命名点 F 为“F_1”; 重命名点 D 为“F_2”; 重命名点 D′为“F”;隐藏图中其他元素,一定留下控制点 C,D,F_1,F_2。最后的效果如图 4.9 所示。

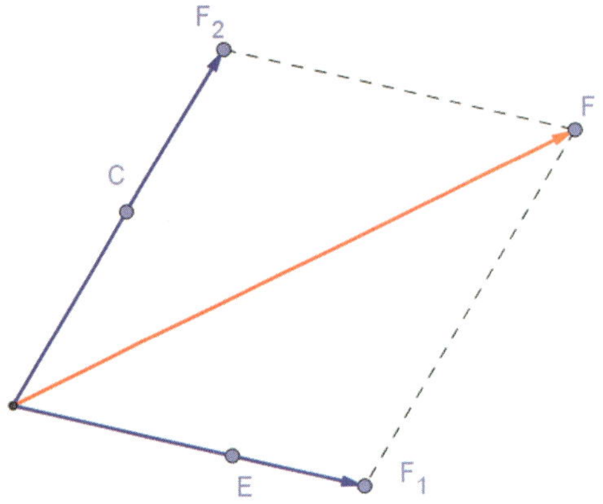

图 4.9　制作过程

【小结】

本案例用到“描点”工具和“对象上的点”工具,我们要加以区分并领悟其真谛。“描点”工具在空白处创建的点是自由的,所创建的点可以在空间里自由移动;“对象上的点”工具创建的点只能在依附的对象上移动。本案例中,点 C,D 附着在圆上,它们只能在圆上移动,用来控制分力的方向;F_1,F_2分别附着在射线上,只能在射线上移动,用来控制分力的大小。梳理清楚其中的逻辑关联,对做出我们想要的图形是十分必要的。提醒,“描点”工具在空白处点击,创建自由点;在对象上点击,创建只能在对象上移动的点;在交点上点击,创建交点,它是集多种功能于一身的。

【扫码看视频制作流程】

如果有条件,请扫描二维码观看本积件制作过程的视频。

图 4.10　制作过程视频二维码

4.3　可调斜面上物体的受力

【设计意图】

本积件展示斜面上静止物体的受力，物体受到的重力不变，斜面的倾角 β 可以改变，受到的支持力和静摩擦力随之变化，让学生从直观上感知力的变化。如图 4.11 所示。由于支持力 N = mgcosβ，在斜面的倾角 β 变大时，cosβ 变小，绘图区 2 展示函数图像，图像上的点横坐标对应 β，纵坐标对应 cosβ，让学生从函数表达式上推理，并和图像相结合，实现数形结合。对于摩擦力的判断也可以用这种办法。

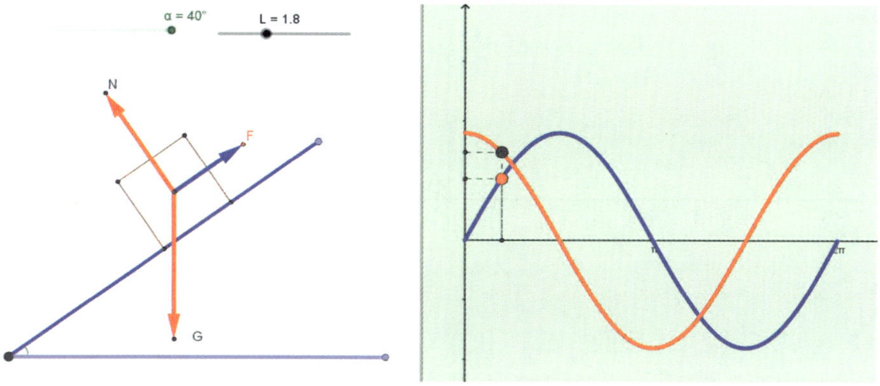

图 4.11　积件界面

本积件中斜面的倾角最大调到物体刚要下滑时的倾角，就不能再增大了，否则物体受到的摩擦力变成滑动摩擦力，积件依然显示静摩擦力，出现科学性错误。重力的大小可以调节，但是方向不能调到竖直向上，避免知识性错误。

【构造详解】

本积件的创建流程如图 4.12 所示。

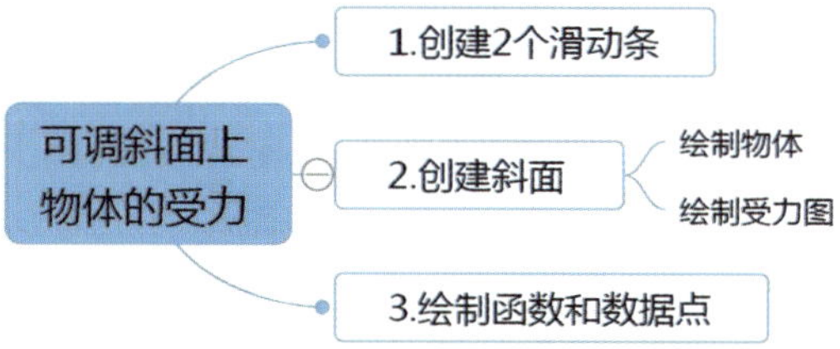

图 4.12　创建流程图（对象互相联系环环相扣）

新建一个 GeoGebra 文件，先创建 2 个滑动条。选择“滑动条”工具，点击绘图区，弹出对话框，名称：α，类型：角度，最小：1°，最大：40°，增量：1°，确定，创建滑动条 α，用来控制斜面倾角的最大值。再创建滑动条 L，名称：L，类型：数值，最小：1，最大：5，增量：0.1，用来控制重力的大小。

下面创建关联滑动条 α 的圆弧。选择“描点”工具，在坐标原点创建点 A；在横坐标的正方向创建点 B。选择“旋转”工具，先后点击点 B 和点 A，弹出对话框，在角度栏输入 α，点选“逆时针”，确定，创建点 B′。选择“圆弧”工具，先点击点 A，再依次点击点 B 和点 B′，创建圆弧 c。如图 4.13 所示。

下面创建斜面。选择“描点”工具，在圆弧 c 上创建点 C；选择“线段”工具，先后点击点 A 和点 C，创建线段 f。如图 4.13 所示。线段 f 表示斜面，由于点 C 只能在圆弧 c 上移动，这就限制了表示斜面的线段 f 的倾角不会超过 α。

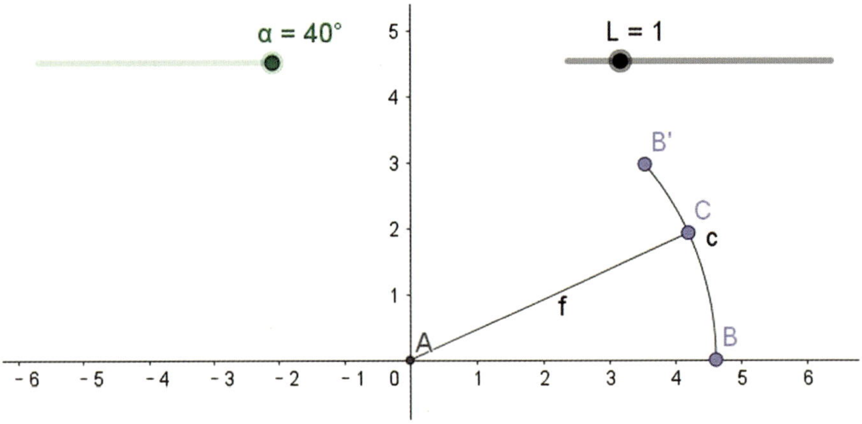

图 4.13　创建过程

选择“中点”工具，先后点击点 A 和点 C，创建点 D。下面创建斜面上的物体。第一步，选择“定长线段”工具，点击点 D，在弹出的对话框里，输入：1，确定，创建点 E。第二步，选择“圆(圆心与一点)”工具，先后点击点 D 和点 E，创建圆 d。第三步，选择“交点”工具，点击线段 f 和圆 d 右上方的交点，创建点 F。第四步，选择“正多边形”工具，先后点击点 D 和点 F，在弹出的对话框里输入：4，确定，创建正方形：poly1，它表示斜面上物体。如图 4.14 所示。隐藏不需要显示的辅助对象：点 E、圆 d、线段 g。

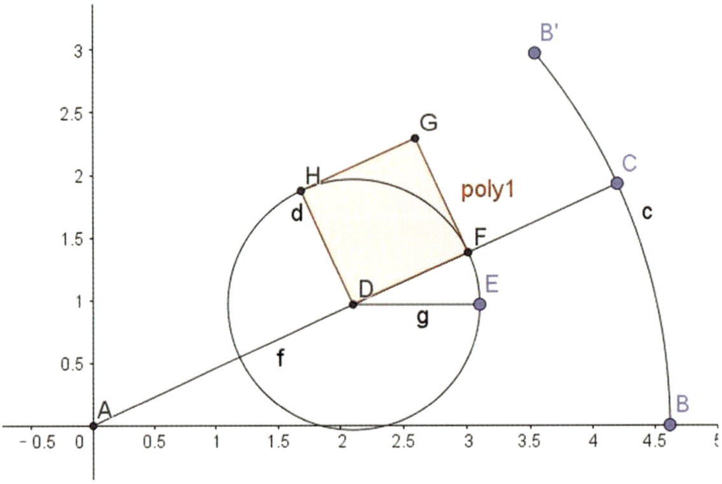

图 4.14　创建斜面上的物体

下面创建物体的重心和重力。选择“中点”工具，先后点击点 D 和点 G，创建中点，重命名为 M，表示物体的重心。在指令栏输入：

(x(M),y(M)-L)

这种提取某一点的坐标,创建新点的方法很重要。

创建点,重命名为 G。由于和正方向的一个顶点 G 重名,系统自动重命名正方向的顶点 G 为 G_1。同一积件中的对象名具有唯一性。选择“向量”工具,先后点击点 M 和点 G,创建向量 u,向量 u 表示重力。如图 4.15 所示。

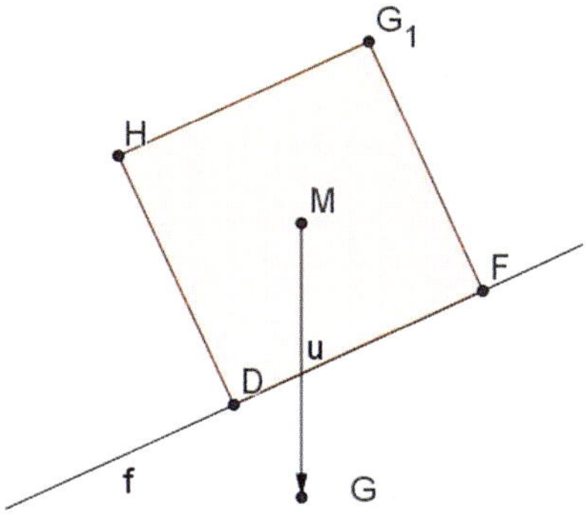

图 4.15　创建重力

下面创建物体受到的弹力和摩擦力。方法繁而不难。选择“中心对称”工具,先后点击点 G 和点 M,创建点 G′。

选择“垂线”工具,先后点击点 M 和线 f,创建直线 l。再先后点击点 M 和直线 l,创建直线 m。再先后点击点 G′和直线 l,创建直线 p。再先后点击点 G′和直线 m,创建直线 q。如图 4.16 所示。以上操作涉及点和线较多,容易混淆,大家理解绘制即可。

选择“交点”工具,点击直线 l 和直线 q 的交点,重命名为 N;再点击直线 q 和直线 m 的交点,重命名为 F(注意拖动滑动条 L,使交点离开物体的边界)。选择“向量”工具,先后点击点 M 和点 N,创建向量 v,表示支持力;再先后点击点 M 和点 F,创建向量 w 表示摩擦力。如图 4.16 所示,隐藏四条直线:l,m,p,q。

隐藏坐标系,选择“线段”工具,创建点 A 到 B 的线段 r。现在已经搭建了积件的雏形。下面创建斜面倾角 β,选择“角度”工具,先后点击点 B、点 A 和点 C,创建角度 β。如图 4.17 所示。

下面绘制函数图像。选择菜单:视图—绘图区 2,坐标轴的样式的设定这里从略,详情看视频。在指令栏分别输入:

函数(Lcos(x),0,2 π)

函数(Lsin(x),0,2 π)

创建区间函数。在指令栏输入:

(β,0)

创建点,重命名为 P。

选择“垂线”工具,先后点击点 P 和横坐标,创建直线 a。选择“交点”工具,分别点击直线 a 和两个函数的交点,创建点 I 和点 J。选择“垂线”工具,先后点击点 I 和直线 a,创建直线 b;再先后点击点 J 和直线 a,创建直线 e。选择“交点”工具,分别点击纵坐标和直线 b、直线 e 的交点,创建点 K 和点 O。如图 4.18 所示。隐藏三条直线,选择“线段”工具

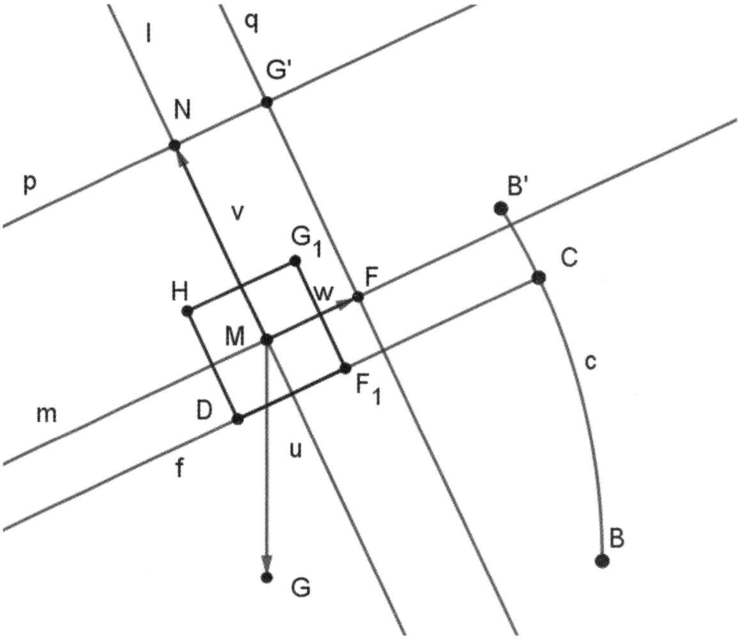

图 4.16　创建过程

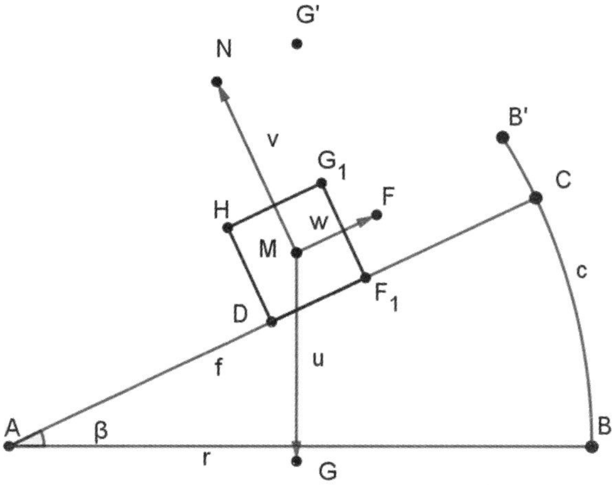

图 4.17　创建过程

,选择样式为虚线,联结 IK,IP,JO,JP。

隐藏不需要显示的标签,修改力和图像的样式,积件创建完毕,如图 4.18 所示。

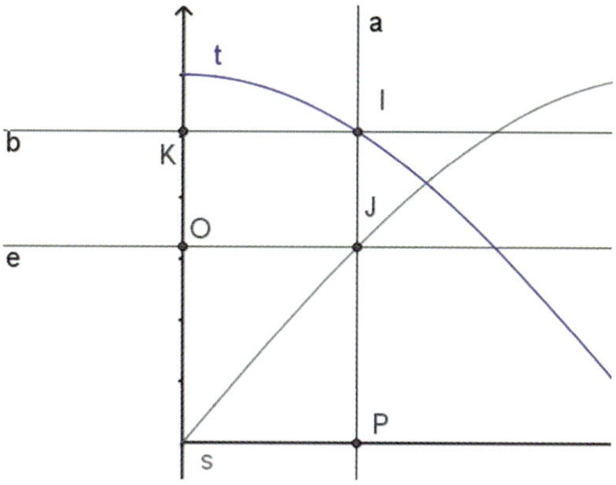

图 4.18　创建过程

【友情提示】

如何区分“中点”工具和“中心对称”工具呢？举例说明，如图 4.19 所示，对于点 A 和点 B，如果选择“中点”工具，先后点击点 A 和点 B，创建点 A 和点 B 的中点 C。选择“中心对称”工具，先后点击点 A 和点 B，创建点 A 关于点 B 点对称的点 A′。大家从这个例子中去体会两个工具的区别。

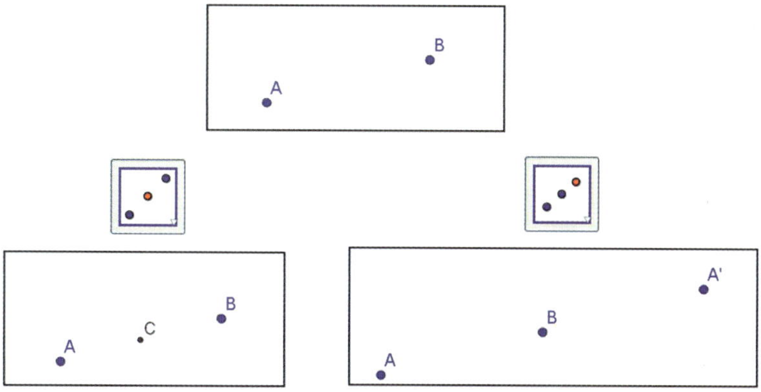

图 4.19　区分中点工具和中心对称工具

物体的创建流程很典型。我们在线段 f 上直接创建点 E，再创建多边形表示物体，不是更简单吗？这样会出“意外”，由于点 E 是可以沿着线段移动的，如果移动了，就会出现物体在斜面下部的意外发生，如图 4.20 所示。这是要避免的。

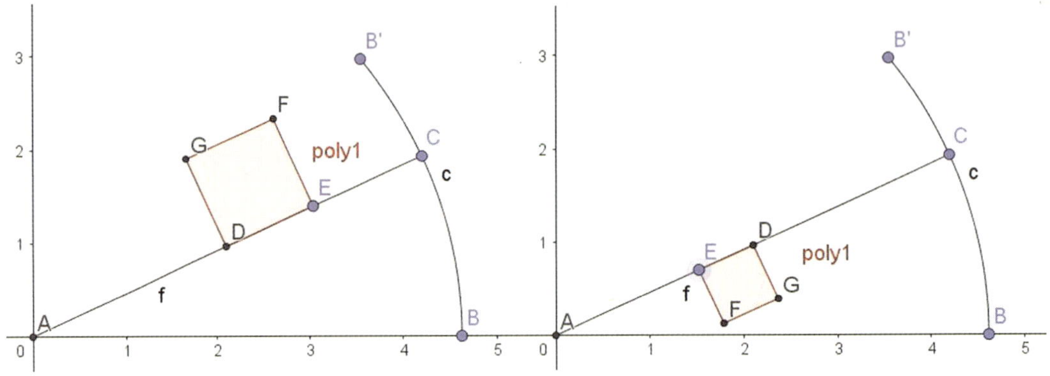

图 4.20　创建过程

【小结】

本案例的对象是环环相扣的,注意它们的逻辑关联。滑动条 α 为斜面倾角设限,物体创建在斜面上,受力的大小和方向受制于斜面的倾角。这个案例还涉及一些重要的操作,如坐标轴的设置、物体的创建、区间函数的创建、重力和滑动条的关联(提取点坐标)、力和图像的关联等。

【扫码看视频制作流程】

如果有条件,请扫描二维码观看本积件制作过程的视频。

图 4.21　制作过程视频二维码

4.4　静力学动态平衡题型 1——A 绳定 B 绳转

【设计意图】

本积件要展示静力学的一类动态分析问题,如图 4.22 所示,物体 O 被两根细绳悬挂,左绳子端点固定,右边绳子的端点可以沿着圆弧轨道移动,积件能够显示在动态变化过程中,两根绳子的拉力如何变化。

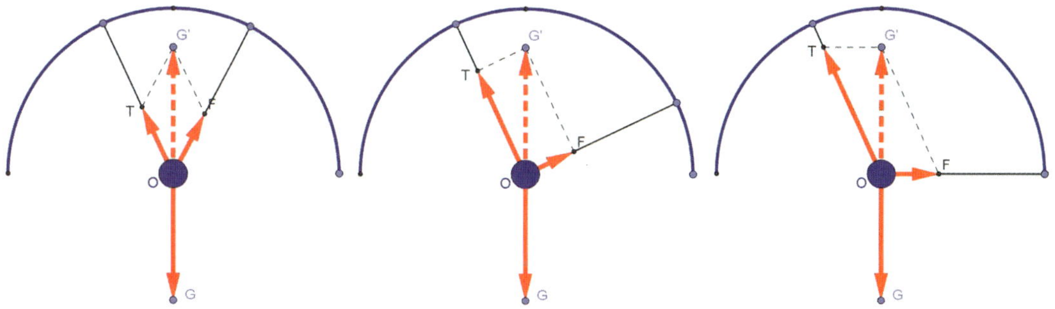

图 4.22　演示动态情景

本积件的难点是如何避免不符合实际的现象发生。流程图如图 4.23 所示。

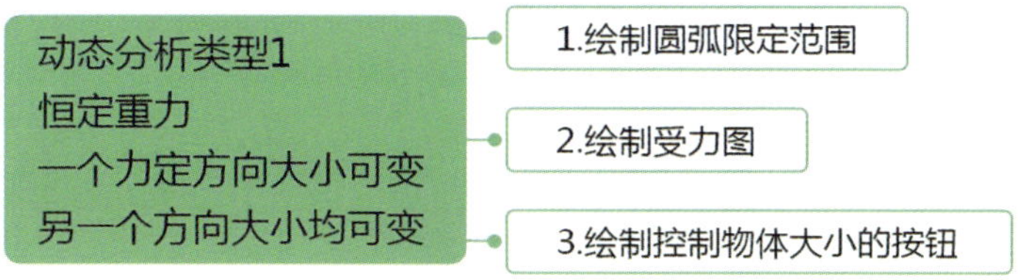

图 4.23　积件的类型和创建的流程图

【构造详解】

新建一个 GeoGebra 文件,选择“描点”工具,在坐标原点创建点,重命名为 O。再选择“描点”工具,在横坐标的正方向创建点 A。选择“圆(圆心与一点)”工具,先后点击点 O 和点 A,创建圆 c。选择“交点”工具,点击圆 c 和纵坐标的上交点,创建点 B;点击圆 c 和横坐标的左交点,创建点 C。如图 4.24 所示。

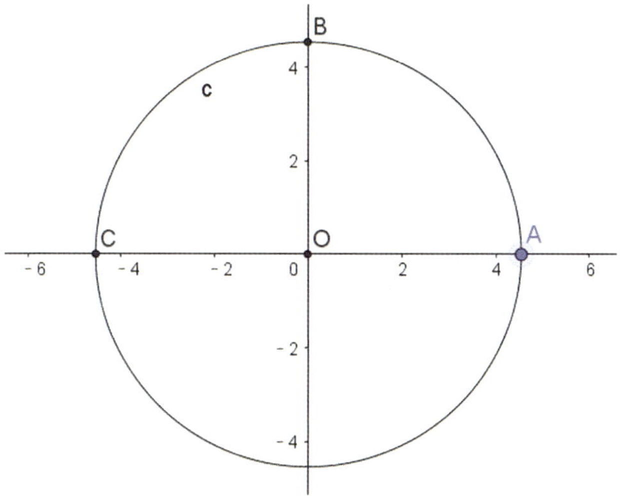

图 4.24　创建过程

隐藏圆 c。选择“圆弧”工具,先后点击点 O、点 A 和点 B,创建圆弧 d;再先后点击点 O、点 B 和点 C,创建圆弧 e。选择“对象上的点”工具,在圆弧 d 上创建点 D;在圆弧 e 上创建点 E。点 E 和点 D 被限定在左右圆弧上,作为绳子的端点。选择“对象上的点”工具，在纵坐标的负半轴创建点，重命名为G。选择“向量”工具，先后点击点O和点G，创建向量u，向量u表示重力矢量，修改其样式为粗红矢量。选择“射线”工具，先后点击点O和点D，创建射线f；再先后点击点O和点E，创建射线g。如图4.25所示。

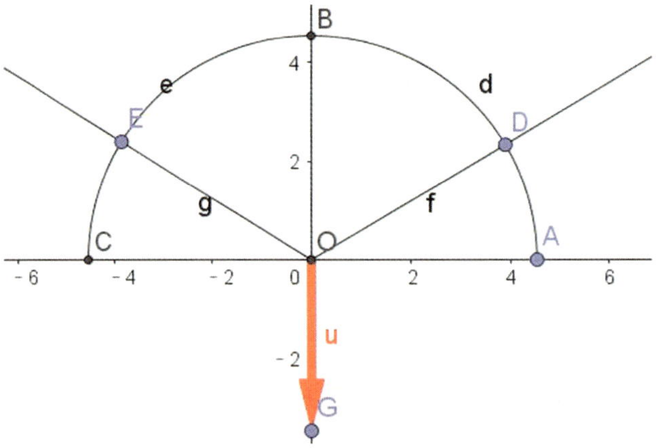

图4.25　创建过程

选择“中心对称”工具，先后点击点G和点O，创建点G′。选择“平行线”工具，先后点击点G′和射线f，创建直线h；再先后点击点G′和射线g，创建直线i。选择“交点”工具，点击射线f和直线i的交点，创建点F；再点击射线g和直线h的交点，创建点并重命名为T。选择“向量”工具，先后点击点O和点F，创建向量v，表示绳子的拉力；再先后点击点O和点T，创建向量w，表示另一根绳子的张力。修改向量v和向量w的样式为粗红向量。如图4.26所示。

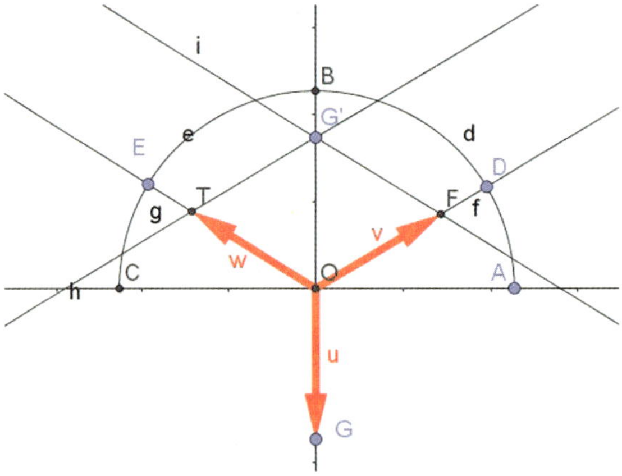

图4.26　创建过程

隐藏坐标系和射线、直线。选择“线段”工具，联结点O和点D，创建线段j；联结点O和点E，创建线段k；线段j和线段k表示两根绳子。选择“线段”工具，样式选为虚线，联结点F和点G′、联结点T和点G′，创建两线段表示平行四边形的两个边。选择“向量”工具，先后点击点O和点G′，创建向量，修改样式为粗虚线向量。如图4.27所示。

隐藏不需要显示的标签。点O表示被悬挂的物体，应该调大一点，但样式栏的滑动条达到的尺寸有限，我们采用指令完成。在指令栏输入：

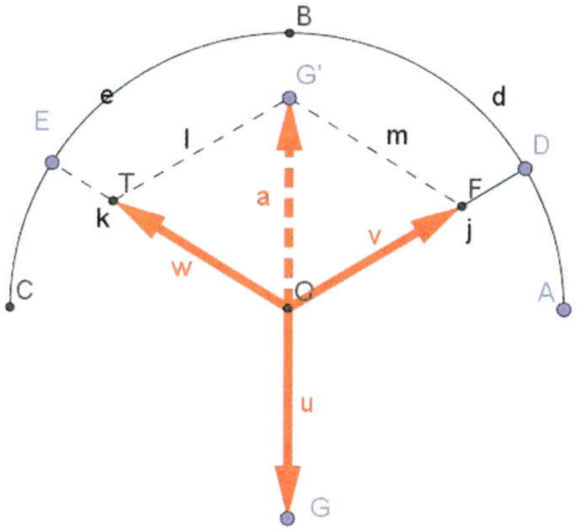

图 4.27　创建过程

设置点径[O,20]

【友情提示】

小方法集锦

【方法小集锦 5:如何让点变得很大】

积件的严密性是创建过程中必须考虑的要素,在本积件中,不要让端点移动到同一侧,所以我们把绳子的端点限定在左右两个四分之一圆弧上。力的分解用到的交点是建立在射线上,避免四边形消失,或者有使用者把重力调成向上(本积件没有限定),此积件不再显示四边形。

本积件用到了指令:设置点径。

指令“设置点径”语法是:

设置点径(<点|多边形|多面体|展开图>, <数字 0 ~9>)

后面的数字可以超过 9。这样可以使得点大一些,用来表示物体。

【小结】

本案例利用点和线的逻辑关联实现了动态分析的力的变化,最后场景中出现的对象是受到背后隐藏对象制约的,注意理解它们的逻辑关联。

【扫码看视频制作流程】

如果有条件,请扫描二维码观看本积件制作过程的视频。在视频中用到滑动条和按钮来调节物体的大小,和上文中稍有不同。

图 4.28　制作过程视频二维码

4.5　静力学动态平衡题型 2——斜面挡板夹球

【设计意图】

本积件要展示如图 4.29 所示情景，球被夹在斜面和挡板之间，挡板旋转时，球受到的力发生变化。用滑动条来控制球的大小和重力的大小。

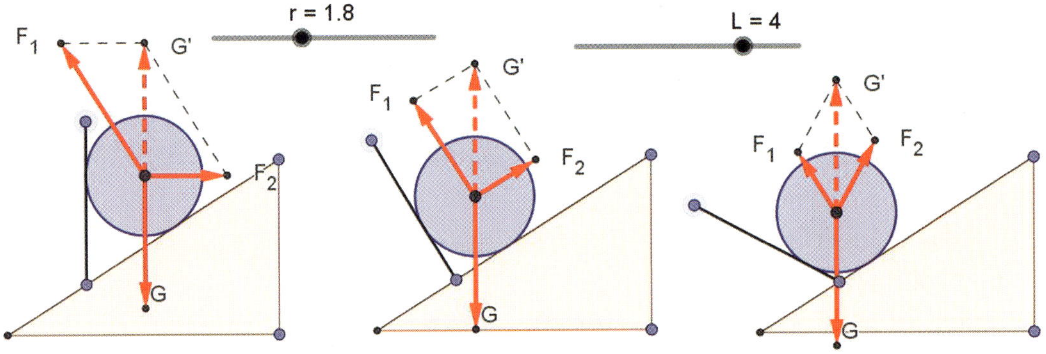

图 4.29　情景展示

【构造详解】

新建一个 GeoGebra 文件，选择“描点”工具，在坐标原点创建点 A；在横坐标的正方向创建点 B。选择“垂线”工具，先后点击点 B 和横坐标，创建直线 f。选择“对象上的点”工具，在直线 f 的上方创建点 C。选择“线段”工具，先后点击点 A 和点 C，创建线段 g，线段 g 表示斜面。如图 4.30 所示。

选择“滑动条”工具，创建滑动条，名称：r，最小：1，最大：3，确定。选择“对象上的点”工具，在线段 g 上创建点 D。选择“平行线”工具，先后点击点 D 和纵坐标，创建直线 h。选择“对象上的点”工具，在直线 h 上创建点 E。选择“旋转”工具，先后点击点 E 和点 D，在弹出的对话框里，角度：90°，类型：逆时针，确定，创建点 E′。选择“圆弧”工具，先后

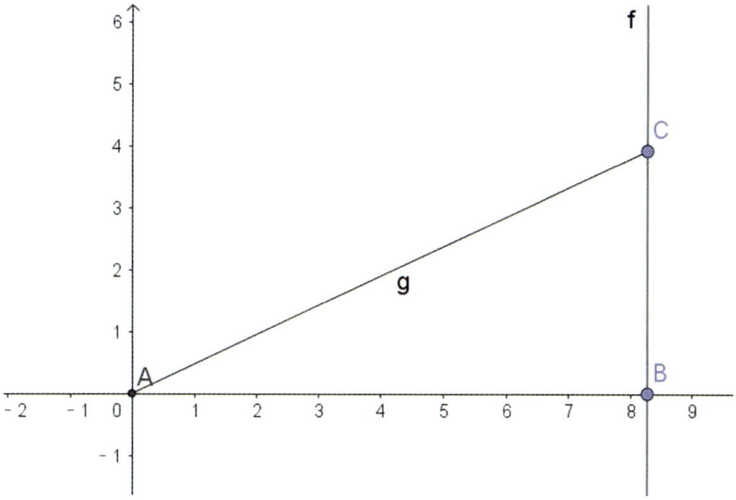

图4.30　创建过程

点击点D、点E和点E′,创建圆弧c,圆弧c限定挡板的转动范围。选择“对象上的点”工具,在圆弧c上创建点F。选择“线段”工具,先后点击点D和点F,创建线段i,线段i表示挡板。如图4.31所示。

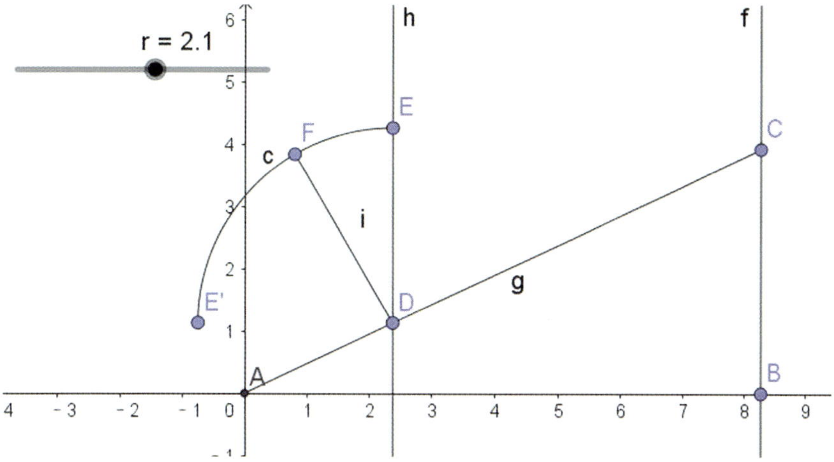

图4.31　创建过程

隐藏直线h和圆弧c。下面是本积件的难点:创建随挡板转动的圆。先创建一条平行于线段g且与线段g的距离为r的直线I。选择“垂线”工具,先后点击点D和线段g,创建直线j。选择“定长线段”工具,点击点D,在弹出的对话框里输入:r,确定,创建点G和线段k。选择“圆(圆心与一点)”工具,先后点击点D和点G,创建圆d。选择“交点”工具,点击圆d和直线j的上交点,创建点H。选择“平行线”工具,先后点击点H和线段g,创建直线l(L的小写,容易和数字1搞混),修改样式为虚线,如图4.32所示。

隐藏圆d、线段k、直线h和点G。选择“角平分线”工具,先后点击点C、点D和点F,创建直线m,修改样式为虚线。选择“交点”工具,点击直线m和直线l的交点,创建点,重命名为M。点M即为与斜面、挡板相切的半径为r的圆,请用几何知识证明之,以便为操作提供理论支持。选择“定长线段”工具,点击点M,在弹出的对话框里输入:r,创建点J

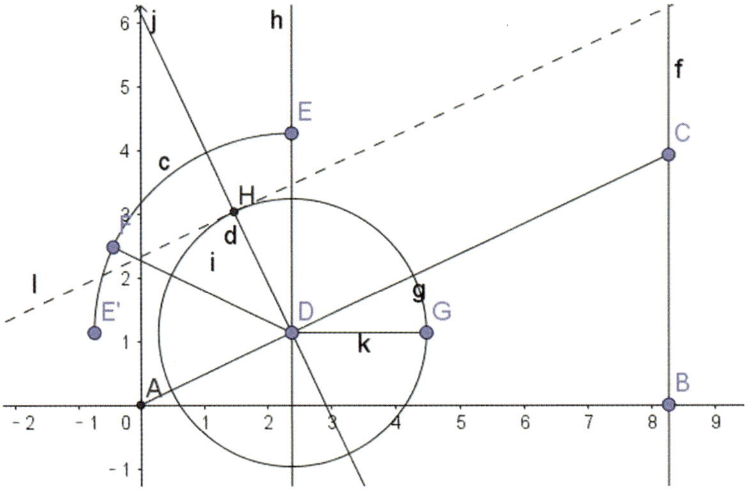

图 4.32 创建过程

和线段 n。选择“圆(圆心与一点)”工具,先后点击点 M 和点 J,创建圆 e,圆 e 表示斜面和挡板之间的球。如图 4.33 所示。

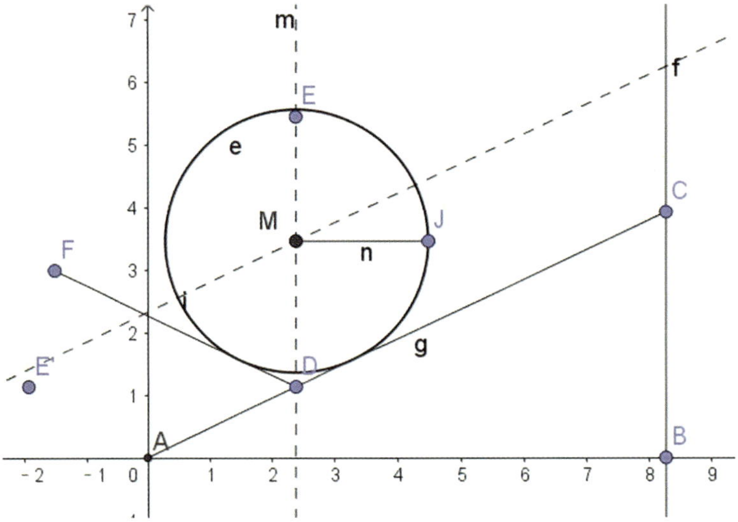

图 4.33 创建过程

小方集法锦

【方法小集锦 6:三力平衡绘图法】

隐藏坐标系和绘图区的直线。下面要创建三力平衡的受力图,这种情况今后会经常遇到,所以编了一个顺口溜,便于记忆和操作,如图 4.34 所示。今后再遇到这种作图,请读者参阅本节内容,文中就不再赘述了。

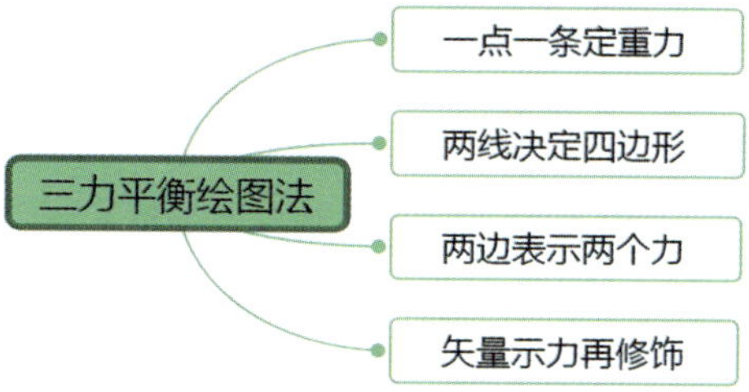

图 4.34　创建三力平衡的受力图的流程图

第一步：一点一条定重力

释义：先创建滑动条 L，确定物体重心 M，再创建点 M 下方 L 处的点 G，再用向量工具创建重力。

结合本积件讲解。选择“滑动条”工具，点击绘图区，弹出的对话框，名称：L，类型：数值，最小：1，最大：5，增量：0.1，确定。创建滑动条 L，用来控制重力大小。

在指令栏输入：

(x(M),y(M)-L)

重命名为 G。选择“向量”工具，先后点击点 M 和点 G，创建向量 u，表示重力。修改向量 u 的样式为加粗的红色矢量。如图 4.35 所示。

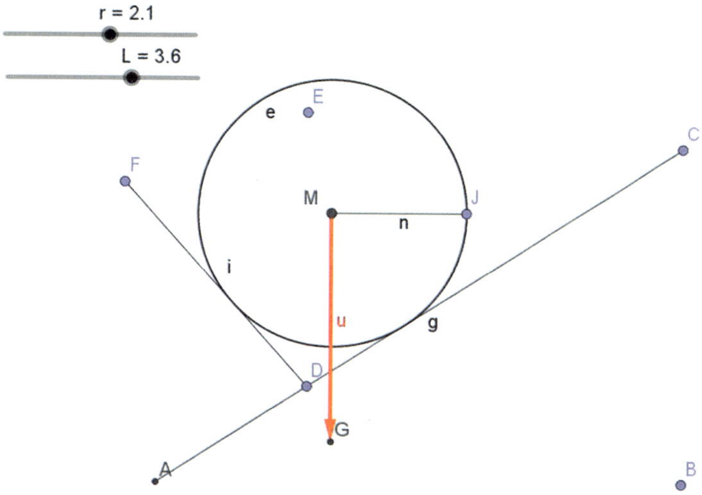

图 4.35　创建过程

第二步：两线决定四边形

释义：重力矢量确定后，再确定另外两个力的方向，就可以创建平行四边形了。

结合本积件讲解。这里对象较多，我们梳理：2 条垂线、2 条平行线、2 个交点、2 个向量。选择“中心对称”工具，先后点击点 G 和点 M，创建点 G′。选择“垂线”工具，创建过 G′垂直于线段 g 的直线 p；创建过 G′垂直于线段（挡板）的直线 q，图中用粗实线标识。选择“平行线”工具，创建过点 G′平行于直线 p 的直线 s；创建过点 G′平行于直线 q 的直线 t；图中用虚线标识。这样就得到了平行四边形。选择“交点”工具，创建直线 p 和直线 t 的交点，重命名为 F_1（输入：F_1）；创建直线 s 和直线 q 的交点，重命名为 F_2（输入：F_2）。如图

4.36 所示。提醒：点 F_1 和点 F_2 要远离圆，避免找错交点。

第三步：两边表示两个力

释义：根据平行四边形，根据力的合成知识，就能确定除了重力之外的另外两个力。

结合本积件讲解。选择“向量”工具，先后点击点 M 和点 G′，创建向量 v，表示两个弹力的合力；先后点击点 M 和点 F_1，创建向量 w 表示一个弹力；先后点击点 M 和点 F_2，创建向量 a 表示另一个弹力。如图 4.36 所示。

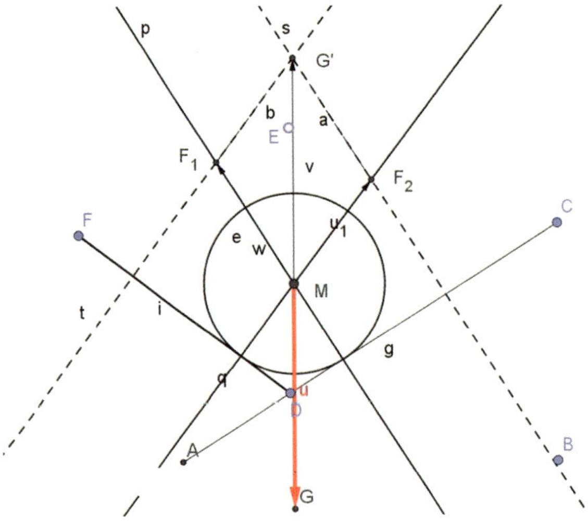

图 4.36 创建过程

第四步：矢量示力再修饰

释义：绘制的几个矢量表示力，修改样式，隐藏不需要的对象，为四边形添加其他边。

结合本积件讲解。隐藏绘图区的四条直线。选择“线段”工具，样式选虚线，联结点 G′和点 F_1、联结点 G′和点 F_2。再修改各个力的样式。修改圆 e 的颜色和虚实度，表示球。

至此三个力创建完毕。

选择“多边形”工具，依次点击点 A，B，C，A，创建表示斜面的多边形。如图 4.37 所示，隐藏不需显示的标签。

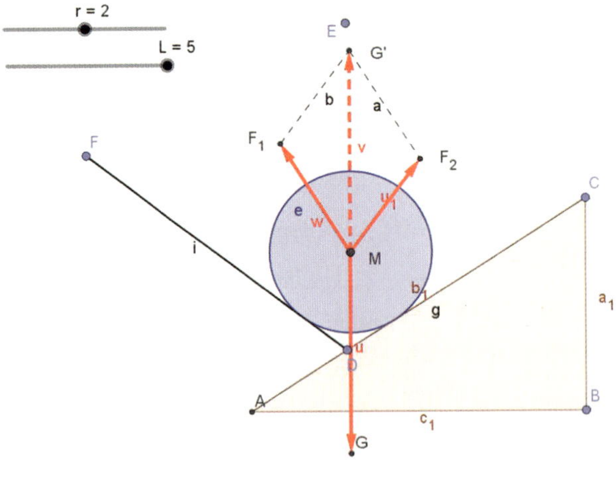

图 4.37 创建过程

【友情提示】

积件中创建和挡板、斜面相切的圆是难点。我们利用两线交点定圆心，一条线是挡板和斜面之间的对角线，一条线是与斜面平行、间距为球半径的直线，也可以是与挡板平行、间距为球半径的直线。上面任意两条线都可以确定圆心，对角线可以一步创建，另外两条线需要 5 个步骤，所以采用对角线和一条平行线来定圆心。

您可以参照本积件的创建方法，完成下面情景的创建。如图 4.38 所示，球被夹在竖直墙壁和挡板之间，挡板旋转，显示球受力的变化，注意限定挡板的转动范围。

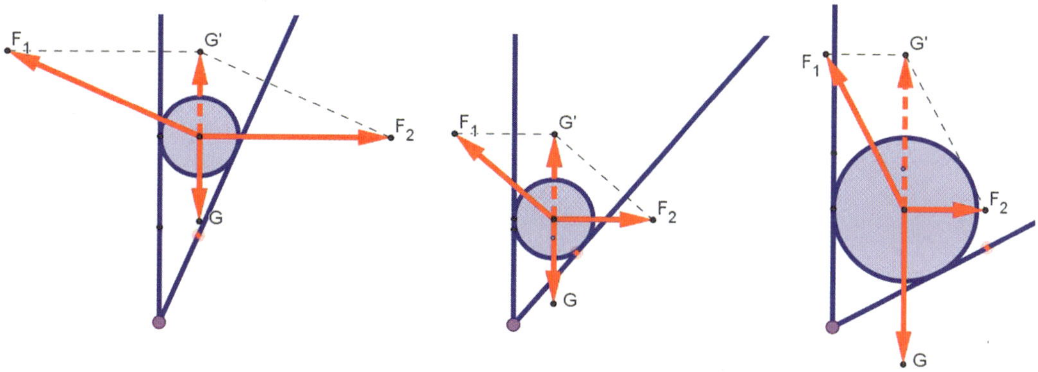

图 4.38　活学活用

【小结】

本案例中对象的逻辑关系缜密，“幕后对象”多，显示的少，增加了创建的难度。“创建三力平衡的受力图”的步骤在后面的积件中常遇到，要娴熟。本节介绍详尽，后续遇到类似操作，请参阅本节，文中不再赘述。

【扫码看视频制作流程】

如果有条件，请扫描二维码观看本积件制作过程的视频。

图 4.39　制作过程视频二维码

4.6 静力学动态平衡题型 3——可动斜面和吊球的作用

【设计意图】

本积件要展示的情景如图 4.40 所示，细绳一端固定，另一端连一球，球放置在斜面上，不考虑球受到的摩擦。当斜面缓慢向左运动时，球受到的力发生变化，积件展示各力的变化过程。

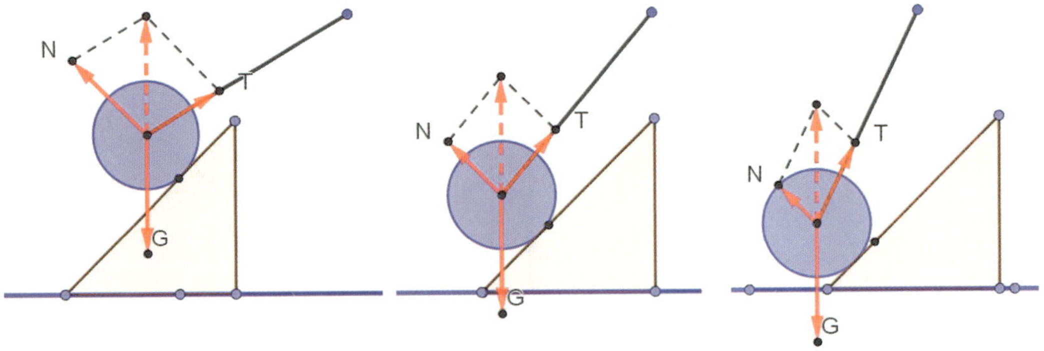

图 4.40 展示球受力的变化过程

【构造详解】

新建一个 GeoGebra 文件，选择"对象上的点"工具，在横坐标的正方向分别创建点 A 和点 B。隐藏网格和坐标系，选择"线段"工具，先后点击点 A 和点 B，创建线段 f。选择"对象上的点"工具，在线段 f 上创建点 C。选择"垂线"工具，先后点击点 C 和线段 f，创建直线 g。选择"对象上的点"工具，在直线 g 上创建点 D。选择"旋转"工具，先后点击点 D 和点 C，点击绘图区，在弹出的对话框里，角度：90°，类型：逆时针，确定，创建点 D′。隐藏直线 g。选择"线段"工具，联结点 D′和 C；联结点 C 和 D；联结点 D 和 D′，得到三条线段表示斜面。如图 4.41 所示。注意，先不要用多边形工具填充斜面内部，否则出现对象重叠，造成难以选中的现象。

选择"圆(圆心与一点)"工具，在点 D 的右上方点击，再点击斜面左上方的空白处(不可点在斜面上，否则将失去圆 c 的独立性)，创建圆 c。如图 4.41 所示。

下面要创建一个圆，要和斜面相切，又要在圆 c 上，这是难点部分。选择"交点"工具，点击圆 c 和斜面 j 的交点，创建点 G。选择"滑动条"工具，点击绘图区，弹出的对话框，名称：r，类型：数值，最小：0.01，最大：3，增量：0.1，确定，创建滑动条 r，用来控制球的半径。

下面创建的方法比视频中的方法简洁一些，原因是选用的工具不同。

选择"圆(圆心与半径)"工具，点击点 G，在弹出的对话框里，输入：r，确定，创建圆 d。选择"垂线"工具，先后点击点 G 和斜面 j，创建直线 k；再点击圆 d 和直线 k 的交点、直线 k，创建直线 l(L 的小写，很像数字 1)。选择"交点"工具，点击直线 l 和大圆 c 的交点，创

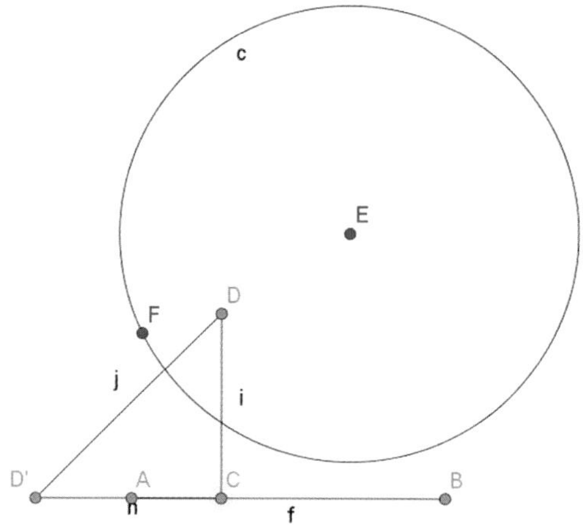

图 4.41　创建过程

建点,重命名为 M。选择“圆(圆心与半径)”工具,点击点 M,在弹出的对话框里,输入:r,创建圆 e,圆 e 就是满足要求的球。要放大视图进行操作。如图 4.42 所示.

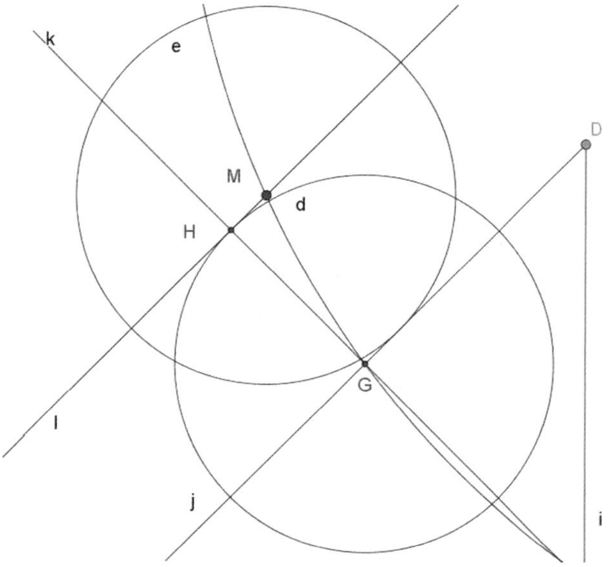

图 4.42　创建过程

隐藏圆 d、直线 k 和 l。选择“垂线”工具,样式选虚线,点击点 M 和斜面 j,创建直线 m。选择“射线”工具,先后点击点 M 和点 E,创建射线 n。如图 4.43 所示。球的重心 M 和另外两个力的方向(直线 m 和射线 n)已经确定,用前面所述的四步法绘制出球受到的三个力,这里不再赘述。

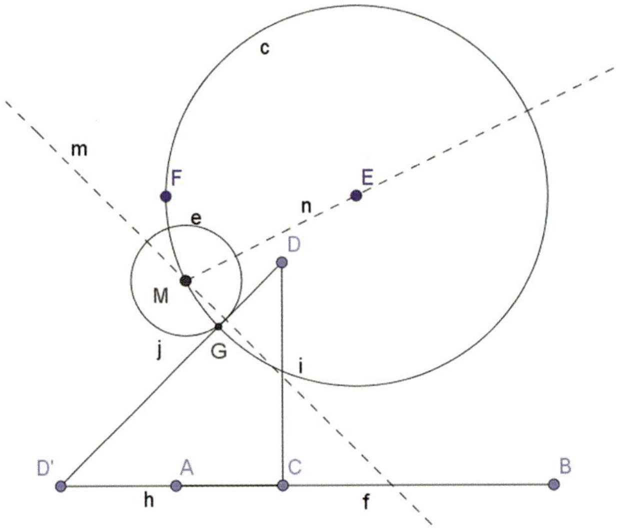

图 4.43 创建过程

如图 4.44 为绘制完受力图的情景。下面是关键的一步:调试工作,避免球消失或者和地面相交的现象发生。向右拖动点 C,球快接触地面时,移动点 B 到此时点 C 的位置;向左拖动点 C,球快离开地面时,移动点 A 到此时点 C 的位置。必要时移动小球的悬点 E 和点 F_1 的位置。点 F_1 原来的名字是 F,因后面重命名了 F,系统自动改名为 F_1。

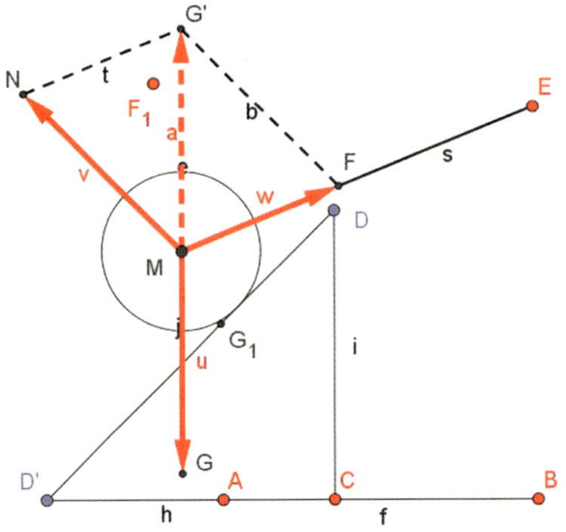

图 4.44 创建过程

下面是收尾工作。显示坐标轴,选择"对象上的点"工具,在横坐标上点 A 的外侧创建点 I;在点 B 的外侧创建点 J。隐藏坐标系。选择"线段"工具,选样式为粗蓝实线,联结点 I 和点 J,创建线段表示水平面。选择"多边形"工具,点击斜面的三个顶点(最后要点击起始点),填充斜面。选择球,在样式栏通过滑动条填充内部。隐藏不需要显示的标签。如图 4.45 所示。创建完毕。

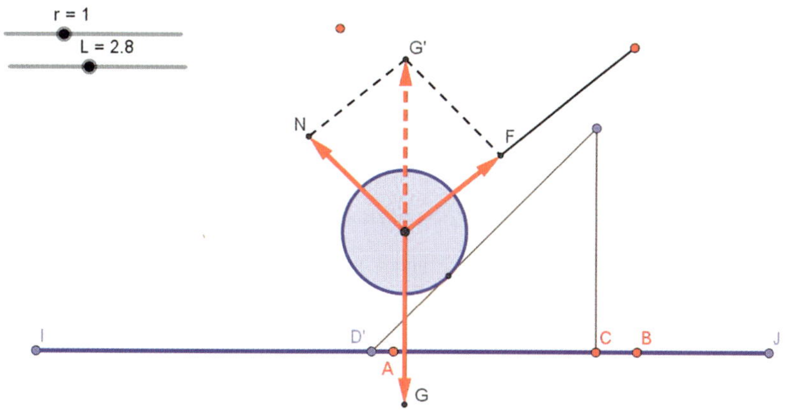

图 4.45　创建过程

【友情提示】

作球的几何依据是，球的圆心在圆 c 上；球心到斜面的距离为 r。只要创建一条与斜面之间的距离等于 r 的直线，该直线与圆 c 的交点，即为球的圆心。

本积件最后之所以能够调试，是由于前期创建的某些点不是定点，这些点有一定的调节范围，因此，创建积件前要通盘考虑。

【小结】

本案例的对象环环相扣，注意理解它们的逻辑关联。

【扫码看视频制作流程】

如果有条件，请扫描二维码观看本积件制作过程的视频。

图 4.46　制作过程视频二维码

4.7 静力学动态平衡题型 4——竖直板推球沿弧面上升

【设计意图】

本积件要展示的场景是,光滑球放在圆弧槽内,用竖直挡板推球,使球缓慢上升,显示运动过程中球受到的力及其变化,如图 4.47 所示。用四个滑动条来调试场景,使积件更具有灵活性,避免科学性错误。复选框控制受力图的显示或者隐藏,便于课堂教学使用。还有使用说明,便于推广使用。

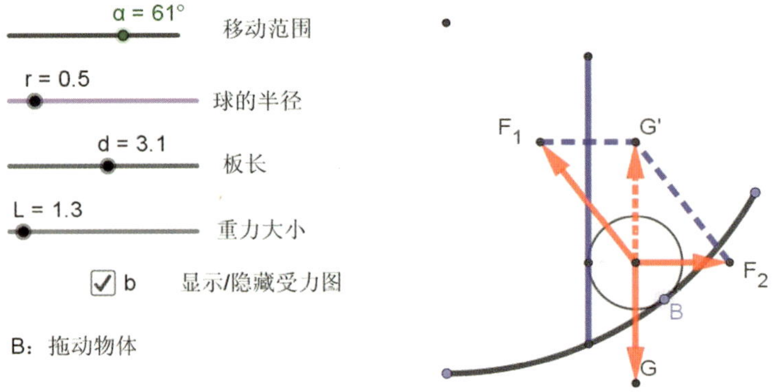

图 4.47 控制对象和场景

【构造详解】

新建一个 GeoGebra 文件,选择"描点"工具,在坐标原点创建点,重命名为 O。选择"描点"工具,在纵坐标的负方向创建点 A。选择"滑动条"工具,点击绘图区,弹出对话框,类型:角度,名称:α,最小:0°,最大:9 0°,增量:1°,确定。选择"旋转"工具,先后点击点 A 和点 O,创建点 A′。选择"圆弧"工具,先后点击点 O、点 A 和点 A′,创建圆弧 c。选择"描点"工具,在圆弧 c 上创建点 B。如图 4.48 所示。

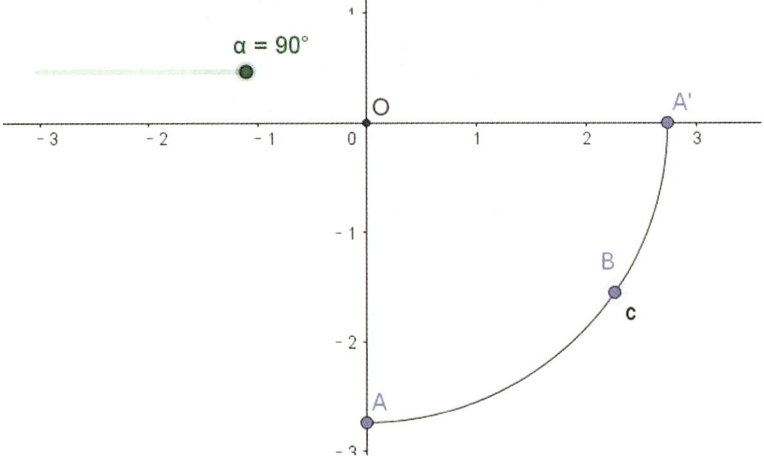

图 4.48 创建过程

选择"滑动条"工具，点击绘图区，弹出的对话框，类型：数值，名称：r，最小：0.1，最大：3，增量：0.1，确定。选择"射线"工具，先后点击点 B 和点 O，创建射线 f。选择"圆(圆心与半径)"工具，点击点 C，在弹出的对话框里输入：r，确定，创建圆 d。再点击圆 d 和射线 f，在弹出的对话框里输入：r，确定，创建圆 e。圆 e 为圆弧内的球。修改圆 e 的圆心为 M。如图 4.49 所示。隐藏圆 d。视频中创建圆 e 用到了不同的工具，注意对比哪个更加简洁。

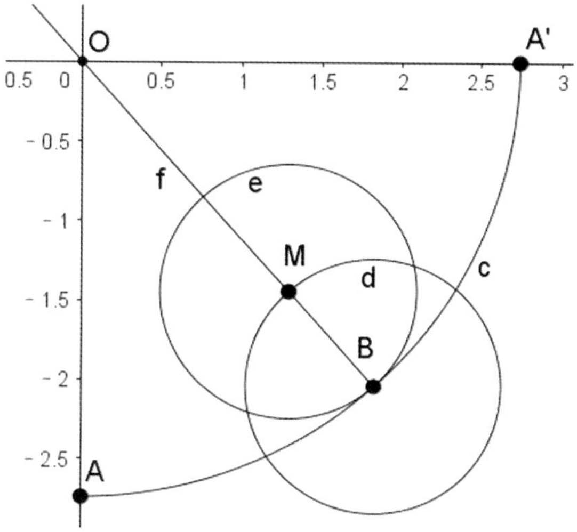

图 4.49　创建过程

下面创建挡板。选择"滑动条"工具，点击绘图区，弹出的对话框，类型：数值，名称：d，最小：1，最大：3，确定。选择"圆(圆心与一点)"工具，先后点击点 O 和点 A，创建圆 g。选择"移动"工具，移动点 B 到圆弧 c 的下端，选择"垂线"工具，先后点击点 M 和纵坐标，创建直线 h；再圆 e 和直线 h 的左交点、横坐标，创建直线 i。选择"交点"工具，点击大圆 g 和直线 i 的下交点，创建点 D。在指令栏输入：

(x(D),y(D)+d)

创建点 E。选择"线段"工具，选择样式为粗蓝，先后点击点 D 和点 E，创建线段 j。线段 j 表示挡板，滑动条 d 可以调节其长度。如图 4.50 所示。

隐藏坐标轴和直线 i，如图(作)4.51(a)所示。球的重心为 M，射线 f 和直线 h 是球受到的两个弹力的方向，用"三力平衡绘图法"绘制小球的受力图。这里不再赘述。绘制结果如图 4.51(b)所示。隐藏不需要显示的标签。

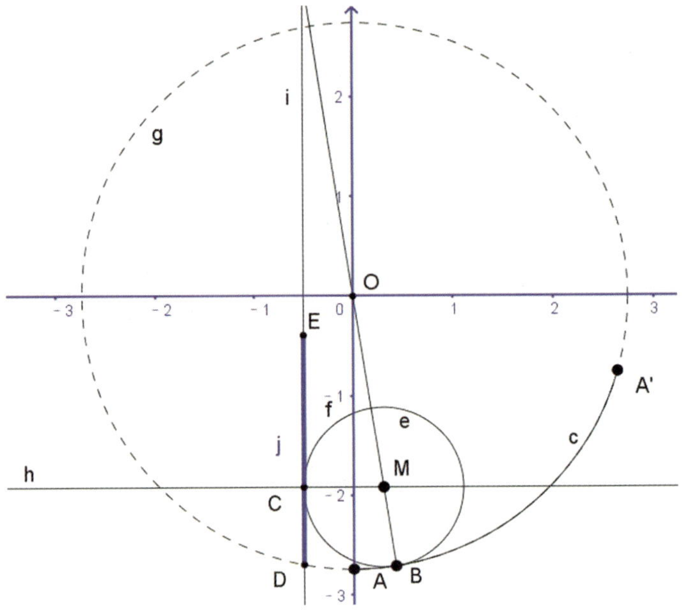

图 4.50　创建过程

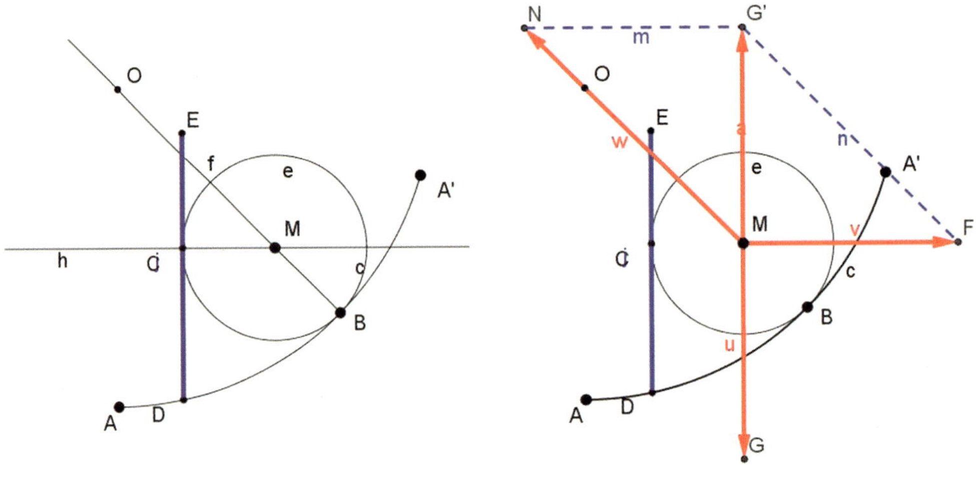

（a）　　　　　　　　　　　　（b）

图 4.51　创建过程

小方法集锦

【方法小集锦 7：复选框控制对象的显示和隐藏】

下面创建复选框，控制受力图的隐藏和显示。选择“复选框”工具，点击绘图区，弹出对话框，名称为默认，点击对话框最下面的空白栏，然后点击绘图区的三个力、三个力的端点、四边形的边线，最后点击：应用。该复选框控制受力图显示或隐藏。最后修改球的样式为填充色,调节图的比例,移动点 A 可以调节图的大小。

【友情提示】

挡板的创建逻辑如下,创建球的左竖直切线,创建该切线与完整大圆的下交点 D,再在点 D 上方距离为 d 处,创建点 E,联结点 D 和点 E 的线段表示挡板。如果把点 D 建在了圆弧 c 上,离开圆弧,挡板就消失了,这是要避免的。

【小结】

本案例需要确定运动对象的移动范围,复选框控制对象的显示和隐藏,这一操作在积件中十分重要,因为在教学中是逐步显示对象的。

【扫码看视频制作流程】

如果有条件,请扫描二维码观看本积件制作过程的视频。

图 4.52　制作过程视频二维码

4.8　静力学动态平衡题型 5——相似三角形类型

【设计意图】

本积件具有很强的集成性,能够实现情景的变化和条件的变换。积件的场景如图 4.53 所示,基本功能是,展示球在弧面上运动时受到的各个力的变化,并显示力和距离的关系:相似三角形。设半球半径为 R。第一种变换:球的半径 r 可调,当调到接近零时,球半径可以忽略,三角形 OPM 的 OM 边长由 R+r 变为 R。第二种变换:由半球和球情景变为杆球情景。第三种变换:点 P 可以上下移动,探究三角形相似性是否成立。

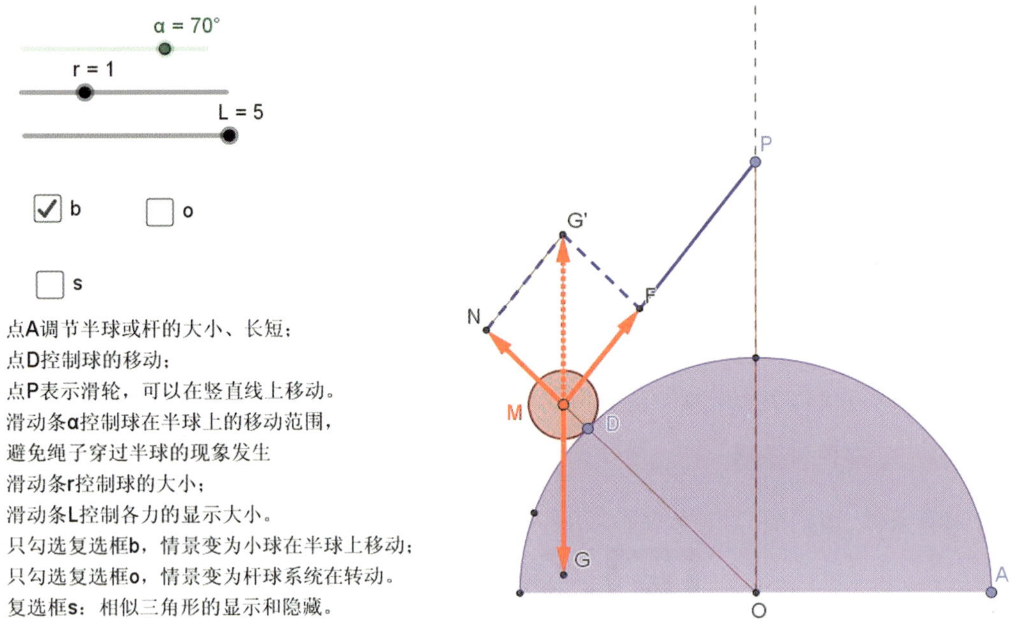

图 4.53　积件情景

【构造详解】

新建一个 GeoGebra 文件，选择“描点”工具，在坐标原点创建点，重命名为 O。选择“对象上的点”工具，在横坐标的正方向创建点 A。选择“圆（圆心与一点）”工具，先后点击点 O 和点 A，创建圆 c。选择“交点”工具，在圆 c 和横坐标的左交点处创建点 B；在圆 c 和纵坐标的上交点处创建点 C。如图 4.54 所示。

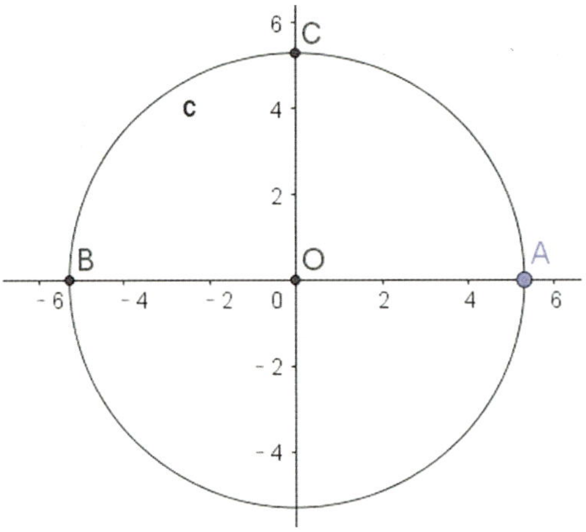

图 4.54　作图过程

选择“滑动条”工具，点击绘图区，弹出的对话框，类型：角度，名称：α，最小：0°，最大：90°，增量：1°，确定。选择“旋转”工具，先后点击点 C 和点 O，在弹出的对话框里输入：α，类型：逆时针，确定，创建点 C′。隐藏圆 c。选择“圆弧”工具，先后点击点 O、点 C 和点 C′，创建圆弧 d。如图 4.55 所示。

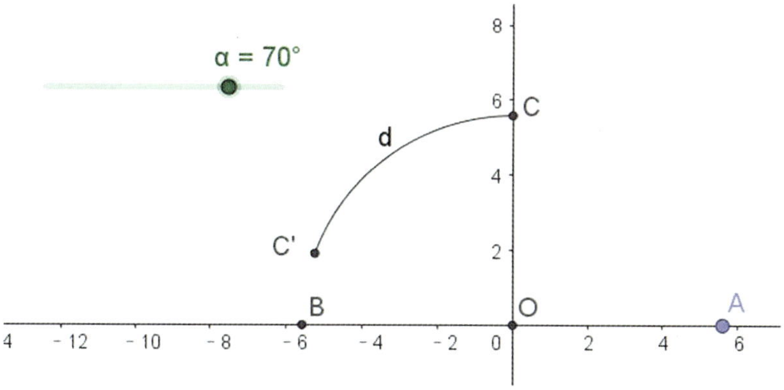

图 4.55　作图过程

选择“对象上的点”工具，在圆弧 d 上创建点 D。选择“射线”工具，先后点击点 O 和点 D，创建射线 f。选择“滑动条”工具，点击绘图区，弹出的对话框，类型：数值，名称：r，最小：0.1，最大：3，增量：0.1，确定。选择“圆（圆心与半径）”工具，点击点 D，在弹出的对话框里输入：r，创建圆 e。选择“交点”工具，点击圆 e 和射线 f 的上交点，创建点，重命名为 M。选择“圆（圆心与半径）”工具，点击点 M，在弹出的对话框里输入：r，创建圆 g。选择“射线”工具，先后点击点 O 和点 C，创建射线 h。隐藏坐标轴。选择“对象上的点”工具，在点 C 上方、射线 h 上创建点，重命名为 P。选择“射线”工具，先后点击点 M 和点 P，创建射线 i。如图 4.56 所示。

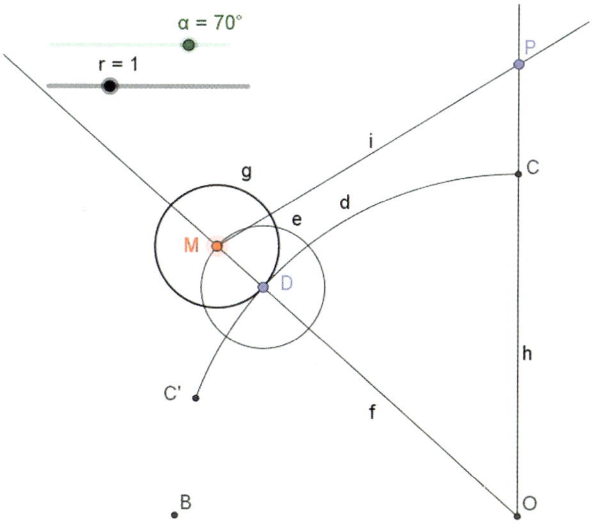

图 4.56　作图过程

这里的对象已经很多了，隐藏圆 e。圆 g 表示球，球心 M 表示重心，射线 f 和射线 i 表示支持力和拉力，下面用“三力平衡绘图法”绘制球受到的三个力，这里不再赘述。绘制三力完毕的对象如图 4.57 所示。

隐藏圆弧 d，修改射线 h 的样式为虚线。选择“半圆”工具，先后点击点 B 和点 A，创建半圆弧 p。圆弧 p 表示半球面，其实，球真正是在圆弧 d 上创建的，如果把球建在半圆弧 p 上，球就会运动到最下部，造成绳子“穿过”半圆了。

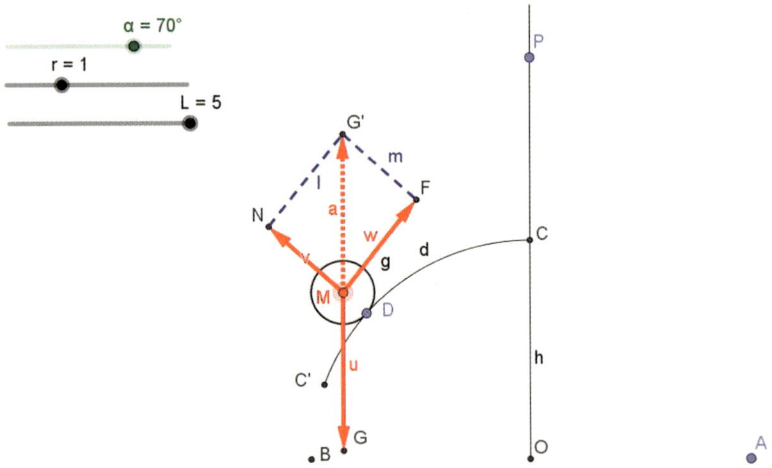

图 4.57　作图过程

修改半圆弧 p 的样式为蓝色、填充内部(拖动虚实度滑动条)。选择“复选框”工具，点击绘图区，弹出的对话框，标题为空，在下拉菜单里选择：圆弧 p，点击：应用。创建 b 复选框，它来控制半球的显示和隐藏。如图 4.58 所示。

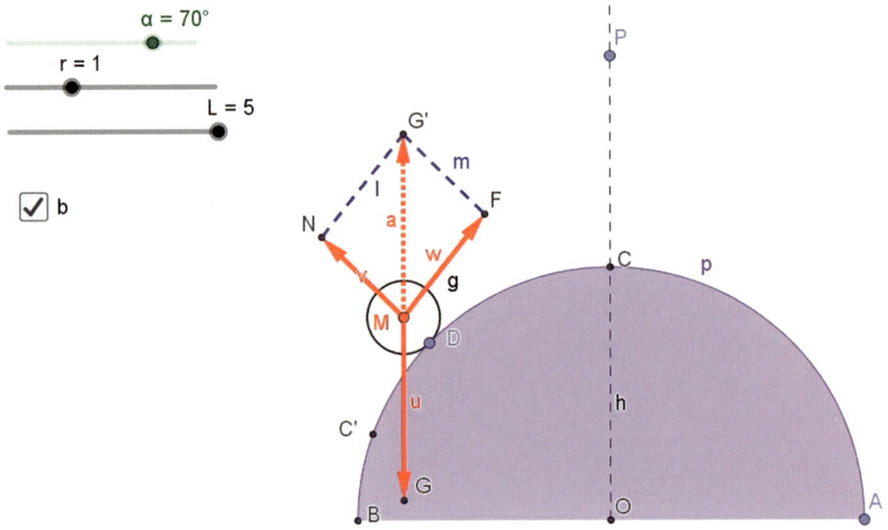

图 4.58　作图过程

选择“移动”工具，点击复选框 b，隐藏半球。选择“线段”工具，先后点击点 F 和点 P，创建线段 n 表示细绳。再选择“线段”工具，把样式改为粗实线，联结点 O 和点 M，创建线段 q，表示杆。选择“复选框”工具，点击绘图区，弹出的对话框，标题为空，在下拉菜单里选择：线段 q(或者直接点击绘图区的线段 q)，点击：应用。创建 o 复选框，它来控制杆的显示和隐藏。如图 4.59 所示。

把表示球的圆 g 的样式改为填充。调节点及其功能如下：点 A 调节半球或杆的大小、长短；点 D 控制球的移动；点 P 表示滑轮，可以在竖直线上移动。滑动条 α 控制球在半球上的移动范围，避免绳子穿过半球的现象发生(绳子穿过半球显然违背常识，要避免)；滑动条

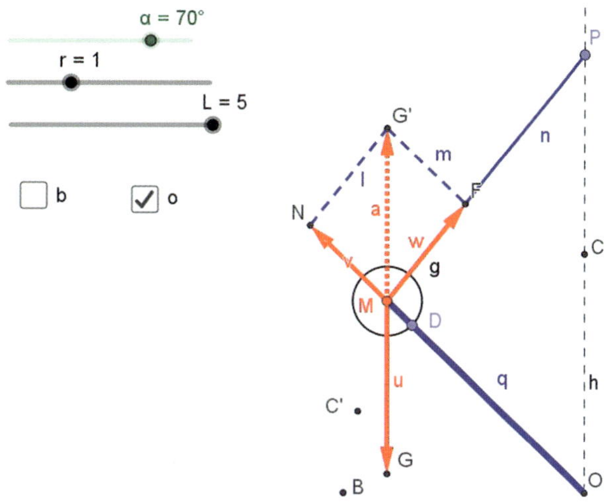

图 4.59　作图过程

r 控制球的大小；滑动条 L 控制各力的显示大小。只勾选复选框 b，情景变为小球在半球上移动；只勾选复选框 o，情景变为杆球系统在转动。以上说明文字可以用“文本”工具放置在绘图区，利于使用者使用。

下面填充一对三角形。选择“多边形”工具，先后点击：O，P，M，O，创建三角形 t1。再先后点击：N，M，G′，N，创建三角形 t2。选择“复选框”工具，添加对象：三角形 t1、三角形 t2，应用。创建复选框 s，复选框 s 控制一对相似三角形的显示和隐藏。隐藏不需要显示的标签。也可以创建控制受力显示和隐藏的复选框。

【友情提示】

本积件有诸多变换的特点，要求创建者要提前预设，这个对象建立在哪个对象上面？运动范围如何？是否满足题目要求？这些是要提前考虑的。比如，如果不限制球的移动范围，出现图 4.60 情形，细绳穿过球面，这就违背常识了，是要避免的。

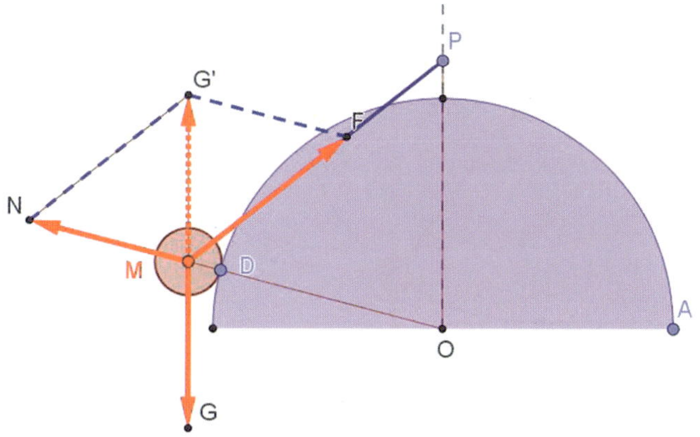

图 4.60　出现违背常识的现象(细绳穿过球面)

【小结】

本案例中创建的对象，富有天然的可变性，这是 GeoGebra 软件的优势和精华所在，注意体悟。初学者容易把对象全部固定，或者全部互不联系，通过学习要提高对象关联并实现设计目的的能力。

【扫码看视频制作流程】

如果有条件，请扫描二维码观看本积件制作过程的视频。

图 4.61 制作过程视频二维码

4.9 静力学动态平衡题型 6——定角力的三力平衡问题

【设计意图】

本积件要处理的三力平衡问题的难度较大。如图 4.62 所示，细绳一端固定，另一端联结小球 M。小球在与细线成 120°的拉力作用下，从最低点 B 缓慢移动到与 O 等高的 C 点的过程中，小球受到的各个力发生什么变化？

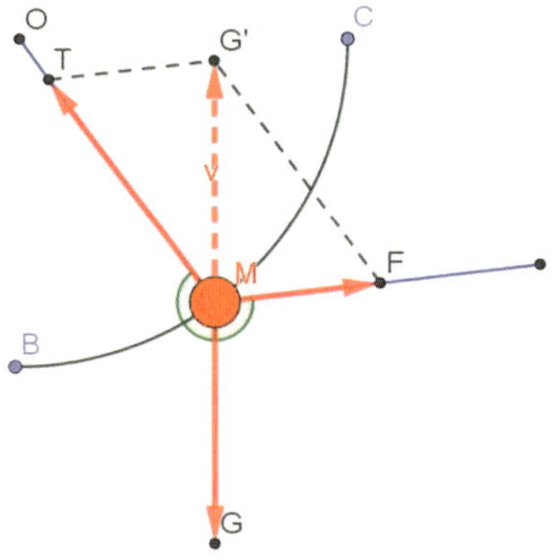

图 4.62 积件情景

我们可以从三个角度解决这一问题，一个是直接绘制小球受到的力，展示小球运动过程中各个力发生的变化。绳子拉力的变化不够明显，可以跟踪拉力 T 的端点，如图 4.63 所示的轨迹(拉力 T 旁边的黑色粗线),进一步判断各个力是怎么变化的。

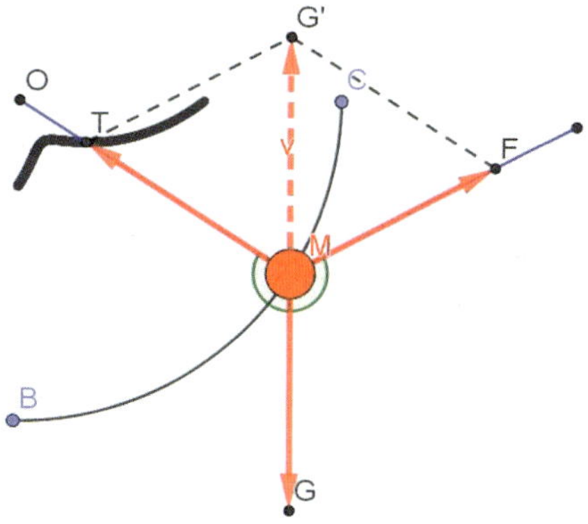

图 4.63　积件情景(解题方案 1)

解决的第二个途径是,把物体受到的三个力平移成三角形,跟踪各个力的变化,判断各力变化的趋势更加明显。如图 4.64 所示。

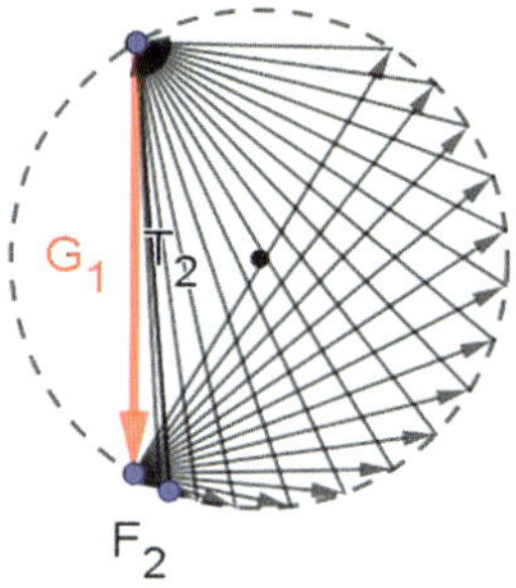

图 4.64　积件情景(解题方案 2)

解决的第三个途径是利用函数关系和拉密定律。如图 4.65 所示。

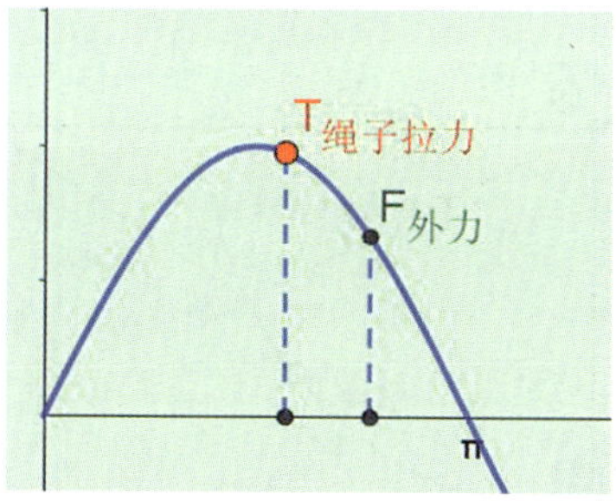

图 4.65　积件情景(解题方案 3)

【构造详解】

如图 4.66 所示。

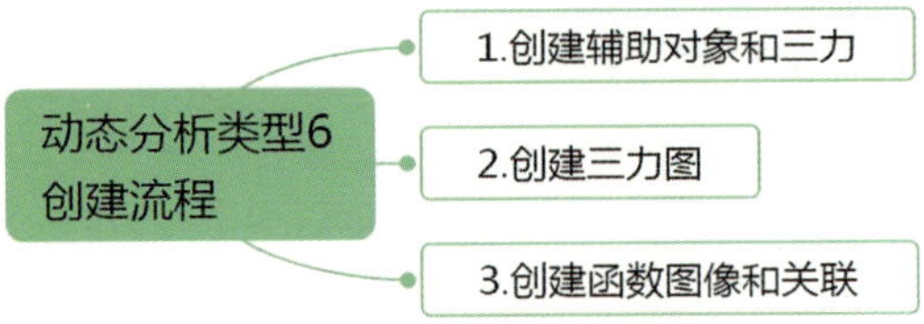

图 4.66　创建流程图

新建一个 GeoGebra 文件,选择“描点”工具,在坐标原点创建点,重命名为 O。再选择“描点”工具,在横坐标的正方向创建点 A。选择“圆(圆心与一点)”工具,先后点击点 O 和点 A,创建圆 c。选择“对象上的点”工具,在圆 c 上的点 A 的下方、上方分别创建点 B、点 C。隐藏圆 c。选择“圆弧”工具,先后点击点 O、点 B 和点 C,创建圆弧 d。选择“对象上的点”工具,在圆弧 d 上创建点,重命名为 M。如图 4.67 所示。点 M 表示质点,它只能在圆弧 d 上运动,点 B、点 C 可以改变质点的活动范围。把点 B 移动到坐标轴的负半轴上,把点 C 移动到点 A 的位置上。

选择“滑动条”工具,点击绘图区,弹出的对话框,名称:α,类型:角度,最小:0°,最大:180°,增量:180°,确定。调节滑动条的值为 120°。选择“旋转”工具,先后点击点 O 和点 M,在弹出的对话框里,角度:α,类型:顺时针,确定,创建点 O′。选择“射线”工具,先后点击点 M 和点 O,创建射线 f;再先后点击点 M 和点 O′,创建射线 g。如图 4.67 所示。

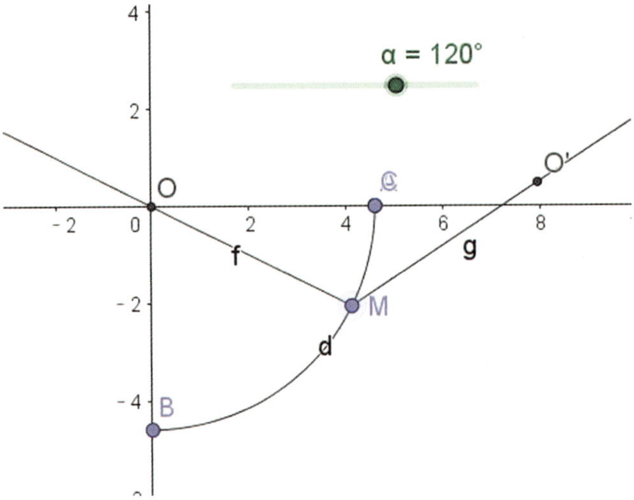

图 4.67　创建过程

射线 f 和射线 g 为除了重力之外的另外两个力的方向,用绘制三力平衡的四步法创建,这里不再赘述。结果如图 4.68 所示。选择“线段”工具,样式为实线、加粗、蓝色,联结点 T 和点 O;联结点 F 和点 O′。

下面进行第二步:绘制力的三角形。

选择“描点”工具,在绘图区空白区创建点 D。选择“向量相等”工具,先后点击点

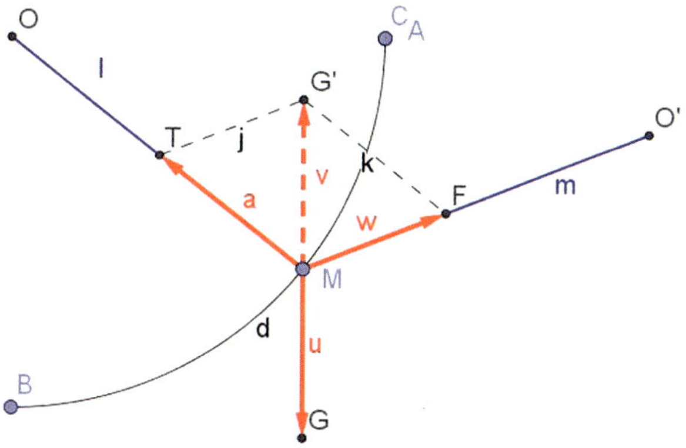

图 4.68　创建过程

D 和表示重力的向量 u,创建向量(重命名为:G_{重力})和端点 D′。选择“向量相等”工具,先后点击点 D′和表示拉力 F 的向量 w,创建向量(重命名为:F_{力})和端点 D″。选择“向量相等”工具,先后点击点 D″和表示细绳拉力 T 的向量 a,创建向量(重命名为:F_{拉力})。最好把向量平移完毕,再重命名。由于软件不能有重名的对象,所以添加角码。角码可以有汉字,用{}括住即可。如图 4.69 所示。

图 4.69 为三角形创建外接圆。选择“中垂线”工具,先后点击点 D 和点 D′,创建直线 n;先后点击点 D′和点 D″,创建直线 p。选择“交点”工具,创建直线 n 和直线 p 的交点 E。选择“圆(圆心与一点)”工具,先后点击点 E 和点 D,创建圆 e,修改样式为虚线。如图 4.69所示。隐藏直线 n 和直线 p。

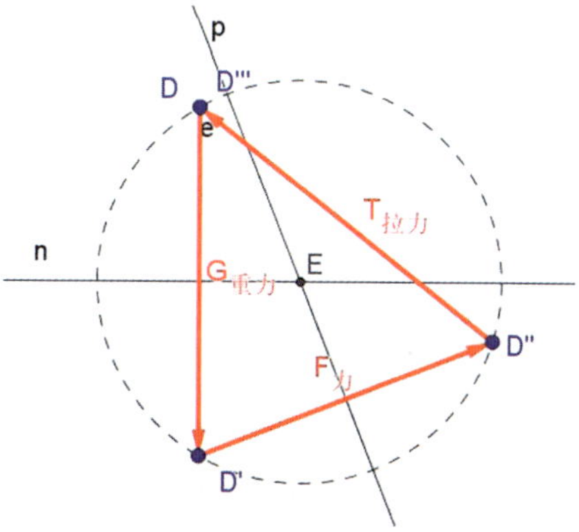

图 4.69　创建过程

第三步:绘制图像和关联操作

选择菜单:视图——绘图区 2,拉宽绘图区 2 的区域。在指令栏输入:

函数(2sin(x),0,2 π)

选择“角度”工具,先后点击点 G、点 M 和点 F,创建角度 β。再先后点击点 T、点 M 和点 G,创建角度 γ。

选择“移动”工具,点击绘图区 2,在指令栏里输入:

(β,2sin(β))

在图像上创建点,重命名为:T_{绳}。

在指令栏里输入：

(γ,2sin(γ))

在图像上创建点，重命名为：F_{拉}。

如图 4.70 所示。积件创建完毕。这里的操作和视频介绍的方法稍有不同。

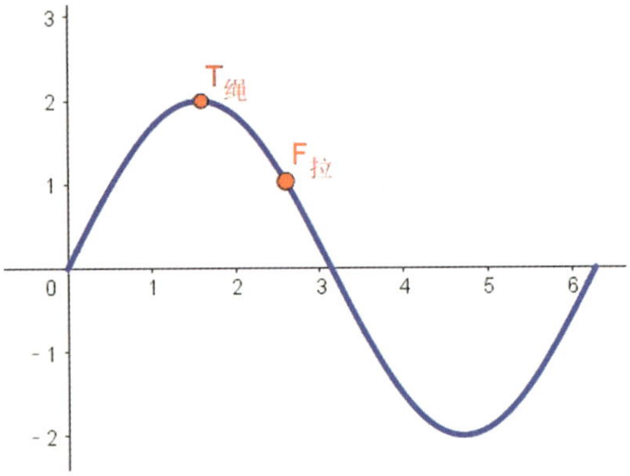

图 4.70 创建过程

【友情提示】

指令：(γ,2sin(γ))是什么功能呢？这里解释一下。我们创建的函数是 2sin(x)，x 对应角度，(γ,2sin(γ))的意思是创建一个点，横坐标为 γ，纵坐标为 2sin(γ)，从而实现了质点和图像上对应点的联动。

【小结】

本案例包含几个重点，一个是为质点的运动范围设限，在圆上创建圆弧，圆弧的两个端点可以改变圆弧的长度和区域，质点建在圆弧上，其运动范围就有了限制。利用向量平移构造矢量三角形的操作很常用。在图像上关联点的操作很有新意。

【扫码看视频制作流程】

如果有条件，请扫描二维码观看本积件制作过程的视频。

图 4.71 制作过程视频二维码

4.10　绘制合力随分力夹角变化图像

【设计意图】

本积件能展示两个大小不变的力夹角变化时，合力的变化，并绘制出合力随角度变化的图线，如图 4.72 所示。

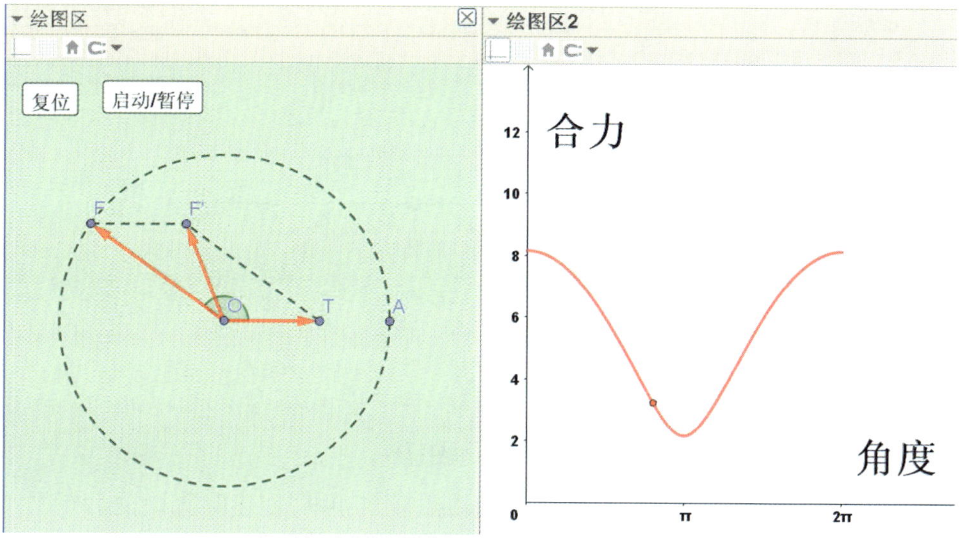

图 4.72　积件的场景

由于两个分力是可调的，因此，我们可以获得不同分力组合的合力—角度图线，便于研究图像的特点，尤其是图像底部的连续性问题，如图 4.73 所示。这个问题的讨论可以参考熊安丽的《合力与两分力夹角的函数图像研究》；陈显盈的《研究合力随两分力夹角变化的规律》；罗志恒的《用 EXCEL 研究合力和两个分力夹角的变化关系》。

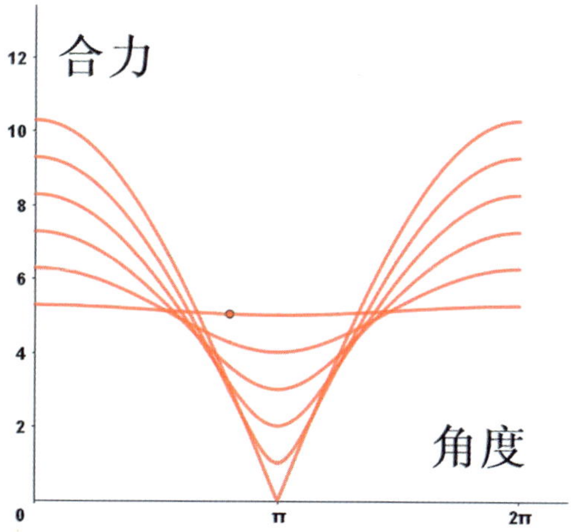

图 4.73　绘制不同分力组合的图线

【构造详解】

新建一个 GeoGebra 文件，选择“描点”工具，在坐标原点创建点，重命名为 O；在横坐标正方向创建点 A，再创建点 B，重命名为 T。选择“圆(圆心与一点)”工具，先后点击点 O 和点 A，创建圆 c，修改样式为虚线。选择“对象上的点”工具，在圆 c 上创建点，重命名为 F。如图 4.74 所示。

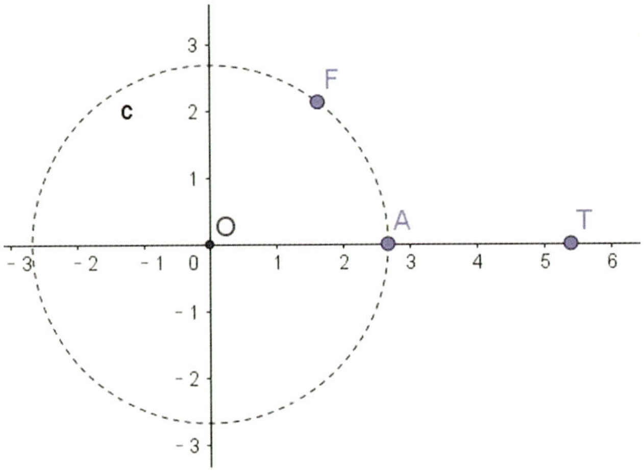

图 4.74　作图过程

隐藏坐标轴。选择“向量”工具，先后点击点 O 和点 T，创建向量 u；先后点击点 O 和点 F，创建向量 v。这两个向量表示两个分力，其大小可以通过拖动点 A 和点 T 来调节。选择“平移”工具，先后点击点 F 和向量 u，创建点 F′。选择“线段”工具，先后点击点 O 和点 F′，创建线段 f。f 表示合力的大小。如图 4.75 所示，然后隐藏线段 f。

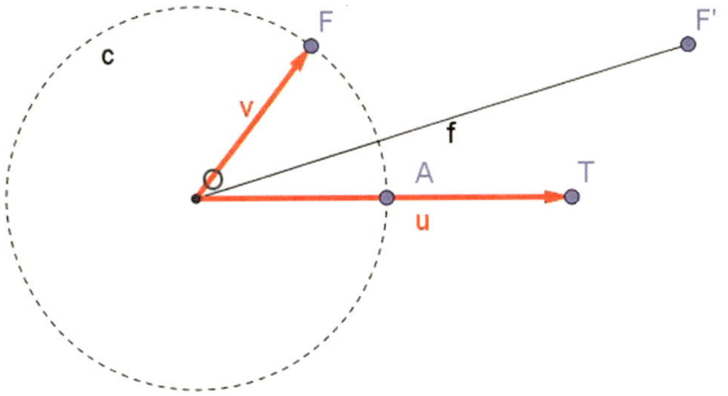

图 4.75　作图过程

选择“线段”工具，修改样式为虚线，先后点击点 F 和点 F′，创建线段 g；再先后点击点 T 和点 F′，创建线段 h。两条虚线是四边形的边线。选择“向量”工具，先后点击点 O 和点 F′，创建向量 w 表示合力。选择“角度”工具，先后点击点 T、点 O 和点 F，创建角度 α。如图 4.76 所示。

还可以创建让 F 回到 A 的“复位”按钮，让点 F 沿着圆 c 转动的“启动/暂停”按钮，前面讲过多次，您可以独立创建，这里不再赘述。

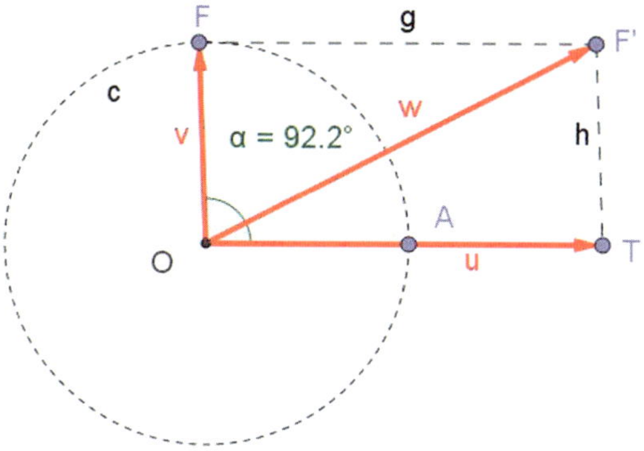

图 4.76　作图过程

绘图区 1 的对象创建完毕。下面打开绘图区 2。先对绘图区 2 的坐标轴做如下设置：只显示正方向，水平轴的单位为 π。

点击绘图区 2，在指令栏输入：

(α，f)

创建点 B。您可以跟踪点 B，然后旋转 F，就能获得一条轨迹，该轨迹和合力随分力夹角变化的图像重合。在指令栏输入：

轨迹(B，F)

创建轨迹 loc1。轨迹 loc1 是合力随分力夹角变化的图像。这里用指令法，也可以用“轨迹”工具，由于是两个窗口，创建图像的位置容易出错，所以建议用指令法，如果是单窗口操作，用工具法。

【友情提示】

本题的练习重点是用“轨迹”工具或者指令创建轨迹。如果一个点 P 是依赖另一个点 M 的移动获得的，则点 P 就存在轨迹。指令是：

轨迹(P，M)

选择“轨迹”工具，先点击点 P，后点击点 M。

如果只有一个绘图区，用工具法方便。如果是两个绘图区，用指令法不容易出错。

【小结】

本案例在绘图区 1 创建的力的合成图，可以用在静力学教学中。绘图区 2 的图像用于问题的探究。

【扫码看视频制作流程】

如果有条件，请扫描二维码观看本积件制作过程的视频。

图 4.77　制作过程视频二维码

第 5 章　GeoGebra 和《1.5 抛体运动》的深度融合

5.1　日臻完美的小船渡河情景的创建

【设计意图】

本积件展示船渡河情景，如图 5.1 所示，积件能演示船速大于水速时，船渡河位移最小和渡河时间最少的情景；能演示船速小于水速时，渡河位移最小时满足的几何关系。积件模拟现实情境很逼真，船用图片表现，用波纹表示水的流动。这些实验不方便在课堂上完成，积件就发挥了作用。

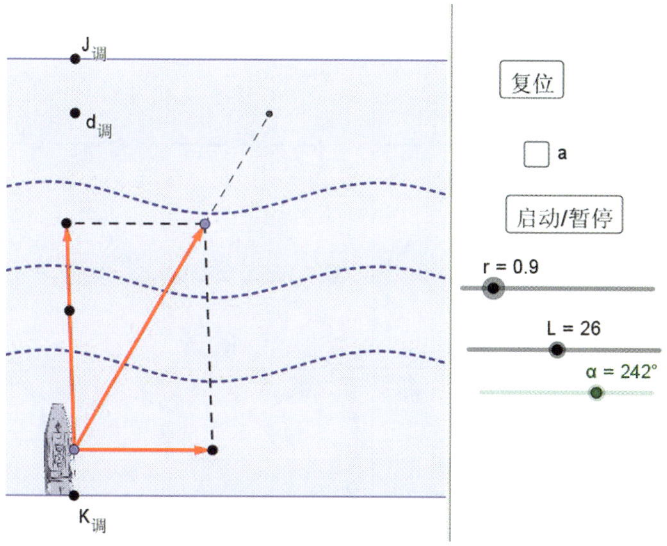

图 5.1　积件场景

【构造详解】

如图 5.2 所示。

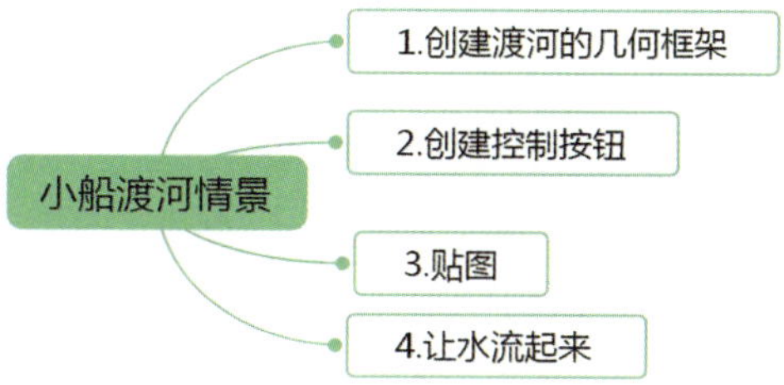

图 5.2　场景积件流程图

新建一个 GeoGebra 文件,先完成流程的第 1 步,创建积件的几何框架。选择“描点”工具,在坐标原点创建点,重命名为 O。选择“对象上的点”工具,在纵坐标的正方向创建点,重命名为 d,代表河流的宽度。选择“垂线”工具,先后点击点 d 和纵坐标,创建水平直线 f。选择“对象上的点”工具,在横坐标的正方向创建点 A,点 A 为水流速矢量的末端。选择“中心对称”工具,先后点击点 A 和点 O,创建点 A′。选择“半圆”工具,先后点击点 A′和点 A,创建半圆 c。选择“对象上的点”工具,在半圆 c 上创建点 B,点 B 控制船头的指向。选择“射线”工具,先后点击点 O 和点 B,创建射线 g。选择“对象上的点”工具,在射线 g 上创建点 C,点 C 表示船分速度的矢量末端。如图 5.3 所示。

选择“向量”工具,选择样式为加粗、红色箭头,先后点击点 O 和点 A,创建向量 u 表示水的分速度,再先后点击点 O 和点 C,创建向量 v 表示船的分速度。选择“平移”工具,先后点击点 C 和向量 u,创建点 C′。选择“向量”工具,先后点击点 O 和 C′,创建向量 w 表示船的合速度。如图 5.3 所示,速度的矢量合成图创建完毕。

选择“射线”工具,先后点击点 O 和点 C,创建射线 j(图中已经隐藏)。选择“交点”工具,点击直线 f 和射线 j 的交点,创建点 D。隐藏射线 j。选择“线段”工具,先后点击点 O 和点 D,创建直线 k。选择“对象上的点”工具,在线段 k 上创建点 E。点 E 表示小船,积件的基本框架搭建完毕。如图 5.3 所示。

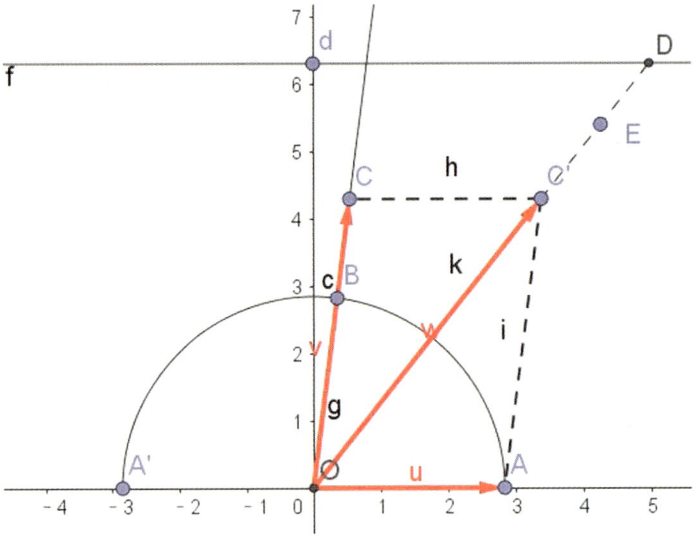

图 5.3　场景过程

第二步,创建按钮等操作工具。由于绘图区 1 里面的对象比较多,我们把按钮等控制部分放在绘图区 2 里。选择菜单:视图—绘图区 2,隐藏绘图区 2 的坐标系和网格。选择“按钮”工具,标题为:复位。代码为:

赋值[E,O]

如果您创建的按钮出现在绘图区 1 里,请删除后,点击绘图区 2 后再创建。当有两个绘图区时,创建的对象显示在最后点击的窗口里。

选择“复选框”工具,在绘图区点击:确定,创建的复选框布尔值 a。选择“按钮”工具,标题为:启动/暂停。代码为:

赋值[a,¬ a]

启动动画[E,a]

这里共创建两个按钮和一个复选框,它们使积件的操控更加方便。如图 5.4(右)所示。

第三步,插入小船图片并实现和点 E 关联。选择“平行线”工具,先后点击点 E 和直线 g,创建直线 l(L 的小写)。选择“滑动条”工具,点击绘图区 2,弹出的对话框,类型:数值,名称:r,最小:0.2,最大:3,增量:0.1,确定。滑动条 r 控制船的大小。选择“圆(圆心与半径)”工具,点击点 E,在弹出的对话框里,输入:r,确定,创建圆 e。选择“交点”工具,点击圆 e 和直线 l 的两个交点,创建点 F 和点 G。这两个点将与船图片的两个控制点合并。选择菜单:编辑—插入图片—文件,选择事前准备的小船图片(俯视图,船头向右),插入的图片有两个控制点,显示其标签为 H 和 I,默认是隐藏标签的。双击点 I,在对话框里输入如下指令替换原来坐标:

(x(F),y(F))

双击点 H,在对话框里输入如下指令替换原来坐标:

(x(G),y(G))

这样就实现了点 E 和船图片的关联。隐藏圆 e 和直线 l。

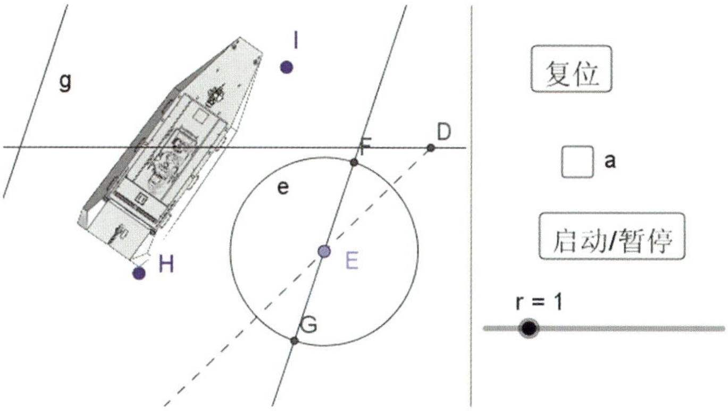

图 5.4　贴图和控制按钮部分

第 4 步,创建小河和水流情景。选择“对象上的点”工具,在纵坐标上点 d 的上方创建点 J;在纵坐标上点 O 下方创建点 K。选择“滑动条”工具,点击绘图区 2,弹出的对话框,类型:数值,名称:L,最小:5,最大:50,增量:1,确定。点击绘图区 1,在命令栏输入:

(x(K)+L,y(K))

创建点 M。在命令栏输入:

(x(J)+L,y(J))

创建点 N。隐藏坐标轴。选择“中心对称”工具,先后点击点 M 和点 K,创建点 M′。再先后点击点 N 和点 J,创建点 N′。隐藏坐标轴。选择“正多边形”工具,依次点击点 M,N,N′,M′,M,创建多边形,修改颜色为蓝色,表示河流。如图 5.5 所示,隐藏除了图中所显示的其他对象。注意这些调节点的功能,它们是不能隐藏的:点 J 调节水面的上边界;点 d 调节船路径的末端;这里考虑了船的尺寸,避免船头落在水面外侧;点 B 调节船头方向;点 C 调节船分速大小;点 A 调节水流分速大小;滑动条 L 调节河流的长度;滑动条 r 调节船的尺寸。

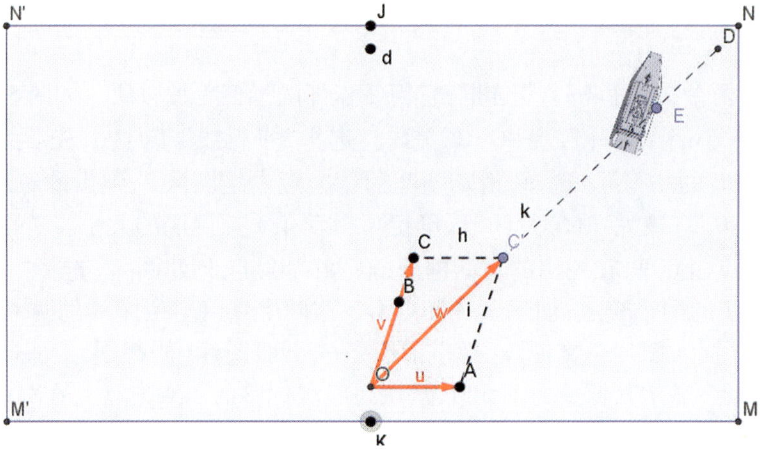

图 5.5 创建过程

最后我们创建波纹表示水向右流动。选择"滑动条"工具，点击绘图区 2，弹出的对话框，名称：α，类型：角度，最小：0°，最大：360°，增量：1°，选择动画选显卡，在重复栏选：递增，确定。创建滑动条，用来辅助产生波纹流动效果。如图 5.6 所示。

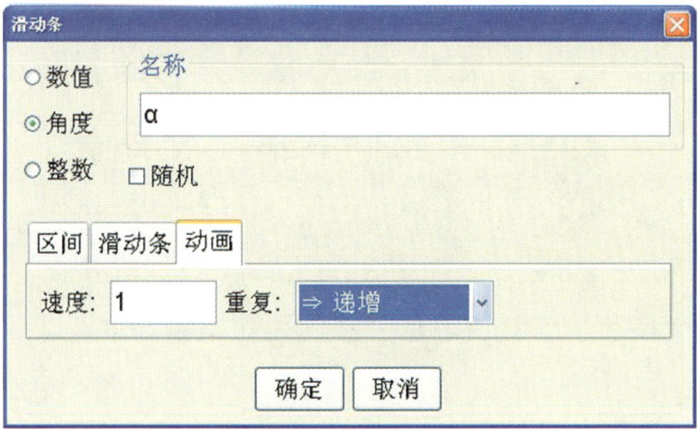

图 5.6 滑动条的属性窗口

点击绘图区 1，在指令栏输入：

0.75y(d)+0.3sin(x−α)

0.50y(d)+0.3sin(x−α)

0.25y(d)+0.3sin(x−α)

创建 3 条函数图像，修改样式为蓝色、虚线。在"启动/暂停"按钮的属性窗口里，选脚本—单击时，出现指令，添加一行指令：

启动动画[α,a]

积件创建完毕。

【友情提示】

本积件的关键是理解背后对象的关联和作用，这是本积件的亮点，也是难点。用函数平移表示水流是本积件的创新。两个绘图区的操作容易出现对象"站错位"。

【小结】

本案例是很多基本操作的集大成,要努力做好。

【扫码看视频制作流程】

如果有条件,请扫描二维码观看本积件制作的流程视频。

图 5.7 制作过程视频二维码

5.2 研究抛体运动(平抛、斜抛和射程图像)

【设计意图】

本积件能展示抛体运动的多种情景。当把初速度方向调节为水平时,演示平抛运动。按下“复位”按钮,质点回到原点;按下“启动/暂停”按钮,质点做平抛运动。勾选“速度”复选框,显示速度矢量图;勾选“平抛的二级推论”复选框,显示速度的反向延长线过水平位移的中点的辅助线。拖动点 P 可以移动质点在轨迹上的位置。如图 5.8 所示。

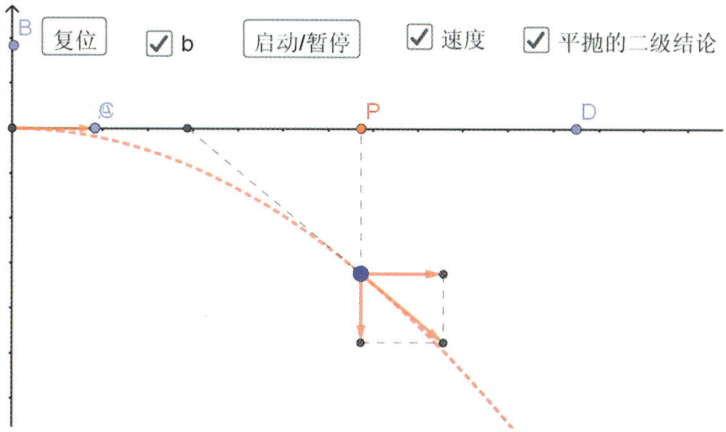

图 5.8 积件演示平抛运动

拖动点 C,改变速度的倾角,平抛转换为斜抛运动,有利于建立两类运动的关联,也实现了一件多用的目的，操作的按钮和平抛是一样的。如图 5.9 所示。

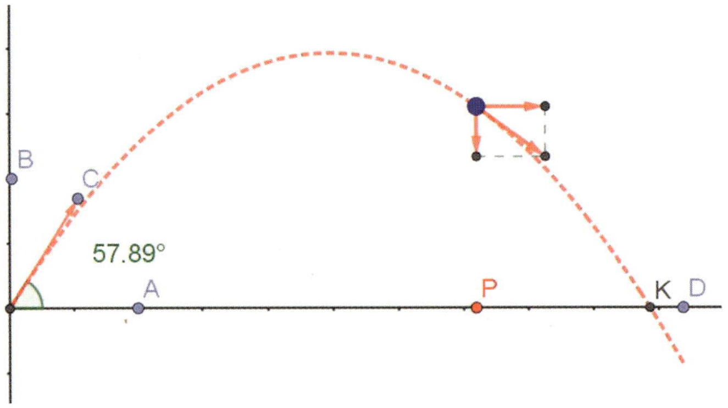

图 5.9　积件演示斜抛运动

在绘图区 2 里还绘制了斜抛运动的射程随抛射角变化的曲线，曲线上的点和绘图区 1 的数据对应，如图 5.10 所示，是抛射角为 45°时射程最大的情景。

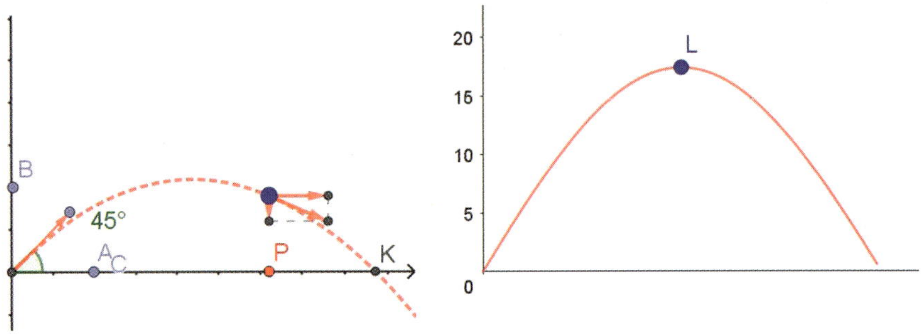

图 5.10　研究射程和抛射角的关系

【构造详解】

创建流程如图 5.11 所示。

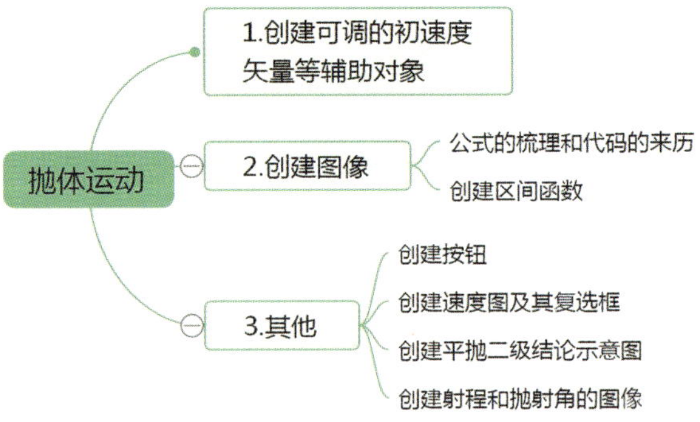

图 5.11　创建流程

新建一个 GeoGebra 文件，选择"描点"工具，在坐标原点创建点，重命名为 O。选择"描点"工具，在横坐标的正方向创建点 A。选择"旋转"工具，先后点击点 A 和点 O，弹出的对话框，角度：89°，类型：逆时针，确定，创建点，重命名为 B。选择"圆弧"工具，先后点击点 O、点 A 和点 B，创建圆弧 c。选择"对象上的点"工具，在圆弧 c 上创建点 C。选择

“向量”工具，先后点击点 O 和点 C，创建向量，重命名为 v，表示初速度矢量。选择“对象上的点”工具，在横坐标的正方向创建点 D，该点限制图像的范围。选择“滑动条”工具，点击绘图区，弹出的对话框，类型：数值，名称：a，最小：1，最大：5，增量：0.1，确定。如图 5.12 所示。在指令栏输入：

d=a＊x(C)

e=a＊y(C)

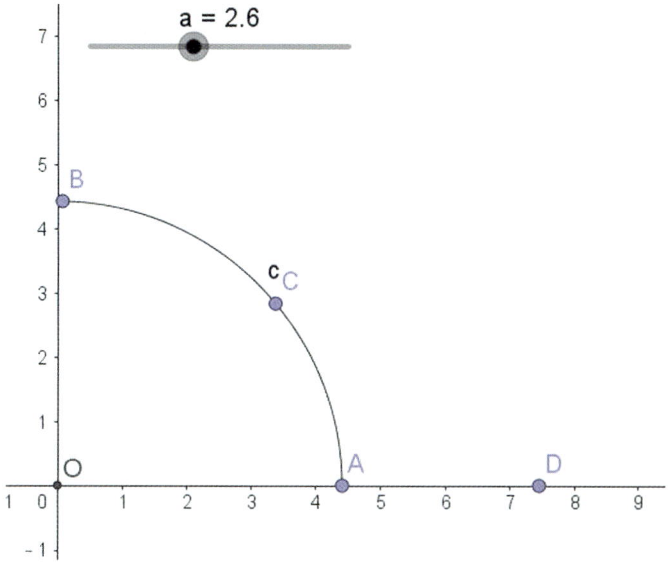

图 5.12　创建过程

物体做斜抛运动，水平方向匀速，竖直方向做匀变速运动，对应方程为：

$$x=v_x t \tag{1}$$

$$y=v_y t-\frac{1}{2}g\,t^2 \tag{2}$$

由式(1)(2)消去 t 得：

$$y=v_y\left(\frac{x}{v_x}\right)-\frac{1}{2}g\left(\frac{x}{v_x}\right)^2 \tag{3}$$

设 $g=10\ \mathrm{m/s^2}$，式(3)简化为：

$$y=v_y\left(\frac{x}{v_x}\right)-5\left(\frac{x}{v_x}\right)^2 \tag{4}$$

$$d=v_x=a*x(C),\ e=v_y=a*y(C),$$

式(4)转化为：

$$y=\frac{ex}{d}-5\left(\frac{x}{d}\right)^2 \tag{5}$$

式(5)的指令是：

e＊ x / d − 5(x / d)^2

特别强调，指令中的“＊”不能少，视频中应该添加，有时系统会把 ex 当作一个变量对待。

在指令栏输入：

函数(e ∗x / d − 5(x / d)^2,0,x(D))

创建轨迹图像 f。修改图像 f 样式为虚线。特别强调，指令中除了汉字，其他任何符号一定要在英语半角状态下输入。

隐藏圆弧 c 和点 B，如图 5.13 所示。

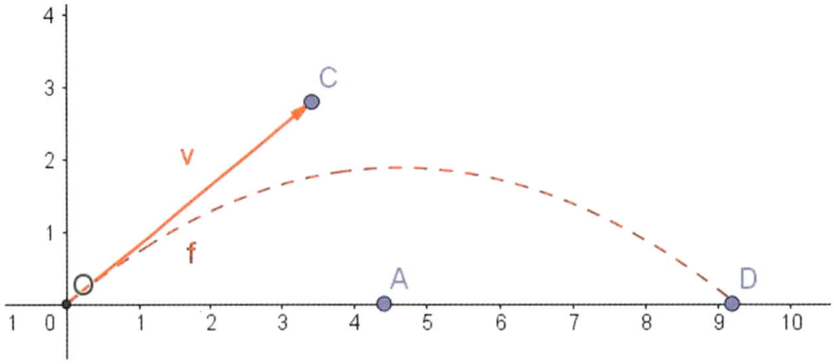

图 5.13 创建过程

隐藏坐标轴。选择“线段”工具，联结点 O 和点 D，创建线段 g。选择“对象上的点”工具，在线段 g 上创建点，重命名为 P。打开点 P 的属性窗口，在“代数区”速度栏输入：x(C)；重复栏选择：递增一次。如图 5.14 所示。用物理原理理解，点 P 以初速度的水平分量匀速运动，关联的点 E 在图像上运动，点 E 的运动就符合抛体运动的规律。我们前面把初速度的最大偏角控制在 89°内，不能是 90°。

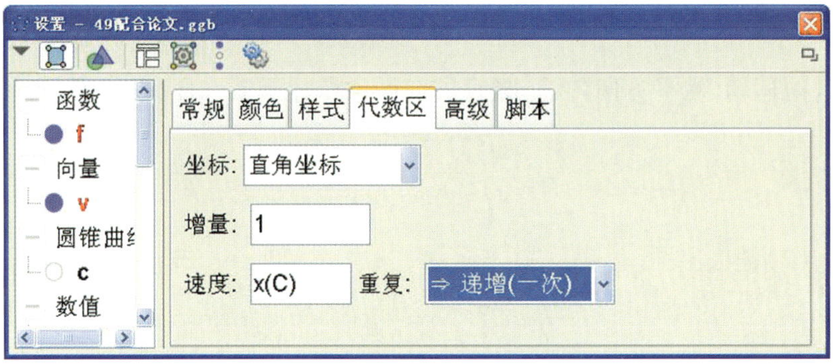

图 5.14 属性窗口(速度栏关联)

选择“垂线”工具，先后点击点 P 和线段 g，创建直线 h。选择“交点”工具，点击图线 f 和直线 h 的交点，创建点 E。如图 5.15 所示。

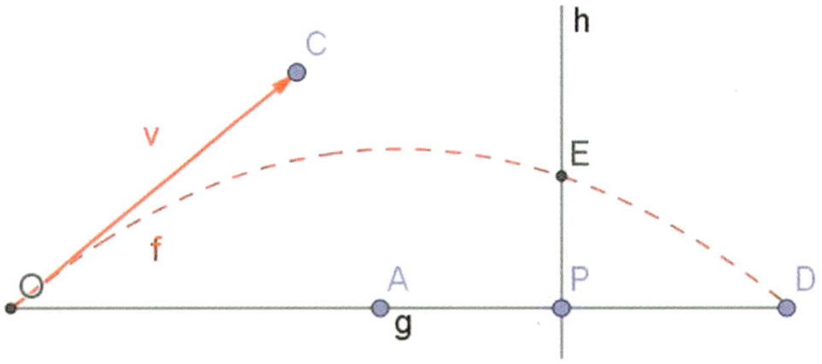

图 5.15 创建过程

下面创建复选框和按钮。选择“按钮”工具,标题为:复位。指令为:

赋值[P,O]

选择“复选框”工具,在绘图区点击:确定,创建的复选框布尔值 b。选择“按钮”工具,标题为:启动/暂停。指令为:

赋值[b,¬ b]

启动动画[P,b]

创建的复选框和按钮如图 5.16 所示。

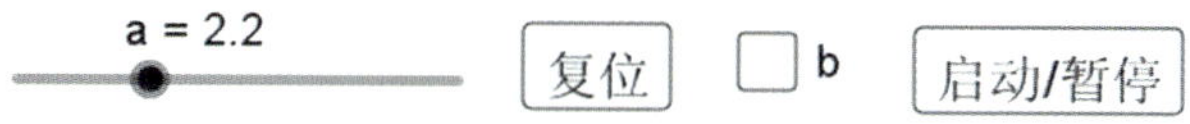

图 5.16　复选框和按钮

下面创建速度矢量图。选择“切线”工具,先后点击点 E 和曲线 f,创建直线 i。在指令栏输入:

(x(E)+x(C),y(E))

创建点 F(这一点的创建是核心,后面的步骤您可以独立完成的)。选择“平行线”工具,先后点击点 F 和直线 h,创建直线 j。选择“交点”工具,点击直线 j 和直线 i 的交点,创建点 G。选择“垂线”工具,先后点击点 G 和直线 h,创建直线 k。选择“交点”工具,点击直线 k 和直线 h 的交点,创建点 H。这样就获得了速度矢量分解的四个关键点 E,F,G,H。选择“向量”工具,联结点 E 和点 F,得到向量 u;联结点 E 和点 G,得到向量 w;联结点 E 和点 H,得到向量 l(L 的小写)。如图 5.17 所示。隐藏图中的直线。

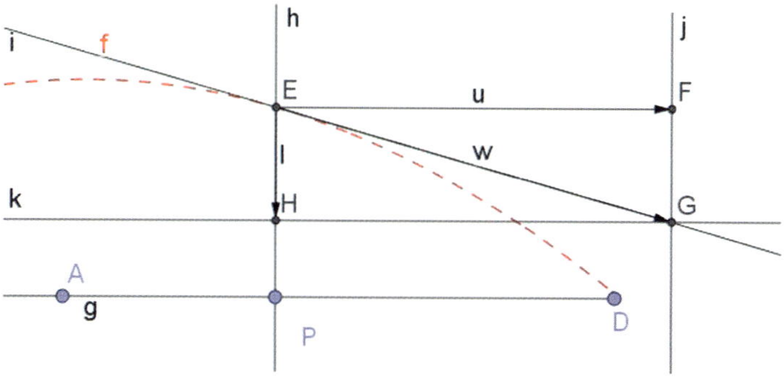

图 5.17　创建过程

选择“线段”工具,修改样式为虚线,联结点 H 和点 G,创建线段 m;联结点 F 和点 G,创建线段 n。速度的矢量图形创建完毕,如图 5.18 所示。这些步骤看似烦琐,您如果根据自己的理解,可以独立完成的。

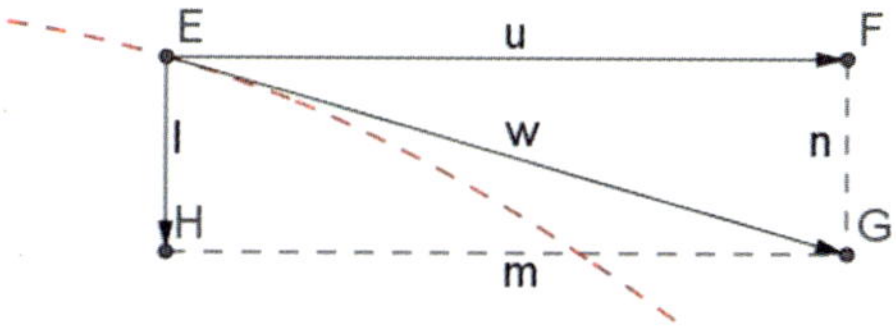

图 5.18　创建过程

选择“复选框”工具,点击绘图区,弹出的对话框,标题:速度;再点击窗口的对象:速度的矢量图形的三个速度向量及其三个端点、两条虚线边；点击：应用。

下面创建平抛运动二级结论的示意图。把点 C 调到横坐标附近，向上拖动图像，使显示全部抛物线。显示前面创建的过点 E、和抛物线相切的直线 i。选择“交点”工具，点击直线 i 和水平线段 g 的交点，创建点，重命名为 M。选择“线段”工具，联结点 P 和点 E，创建线段 q；联结点 E 和点 M，创建线段 q。如图 5.19 所示。隐藏直线 i（否则会影响后面的选择）。

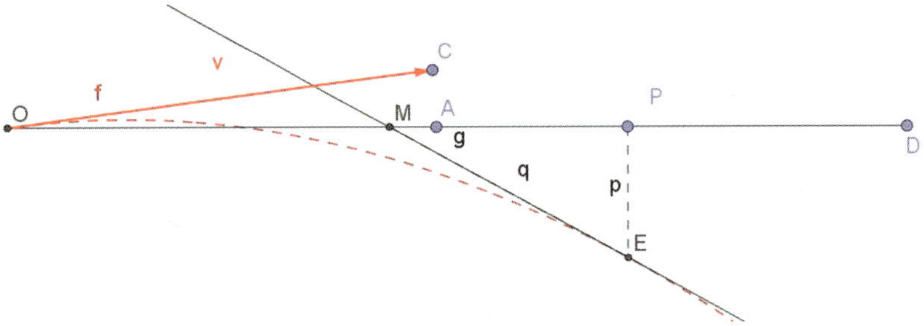

图 5.19　创建过程

选择“复选框”工具，点击绘图区，弹出的对话框，标题为平抛的二级结论；再点击窗口的对象：点 M、线段 q、线段 q；点击：应用。

最后创建射程和抛射角的关系图线。

选择“角度”工具，依次点击点 A、点 O 和点 C，创建角度 α。选择“交点”工具，点击线段 g 和抛物线 f 的交点，创建点 J。

选择菜单：视图—绘图区 2，打开绘图区 2。在指令栏输入：

(α, x(J))

创建点 K。在指令栏输入：

轨迹(K,C)

创建曲线 loc1，如果曲线顶端不闭合，请拖动绘图区 1 的点 D 向右移动即可。如果曲线 loc1 在绘图区 2 中显示比例不合适，放缩两个坐标轴即可。如图 5.20 所示。

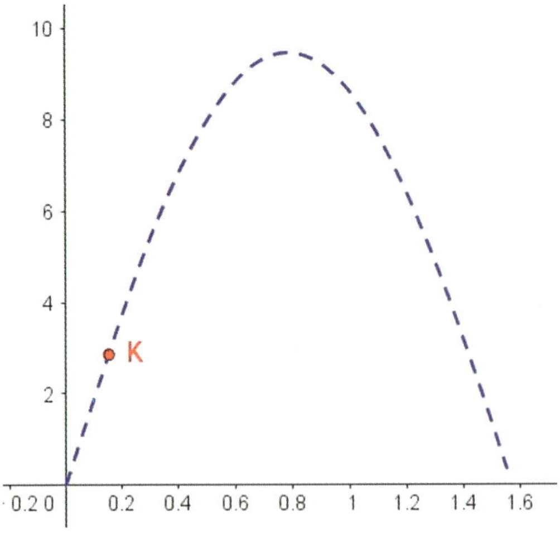

图 5.20　射程和抛射角的关系图线

【友情提示】

本积件绘制速度矢量的平行四边形的方法和力的合成的创建原理是类似的，利用“平行线”工具、交点工具和向量工具可以实现。

小方法集锦

【方法小集锦8：创建关联点的方法】

最简单也是最有创造性的是点的创建。如果我们在指令栏输入：

E=(4,4)

就在坐标(4,4)位置创建点E。提取点E横坐标指令是：

x(E)

提取点E纵坐标的指令是：

y(E)

注意x,y要小写。知道了这些方法，就可以创建关联点，如本积件在点E的基础上创建点F。还可以用不同的量创建新的点，如本积件中绘制射程和抛射角关系的点，再利用“轨迹”指令可以得到点的轨迹，用于对问题的研究。

【小结】

本案例把物理原理和GeoGebra软件的特点结合起来，灵活利用软件的工具和指令，创建功能相当强大的积件，对辅助教学很有帮助。

【扫码看视频制作流程】

如果有条件，请扫描二维码观看本积件制作过程的视频。

图5.21　制作过程视频二维码

5.3 探究球落在不同曲面上动能的极值问题[5]

【设计意图】

本积件能辅助探究抛体落在倾斜挡板上的动能变化问题。如图 5.22 所示,从坐标原点以大小不同的水平初速抛出物体,物体落在倾斜挡板上的动能随初速的增大的变化图像如图 5.22(右)所示,其动能先减小后增大,具有最小值。

这个问题如果用一般方法求解会比较困难,GeoGebra 软件为我们探究问题提供了很好的工具。

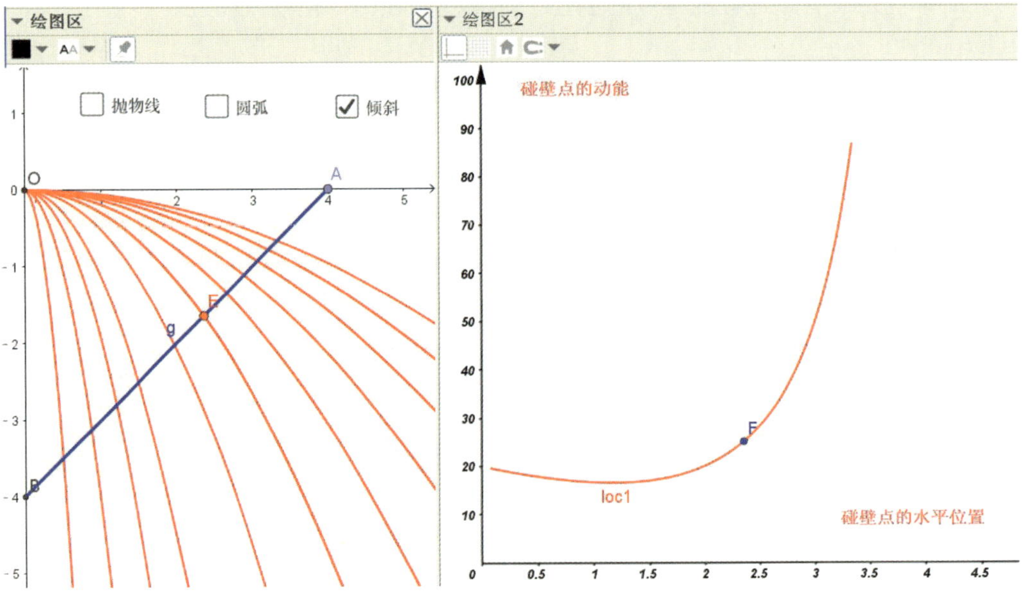

图 5.22 不同初速的抛体轨迹和落点动能图像

【构造详解】

新建一个 GeoGebra 文件,选择"描点"工具,在坐标原点创建点,重命名为 O。选择"对象上的点"工具,在横坐标的正方向创建点 A,在纵坐标的负半轴创建点 B。选择"线段"工具,先后点击点 A 和点 B,创建线段 f,线段 f 表示倾斜的挡板。如图 5.16 所示。

选择"滑动条"工具,点击绘图区,弹出的对话框,类型:数值,名称:v,最小:0.01,最大:9,增量:0.1,确定。

如果物体以速度 v 做平抛运动,抛物线方程为:

$$y=\frac{g\ x^2}{2\ v^2}$$

设 $g=10\ m/s^2$,公式简化为:

$$y=\frac{5\ x^2}{v^2}$$

在指令栏输入指令：

函数(-5x^2/v^2,0,10)

创建抛物线 g，开口向下。选择“交点”工具，点击抛物线 g 和线段 f 的交点，创建点，重命名为 P。如图 5.23 所示。绘图区 1 的对象创建完毕。

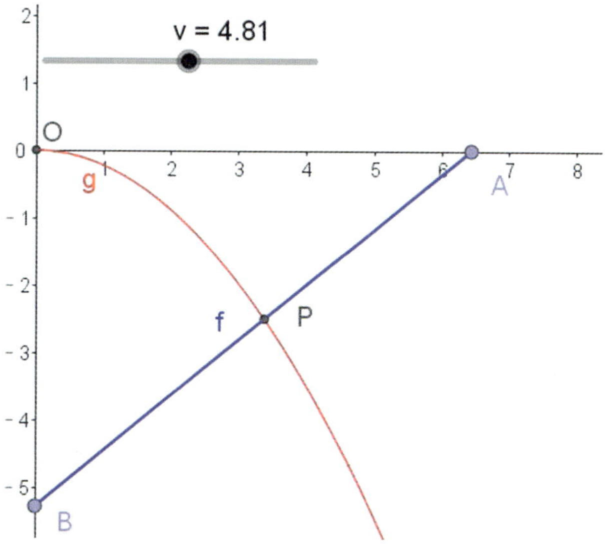

图 5.23　创建过程图(绘图区 1)

选择菜单：视图—绘图区 2。如果点 P 和点 O 的竖直距离为 h，则物体落到 P 点的动能为

$$E_k=\frac{1}{2}m\,v^2+mgh$$

设 m=2kg，则上式变为

$$E_k=v^2+20h$$

$$h=-y(P)$$

点击绘图区 2，在指令栏输入：

(x(P),v^2-20y(P))

创建点 C。也许看不到点 C，滚动鼠标缩小视图，就看到了。选择“设置”工具，选“高级”，打开属性窗口，选“绘图区 2”标签，在常规选项卡里的“x 轴：y 轴”输入 1：40。

点击绘图区 2，

轨迹(C,v)

创建曲线 loc1 即为随着落点的变化，物体落到挡板上的动能的变化曲线，曲线存在最小值，其物理意义是物体以某一初速度落到该挡板上的动能具有最小值。修改曲线的样式为较粗。最后的场景如图 5.24 所示。

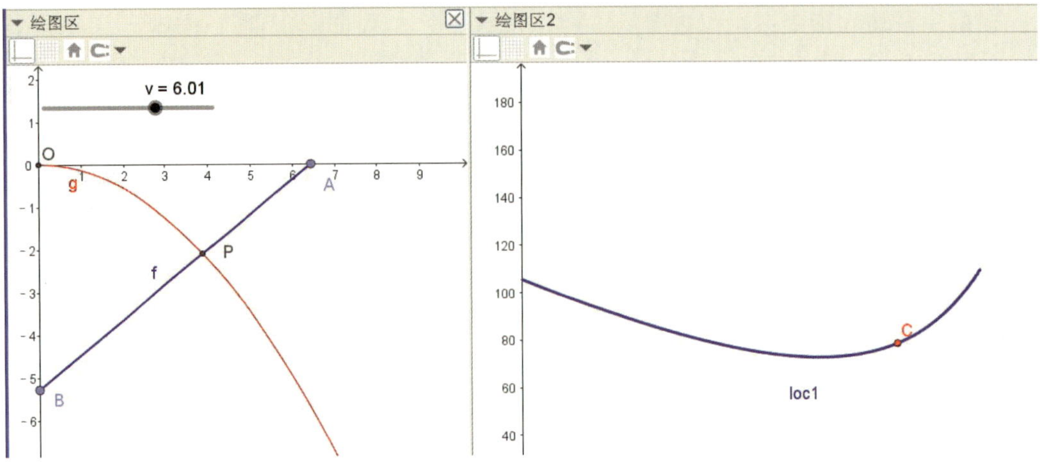

图 5.24　创建过程图

您可以选用其他形状的挡板来探究此类问题。

【友情提示】

这里把滑动条 v、图像、交点、关联新点 C 联系起来，用“轨迹”指令绘制点 C 随变量 v 移动的轨迹曲线，用来探究您遇到的物理问题。要注意，“轨迹”指令生成的图线要经过大量的运算，有时会影响运行速度，出现卡顿现象（如 13.2 节）。解决的办法是，删除“轨迹”指令绘制曲线（隐藏是不行的），调整好再创建轨迹。

【小结】

本案例的方法可以帮助您解决很多物理疑难问题，避开过难的数学推导和运算。

【扫码看视频制作流程】

如果有条件，请扫描二维码观看本积件制作过程的视频。

图 5.25　制作过程视频二维码

第 6 章　GeoGebra 和《1.6 圆周运动》的深度融合

6.1　三维的圆锥摆及其受力分析

【设计意图】

本积件演示圆锥摆的运动。积件能显示连线的轨迹为圆锥状,用复选框控制受力图的显示和隐藏;用按钮控制摆球的运动和暂停,如图 6.1 所示。圆锥的高、底和重力均可以调节,这种三维情景展示对培养学生的空间思维能力有帮助。

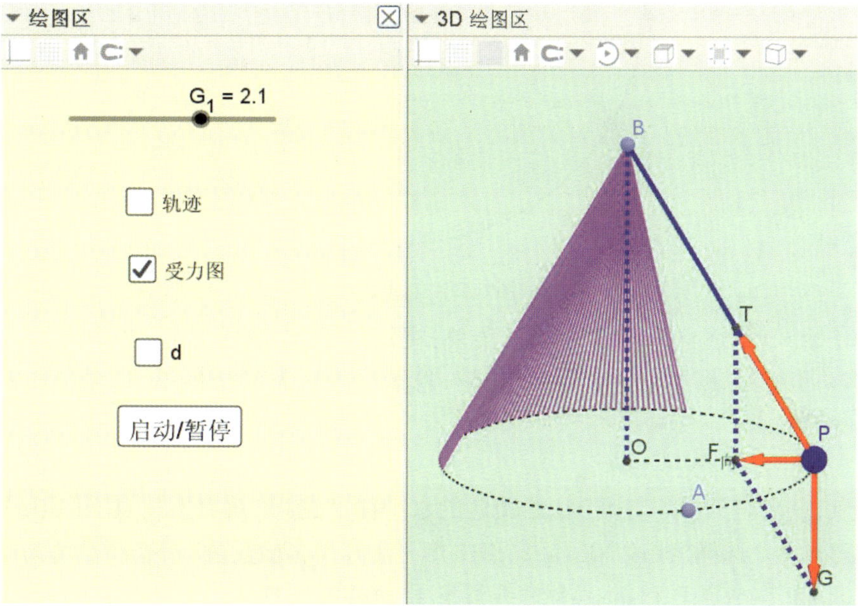

图 6.1　积件情景

【构造详解】

新建一个 GeoGebra 文件,先在绘图区 1 里创建对象。选择“描点”工具,在坐标原点创建点,重命名为 O。选择“描点”工具,在 x 轴的正方向上创建点 A。选择“圆(圆心与一点)”工具,先后点击点 O 和点 A,创建圆 c。选择“对象上的点”工具,在圆 c 上创建点,重命名为 P。选择“复选框”工具,在绘图区点击:确定,创建的复选框布尔值为 a。选择“按钮”工具,标题为:启动/暂停。代码为:

赋值[a,¬ a]

启动动画[P,a]

选择“滑动条”工具，点击绘图区，弹出对话框，名称：G_1，类型：数值，最小：0.5，最大：4，增量：0.1，确定。创建滑动条 G_1，用来控制重力的大小。如图 6.2 所示。

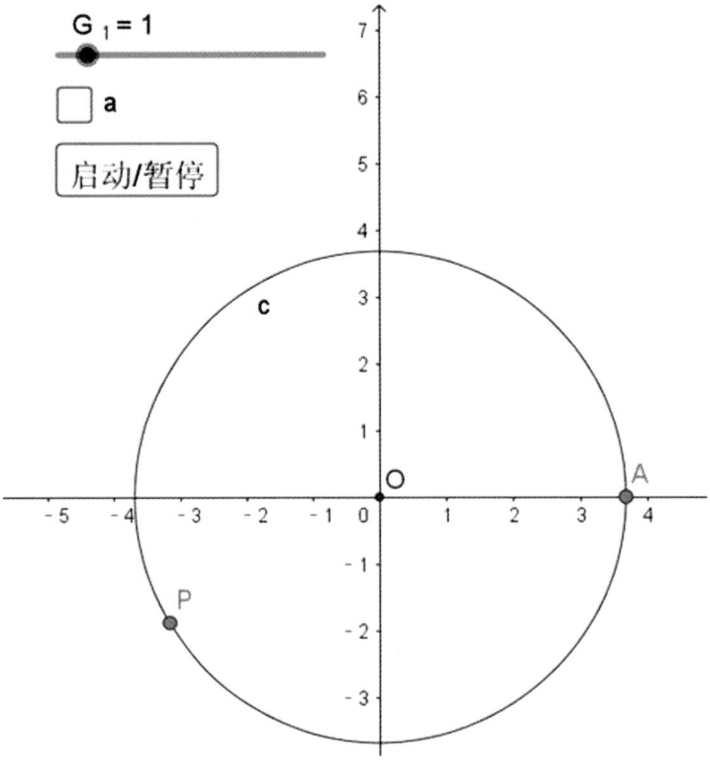

图 6.2　创建过程

下面开始 3D 绘图区的操作。选择菜单：视图—3D 绘图区，调节各个绘图区的宽度为合适值，移动坐标系让绘制的圆等对象出框，隐藏绘图区 1 的坐标系，只显示按钮等控制对象。在指令栏输入：

(x(P),y(P),z(P)-G_1)

创建点，重命名为 G。隐藏 3D 绘图区的水平面。选择“对象上的点”工具，在 z 轴的正半轴创建点 B。选择“线段”工具，点击点 P 和点 B，创建线段 f，修改颜色为粉红。选择“线段”工具，点击点 P 和点 O，创建线段 g，修改样式为虚线。如图 6.3 所示。

修改圆 c 为虚线。选择“平行线”工具，先后点击点 G 和线段 f，创建直线 h。选择“交点”工具，在直线 h 和线段 g 的交点处点击，创建点，重命名为 F_{向}。选择“平行线”工具，先后点击点 F_{向} 和 z 轴，创建直线 i。选择“交点”工具，在直线 i 和线段 f 的交点处点击，创建点，重命名为 T。选择“向量”工具，样式选择粗、红，联结点 P 和点 G，创建向量 u 表示重力；联结点 P 和点 F_{向}，创建向量 v 表示向心力；联结点 P 和点 T，创建向量 w 表示拉力，如图 6.4 所示。

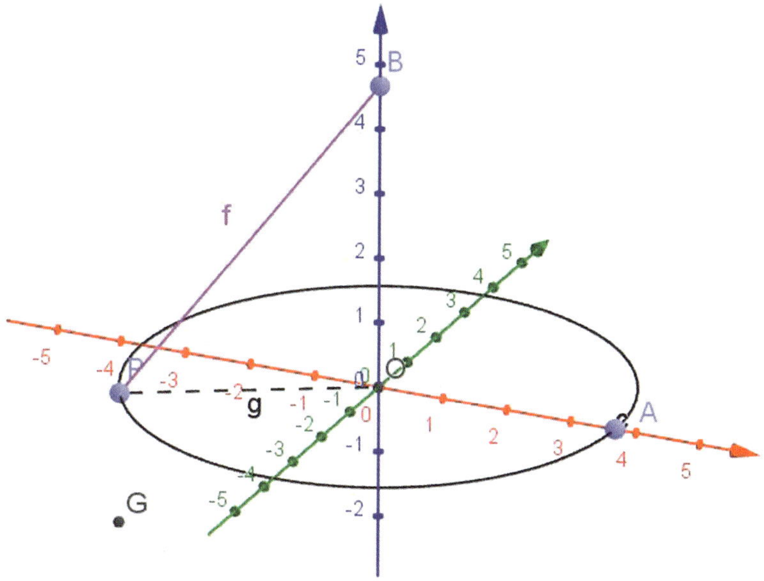

图 6.3　创建过程

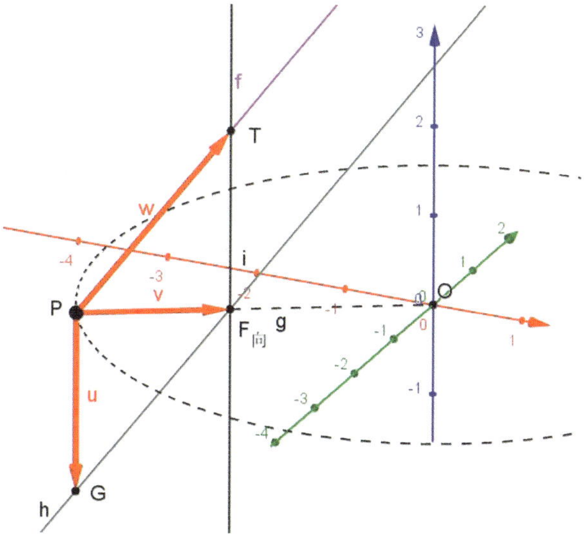

图 6.4　创建过程

隐藏直线 h 和直线 i。选择“线段”工具，在样式栏选择虚线，联结点 F_{向}和点 T；联结点 F_{向}和点 G；联结点 B 和点 O，创建三条线段 j，k，l，如图 6.5 所示。

最后创建几个复选框。选择“复选框”工具，点击绘图区 1，弹出对话框，标题：受力图；再点击代数区的对象：三个向量 u，v，w，三个点 F_{向}，T，G，两条边 j，k；最后点击：应用。提示：要点击代数区的对象或者下拉菜单里选择，复选框无法在 3D 绘图区里点选对象。选择“复选框”工具，点击绘图区 1，弹出对话框，标题：轨迹；再点击代数区的对象：线段 f；点击：应用。点击线段 f，右键，选“开启跟踪”。选择“线段”工具，样式选实线、蓝线，联结点 B 和点 P，创建线段表示细绳。隐藏不需要显示的标签和代数区，创建完毕。

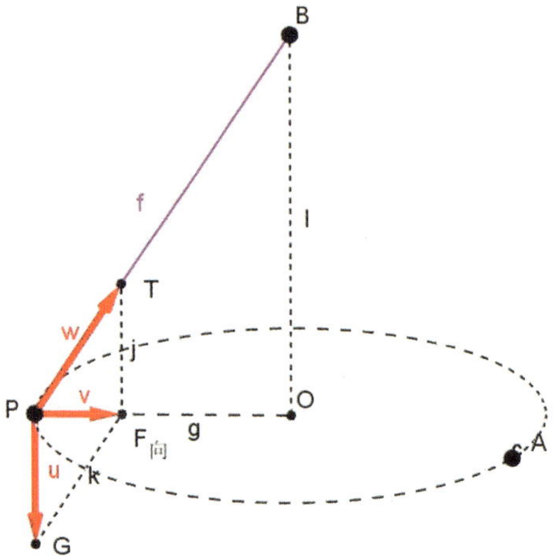

图 6.5　创建过程

【友情提示】

在“轨迹”复选框操作中，我们注意到，点 B 和点 P 连线实际有两条，一条显示轨迹，并和“轨迹”复选框关联，另一个表示联结球的绳子，这是创建“显示轨迹”复选框的操作要领。

【小结】

本案例在 3D 绘图区绘制对象，操作方法和绘图区 1 很相似，简易的操作为我们创建三维对象降低了台阶。

【扫码看视频制作流程】

如果有条件，请扫描二维码观看本积件制作的流程视频。

图 6.6　制作过程视频二维码

第 7 章　GeoGebra 和《1.7 万有引力与宇宙航行》的深度融合

7.1　一个卫星绕地球的圆周运动

【设计意图】

本积件能展示一个卫星绕地球做匀速圆周运动的过程，如图 6.1 所示，卫星在运动时，天线始终指向地球，保证通讯的畅通。

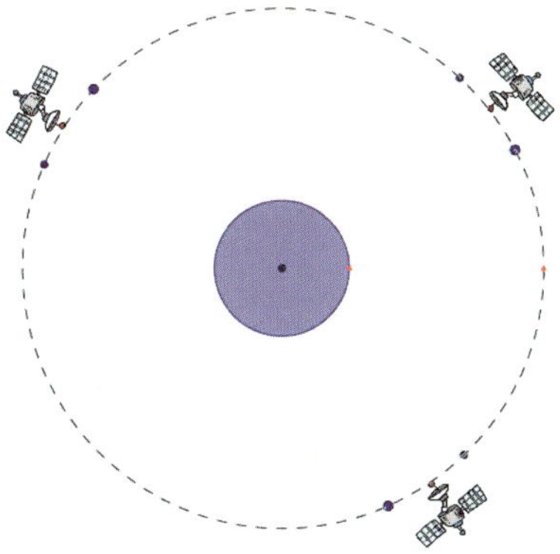

图 7.1　课例场景

当研究卫星绕地球运动时的姿态变化时，不能把卫星当成质点。实际的卫星相对地球是很小的，拖动滑动条 α，减小卫星的尺寸，卫星能收缩为一个点，如果仅仅研究卫星绕地球的圆周运动，可以把卫星视为质点。本案例涉及贴图的使用方法。

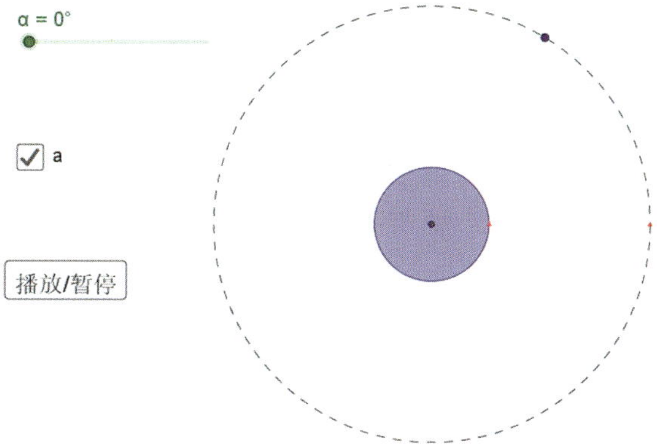

图 7.2　积件情景

【构造详解】

新建一个 GeoGebra 文件，选择“交点”工具，在坐标原点创建点 A；选择“对象上的点”工具，在横坐标的正方向上分别创建点 B 和点 C。选择“圆(圆心与一点)”工具，创建以 A 为圆心过点 B 的圆 c；创建以 A 为圆心过点 C 的圆 d。选择“对象上的点”工具，在圆 d 上创建点 D。圆 c 代表地球，点 D 代表卫星，隐藏坐标轴和网格，如图 7.3 所示。

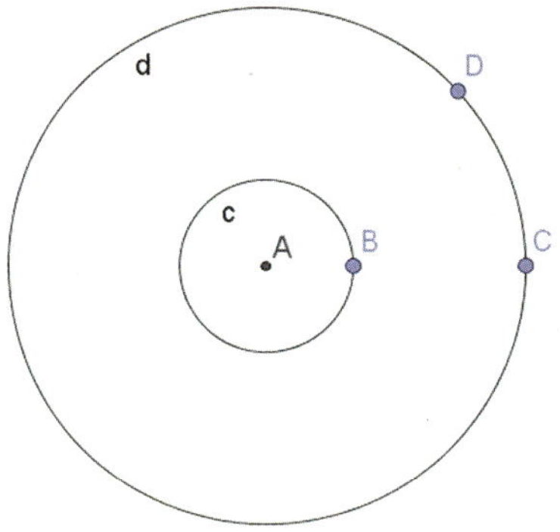

图 7.3 创建过程

下面做修饰操作。选择“移动”工具，选择圆 c，选择绘图区样式栏，选择蓝色，“虚实”滑动条的滑块拖到中间，如图 7.4 所示，表示地球的圆 c 变成蓝色。

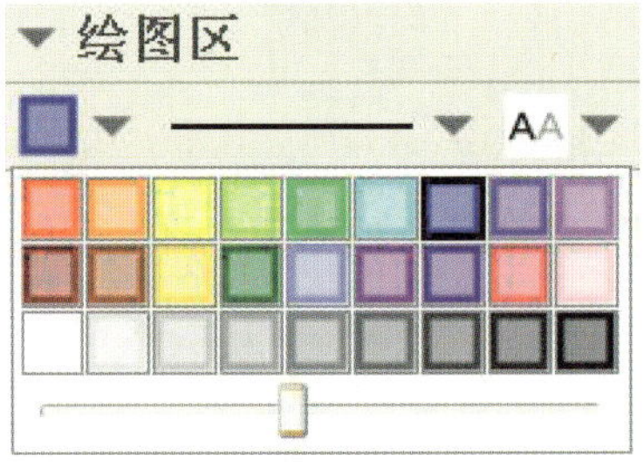

图 7.4 样式栏的调色板

小方法集锦

【方法小集锦 9：图像的插入和关联操作方法】

点 D 表示卫星有点单调，下面是贴图操作。

第一步 选图

先在互联网上选择一幅卫星图片，卫星天线朝下，如果卫星天线不朝下，可以把图片先粘贴到 PPT 软件里，旋转使其天线朝下，再抓图到画图软件里，得到需要的卫星图片，如图 7.5 所示，文件名为“卫星. bmp”。

图 7.5　卫星图片要求天线朝下

第二步　建立滑动条控制图片大小

选择“滑动条”工具，点击绘图区，在出现的属性窗口里，点选“角度”，最小值：0°；最大值：20°；增量：1°。如图 7.6 所示。确定后创建滑动条 α。

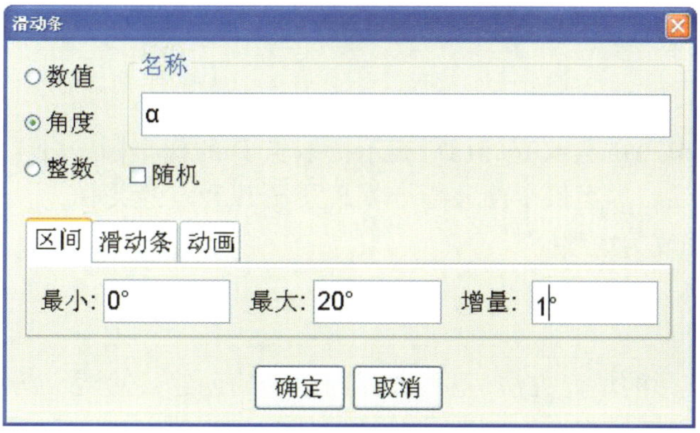

图 7.6　滑动条属性窗口

第三步　创建辅助点

在指令窗口输入指令：旋转(D, α, A)

获得点 D′，该点是以点 A 为圆心，把点 D 逆时针旋转 α 角获得点 D′，后面的卫星贴图要与点 D 和点 D′进行关联。

第四步　贴图

选择菜单：编辑-插入-图片文件，选择前文建立的文件名为“卫星. bmp”的图片，卫星图片即插入到软件里。图片下面有两个标识点，拖动可以放缩、旋转图片。

第五步　图片的关联

双击图片的左标识点，系统默认名为 E，但是没有显示，在出现的属性窗口里输入指令：(x(D′), y(D′))

如图 7.7 所示，指令的意义是关联到点 D′。

图 7.7　关联点的操作

双击图片的右标识点，系统默认名为 E，但是没有显示，在出现的属性窗口里输入指令：

(x(D), y(D))。

这样就把图片和点 D 与点 D′实现了关联,点选点 D,右键在快捷菜单里选择“启动动画”,卫星开始运动起来,拖动滑动条 α,可以放缩卫星尺寸。

控制点 D 的“播放/暂停”按钮的创建,这里从略,请参考前文。

【友情提示】

本课例中,使用到几个重要指令。第一个是“旋转”指令,其语法之一是:旋转(<几何对象>, <度|弧度>, <旋转中心>)。第二个是提取坐标指令。

方法小集锦

【方法小集锦 10:提取点坐标的指令】

指令(x(D), y(D))的含义是,x(D)表示提取点 D 的横坐标,y(D) 表示提取点 D 的纵坐标,今后会经常用到。本案例中用该指令实现了图片和点的关联。

卫星的轨道要修改为虚线。

【小结】

本案例介绍了圆形的填充方法、卫星做圆周运动的创建,还涉及旋转、提取坐标等指令,这些都是基本操作,要熟练掌握。

【扫码看视频制作流程】

如果有条件,请扫描二维码观看本积件制作过程的视频。

图 7.8 制作过程视频二维码

7.2　两个卫星的运动对比

【设计意图】

本积件要演示的功能有如下几条。从北极看地球是逆时针转动的,如图 7.9 所示,地球的经线逆时针转动,演示地球的自转。这一动画也可以演示物体的转动。

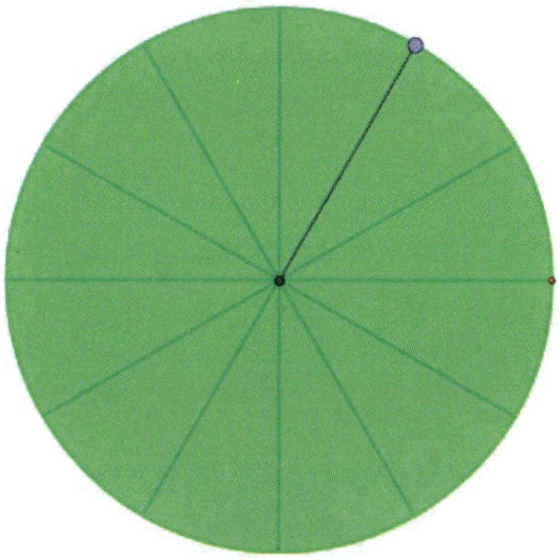

图 7.9　旋转地球情景的创建

第二个要演示的是,随着地球的自转,在同步轨道上运行的同步卫星的角速度和地球自转的角速度是相同的,如图 7.10 所示。

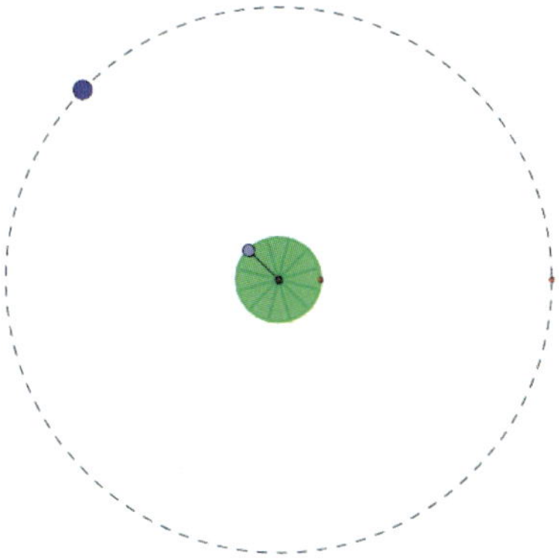

图 7.10　积件的情景

第三个演示是,同时显示同步轨道和它内侧的一般卫星,与同步卫星对比,其运行的线速度大、周期小,如图 7.11 所示。

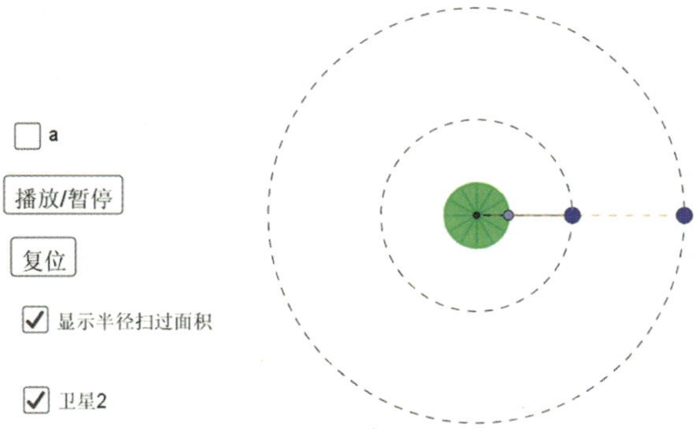

图 7.11　情景展示

最后演示两颗卫星从第一次相距最近到第二次相距最近的过程,用跟踪的办法显示在这段时间里两颗卫星与地球连线扫过的角度,得出结论:第一次相距最近到第二次相距最近的时间内,两颗卫星与地球连线扫过的角度相差 2π。如图 7.12 所示。

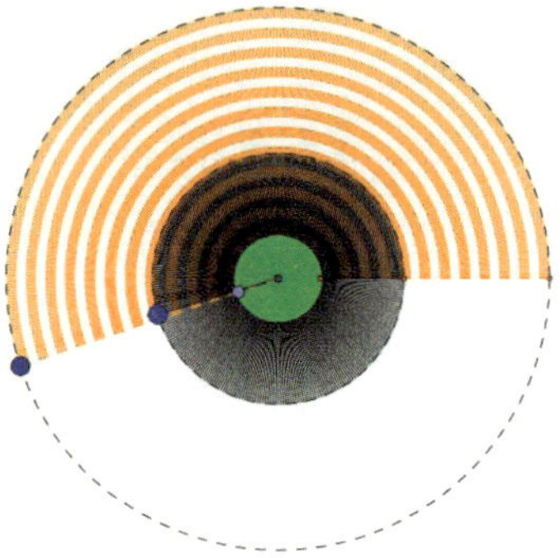

图 7.12　情景展示

【构造详解】

新建一个 GeoGebra 文件,选择"交点"工具,在坐标原点创建点 A。选择"对象上的点"工具,在横坐标为 1 处创建点 B;在横坐标为约 3.2 处创建点 C;在横坐标为 7.5 处创建点 D。选择"圆(圆心与一点)"工具,创建圆心为 A、过点 B 的圆 c;创建圆心为 A、过 C 点的圆 d;创建圆心为 A、过点 D 的圆 e。隐藏坐标轴,如图 7.13 所示。

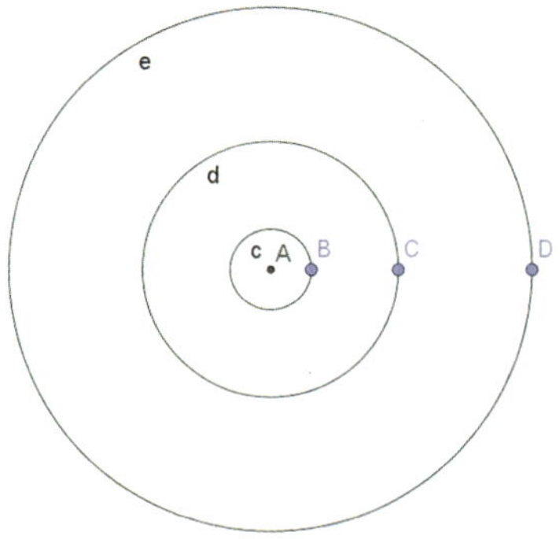

图 7.13　创建过程

选择“对象上的点”工具，在圆 c 上创建点 E；在圆 d 上创建点 F。选择“射线”工具，联结 AE 得到射线 f。选择“交点”工具，点击圆 e 和射线 f 的交点，创建交点 G。如图 7.14 所示。

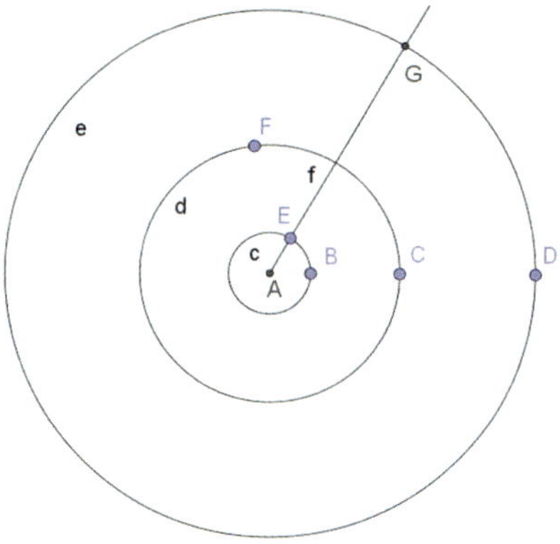

图 7.14　创建过程

选择“移动”工具，点击点 F 右键选属性，在属性窗口里，如图 7.15 所示，选择“代数区”标签，在速度栏里输入：0.7。重要提示：这一速度栏用来控制对象速度的大小，今后使用很多。同样的方法，修改点 E 的速度为：0.25。

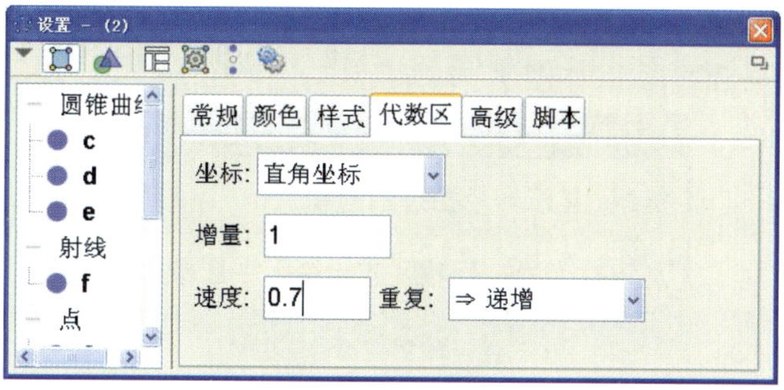

图 7.15　创建过程

隐藏射线 f。选择“射线”工具，联结 A，F 得线段 g；联结 A，G 得线段 h。修改线段 g 的样式为红色；修改线段 h 的样式为虚线、蓝色。均在两线段的快捷菜单里勾选“开启跟踪”。如图 7.16 所示。

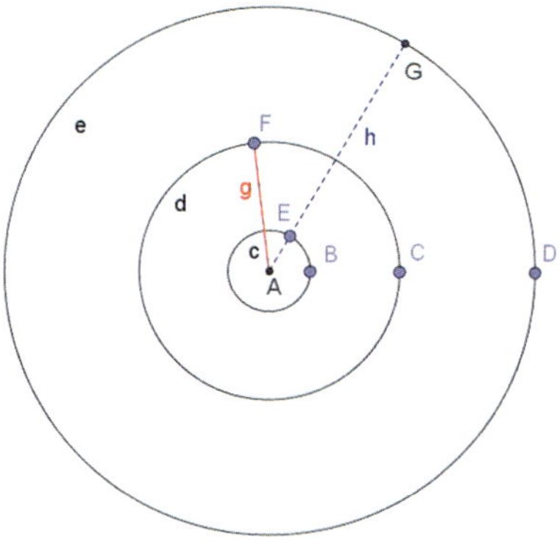

图 7.16　创建过程

在指令窗口输入指令,创建地球经线:

序列(线段(A, 旋转(E, m, A)), m, 0, 2 π,π /6)

修改圆 c 的样式为绿色,虚实滑块拖到中间,绿色圆面代表地球,也可以改为其他颜色。

选择“复选框”工具,在绘图区点击:确定,创建布尔值 a。选择“按钮”工具,标题为:播放/暂停。指令为:

赋值[a,¬ a]

启动动画[E,a]

启动动画[F,a]

再选择“按钮”工具,标题为:复位。指令为:

赋值[E,B]

赋值[F,C]

小方法集锦

【方法小集锦 11:复选框控制对象的显示和隐藏】

选择“复选框”工具,点击绘图区,在属性窗口里,名称为显示半径扫过的面积,在下拉菜单里选择:线段 g 和线段 h,如图 7.17 所示。

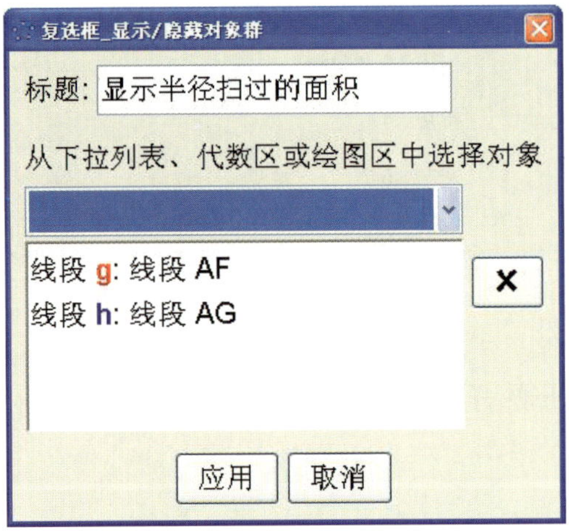

图 7.17 复选框控制对象的显示和隐藏

在创建复选框,标题为:卫星 2,选择对象为圆 d 和点 F。如图 7.18 所示。

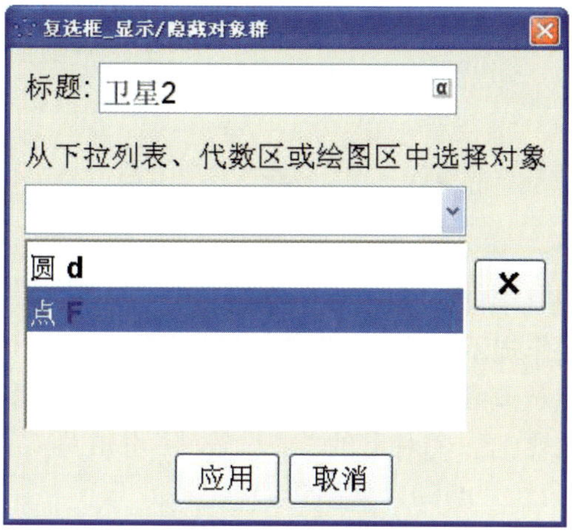

图 7.18　复选框的窗口

下面做修饰工作。把轨道样式改为虚线;把卫星改为蓝色,点径修改大一点,隐藏不需显示的标签,如图 7.19 所示。

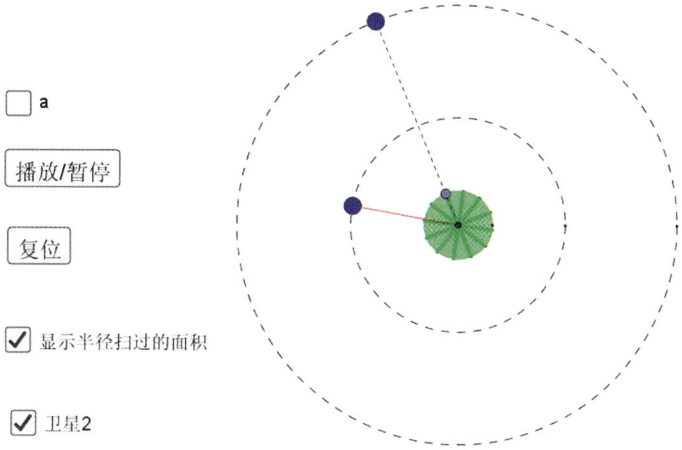

图 7.19　最终情景的展示

【友情提示】

本积件的制作比较复杂,但都是经常用到的操作,还是要熟练使用。本积件的使用方法要做详细说明,否则第一次接触的老师可能不知道做什么。只看地球自转时,不勾选"显示半径扫过的面积",实质是隐藏两个半径;不勾选"卫星 2",实质是隐藏内侧卫星和轨道。点击"播放/暂停"按钮,滚动鼠标放大视图,观察地球的自转,就是图 7.9 的情景。

滚动鼠标,缩小视图,同步卫星和轨道出现,演示同步卫星的自转和地球自转的关系。如图 7.10 所示。

勾选"卫星 2",内侧卫星出现,对比不同轨道半径的卫星的运动情况,如图 7.11 所示。

点击"播放/暂停"按钮,暂停运行,点击"复位"按钮,两个卫星回到同一半径上,勾选"显示半径扫过的面积",再点击"播放/暂停"按钮,两卫星开始运动,同时显示半径扫过的角度,当两卫星再次相遇时,立即点击"播放/暂停"按钮,停止运行,可以得到两卫星再次相遇满足的条件,如图 7.12 所示。

【方法小集锦 12:复选框控制对象的显示和隐藏】

下面介绍复选框的操作提示。比如,复选框“卫星 2”控制布尔值 i 是真或者假,它控制代表内侧卫星的点 F 的显示或者隐藏,打开点 F 的属性对话框,在高级选项卡下,显示条件里有 i。这就告诉我们,只要把一个对象的“显示条件”里填写 i,该复选框就能控制对象的显示和隐藏,这一点今后会经常遇到。如图 7.20 所示。

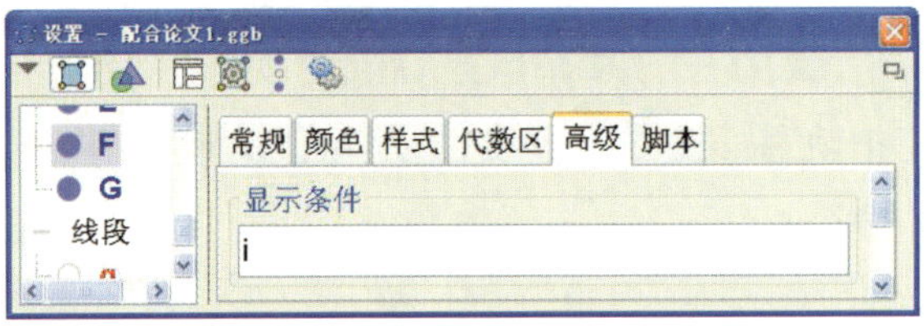

图 7.20 对象和复选框关联的操作(补充)

【小结】

本案例用到的操作总结如下。用序列指令产生一组线段,展示物体的转动过程;用射线实现地球自转和同步卫星运动的周期相同;用复选框实现对象的显示和隐藏的切换;用“赋值”指令实现复位动作、播放和暂停的实现。

【扫码看视频制作流程】

如果有条件,请扫描二维码观看本积件制作过程的视频。

图 7.21 制作过程视频二维码

7.3 卫星轨道类型三维情景的制作

【设计意图】

人造卫星的轨道有三类:赤道轨道、极地轨道和一般轨道。本积件能在三维空间里,旋转卫星的轨道,让学生认识人造卫星的轨道类型、地球在自转、卫星在运行,十分逼真,如图 7.22、图 7.23 所示。

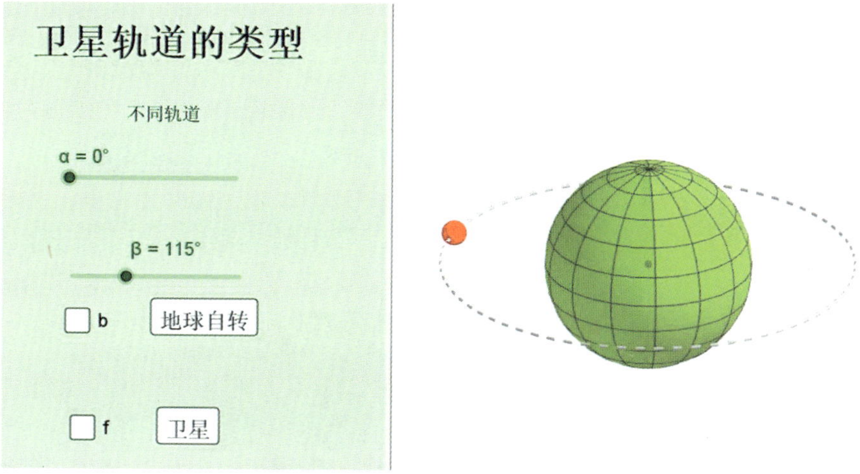

图 7.22 赤道轨道和积件布局

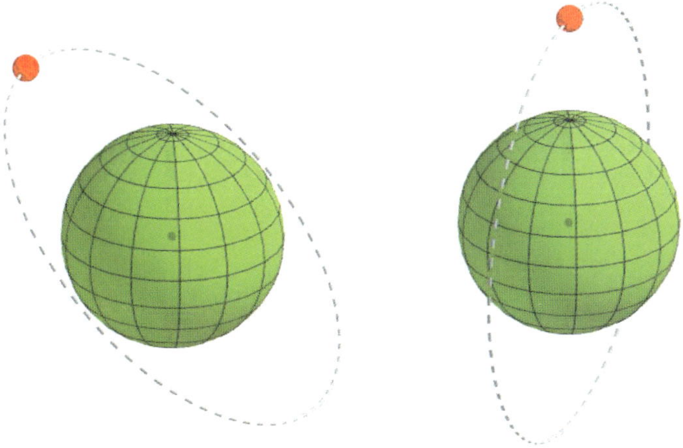

图 7.23 一般轨道和极地轨道

【构造详解】

这个积件要用到 3D 绘图区,要进行多窗口操作。可以看到,GeoGebra 的三维功能强大而且好用。

新建一个 GeoGebra 文件,选择菜单:视图—3D 绘图区,这样窗口中有代数区、绘图区和 3D 绘图区。在不同绘图区,工具的类型有的相同、有的不同,这一点要注意。在哪个区工作,需要用鼠标在该区空点一下。拖动各区的标题栏可以移动位置,这里呈左中右排列。

3D 绘图区的三个坐标名称为水平面的两个坐标轴,红色为 x 轴;绿色为 y 轴;另外一条蓝色的坐标轴为 z 轴,如图 7.24 所示。记住它们的颜色,当改变视图时,用颜色来辨别。

小方法集锦

【方法小集锦 13:三维地球的创建方法】

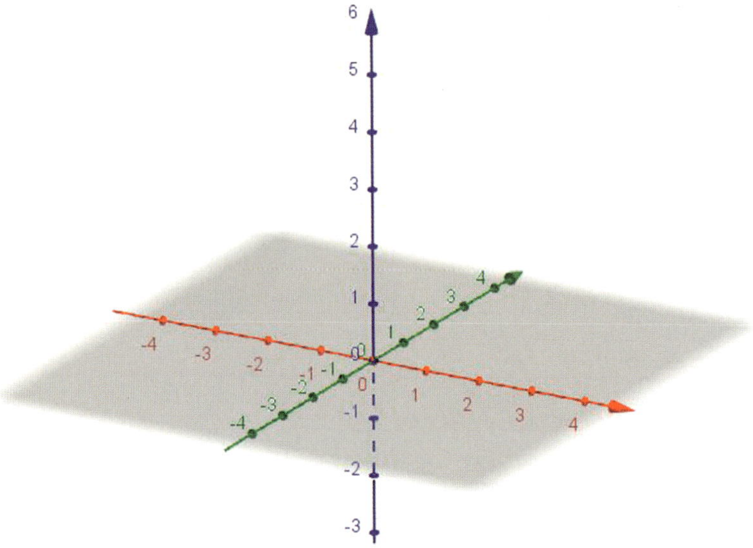

图 7.24　坐标轴的颜色和坐标轴对应

先在 3D 绘图区绘制地球。点击 3D 绘图区,选择"对象上的点"工具,在 x 轴坐标为 2 的位置创建点 A,选择"圆(轴线与一点)" 属性工具,先后点击 y 轴和点 A(不分先后),即创建过点 A、以 y 轴为轴线的圆 c。

点击绘图区,选择"滑动条"工具,点击绘图区,在属性窗口里选择类型:角度,其他为默认值,确定。系统默认名称:α。后面要调用该变量。

在指令窗口输入指令:

旋转(c, α, z 轴)

该指令的意义是,让圆 c 绕 z 轴旋转 α 度,得到圆 c2(系统命名复杂,不便调用,请重命名为 c2)。

在指令窗口输入指令:

曲面(c2,2 π ,z 轴)

3D 绘图区就出现了一个地球,而且有经线和纬线。在滑动条 α 的属性窗口里,把重复类型改为:递增。拖动滑动条 α,地球就转动起来了。选中地球,在 3D 绘图区的样式栏里,把颜色改为绿色,如果绘图区折叠了,请点击三角符号即展开样式栏。隐藏圆 c 和圆 c2。下面创建控制地球自转的按钮。

选择"复选框"工具，在绘图区点击：确定，创建布尔值 b。选择"按钮"工具，标题：自转。指令为：

赋值[b,¬ b]

启动动画[α,b]

如图 7.25 所示。以上介绍了三维地球自转的创建方法，今后如果要创建三维地球，请参考上文，不再赘述。

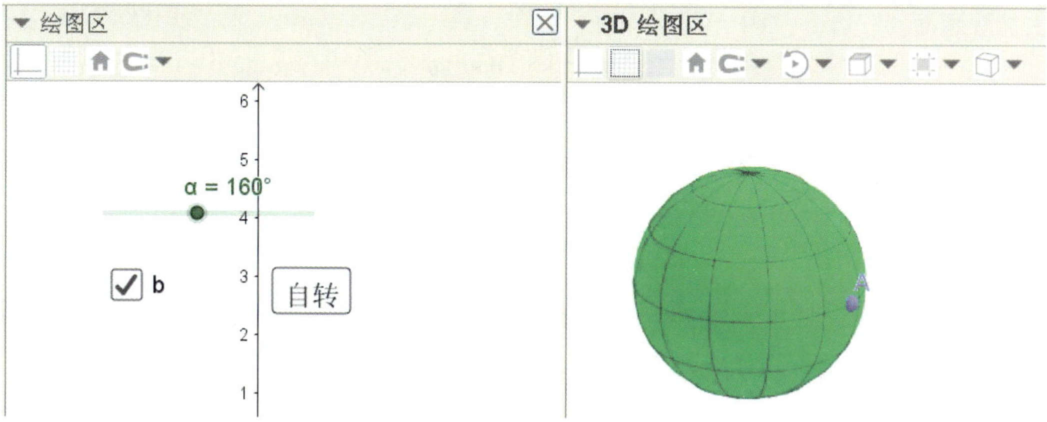

图 7.25　三维地球

下面创建可以改变倾角的轨道。在绘图区窗口，选择"圆(圆心与一点)"工具，先点击坐标原点、再点击横坐标为 4 的坐标位置，创建圆 d。

选择"滑动条"工具在绘图区创建名称为 β 的滑动条，最大值为 90°，其他数值取默认值。在指令窗口输入指令：

旋转(d,β,y 轴)

在 3D 绘图区可以看到圆 d′，拖动滑动条 β，圆 d′会绕 y 轴旋转，如图 7.26 所示。隐藏圆 d，并修改圆 d′的样式为虚线。

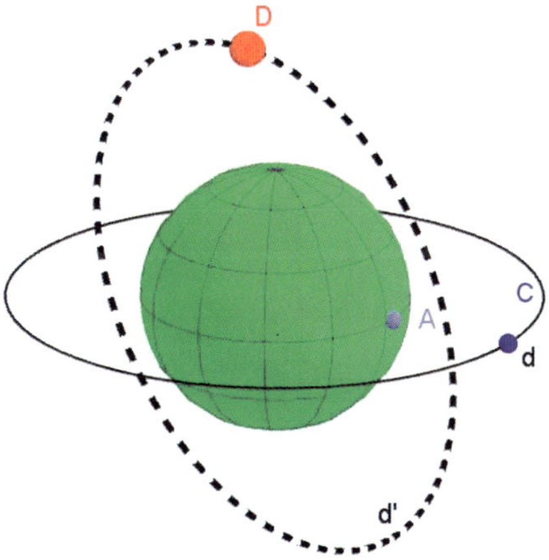

图 7.26　三维地球和三维轨道

下面创建卫星。点击 3D 绘图区，选择"对象上的点"工具，在圆 d′上创建点 D，点 D 代表卫星，修改样式：红色，点径调到最大。

下面创建控制卫星运动的按钮。点击绘图区，选择“复选框”工具，在绘图区点击：确定，创建布尔值 e。选择“按钮”工具，标题：卫星。指令为：

赋值[e,¬ e]

启动动画[D,e]

现在我们要把绘图区作为控制按钮集中展示的区域，如图 7.27 所示。隐藏绘图区的坐标轴。如果有对象显示在绘图区，需要隐藏的，做隐藏操作，不能隐藏的，选择“移动”工具，抓取画面到一边，画面中不显示即可。

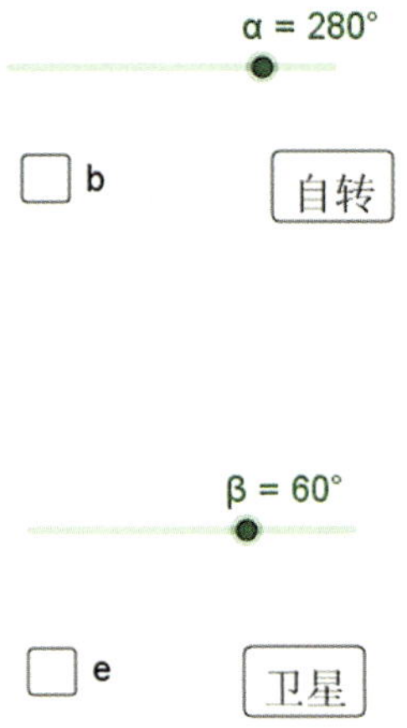

图 7.27　绘图区集中放置按钮

小方集法锦

【方法小集锦 14：更改绘图区背景颜色的方法】

选择“设置”工具，在窗口中选择“绘图区” 属性工具，修改背景颜色，让积件变得更漂亮一点，如图 7.28 所示。

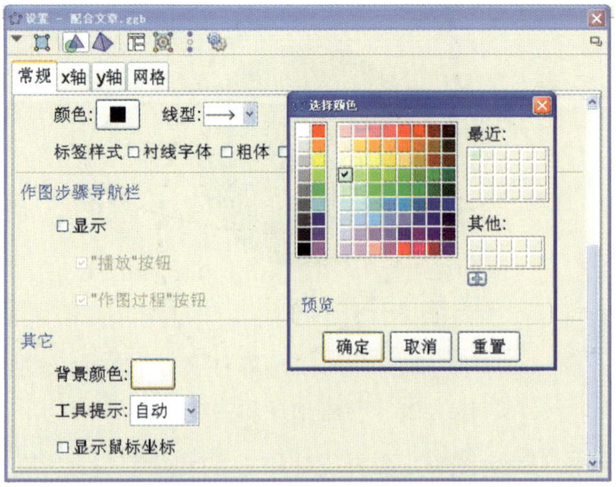

图 7.28　设置绘图区背景色

【友情提示】

本课例我们接触到 GeoGebra 软件的三维功能，用 3D 绘图区可以创建球、立方体、圆柱等立体图形，创建复杂的曲面需要指令。这里介绍“曲面”指令。

本课例引入的指令是：曲面(c2,2 π ,z 轴)

该指令的全英文形式是：Surface(c2,2π, zAxis)

“曲面”用于生成立体图形，指令简洁，以一条线为起点，绕某轴旋转一定角度，就得到线扫过区域的曲面。

【小结】

本案例我们学习了 3D 绘图区创建对象的一些方法，尤其是“曲面”创建立体图形的功能，今后还会遇到，这是自主制作三维图形的常用方法。由于不能在 3D 绘图区创建按钮，因此，我们把按钮都集中到绘图区，这样场景中有两个区域，功能有所分工，也是常用的方法。

【扫码看视频制作流程】

如果有条件，请扫描二维码观看本积件制作过程的视频。

图 7.29　制作过程视频二维码

7.4　卫星沿椭圆的运动[6]

【设计意图】

行星绕太阳的运动是椭圆运动，一些卫星也是沿着椭圆轨道绕地球运行，仿真这种运动对学生认识天体运动规律有帮助。本积件展示卫星绕地球的椭圆运动，如图 7.30 所示，其运动遵守开普勒运动定律，轨道的大小、椭圆的离心率都可以调节。

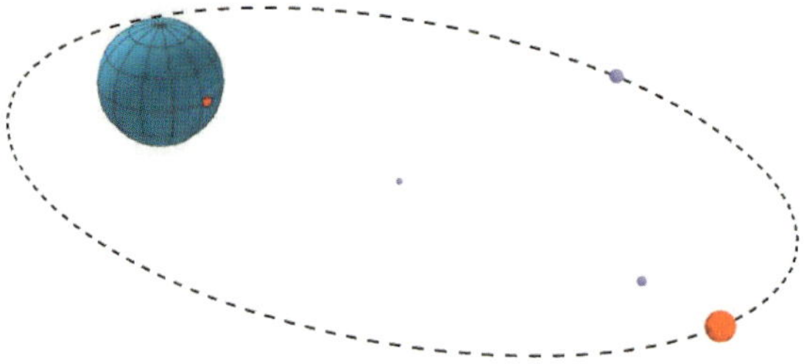

图 7.30 卫星在轨道上的椭圆运动

这个积件可以定性地展示开普勒第二定律，即等面积定律，有规律地按下轨迹按钮，可以显示相同时间内卫星和地球连线扫过的面积，比较这些面积的关系，探究其中的规律，如图 7.31 所示。

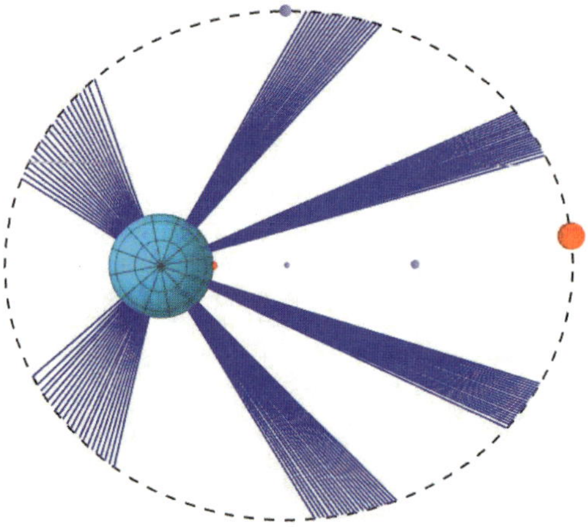

图 7.31 显示等面积定律（开普勒第二定律）

还可以显示卫星绕地球在椭圆轨道上运行时，其速度的矢量的变化，如图 7.32 所示，可以直观地看到，卫星在近地点速度大、远地点速度小。

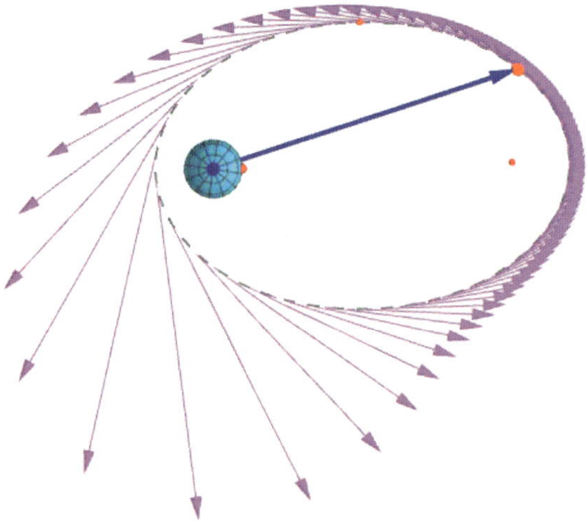

图 7.32 卫星在椭圆轨道上的速度变化

如果跟踪速度矢量的端点,其轨迹是一个有趣的曲线,如图 7.33 所示,如此多的信息,能引起学生学习的兴趣、产生探究的动力。

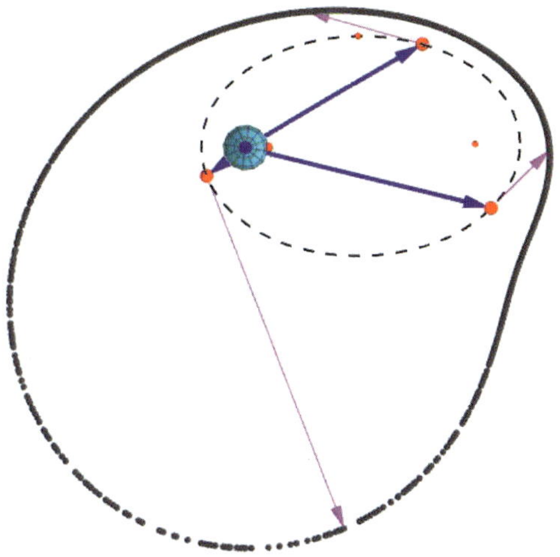

图 7.33　卫星速度矢量端点扫过的轨迹

【构造详解】

这是制作天体运动的最后一个案例,涉及的原理比较复杂,我们把问题分成几个步骤来完成。

新建一个 GeoGebra 文件,先创建一个可以调节的椭圆轨道。选择“交点”工具,点击坐标原点创建点 A;点 A 作为椭圆的左焦点,后面要在该位置创建三维地球。选择“对象上的点”工具,在横坐标值为 3.5 处创建点 O(请重命名),点 O 为椭圆的圆心。选择“中心对称”工具,先点击点 A,再点击点 O,创建对称点 A′,点 A′为椭圆的右焦点。选择“垂线”工具,先点击点 O,再点击横坐标,创建直线 f。选择“对象上的点”工具,,在直线 f 上创建点 B,点 B 为椭圆上的一点。选择“椭圆”工具,先点击两个焦点点 A 和点 A′,再点击点 B,创建椭圆 c。如图 7.34 所示,点 O 和点 B 为调控椭圆的点,样式修改为红色,可以调节椭圆的“胖瘦”。

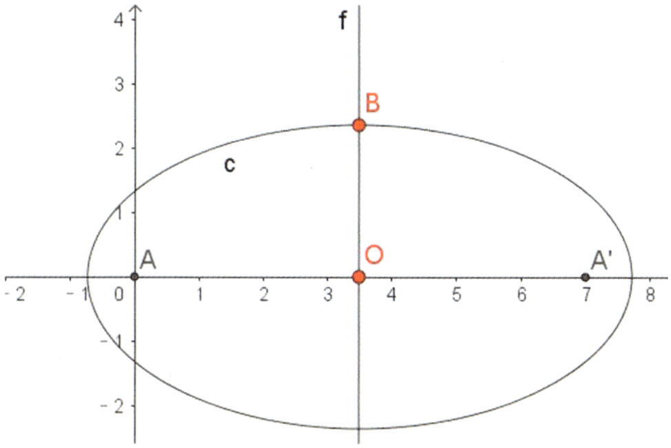

图 7.34　创建过程

下面创建一颗卫星，让它按照开普勒定律运动。卫星在轨道上运行时，遵守角动量守恒定律，具体的公式和推理如图 7.35 所示。

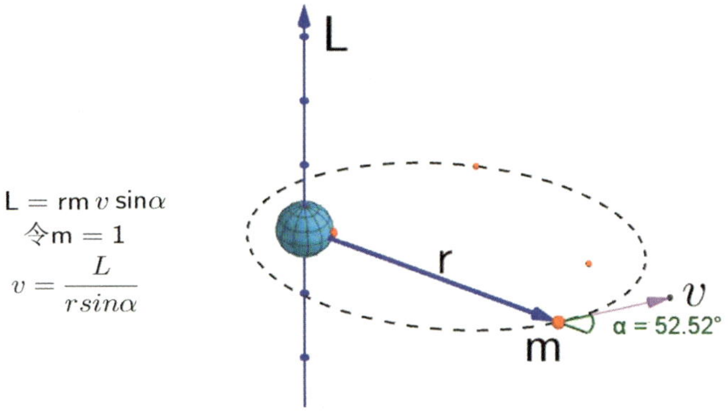

图 7.35 创建过程

隐藏坐标轴和直线 f，选择“对象上的点”工具，在圆 c 上创建点 S（请重命名），该点表示卫星。调节点 S 为红色，增大线径。如图 7.36 所示。如果这时候让点 S 在轨道上运动，我们发现它做匀速运动。下面要进行比较复杂的处理，以下是本积件制作的难点，注意理解其中的逻辑关系。

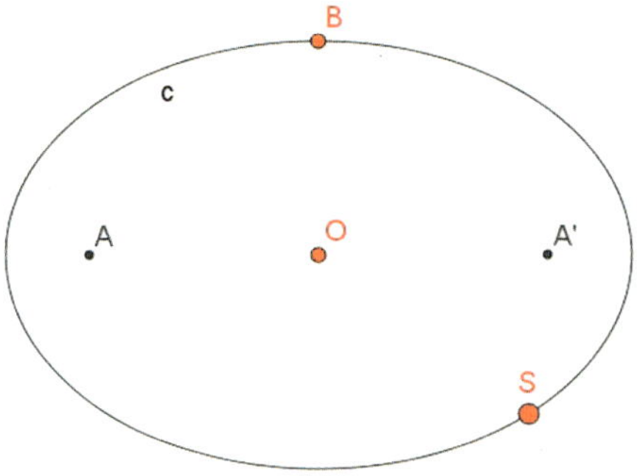

图 7.36 创建过程

选择“滑动条”工具，点击绘图区，在弹出的窗口里，名称：L，表示角动量，是调节卫星速度的滑动条。最小值：0.1，最大值：5，确定。选择“切线”工具，点击椭圆 c 和点 S，创建切线 g。选择“射线”工具，创建从点 A 指向点 S 的射线 h。选择“线段”工具，联结点 A 和点 S，得到线段 r（请重命名），线段 r 的值就是位矢。选择“对象上的点”工具，在直线 g 和射线 h 的右侧各创建点 C 和点 D。选择“角度”工具，依次点击点 D、点 S 和点 C，创建角度 α。如图 7.37 所示。

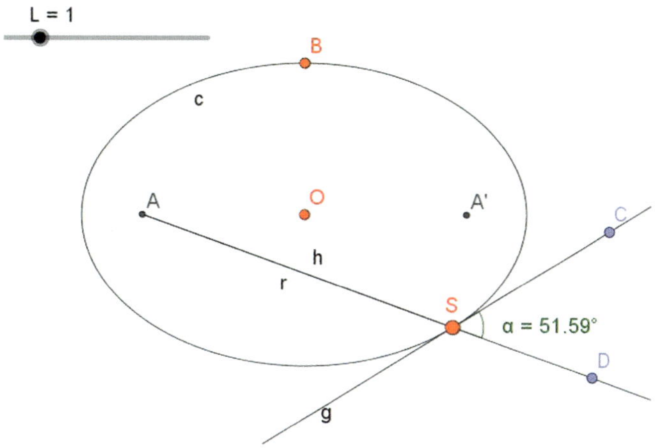

图7.37 创建过程

在指令窗口输入指令:

v=L/(rsinα)

方法小集锦

【方法小集锦15:用参数控制对象的运动】

创建速度变量v,这是一个关键量。选择“移动”工具,点击点S右键,在属性窗口里,如图7.38所示。把代数区标签栏的速度改为v,这样,卫星就会按照开普勒定律运动了。

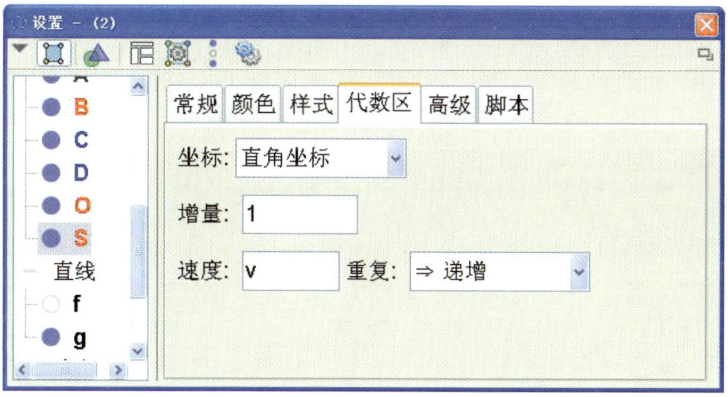

图7.38 点的属性窗口(用变量控制速度)

选择“滑动条”工具,再创建一个控制卫星速度矢量大小的变量,名称:n,最小值:1,最大值:5,增量:1。

选择“定长线段”工具,点击点S,在属性窗口(图7.39)里输入:nv,创建点E。

选择“移动”工具,拖动滑动条n,使点E距离点S远一点。滚动鼠标,放大视图。选择“圆(圆心与一点)”工具,创建以点S为圆心、过点E的圆d。选择“交点”工具,点击圆d和切线g右上方的交点,创建点F。选择“向量”工具,联结点S和点F,创建矢量u,

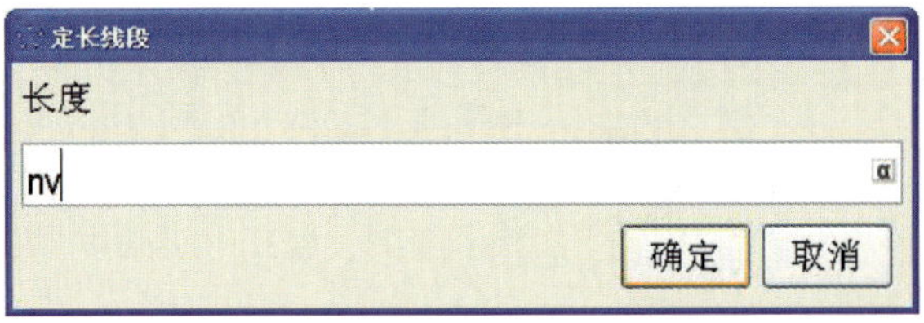

图 7.39　“定长线段”工具窗口

表示速度，由于 v 已经被引用，这里不要重命名为 v。如图 7.40 所示。

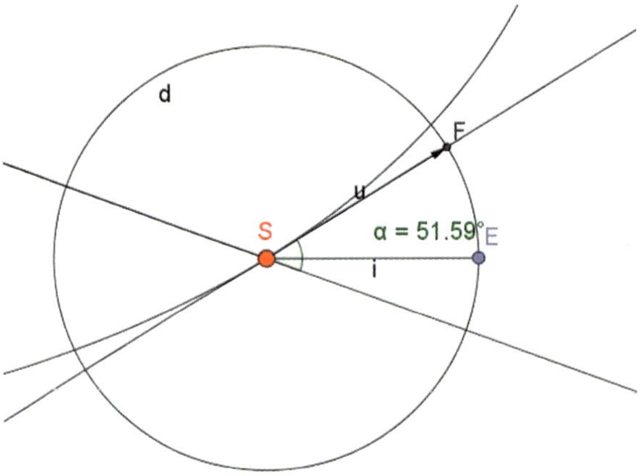

图 7.40　创建过程

滚动鼠标，缩小视图，隐藏一些对象和标签，使画面显得整洁，如图 7.41 所示。可以看到，外显的对象背后有很多幕后“推手”，这是要理解掌握的。

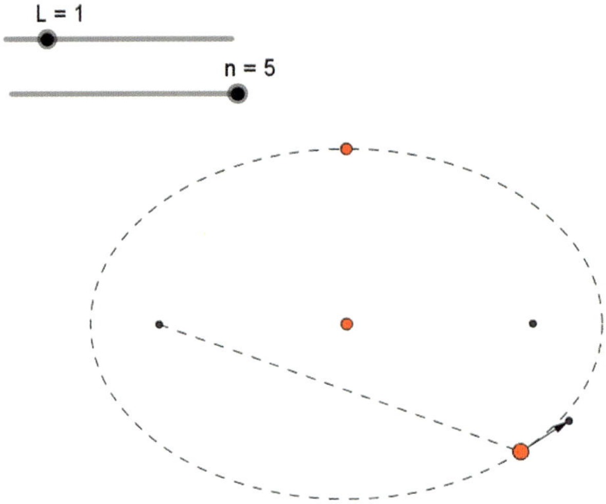

图 7.41　创建过程

下面制作控制卫星运动的按钮。点击绘图区，选择“复选框”工具，在绘图区点击：确定，创建布尔值 a。选择“按钮”工具，标题：卫星。指令为：

赋值[a,¬ a]

启动动画[S,a]

至此，积件的核心部分已经完成，先看看效果，再做辅助部分。

点击表示卫星速度的向量 u，右键选择“开启跟踪”，即可得到卫星运动时速度矢量图，如图 7.42 所示。取消向量 u 的跟踪，开启速度端点 F 的跟踪即可得到速度矢量的包络线，如图 7.42 所示。看似很复杂的情景，在这里很容易实现。

下面创建显示“等面积”的复选框。选择“复选框”工具，在绘图区创建布尔值 b、名称为“面积”的复选框。然后在线段 r 的属性框、高级标签、显示条件对话框里输入：b；在“常规”标签里，勾选“显示轨迹”。提示：在属性里勾选“显示轨迹”的效果和右键下拉菜单里选择“开启跟踪”的效果是一样的。

选择菜单：视图—3D 绘图区，打开三维视图，以坐标原点为球心，创建可以旋转的地球，前一节已经讲过，这里不再赘述，请参考上一节的内容。

最后的效果图如图 7.42 所示。

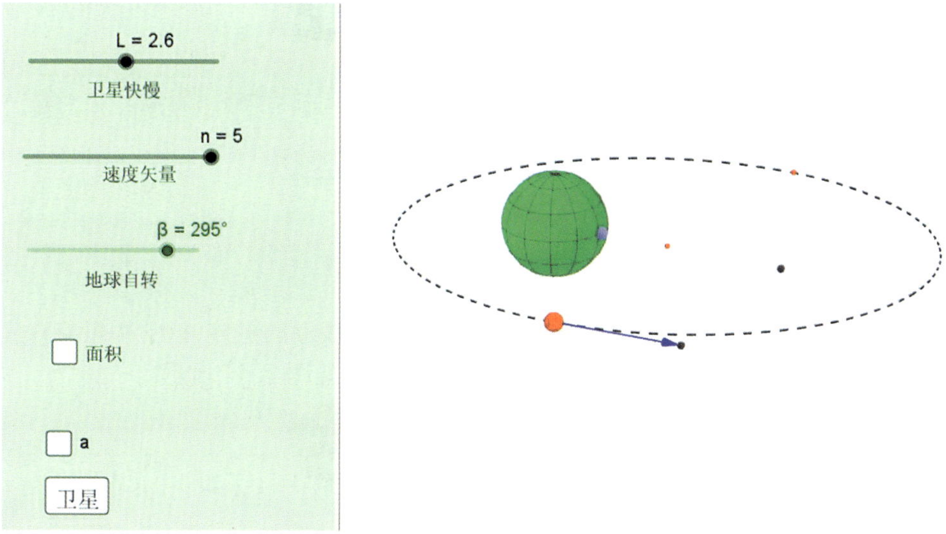

图 7.42　积件最终画面

【友情提示】

这里说明旋转地球创建的原理。我们首先创建了一个圆 e，然后利用旋转功能生成一个新的圆 e′，注意，这个圆 e′会随着滑动条 β 的变化而旋转，“曲面(e′,2 π ,z 轴)”指令产生以圆 e′为起点，旋转一周形成曲面。如果 β 增加，e′逆时针旋转(沿着 z 轴反方向看，下同)，形成的地球就逆时针转动起来；如果 β 减小，形成的地球就顺时针转动起来。因此，滑动条 β 的属性中，“重复”选项中应选择“递增”。

【小结】

这个积件的制作是前面积件功能的集大成，涉及三维绘图、按钮设定、变量的测量与关联，难度比较大。所以，我们把本课例的制作分为 5 个部分，你可以一块一块完成，并思考每一步操作的道理，以便活学活用。

【扫码看视频制作流程】

如果有条件,请扫描二维码观看本积件制作过程的视频。

图 7.43 制作过程视频二维码

7.5 可以调节的双星运动

【设计意图】

本积件模拟的运动。第一个功能是,只显示两个质量接近的星体,让学生想象双星的运动,然后展示双星的运动(这只是运动的一种理想形式)。如图 7.44 所示。

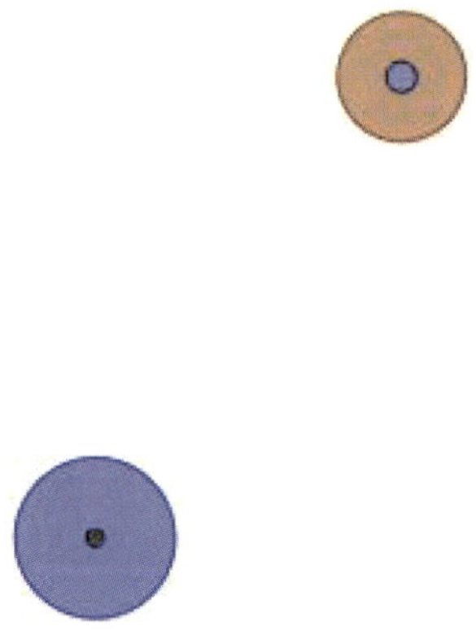

图 7.44 情景展示

显示轨迹和连线,可以通过滑动条 a,b 改变两星的大小(质量),可以通过滑动条 v 改变双星运行的速度,可以拖动轨迹的辅助点改变轨迹的大小,可以用“播放/暂停”按钮控制运动和暂停,便于研究双星的周期、线速度的特点,演示质量和轨道半径的关系。如图 7.45 所示。

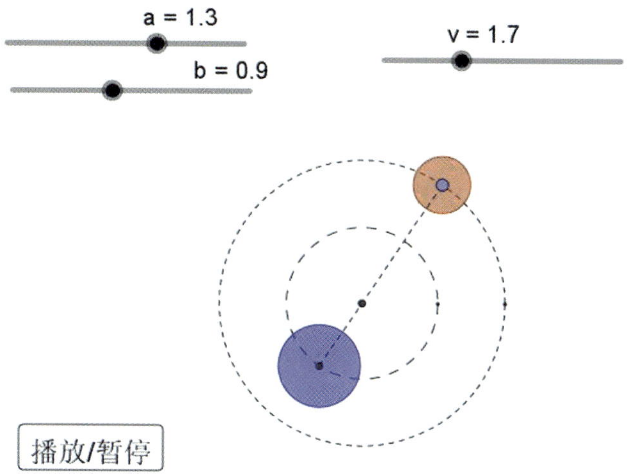

图 7.45　情景展示

在双星右侧放置一张眼睛图片，双星每转动一周，就会互相遮挡两次，相邻两次遮挡的时间间隔等于半个周期。如图 7.46 所示。

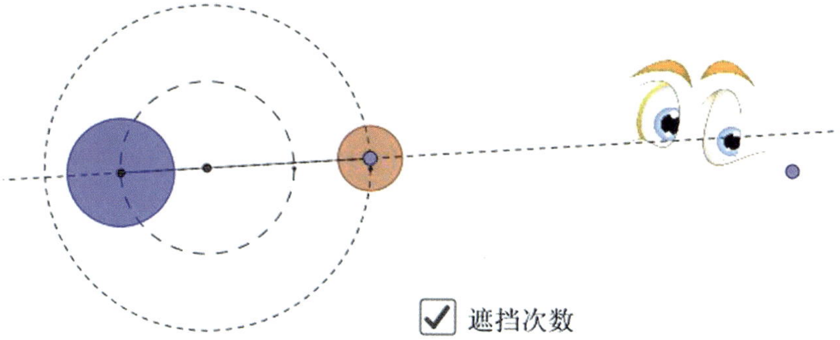

图 7.46　情景展示

【构造详解】

新建一个 GeoGebra 文件，选择“交点”工具，在坐标原点创建点 A。“对象上的点”工具，在横坐标正方向上创建点 B 和点 C。选择“圆(圆心与一点)”工具，创建圆心为 A、过点 B 的圆 c；创建圆心为 A、过点 C 的圆 d。隐藏坐标轴。选择“对象上的点”工具，在圆 d 上创建点 D。选择“直线”工具，在绘图区左上角样式栏选择虚线，创建联结点 D 和点 A 的直线 f。选择“交点”工具，创建圆 c 和直线 f 的交点 E，注意，圆 c 和直线 f 有两个交点，点 E 和点 D 要分居点 A 的两侧。如图 7.47 所示。

下面创建 3 个滑动条，分别控制两个星球的大小和速度。选择“滑动条”工具，默认名字为 a，最小值为 0.1，最大值为 2，其他参数选默认值。再创建第二个滑动条，默认名字为 b，最小值为 0.1，最大值为 2，其他参数选默认值。创建第三个滑动条，修改名字为 v，最小值为 0.5，最大值为 5，其他参数选默认值。

下面进行关联操作。选择“移动”工具，点击点 D 后按右键，在属性窗口里，代数区标

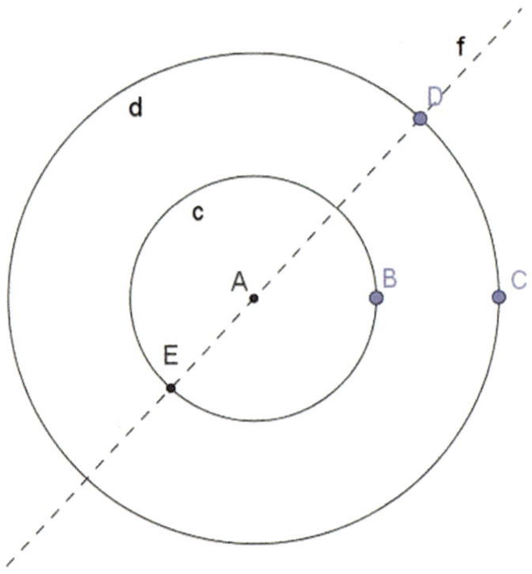

图 7.47　创建过程

签、速度栏内输入:v,运行时,滑动条 v 可以控制点 D 的速度。这是用滑动条控制点运动的方法,要熟练掌握。

选择“定长线段”工具,点击点 E,在属性窗口里输入:a,如图 7.48 所示,确定,生成一条线段 g 和点 F。再点击点 E,输入:b,确定后生成一条线段 h 和点 G。

图 7.48　定长线段的对话框

选择“圆(圆心与一点)”工具,创建圆心为 D、过点 F 的圆 e;再创建圆心为 E、过点 G 的圆 k。创建的对象如图 7.49 所示。

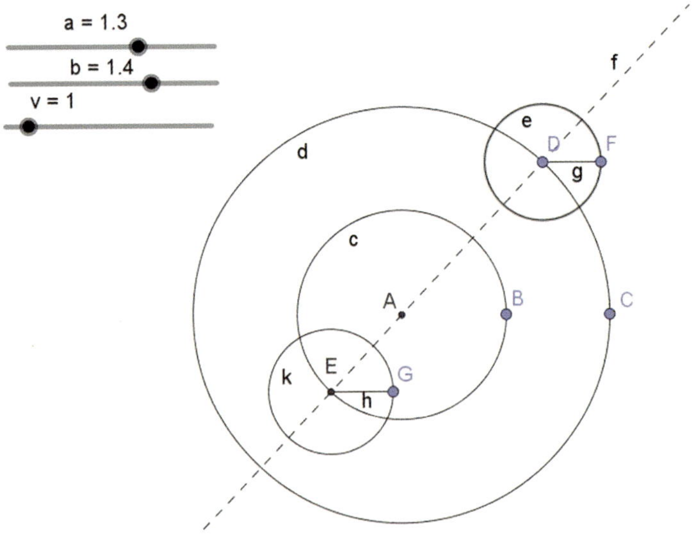

图 7.49　创建过程

隐藏线段 g、点 F、线段 h 和点 G,修改圆 c 和圆 d 的样式为虚线,修改代表星球的圆 e

和圆 k 的颜色和虚实度,让星球看起来是实心的。

提前下载一张眼睛的图片,选择菜单:编辑—插入图片,选择上述图片文件进入绘图区,空点一下绘图区,再拖动图片的两个控制点到合适的位置,调整其大小为合适值。

下面创建“播放/暂停”按钮。选择“复选框”工具,在绘图区点击:确定,创建布尔值 i。选择“按钮”工具,标题为:播放/暂停。指令为:

赋值[i,¬ i]

启动动画[D,i]

这是制作控制运动按钮的常见操作,复选框可以隐藏,复选框的布尔值要和控制按钮的指令关联。这一功能十分常见,要熟练掌握。

选择“复选框”工具,名字为轨道,然后用鼠标左键点击绘图区窗口的两个圆 c 和圆 d,和在下拉菜单里选择对象是一致的。确定后创建了“轨道”复选框,控制轨道的显示和隐藏。

再创建一个复选框,名字为视觉,关联的对象是射线 f 和插入的图片“pic1”,确定后得到“视觉”复选框,用来显示和隐藏眼睛图片和两星球连线。积件制作完毕,整个画面布局如图 7.50 所示。

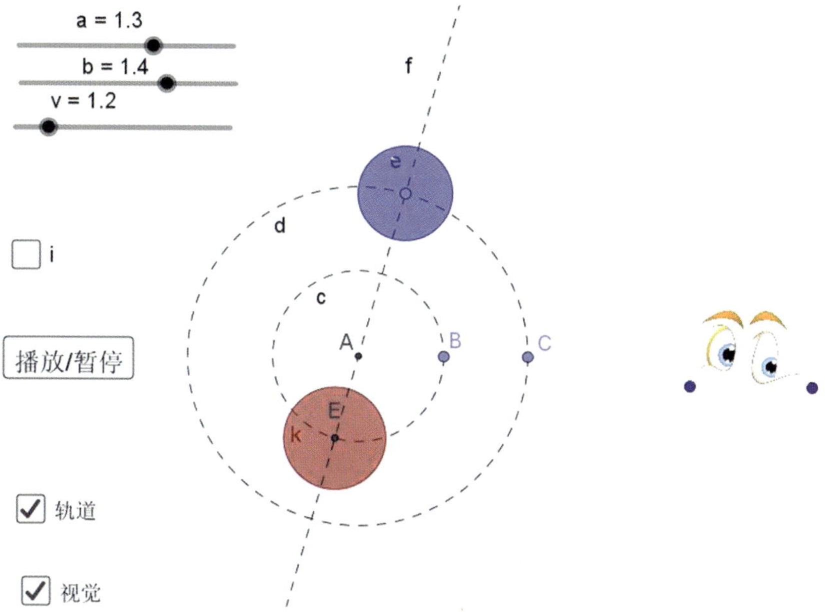

图 7.50　最后的场景

【友情提示】

这里结合本例谈谈对象的关联问题,如何实现双星的关联运动呢? 当用“对象上的点”工具在圆 d 上创建点 D 后,点 D 就只能沿着圆 d 的弧上运动;创建通过点 A,D 的直线交圆 c 于点 E,点 E 只能在圆 c 上运动,而且分居在点 A 两侧,从而实现了双星运动的角速度、加速度相同的目的。GeoGebra 软件的精华就是对象的逻辑关联不能是散乱的几何对象。

本案例学习的新功能是把滑动条和圆大小进行关联的设置方法。搭建的逻辑关联如下,首先建立滑动条 a,选择“定长线段”工具,让对象 M 平移 a 而成为 N,这样点 N 的移动就和滑动条 a 关联起来。

【小结】

本课例涉及的功能有双星运动的创建技巧、显示和隐藏的复选框设置、按钮的设置等功能。注意体会对象之间的逻辑关联，做到举一反三。

【扫码看视频制作流程】

如果有条件，请扫描二维码观看本积件制作过程的视频。

图 7.51 制作过程视频二维码

7.6 二、三、四、五、六星运动情景

【设计意图】

三星、四星的运动情景是学生难以想象的，本积件展示这些运动，用序列指令和滑动条工具实现一个积件展示二、三、四、五、六星的运动，实现一件多用的功能。如图 7.52 所示。

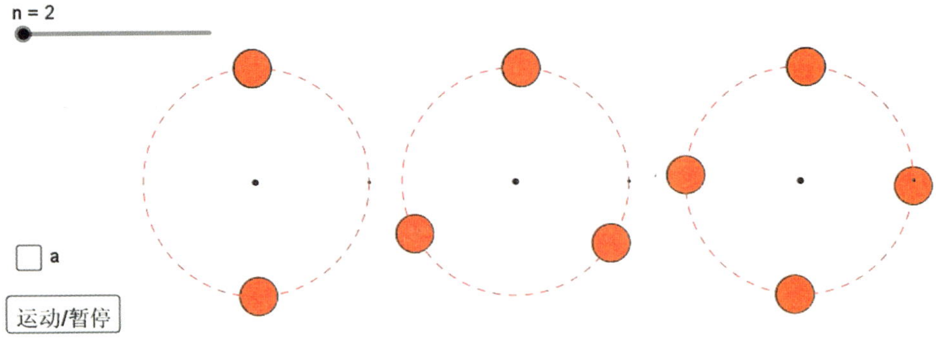

图 7.52 场景展示

【构造详解】

新建一个 GeoGebra 文件，选择“圆（圆心与一点）”工具，先点击坐标原点，再点击横

坐标的正半轴,即生成过坐标原点 A、经过点 B 的圆 c。这种方法比前述方法快捷一些。

选择“对象上的点”工具,在圆 c 上创建点 C。选择“滑动条”工具,点击绘图区,在出现的窗口里,名称为 n;最小为 2,组大为 6,增量为 1,确定。如图 7.53 所示。

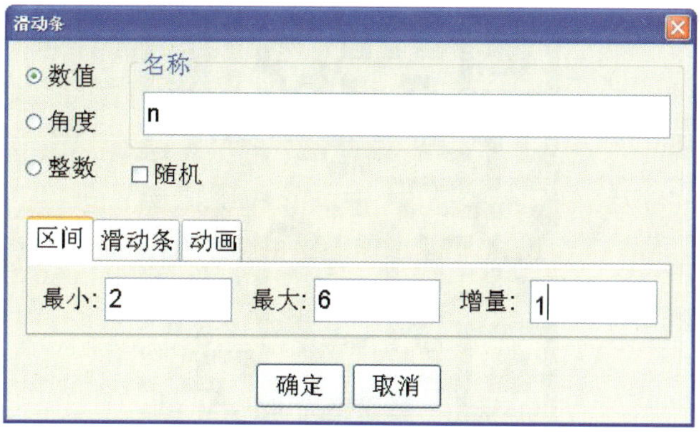

图 7.53　滑动条的属性窗口

在指令栏输入指令:

序列(旋转(C, 2π m / n, A), m, 1, n)

选择“移动”工具,拖动滑动条 n,圆 c 上就会出现 n 个点,随滑动条的变化而变化。修改圆 c 样式为虚线。

点径通过样式滑动条修改,依然不够大,可以利用“设置点径”指令,指令为:

设置点径(C,20)

可以看到点 C 变得很大。

现在我们让所有的生成点和点 C 一样大。选择“复制样式”工具,先点击点 C,再点击代数区的“列表 l1”,所有点都一样大小了。下面创建控制运动的按钮。

选择“复选框”工具,在绘图区点击:确定,创建布尔值 a。选择“按钮”工具,标题为:播放/暂停。指令为:

赋值[a,¬ a]

启动动画[C,a]

【友情提示】

本课例用一组指令配合滑动条就实现了双星、三星、四星……的动态效果,这正是 GeoGebra 软件的精华所在。滑动条设置一个可变的变量,在轨道上创建一个对象 C,对象 C 就能够在轨道上运行,用“旋转”指令可以生成新的对象,用“序列”指令能生成一组对象,由于引用的变量和滑动条有了关联,就实现了一个积件多个用途的目的。

特别提醒:用序列命令创建的点,你无法在上面绘制受力图,怎么办? 请看下一节。

【小结】

本案例把滑动条、旋转指令、序列指令结合起来,实现了一件多用的目的。注意体会指令的意义,以便活学活用。

【扫码看视频制作流程】

如果有条件,请扫描二维码观看本积件制作过程的视频。

图 7.54　制作过程视频二维码

7.7　三星运动及其受力

【设计意图】

本积件要实现如下功能:模拟三星的运动,如图 7.55 所示。

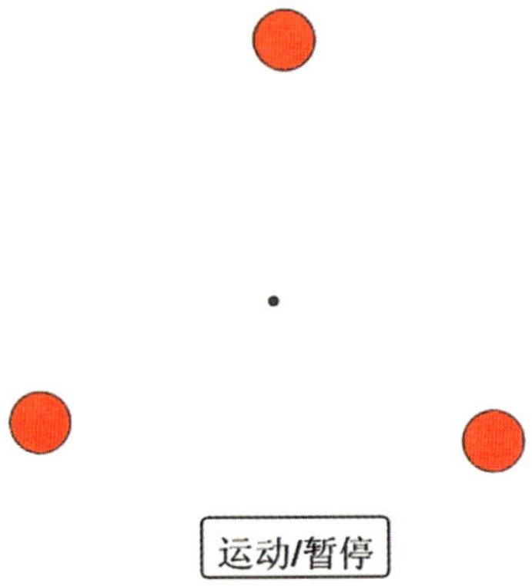

图 7.55　场景展示

分层显示相关信息,如显示轨迹和辅助线,如图 7.56 所示。

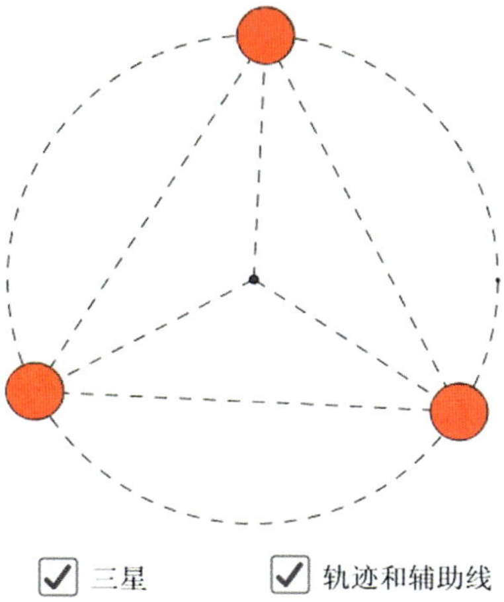

图 7.56　场景展示

显示星的受力图，如图 7.57 所示。我们的积件不要一下子把所有的信息展示出来，要根据教学需求，逐步展示出来，本课例涉及用“复选框”工具实现这一功能的操作。

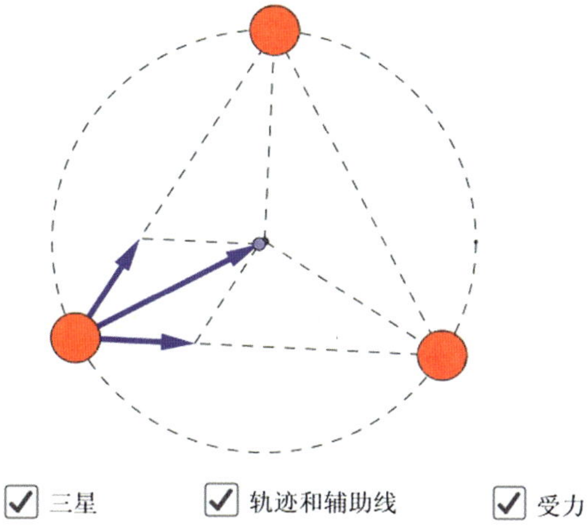

图 7.57　场景展示

【构造详解】

新建一个 GeoGebra 文件，选择“圆（圆心与一点）”工具，先点击坐标原点，再点击横坐标的正半轴，即生成过坐标原点 A、经过点 B 的圆 c。

选择“对象上的点”工具，在圆 c 上创建点 C。选择“旋转”工具，先点击点 C、再点击点 A，弹出窗口如图 7.58，角度栏修改为 120°。确定，生成点 C′。再点击点 C′和点 A，系统默认刚才的记录，直接确定，生成点 C″。这样就创建了三颗星。隐藏坐标轴。

图 7.58 “旋转”工具的对话框

选择“复选框”工具，点击绘图区，出现窗口后点击：应用，该复选框 a 将于控制播放按钮联合使用。再点击一次绘图区，又出现窗口，名称：三星，在下拉菜单里点选或者直接点选绘图区的对象：点 C、点 C′、点 C″，点击：应用，该复选框的布尔值为 b。

选择“线段”工具，选择样式为虚线，然后联结三星、三星与圆心，如图 7.59 所示。修改圆轨道为虚线。

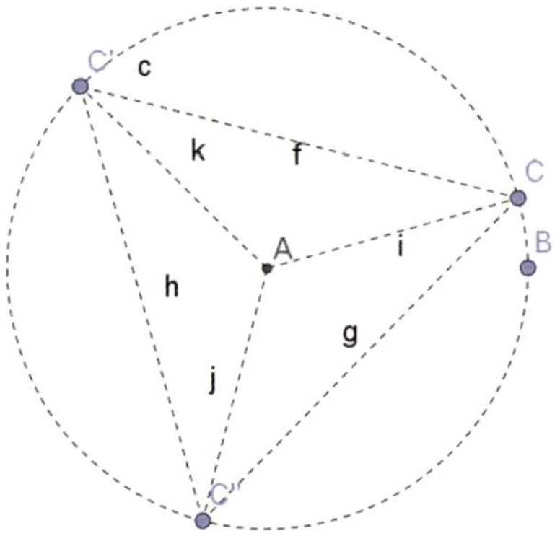

图 7.59 创建过程

选择“复选框”工具，点击绘图区，出现窗口后，标题为轨迹和辅助线。用鼠标点击绘图窗口的虚线圆和辅助线，作为隐藏和显示的对象，完成后，点击：应用。

完成后，选择“移动”工具，反复点选复选框几次，观察显示和隐藏的对象是否有疏漏，如果有对象没有包含进来，补救的办法是：鼠标放在该复选框上几秒钟，出现提示：布尔值 d，然后在需要关联的对象的属性窗口、高级选项卡里的“显示条件”栏输入 d 即可。同理，如果需要取消关联，清空“显示条件”栏即可。

下面制作受力图。择“对象上的点”工具，在 AC 连线 i 上创建点 D，滚动鼠标，放大视图。选择“平行线”工具，先点击点 D，再点击 CC′连线 g 创建直线 l；先点击点 D、再点击 CC″连线 f 创建直线 m。选择“交点”工具，点击线段 f 和直线 l 的交点，创建点 E；点击线段 g 和直线 m 的交点，创建点 F。

选择“向量”工具，依次点击点 C 和点 D，创建向量 u；依次点击点 C 和点 E，创建向量 v；依次点击点 C 和点 F，创建向量 w。如图 7.60 所示。

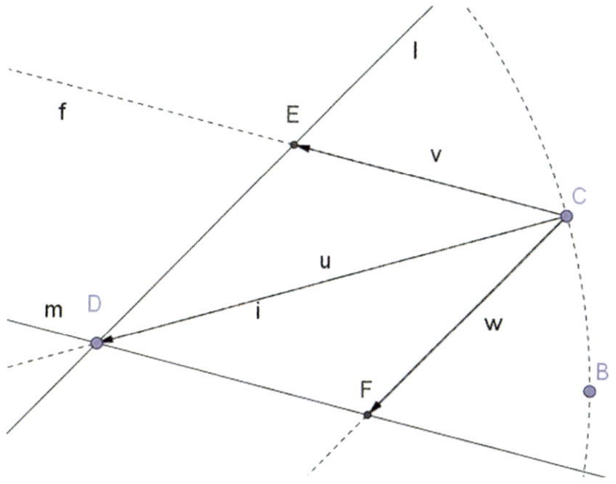

图 7.60　创建过程

隐藏直线 l 和直线 m，选择“线段”工具，选择样式为虚线，联结点 E、点 D 得到线段 n；联结点 D、点 F 得到线段 p。修改代表分力和合力的向量的粗细和颜色，隐藏标签和点 E，F，如图 7.61 所示。拖动点 D 可以放缩受力图。创建受力图完毕。

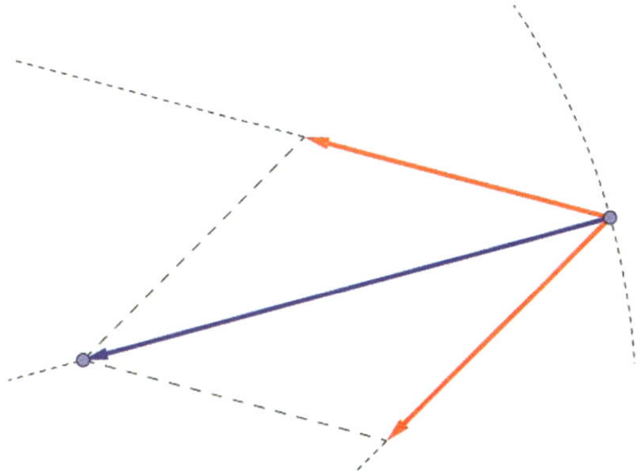

图 7.61　创建过程

下面创建隐藏和显示按钮。滚动鼠标缩小视图，不勾选“三星”“轨迹和辅助线”复选框，隐藏关联的对象。选择“复选框”工具，点击绘图区，出现对话框，标题为受力；然后用鼠标点击绘图区与力相关的对象，最后点击：应用，创建完毕。

下面设置三星的大小。在指令窗口输入指令：

设置点径(C,25)

点 C 变大，改变其颜色。选择“复制样式”工具，先点击点 C，后点击点 C′、点 C″，使三颗星样式相同。

在创建“运动/暂停”按钮。指令为：

赋值[a,¬ a]

启动动画[C,a]

确定，创建控制运动和暂停的按钮。积件制作完毕。

【友情提示】

如果想做四星，请把旋转 C 的角度改为 90°即可，如此类推，五星、六星等的制作方法十分接近,注意其中原理的迁移。

【小结】

本案例利用“旋转”工具实现了制作三星的目的。旋转工具和旋转指令的功能是相同的。利用复选框工具控制对象的显示和隐藏,对积件在课堂中的使用是十分必要的,要灵活使用。

【扫码看视频制作流程】

如果有条件,请扫描二维码观看本积件制作过程的视频。

图 7.62　制作过程视频二维码

7.8　卫星“消失”在地球阴影中的情境模拟

【设计意图】

本积件要展示两个情景:一个是地球阴影的形成,看到太阳光从左边出发向右行进,在地球后面形成阴影;另一个是启动卫星,当卫星运动到阴影里时,卫星无法接收到太阳光,无法被看到。如图 7.63 所示。

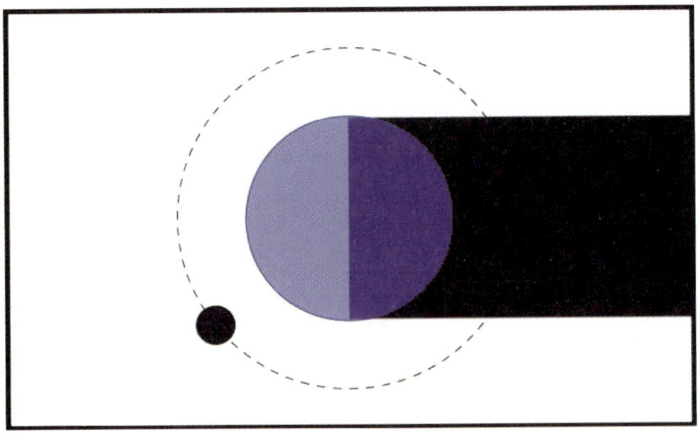

图 7.63　场景展示

【构造详解】

新建一个 GeoGebra 文件，选择“圆(圆心与一点)”工具，先点击坐标原点，再点击横坐标 3 的位置，创建圆 c。选择“交点”工具，先点击圆 c，再点击纵坐标，创建交点 C 和 D。选择“中心对称，先点击点 A、再点击点 D，创建点 A′。点击点 A、再点击点 C，创建点 E(系统命名有角码，请重命名为 E)。

选择“垂线”工具，先点击 A′，再点击纵坐标，创建水平线 f；依次创建过点 A′的直线 f；点 D 的直线 g；过点 C 的直线 h；过点 E 的直线 i。

选择“对象上的点”工具，在横坐标-10 处创建点 F(该点可以调节画面的横向宽度)；选择“中心对称”工具，先点击点 F、再点击点 A，创建点 F′。隐藏坐标轴，如图 7.64 所示。选择“线段”工具，联结点 F 和 F′的线段 j。选择“对象上的点”工具，在线段 j 上创建点 G。选择“垂线”工具，依次创建过点 G，F，F′且垂直于线段 j 的三条垂线 k，l，m。如图 7.64 所示。

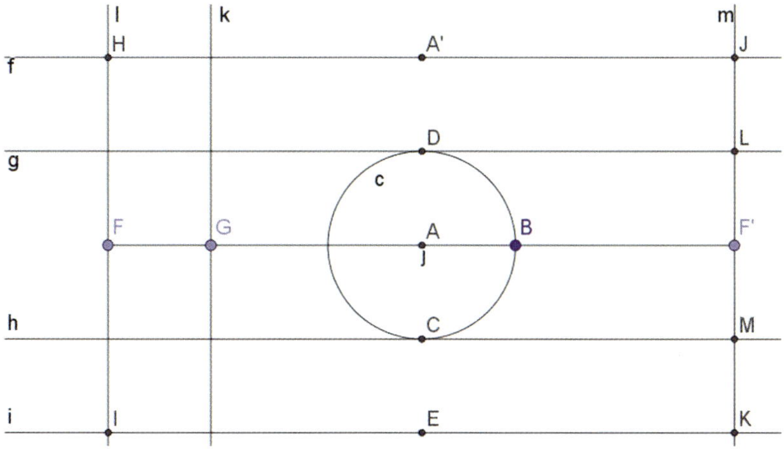

图 7.64　创建过程

选择“交点”工具，创建图中交点 H，I，J，K，L，M。点击代数区“直线”选中所有直线，在快捷菜单里选择“显示对象”，隐藏所有直线。只显示直线 k。这是批量操作的做法，能提高效率，也可以一个个操作。

选择“线段”工具，创建下图的线段：联结 HA′得线段 n；依次创建线段 p，q，r，s，t。如图 7.65 所示。选择“交点”工具，创建交点 N，O。选择“移动”工具，拖动点 G 到点 A 右侧，选择“交点”工具，创建交点 P，Q，R，S。

在代数区，点击 “线段”类型，选择所有线段，右键在下拉菜单里选“显示对象”，隐藏所有线段。这是显示和隐藏的切换操作，第一次是隐藏操作，第二次是显示操作。在代数区操作的优点是，可以对同类型对象批量操作，也可以把隐藏对象显示出来，而在绘图区，隐藏对象是看不到的。

拖动点 G 到点 A 的左侧，选择“线段”工具，联结点 N 和点 O 得到线段 a，该线段是显示地球左侧阳光的重要对象。选择“移动”工具，拖动点 G 到点 A 的左侧，注意到线段 a 消失，因为线段 a 关联点 N 和点 O，点 N 和点 O 关联线段 n 和 s，由于线段 n 和 s 在点 A 的

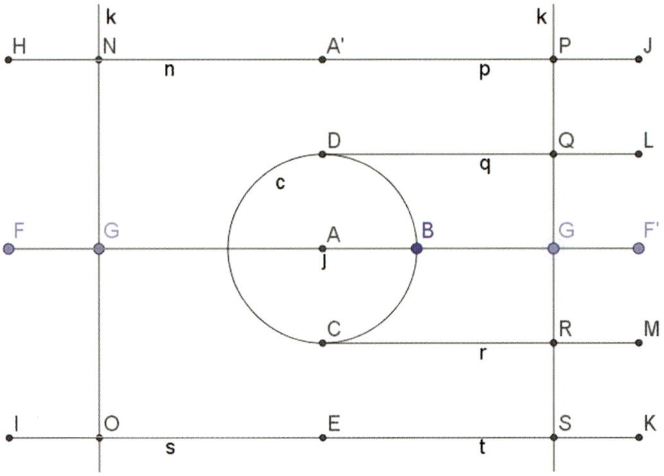

图 7.65 创建过程

左侧,所以,线段 a 只能出现在点 A 的左侧,注意体会这些逻辑关系。选择“线段”工具,联结点 P 和点 Q 得到线段 b,联结点 R 和点 S 得到线段 d。线段 b 和线段 d 用来显示地球右侧的光线。隐藏过点 G 的直线 k。

选择“移动”工具,对线段 b 和线段 d 进行如下操作:均选择跟踪,粗细改为中等,颜色为红色,如果是黑色,当背景是黑色时就看不到了。拖动点 G 到点 A 的左侧,对线段 a 完成同样的操作:跟踪、粗细、颜色。

方法小集锦

【方法小集锦 16:用参数控制对象的运动】

在点 G 的属性窗口里,选“代数区”,速度:0.5,重复选:递增(一次),如图 7.66 所示,确定。

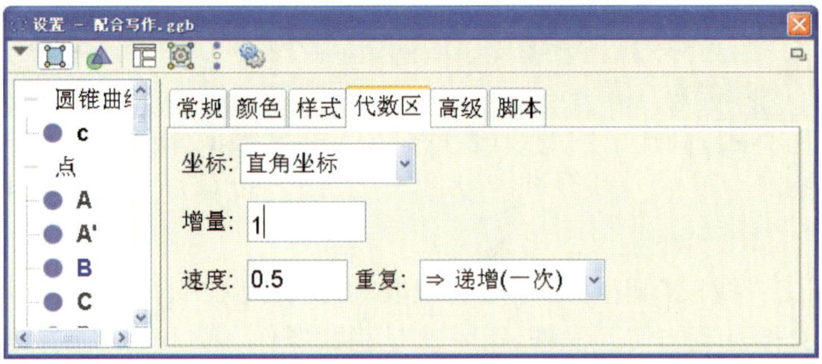

图 7.66 点的属性窗口

下面创建控制点 G 运动的按钮,首先让点 G 回到最左侧点 F 位置,然后运动到最右侧点 F′位置。选择“复选框”工具,在绘图区点击:确定,创建布尔值 e。选择“按钮”工具,标题:光线。指令为:

赋值[G,F]

赋值[e,¬ e]

启动动画[G,e]

选择“移动”工具，点击“光线”按钮，点击两次，第一次是复位，第二次是显示轨迹，效果如图 7.67 所示。后续设置背景为黑色，轨迹为白色，就有光线的效果了。

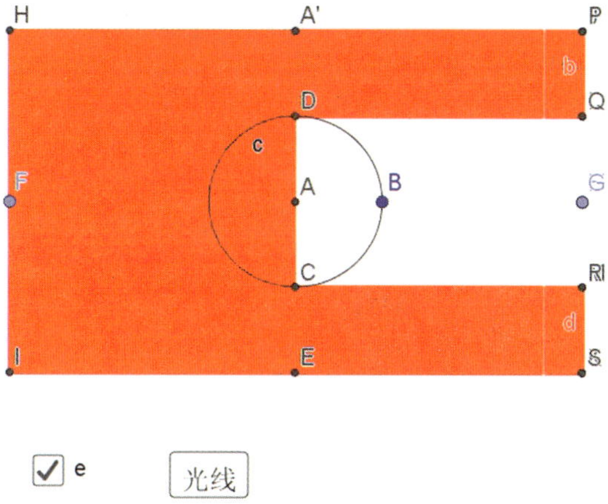

图 7.67　创建过程

下面创建卫星及其运动控制。显示坐标系，选择“圆(圆心与一点)”工具，先点击坐标原点，再点击横坐标 5 的位置，创建圆 c_1，这是系统默认名，将来显示为“c_1”，这是名称显示为下角标的方法。修改圆 c_1 为虚线。选择“对象上的点”工具，在圆 c_1 上创建点 U，在指令栏输入指令：设置点径(U,20)。指令让点 U 变大，代表卫星，隐藏坐标系。下面创建控制卫星运动的按钮。

选择“复选框”工具，在绘图区点击：确定，创建布尔值 o。选择“按钮”工具，标题：卫星。指令为：

赋值[o,¬ o]

启动动画[U,o]

下面做最后的调节。除了卫星 U 外，其他点都隐藏。在代数区，选中“点”标签，右键，选“显示对象”，这是一个反复键，再操作一次全部显示。然后找到点 U，点击前面的空心点，变成实心后，即显示点 U。手动隐藏绘图区的其他标签。

小方法集锦

【方法小集锦 17：更改绘图区背景颜色的方法】

选择主菜单：选项—高级，点击最上方代数区属性栏，如图 7.68 所示，拖动滚动条，找到“背景颜色”，点击颜色色块，在出现的颜色选单里，选择纯黑色，确定。绘图区全部显示黑色，很多对象看不到了。提醒：高级设置也可在软件画面右上角点击按钮来调节，这里有坐标轴的设置等，经常用到。

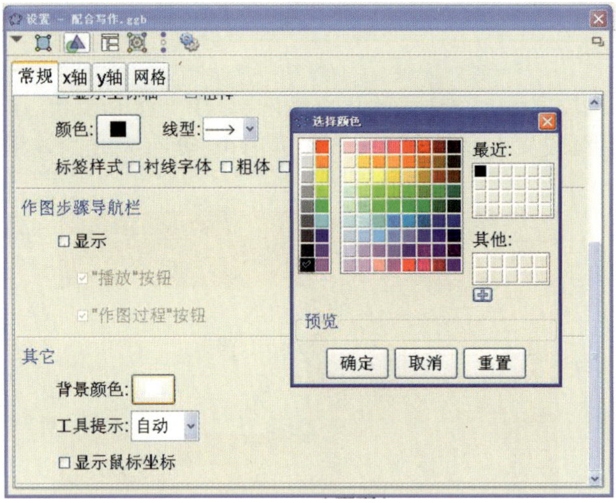

图 7.68　绘图区背景的选择

在代数区找到点 G，显示后，拖动它，修改线段 a，b，d 的颜色为白色，再隐藏点 G。如果我们最初设置线段 a，b，d 的颜色为白色，在白色背景下是看不到的，不方便选择。

最后把卫星样式改为黑色，修改表示地球的圆 c 为蓝色，虚实度滑块调到中间。积件制作完毕，试试效果。

【友情提示】

这个课例涉及点和线的创建，烦琐但不难，重点是理清对象之间的逻辑关联。可以看到，我们做了许多对象，都隐藏到幕后，最后出现在画面上的只有几个。本课例中涉及软件高级功能的设置，该功能可以设置绘图区的坐标轴样式、画面背景等，积件中经常用到这些操作，注意熟练掌握。

【小结】

本案例巧妙地利用线段的跟踪功能，形成阳光区，对比形成阴影区。学习在代数区批量操作的方法。从这个案例可以看出，制作一个动画仿真物理情景，要运用很多基本功能，可谓"运用之妙，存乎于心。"

【扫码看视频制作流程】

如果有条件，请扫描二维码观看本积件制作过程的视频。

图 7.69　制作过程视频二维码

第 8 章　GeoGebra 和《1.8 机械能守恒定律》的深度融合

8.1　习题情景模拟系列-翻转立方体

【设计意图】

本积件要展示的情景是:要把一个立方体物体翻转,至少要做多少功? 这是《功和能》知识应用的情景。如图 8.1 所示,可以拖动点 P 来翻转立方体,通过复选框显示重心上升的高度、显示答案,答案中有分式和根号等数学符号。

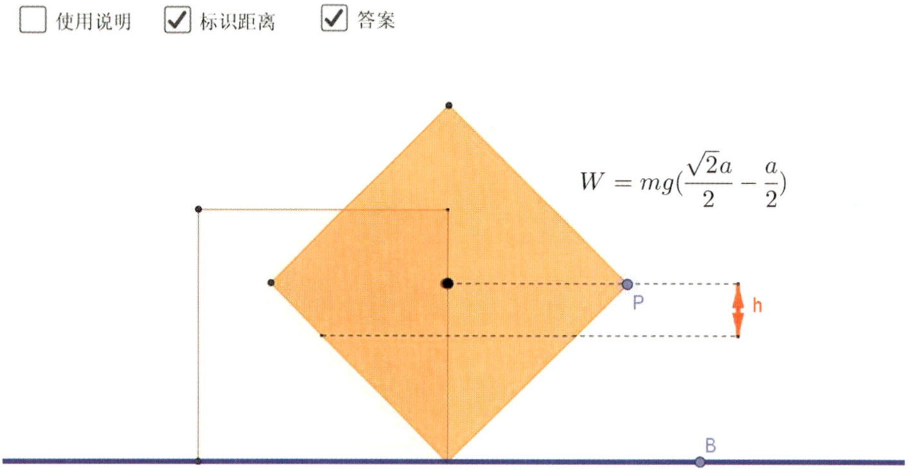

图 8.1　场景展示

【构造详解】

新建一个 GeoGebra 文件,选择“描点”工具,在坐标原点创建点 A,在横坐标的正方向创建点 B。选择“中心对称”工具,先后点击点 A 和点 B,创建点 A′;先后点击点 B 和点 A,创建点 B′;先后点击点 A′和点 A,创建点 A″。选择“旋转”工具,先后点击点 B 和点 A,弹出的对话框,角度:90°,类型:逆时针,确定,创建点,重命名为 M。选择“圆弧”工具,先后点击点 A、点 B 和点 M,创建圆弧 c。选择“对象上的点”工具,在圆弧 c 上创建点 C。如图 8.2 所示。

选择“正多边形”工具,先后点击点 A 和点 C,弹出对话框,要求输入正多边形的边数,输入:4,确定,创建正方形 poly1。再先后点击点 B′和点 A,在弹出的对话框里依然输入:

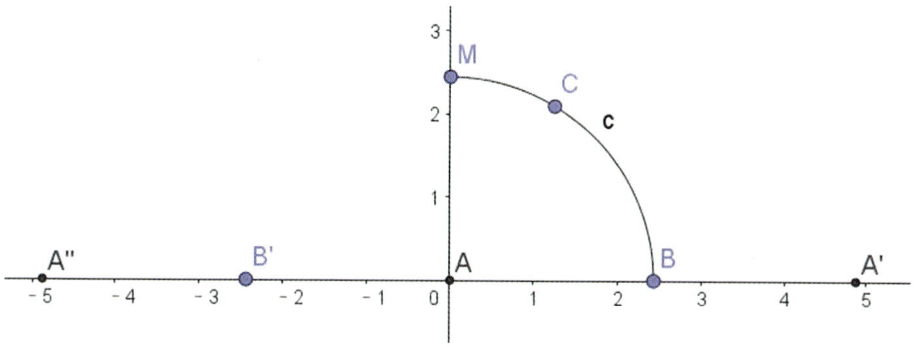

图 8.2　创建过程

4,确定,创建正方形 poly2。正方形 poly2 位于初始位置,正方形 poly1 是旋转后的情景。把正方形 poly1 的样式调浅一些(调虚实滑动条),把正方形 poly2 的样式调深一些。隐藏坐标轴,选择“线段”工具,样式选粗蓝线,联结点 A″和 A′,创建线段 n,表示水平面。如图 8.3 所示。

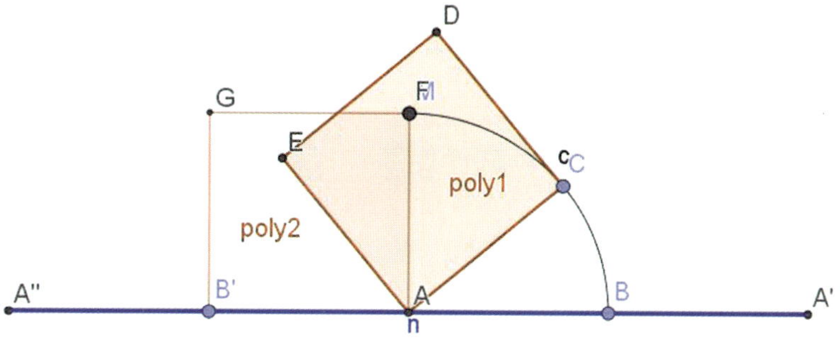

图 8.3　创建过程

隐藏圆弧 c 和两个正方形的标签。选择“中点”工具,先后点击点 A 和点 G,创建点 H;选择“中点”工具,先后点击点 A 和点 D,创建点 I。选择“平行线”工具,先后点击点 H 和线段 n(点击 A″B′段),创建直线 p;选择“平行线”工具,先后点击点 H 和直线 p,创建直线 q。选择“对象上的点”工具,在直线 q 右侧创建点 J。选择“垂线”工具,先后点击点 J 和直线 q,创建直线 r。选择“交点”工具,点击直线 p 和直线 r 的交点,创建点 K。如图 8.4 所示。

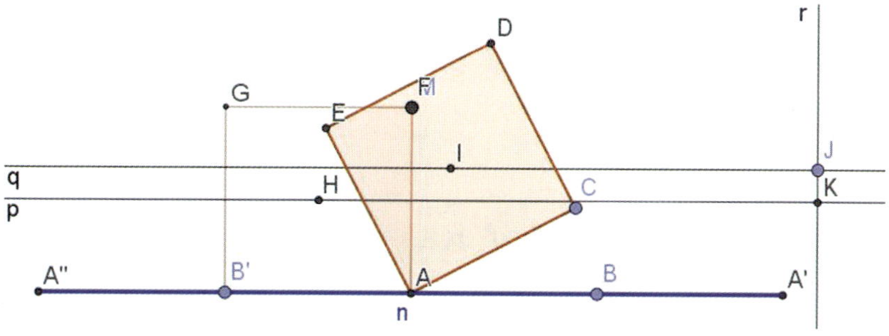

图 8.4　创建过程

隐藏直线 p,q,r。选择“线段”工具,样式选虚线,联结点 I 和点 J,创建线段 s;联结点

H 和点 K，创建线段 t。选择“向量”工具，样式为粗红线，先后点击点 K 和点 J，创建向量 u；先后点击点 J 和点 K，创建向量 v；重命名向量 u 为 h。如图 8.5 所示。注意理解隐藏对象的重要作用。

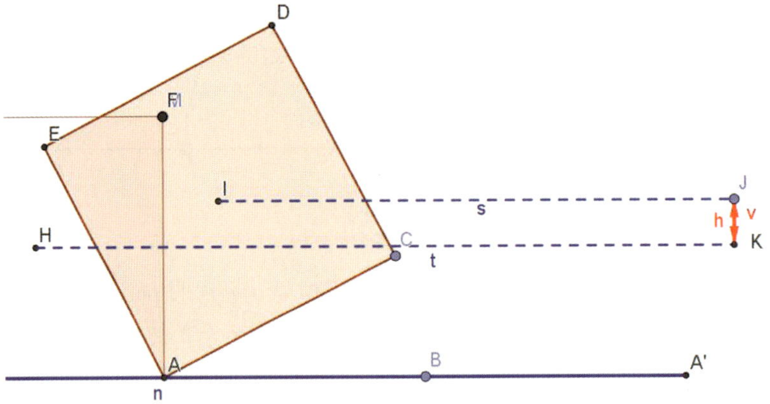

图 8.5 创建过程

方法小集锦

【方法小集锦 18：数学公式的编辑】

下面介绍公式的输入，这个很有用。选择“文本”工具，点击窗口，弹出对话框。勾选“LaTeX 公式”，用到了根式、分式和它们的嵌套，如图 8.6 所示，只能修改{}内的文字符号，在窗口的项目显示最终显示的结果。编辑完毕，确定。

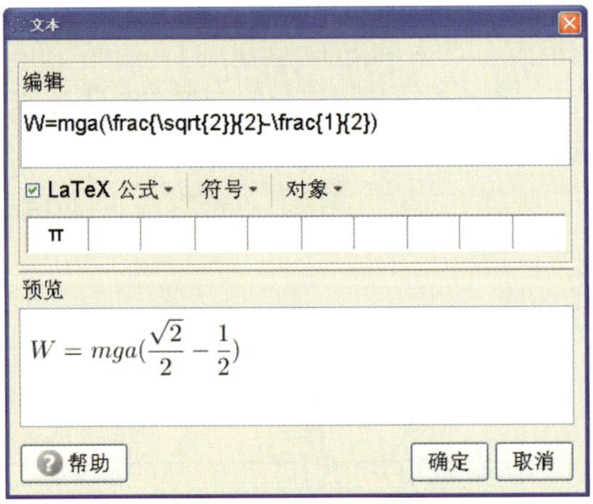

图 8.6 编辑数学公式

画面上的对象创建完毕，在教学中需要逐步展示对象，因此要创建复选框控制对象的显示和隐藏。

选择“复选框”工具，点击绘图区，弹出的对话框，标题：显示高度标识；再点击窗口的对象：虚线 s 和 t、点 J 和 K、两个向量（最好在代数区点击）；点击：应用。注意，一旦对象被复选框标定了显示和隐藏，这些对象就不能快捷菜单里隐藏了，对话框控制有优先级。

选择“复选框”工具，点击绘图区，弹出的对话框，标题：结果；再点击窗口的对象：text1（就是刚输入的公式）；点击：应用。

小方法集锦

【方法小集锦 19：批量隐藏标签的方法】

隐藏不需要显示的标签。当对象太多时，采用批量操作。如图 8.7 所示。按下鼠标右键，选中需要隐藏标签的对象，在代数区，被选中的对象有阴影。把光标移到任意一个加阴影的对象上，右键，在快捷菜单里选“显示标签”，如果标签没有隐藏，再右键，在快捷菜单里选“显示标签”，标签被隐藏。

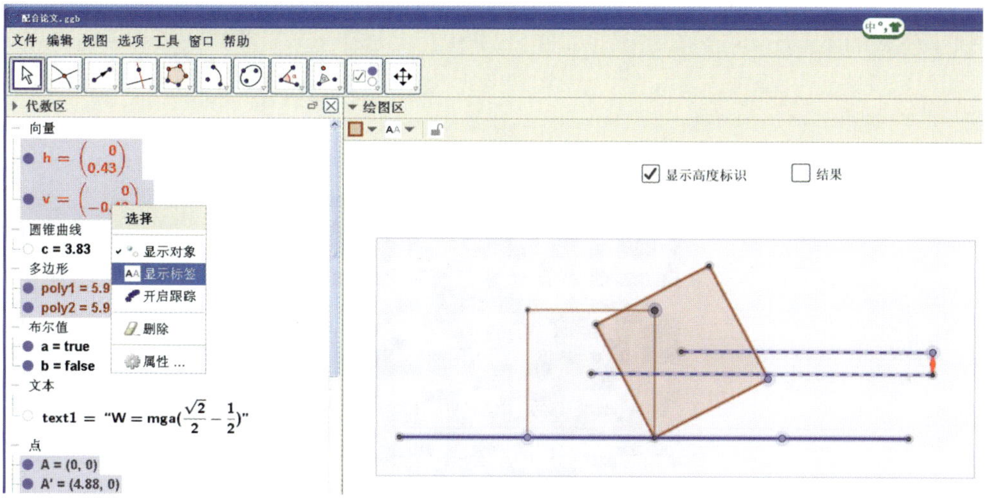

图 8.7　批量隐藏标签的操作

【友情提示】

本积件圆弧 c 对翻转有限定作用，我们来梳理它们的逻辑关联。如图 8.8 所示，由点 B 逆时针旋转 90°，创建点 M，再创建圆弧 c，其圆心角只有 90°，而点 C 创建在圆弧 c 上，立方体又建立在点 A 和点 C 上，这样立方体翻转角度在 90°之内。避免立方体绕着点 A 能转一周的情景发生。

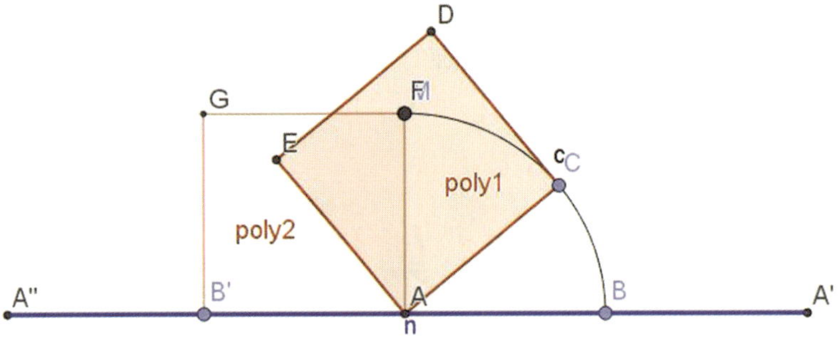

图 8.8　对象运动范围的约束

【小结】

本案例使用了一些基本的工具，注意区分选择“中点”工具和选择“中心对称”工具，第 4.3 节【友情提示】栏有详细说明。用文本工具创建复杂的公式是十分有用的，可以作为创建公式的工具。

【扫码看视频制作流程】

如果有条件，请扫描二维码观看本积件制作过程的视频。

图 8.9　制作过程视频二维码

【他山之石】

本章的案例有点少，GeoGebra 软件不“擅长”。

Algodoo 软件很擅长创建这一领域的积件。如图 8.10 所示，创建一个球，设置水平初速度为某值，在快捷菜单里选择图像，横坐标为时间，纵坐标同时勾选：动能、重力势能、机械能，不考虑空气阻力（是“是否考虑空气阻力”的按钮），运行软件，就能演示平抛运动，图像同步展示运动过程中，动能增大，势能减小，总机械能不变的规律。

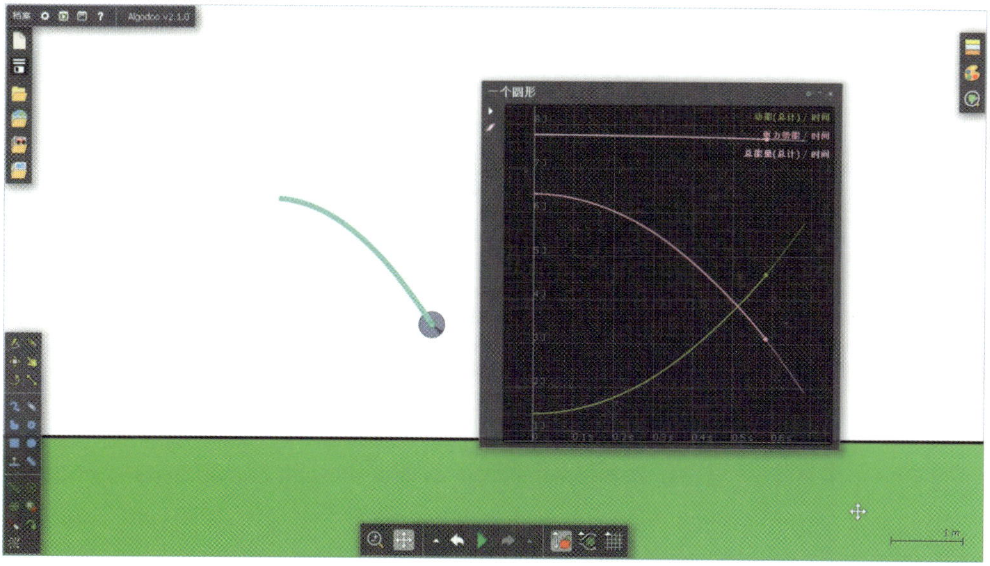

图 8.10　物理沙盘软件界面

Algodoo 软件是一款免费软件，可以从官网下载，网址是：http://www.algodoo.com/download/

如果您想学习 Algodoo 软件，请参阅作者的这些文章：《Algodoo 的图像功能在物理教学中的应用》2021.10，这篇文章介绍软件的图像功能。《软件工具的可视化力在物理教学中的应用》，这篇文章介绍软件在静力学中的应用。《Algodoo 制作物理课件的方法和技巧——以“圆周运动”为例》，这篇文章介绍软件在圆周运动中的应用。《用软件工具探究抛体运动的最值问题》，这篇文章介绍用软件解决抛体运动疑难问题。《Algodoo 软件的推进器在创设互动式运动情境中的应用》，这篇文章介绍用软件解决习题中遇到的复杂问题。

第 9 章　GeoGebra 和《1.9–10 静电场》的深度融合

9.1　绘制等量同种和异种电荷的电场线

【设计意图】

等量同种电荷和等量异种电荷的电场线是高中物理电场部分的重要内容之一，平时教学中使用的常常是定性绘制的图像。本积件分别用一组指令绘制等量同种电荷和等量异种电荷的电场线。

【构造详解】

先绘制等量异种点电荷的电场线。[7]

为了方便在软件上绘制图像，根据理论推导获得的电场线的方程，做如下简化：两个点电荷的电量分别–1C 和 1C，两个电荷分别在 x 轴的(–2,0)和(2,0)位置，等量异种点电荷的电场线的方程简化为：

$$\frac{-(x+2)}{\sqrt{(x+2)^2+y^2}}+\frac{(x-2)}{\sqrt{(x-2)^2+y^2}}=c$$

c 的取值范围是：$-2\leqslant c\leqslant 0$

新建 GeoGebra 文件，在指令栏输入：

(–2,0)

创建点，重命名为：q_1。在指令栏输入：

(2,0)

创建点，重命名为：q_2。拖动坐标系使坐标原点位于绘图区中间，这一步是必需的，绘制图像需要巨大的运算量，一旦绘制完毕，将很难拖动了。保存文件名为：电场线 01，再另存为：等量异种电荷的电场线。

在指令栏输入：

序列(c = (–(x + 2)) / ((x + 2)^2+ y^2)^0.5 + (x – 2) / ((x – 2)^2+ y^2)^0.5, c, –2, 0, 0.1)

两电荷连线附近没有绘制电场线的原因是 c=–1.9 到 c=–2 之间没有取绘图数据，指令的增加步长是 0.1。

所以，我们在指令输入：

–1.994 = (–(x + 2)) / ((x + 2)^2+ y^2)^0.5 + (x – 2) / ((x – 2)^2+ y^2)^0.5

–1.975 = (–(x + 2)) / ((x + 2)^2+ y^2)^0.5 + (x – 2) / ((x – 2)^2+ y^2)^0.5

另外还要手动绘制两个电荷点连线，所以，c 等间距取值的绘图方法有欠佳之处。

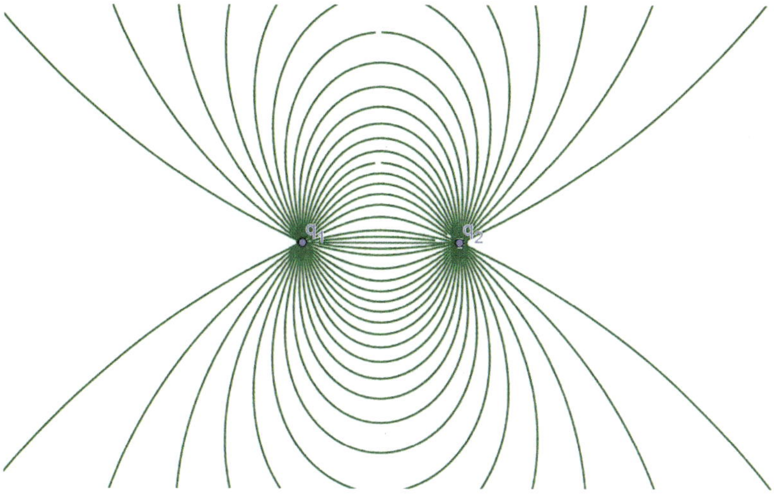

图 9.1　绘制等量异种点电荷的电场线

为了方便在软件上绘制图线，根据理论推导获得的电场线的方程，做如下简化：两个点电荷的电量分别 1C 和 1C，两个电荷分别在 x 轴的(-2,0)和(2,0)位置，等量同种点电荷的电场线的方程简化为：

$$\frac{(x+2)}{\sqrt{(x+2)^2+y^2}}+\frac{(x-2)}{\sqrt{(x-2)^2+y^2}}=c$$

c 的取值范围是：$-2\leqslant c\leqslant 2$

打开“电场线 01”文件，另存为：等量异种电荷的电场线。在指令栏输入：

序列(c = ((x + 2)) / ((x + 2)²+ y²)^0.5 + (x - 2) / ((x - 2)²+ y²)^0.5, c, -2, -0.1, 0.1)

序列(c = ((x + 2)) / ((x + 2)²+ y²)^0.5 + (x - 2) / ((x - 2)²+ y²)^0.5, c, 0.1, 2, 0.1)

创建的电场线如图 9.2 所示。

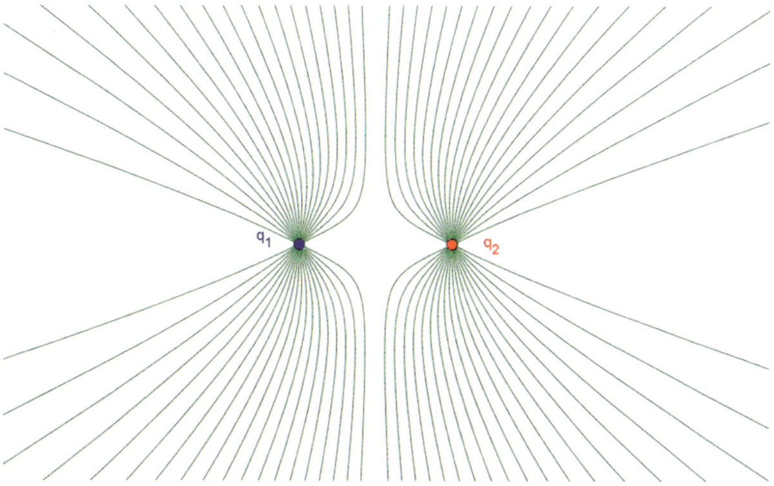

图 9.2　绘制等量同种点电荷的电场线

分两组命令的目的是为了消除 $c=0$,是为了避免出现两个电荷的中垂线。

如果您想了解本积件涉及的理论部分,请参考董顺成等撰写的发表于物理通报,2020(S2):105-111 的论文《用 GeoGebra 软件绘制并分析两个点电荷所形成电场》。

【扫码看视频制作流程】

如果有条件,请扫描二维码观看本积件制作的流程视频。

图 9.3　制作过程视频二维码

9.2　三维空间中的匀强电场和等势面

【设计意图】

本积件要展示在三维情景下的匀强电场和等势面,可以帮助学生从空间上理解匀强电场。在两个等势面上分别绘制两个点 P,B,可以用于解释 $E=U/d$ 公式中 d 的物理意义,点 P 可以沿着 z 轴上下移动。如图 9.4 所示。

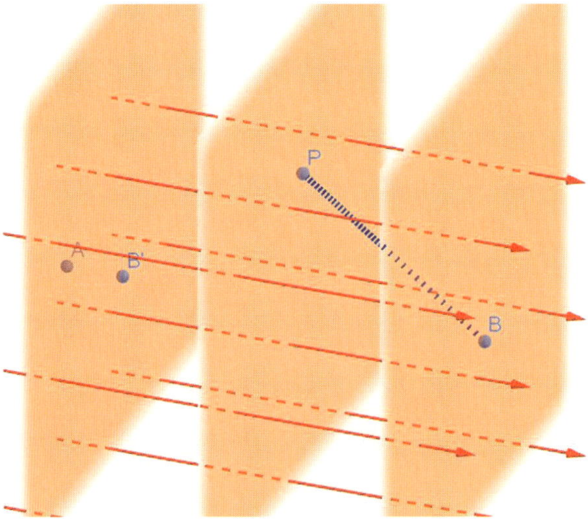

图 9.4　三维匀强电场的电场线和等势面

我们还可以切换到学生熟悉的平面视图,如图 9.5 所示。

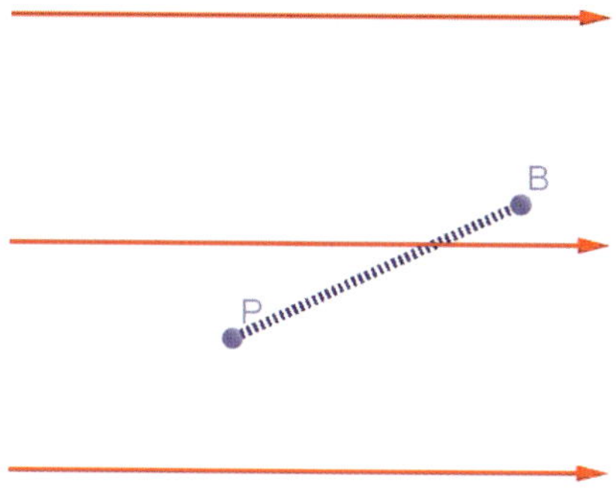

图 9.5　yOz 视图

【构造详解】

小方法集锦

【方法小集锦 20:一点二条一码创建三维可调场线】

新建一个 GeoGebra 文件, 选择菜单:视图—3D 绘图区,加宽 3D 绘图区。选择“对象上的点”工具,在 x 轴上创建点 A,这是第一步“一点”。选择“滑动条”工具,点击绘图区,弹出的对话框,类型:数值,名称:a,最小:1,最大:5,增量:1,确定。选择“滑动条”工具,点击绘图区,弹出的对话框,类型:数值,名称:d,最小:0.5,最大:3,增量:0.1,确定,这是第二步“二(滑动)条”。

在指令栏输入:

序列(序列(向量((x(A), n, m), (-x(A), n, m)), n, -a, a, d), m, -a, a, d)

这是第三步“一(组代)码”,三维可调场线创建完毕,如图 9.6 所示。

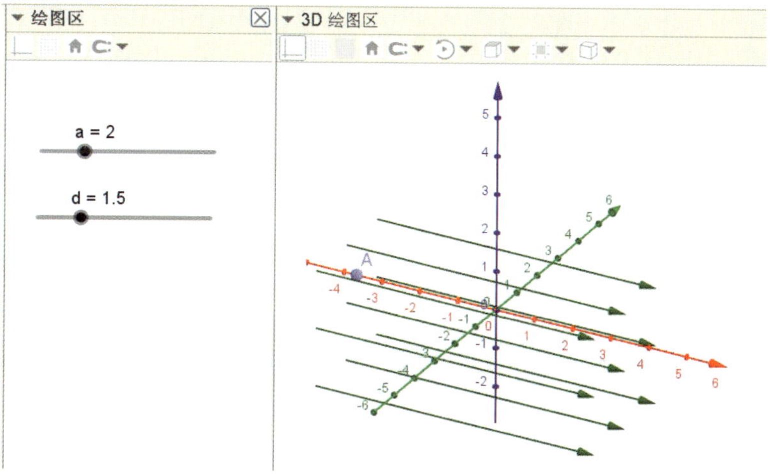

图 9.6　三步创建可调的匀强场线

下面做总结归纳。这是创建三维电场线(或者磁场线)的方法,可以作为参考步骤,作为今后创建的基础。创建的匀强场线可以做如下调节:“一点”的点 A 控制场线的长度和方向,点 A 在场线矢量的尾部;“二条”中,滑动条 a 控制场线的多少,滑动条 b 控制场线间距;“一代码”用到了点 A、两个滑动条有关联的变量。

下面创建等势面。隐藏 3D 绘图区的水平面。选择“对象上的点”工具,在 x 轴上创建点 B;在 z 轴上创建点,重命名为 P。选择“线段”工具,选择样式为虚线、加粗、蓝色,联结点 B 和点 P。如图 9.7 所示。

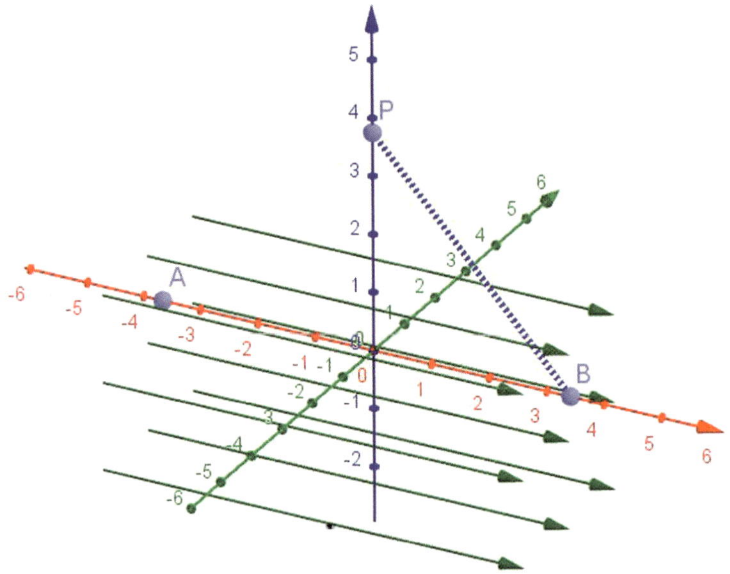

图 9.7 创建过程

下面创建三个平面。在命令栏输入:

x=0

创建平面 eq1。在命令栏输入:

x=x(B)

创建平面 p。在命令栏输入:

x=-x(B)

创建平面 q。如果觉得平面太大,选择 3D 绘图区的“切换边框”工具,把滑动条向左滑动,缩小平面显示的面积,如图 9.8 所示。积件创建完毕。

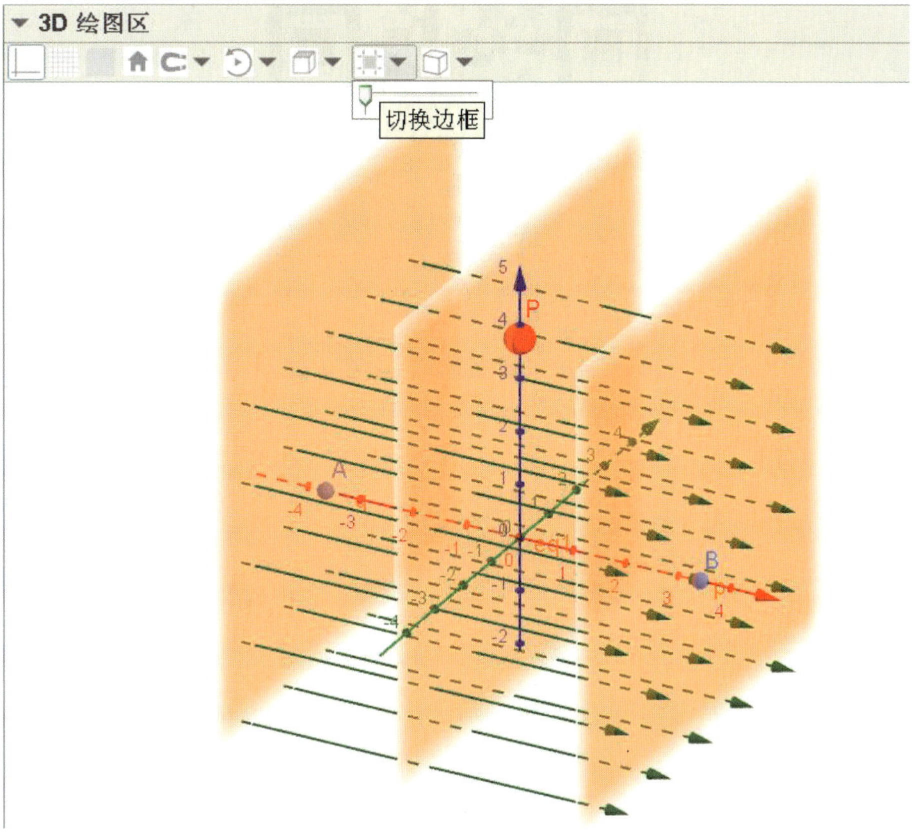

图 9.8　匀强电场和等势面

【友情提示】

我们在物理教学中应用三维软件的整体水平还是偏低的，GeoGebra 软件在三维积件的创建方面有便捷的优势，创建的积件在功能方面还是令人满意的，这对培养学生空间想象能力方面是有帮助的。

【小结】

本案例学习了创建三维场线的流程，今后用到时可以套用此方法，包括磁场线，还学习了绘制平面的方法。

【扫码看视频制作流程】

如果有条件，请扫描二维码观看本积件制作的流程视频。

图 9.9 制作过程视频二维码

9.3 三维环境下双电荷等势线及变换的创建

【设计意图】

本积件要绘制两个电荷所在平面电势分布的“等高线”类比图。如图 9.10 所示，当两个电荷的电荷量之比开始为(+5):(-5)，左边电荷的电荷量不变，右边电荷的电荷量从-5，-4，-3，-2，-1，0，1，2，3，4，5 变化时，等势线也随之变化，这幅动态图能把等量异种电荷和等量同种电荷的电场联系起来，过去在这方面的教学是比较欠缺的。

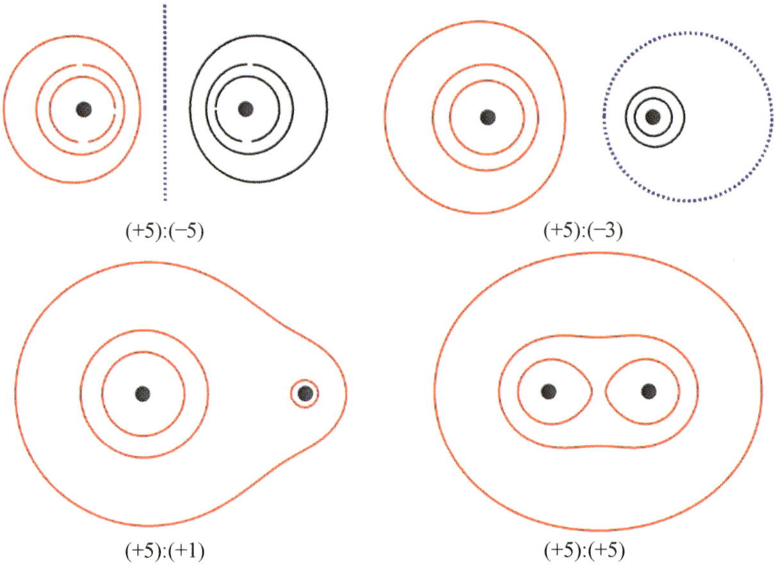

图 9.10 等势线连续变化

显示表示电势高低的曲面，调整视图，让左边电荷电荷量不变，右边电荷从+5 逐渐减小到-5，其侧视图连续变化，如图 9.11 所示。图形的边线和电荷连线上电势与距离变化的图线是一致的。

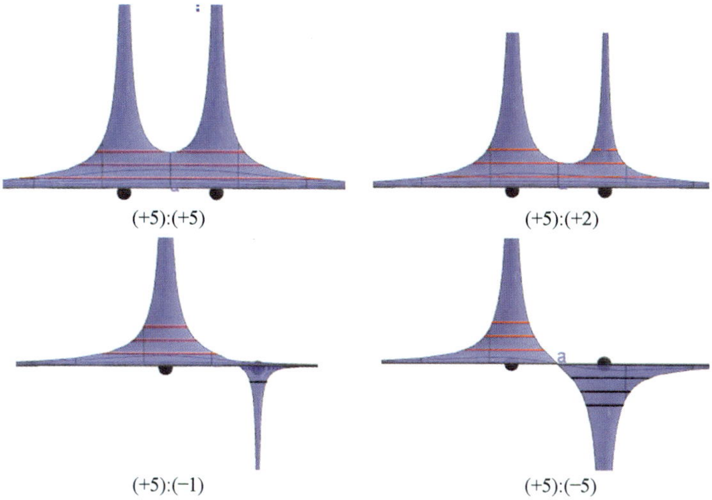

图 9.11　图像的轮廓和电荷连线电势图像吻合

【构造详解】

新建一个 GeoGebra 文件，打开菜单：视图—3D 绘图区，加宽 3D 绘图区的宽度。在绘图区 1 里创建 3 个滑动条，名称：q1，q2，x1，类型：数值，最小：-5，最大：5，增量：0.1。滑动条 q1，q2 控制电荷的电量，滑动条 x1 调节电荷间的距离。

在命令栏输入：

$q1/((x-x1)\hat{}2+y^2)\hat{}0.5+q^2/((x+x1)\hat{}2+y^2)\hat{}0.5$

在 3D 绘图区就出现了一个三维曲面，名称：a，如图 9.12 所示。

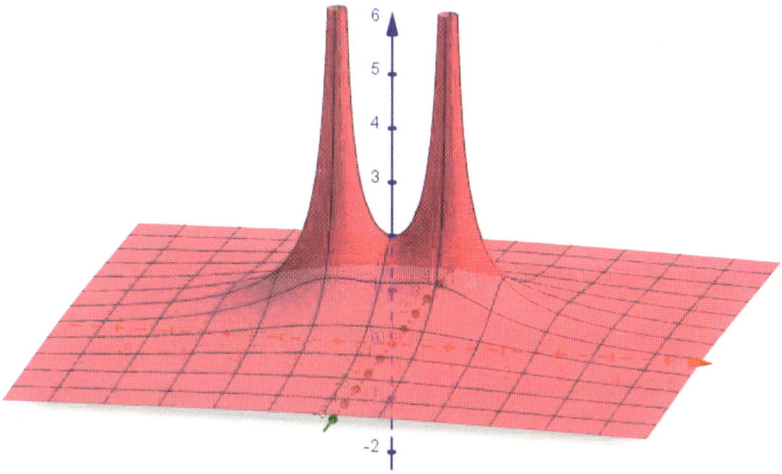

图 9.12　三维曲面各点的高度表示电势的高低

一条命令为何能产生如此神奇的效果呢？下面是原理讲解，理解才能活用。在电荷量为 Q 的点电荷形成的电场中，如果把参考点选在无限远处，则距离点电荷为 r 的一点 P 的电势 Up 为

$$U_p = \frac{Q}{4\pi \varepsilon_0 r} \tag{1}$$

本积件中，令 $4\pi \varepsilon_0 = 1, r = x, y = U_p$，则公式(1)简化为

$$U_p = \frac{Q}{x} \tag{2}$$

该函数对应的是一条曲线，此曲线绕纵坐标旋转一周的轨迹是一个曲面，曲面的方程

$$y = \frac{Q}{\sqrt{x^2 + y^2}} \tag{3}$$

对照本积件的曲面方程

$$a(x,y) = \frac{-1.5}{((x-5)^2 + y^2)^{0.5}} + \frac{5}{((x+5)^2 + y^2)^{0.5}} \tag{4}$$

式(4)中两项相加，每一项和式(3)一致的，对比之下，式(3)的 x 变为式(4)的(x−5)，几何意义是横坐标向左平移 5 个单位。式(4)实际是两个点电荷电势的叠加。下面继续创建积件。

下面是创建一组等势线的步骤。

在指令栏输入：

z=4

创建过点(0,0,4)和纵坐标垂直的平面 f，平面 f 和曲面 a 的交线为等势面。选择“相交曲线”工具，先后点击平面 f 和曲面 a，创建隐式曲线 eq1；选择“移动”工具，第一组等势线创建完毕。隐藏平面 f，避免干扰。

用同样的方法创建其他 8 组等势线，水平面的方程是：z=3；z=2；z=1；z=0；z=1；z=2；z=3；z=4；创建的等势线对应于隐式曲线 eq2；eq3；eq4；eq5；eq6；eq7；eq8；eq9。z=0 平面和曲面距离很近，可以点击代数区的对象(默认：平面 q)进行操作。

隐式曲线 eq1；eq2；eq3；eq4 表示电势大于零的等势线，修改样式为红色。隐式曲线 eq5 为零势面，修改样式为虚线。隐式曲线 eq6；eq7；eq8；eq9 表示电势小于零的等势线。创建的等势面“附着”在曲面上，如图 9.13 所示。

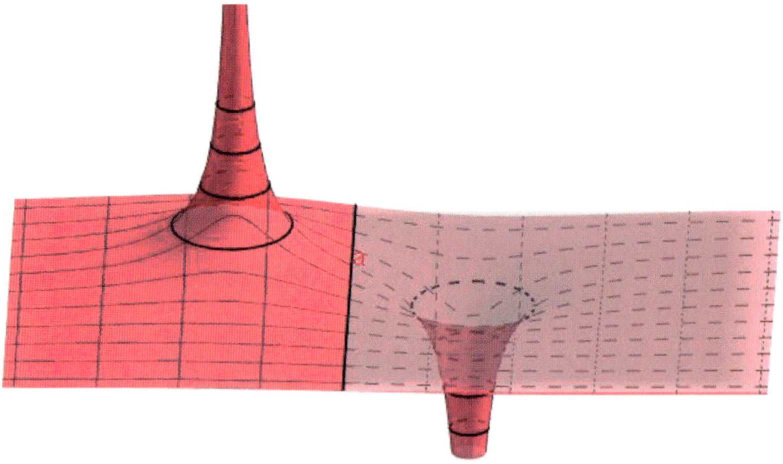

图 9.13 创建过程情景

点击绘图区 1，选择“复选框”工具，弹出的对话框，标题为曲面；再点击窗口的对象：a（或者代数区的多变量函数 a）；点击：应用。

最后创建点电荷，在指令栏输入：

(x1,0,0)

(-x1,0,0)

创建一个点后，回车，再创建另一个点。在点电荷的位置上创建两个点，表示点电荷。积件创建完毕，如图 9.14 所示。

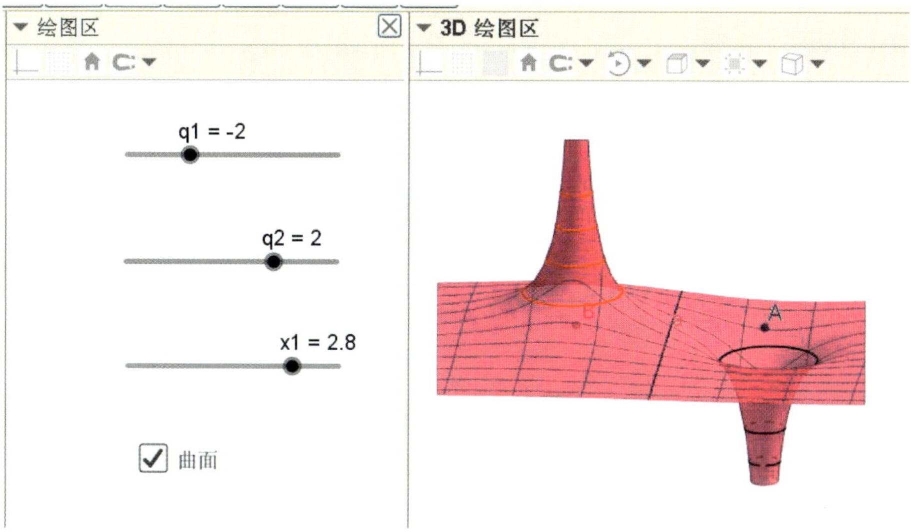

图 9.14　积件情景

【友情提示】

下面谈谈 3D 绘图区的样式工具栏中的“视图方向”工具的使用。如图所示，有三个正视图，我们将要看到的是工具上面立方体的阴影面，表示从上面看的视图，即 xOy 平面视图；为 xOz 平面视图；为 yOz 平面视图，如图 9.15 所示。

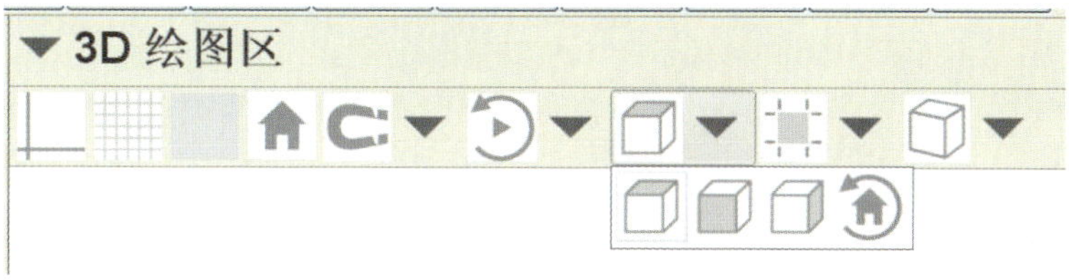

图 9.15　3D 绘图区的样式栏

不勾选“曲面”复选框，在 xOy 平面视图下，滑动条 q2=5 不变，把滑动条 q1 从-5 调到 5，能观察到从等量异种电荷到等量同种电荷过渡中等势线的变化。

勾选“曲面”复选框，在 xOz 平面视图下，滑动条 q2=5 不变，把滑动条 q1 从-5 调到 5，能观察到从等量异种电荷到等量同种电荷过渡中两电荷连线上电势随位置变化曲线的变化。

【小结】

本案例我们接触到三维视图下用函数绘制曲面的方法,这是 GeoGebra 软件的科学绘图功能。我们这里做了很多简化,比如电势公式的系数简化为 1,电量也用 1-5 的数字表示(比值是允许的),要注意:一个带电小球的电量是很小的。发表于《物理通报》2021.06 的《用 GeoGebra 软件工具绘制三维连续变化电场的等势面》,文中介绍了绘制精细等势面的方法及应用。

【扫码看视频制作流程】

如果有条件,请扫描二维码观看本积件制作的流程视频。

图 9.16　制作过程视频二维码

第 10 章　GeoGebra 和《1.11 电路及其应用》的深度融合

10.1　绘制电源的输出功率图像

【设计意图】

本积件要绘制电源的输出功率随外电阻的变化图像，绘制图像的功能是 GeoGebra 软件的优势。如图 10.1 所示，设电源的电动势为 E，内阻为 r，外电阻为 R。

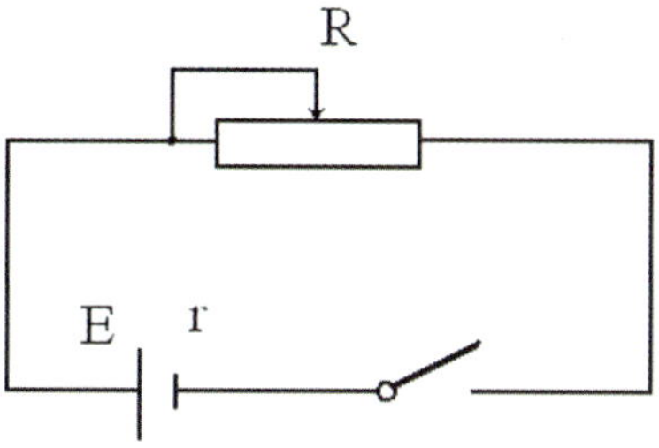

图 10.1　电路图

首先绘制一条图线，横坐标表示外电阻，纵坐标表示电源的输出功率。在图像上标注出了最大输出功率 P_m，还绘制一个可以沿着图像移动的点 P，点 P 从左向右移动，表示电阻 R 增大过程，电源输出功率先增后减，如图 10.2 所示。

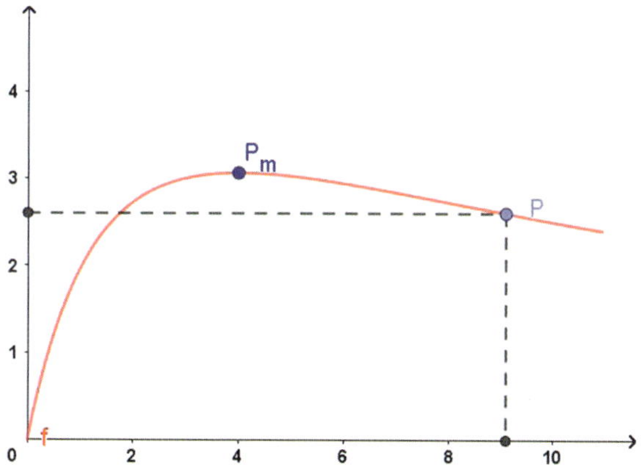

图 10.2　电源的输出功率随外电阻变化的图像

图 10.3 为电源内阻不变、电动势不同时，其输出功率图像的变化，电源电动势越大，图像峰值越高，但是最大值点对应的电阻值 R 是不变的。图像为探究电源输出功率最大的条件提供了依据。

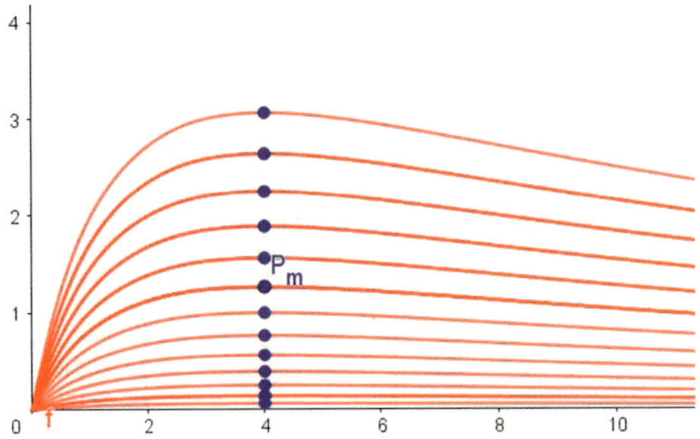

图 10.3　仅电源电动势变化的图像变化

还可以绘制出电源电动势不变，内阻变化时图像的变化，图 10.4 中电源内阻越大，图像峰值越小，而且峰值向右移动。

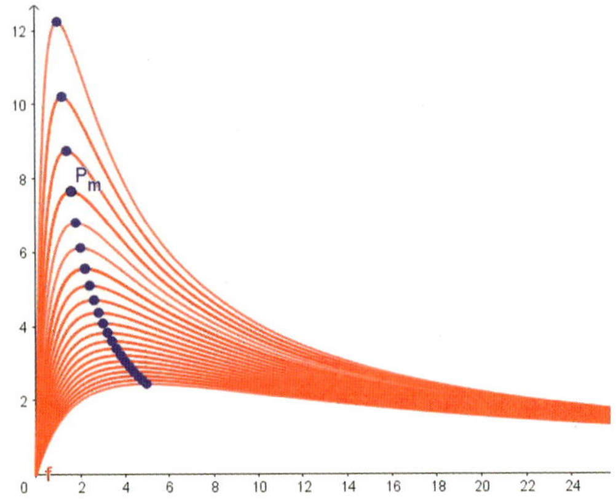

图 10.4　仅电源内阻变大时图像的变化

【构造详解】

新建一个 GeoGebra 文件，选择“滑动条”工具，点击绘图区，弹出的对话框，类型：数值，名称：E，最小：1，最大：7，增量：0.5，确定。再点击绘图区，弹出的对话框，类型：数值，名称：r，最小：1，最大：5，增量：0.2，确定。

电源输出功率的表达式为：

$$P=\left(\frac{E}{r+R}\right)^2\times R$$

设 x=R，就可以绘制上式的图像了，只绘制第一象限的图像。在指令栏输入：

函数((E/(r+x))^2 * x,0,15)

得到图像 f(x)。

下面设置坐标轴。选择“设置”工具（位于绘图区右上角），在下拉菜单里选择：高级，在绘图区标签栏里，勾选 x 轴的“只显示正方向”；勾选 y 轴的“只显示正方向”。

在指令栏输入：

(r,f(r))

重命名为“P_m”，该点为图像的极大值点。选择“复选框”工具，点击绘图区，弹出的对话框，标题为：最大输出功率点，创建复选框。选择“对象上的点”工具，在图像上创建点，重命名为 P。选择“垂线”工具，先后点击点 P 和横坐标，创建直线 g；先后点击点 P 和纵坐标，创建直线 h。选择“交点”工具，创建直线 h 和纵坐标的交点 A；创建直线 g 和横坐标的交点 B。如图 10.5 所示。隐藏直线 g 和直线 h。选择“线段”工具，样式为虚线，联结点 A 和点 P；联结点 B 和点 P。选择“复选框”工具，点击绘图区，弹出的对话框，标题为功率点；点击：点 p、两条虚线和点 A，B，创建复选框。

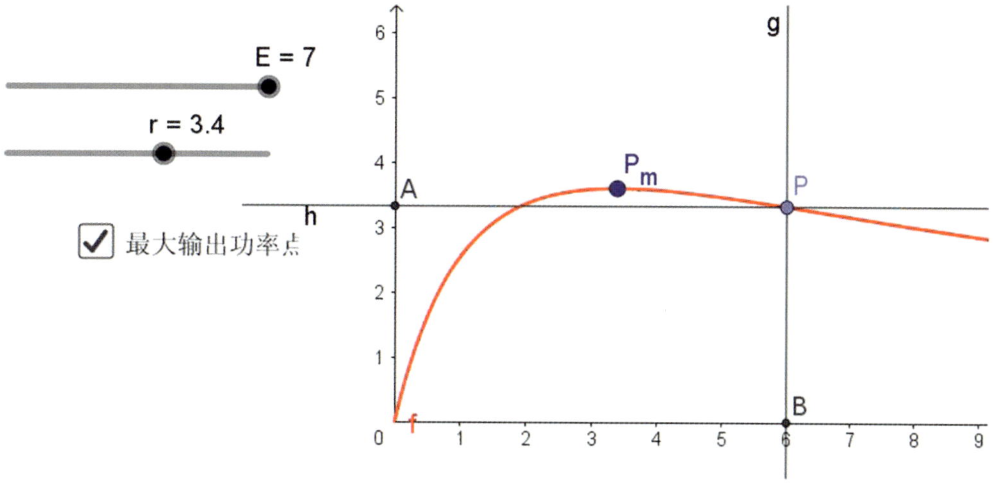

图 10.5　创建过程

最后在图像和点 P_m 的快捷菜单里勾选“开启跟踪”。关闭代数区，创建完毕。

【友情提示】

本积件的亮点是，绘制一个图像，利用“开启跟踪”功能，绘制一系列的图形，便于对比研究。为了使图像分布均匀，关联的滑动条的增量要设置成合适值（值大图线疏，值小图线密）。

【小结】

本案例涉及软件绘制图像的功能，这是 GeoGebra 软件最擅长的功能，也是物理研究问题最需要的工具，生成的图像可用于探究问题。

【扫码看视频制作流程】

如果有条件，请扫描二维码观看本积件制作过程的视频。

图 10.6　制作过程视频二维码

10.2　绘制电源的 U–I 图线

【设计意图】

本积件要创建电源的 U–I 图像，如图 10.7 所示，图中的面积表示电源的总功率、输出功率和电源内部消耗的功率。点 P 可以被拖动，点 P 移动时，三块面积随之变化，表示三个功率的变化，这种动态图像有利于学生掌握电源的规律。三个复选框分别控制功率对应矩形的显示和隐藏。

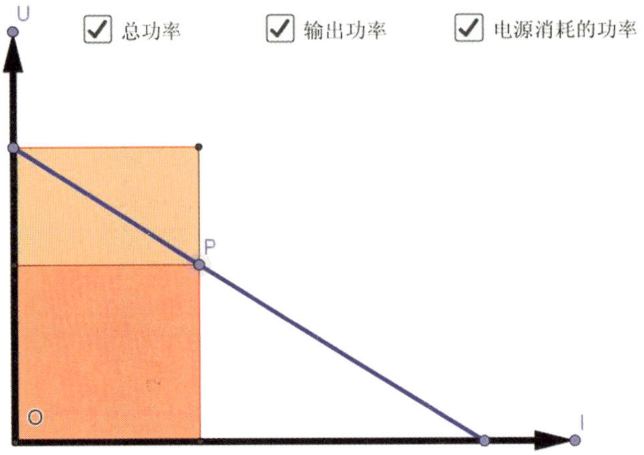

图 10.7　图像展示

【构造详解】

打开前文创建的“图像模版”文件，再另存为“绘制电源的伏安曲线”。今后需要图像，打开模版文件“速度图像模版”，另存为其他名字即可，这样可以提高制作效率。建议把“图像模版”文件修改为“只读”属性。现在是在“绘制电源的伏安曲线”文件窗口工作。重命名点 A 为 I；重命名点 B 为 U。选择“对象上的点”工具，在横坐标向量上创建点 A；在纵坐标向量上创建点 B。选择“线段”工具，联结点 A 和点 B，得到线段 f。选择“对象上的点”

工具，在线段 f 上创建点，重命名为 P。隐藏两个向量，显示坐标系。选择“垂线”工具，先后点击点 P 和横坐标，创建直线 g；先后点击点 P 和纵坐标，创建直线 h；先后点击点 B 和直线 g，创建直线 i。如图 10.8 所示。选择“交点”工具，点击直线 h 和纵坐标的交点，创建点 C；点击直线 g 和横坐标的交点，创建点 D；点击直线 g 和直线 i 的交点，创建点 E。提示：系统不允许创建直线和向量的交点，所以隐藏向量、显示坐标系。

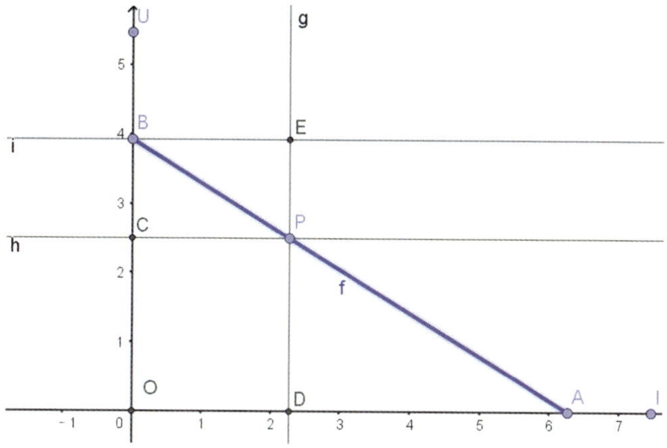

图 10.8　创建过程

隐藏坐标系，显示两个向量（在代数区向量前面的“点”上点击）。隐藏三条直线，如图 10.9 所示。

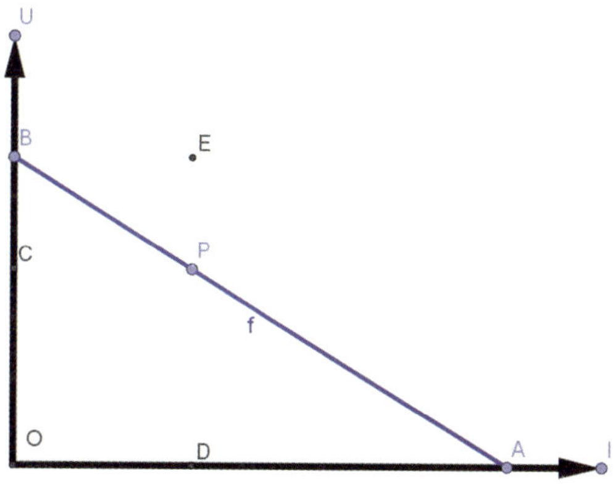

图 10.9　创建过程

选择“多边形”工具，依次点击点 O，D，E，B，A，创建多边形 q1。选择“复选框”工具，点击绘图区，弹出的对话框，标题为总功率；再点击窗口的对象：多边形 q1、多边形的上边和右边、点 E；点击：应用。不勾选该复选框，隐藏对应的对象。选择“多边形”工具，依次点击点 O，D，P，C，A，创建多边形 q2，修改样式为红色。选择“复选框”工具，点击绘图区，弹出的对话框，标题为输出功率；再点击窗口的对象：多边形 q2、多边形的上边和右边；点击：应用。不勾选该复选框，隐藏对应的对象。勾选复选框“总功率”，显示点 E。选择“多边形”工具，依次点击点 C，P，E，B，C，创建多边形 q3。不勾选复选框“总功率”。选择“复选框”工具，点击绘图区，弹出的对话框，标题为电源消耗功率；再点击窗口的对象：多边形 q3、多边形的上边、右边和下边；点击：应用。不勾选该复选框，隐藏对应的对象。均勾选 3 个复选框的情景如图 10.10 所示。

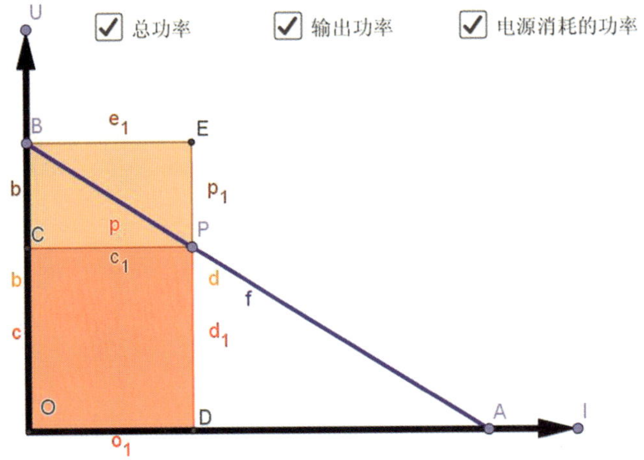

图 10.10　创建过程

下面批量隐藏部分标签。按 Ctrl+A，再按着 Ctrl 键，点击窗口需要显示的标签，然后，把光标移动到代数区的任意被选中（有阴影）上，右键，选“显示标签”，如果不隐藏，再操作一遍，这是个反复选项，一次是显示，另一次是隐藏。最后的界面如图 10.7 所示。隐藏代数区，创建完毕。

【友情提示】

知道向量的独特身份：不能在上面创建交点，如果需要，要在和它重合的线上创建。

【小结】

本案例涉及的都是基本操作，有坐标轴的创建和设置、对象的隐藏和显示、复位按钮、启动动画按钮，注意把握其使用条件和创建方法。

【扫码看视频制作流程】

如果有条件，请扫描二维码观看本积件制作过程的视频。

图 10.11　制作过程视频二维码

10.3　图像系列——利用表格区绘制实验图像获得测量结果

【设计意图】

利用图像处理实验数据是物理学常用的方法。传统的办法是把数据绘制在坐标纸上处理。GeoGebra 软件在处理实验数据方面有其优势。以伏安法测电源的电动势和内阻为例。

如图 10.12 所示为伏安法测电源电动势和内阻的电路图。

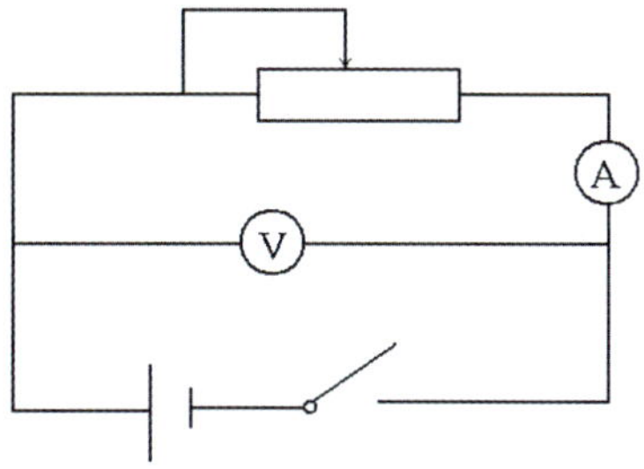

图 10.12　题图

实验获得的测量数据如表 10.1。

表 10.1

组别 测量项目	1	2	3	4	5
I/mA	193	153	111	69	30
U/V	2.51	2.59	2.68	2.76	2.84

下面用软件的“表格区”记录和初步处理数据；在绘图区绘制拟合直线；在代数区获得直线方程，从方程的系数中得到需要的物理量。

【构造详解】

新建一个 GeoGebra 文件，选择菜单：视图—表格区，加宽表格区。选择菜单：编辑—插入图片—文件，选择表的图片文件，便于参考输入数据。在表格区的 A1 单元格输入电流值：193，A2 单元格输入电流值：153……依次输入。下面把数据由毫安转化为安。双击 B1 单元格，输入：=0.001 * A1，回车。然后把光标放在 A1 单元格的右下角，按下鼠标左键，光标变成十字，向下拖动，填充后面四格。如图 10.13 所示。选择菜单：选项—精确度—保留 3 位小数。

	A	B	C	D	E
1	193	0.19			
2	153				
3	111				
4	69				
5	30				

图 10.13　创建过程

在 C1 单元格输入:2.51,在 C2 单元格输入:2.59……依次输入电压值。在 D1 单元格输入:(B1,C1)。然后把光标放在 D1 单元格的右下角,按下鼠标左键,光标变成十字,向下拖动,填充后面四格。如图 10.14 所示,在绘图区出现 5 个点,就是根据 D1 ~ D5 的点坐标绘制的。只不过点太密集了。

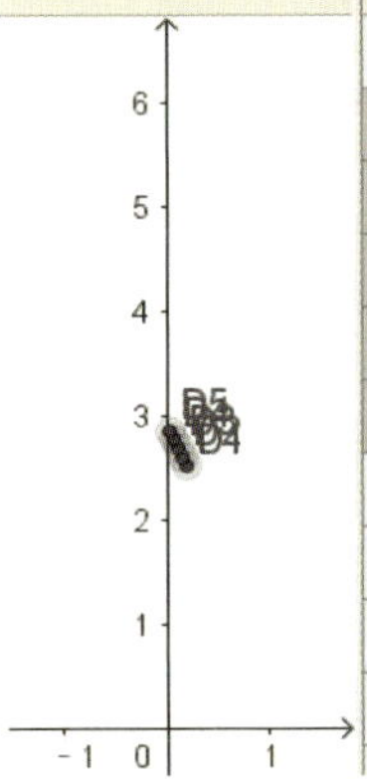

表格区

	A	B	C	D
1	193	0.193	2.51	(0.193, 2.51)
2	153	0.153	2.59	(0.153, 2.59)
3	111	0.111	2.68	(0.111, 2.68)
4	69	0.069	2.76	(0.069, 2.76)
5	30	0.03	2.84	(0.03, 2.84)
6				
7				
8				
9				

图 10.14　创建过程

向上滚动鼠标,直到 5 个数据点分布在绘图区的较大区域。选择“最佳拟合直线”工具,光标放在点 D1 的左上角,按下鼠标左键拖拉,选中 5 个数据点,松手,最佳拟合直线 f 已经绘制出来。选择“文本”工具,点击绘图区,弹出的对话框,选对象下拉菜单里的 f。直线的方程出现在窗口,修改文本的样式为大。如图 10.15 所示,从方程中找到需要的物理量:电源电动势 E=2.90V;电源内阻 r=2.02Ω。

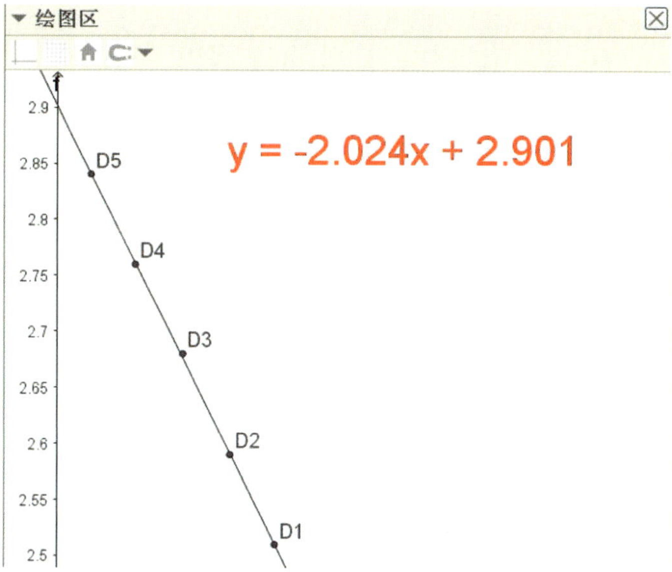

图 10.15　创建过程

【友情提示】

表格区的操作和 Excel 软件十分相似，可以进行单元格之间的运算、填充等，生成的对象(点、线、曲线等)可以显示在绘图区里。表格区的数据对应的对象和绘图区的对象可以实现同步。

【小结】

本案例中，我们把实验数据输入到表格区里，利用软件绘制直线，并获得直线的方程，从方程的参数中获得实验结果的方法，是中学物理非常需要的方法，希望大家可以用好这一工具。

【扫码看视频制作流程】

如果有条件，请扫描二维码观看本积件制作过程的视频。

图 10.16　制作过程视频二维码

10.4 探究分压器的仪器匹配问题

【设计意图】

本积件要解决电路中的一个疑难问题——分压器电路中待测电阻和滑动变阻器的匹配问题，关于这方面的研究比较多(林厦门《分压接法的变阻器阻值一定选较小的吗?》物理教师，2021，42(03))。积件中，待测电阻 r 和滑动变阻器的阻值可以从 5Ω 调到 1000Ω，图像显示滑动变阻器的滑片从左到右匀速滑动时，待测电阻电压的变化。图 10.17 中的一族曲线，是 r=100Ω，R=5Ω，105 欧姆，205 欧姆，……，905 欧姆，1000 欧姆时的曲线，曲线弯曲越厉害，越不便于获得需要的电压值。

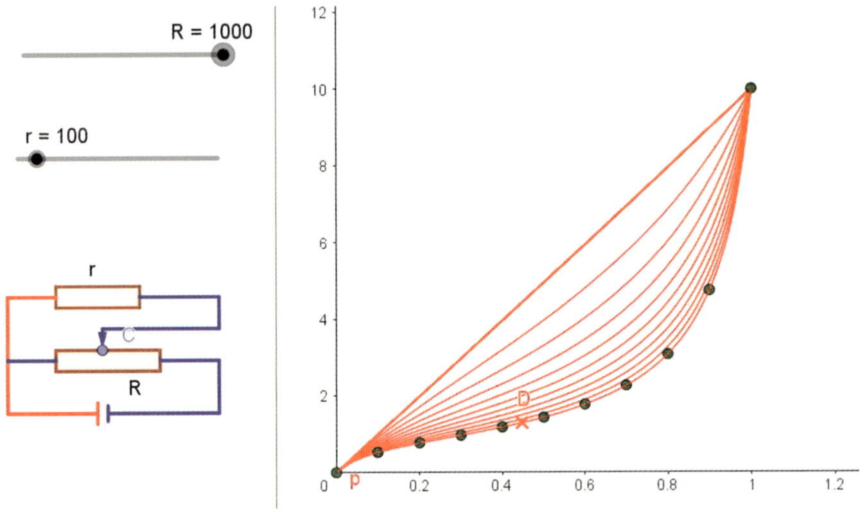

图 10.17　图示为负载电阻

【构造详解】

新建一个 GeoGebra 文件，滚动鼠标，放大视图，在指令栏输入：

(0,1)

创建点 A。

在指令栏输入：

(1,1)

创建点 B。选择“线段”工具，先后点击点 A 和点 B，创建线段 f。选择“对象上的点”工具，在线段 f 上创建点 C。选择“线段”工具，先后点击点 A 和点 C，创建线段 g。如图 10.18 所示。这几个对象是本积件的核心，一可以关联图像，二可以绘制电路图，点 C 为滑动变阻器的滑片。

关闭网格和坐标轴。选择“滑动条”工具，点击绘图区，弹出的对话框，类型：数值，名称：R，最小：5，最大：1000，增量：5，确定。再点击绘图区，弹出的对话框，类型：数值，名称：r，最小：5，最大：1000，增量：5，确定。如图 10.18 所示。

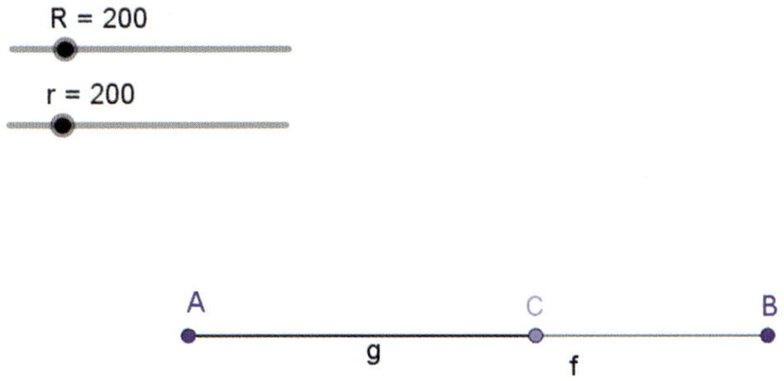

图 10.18　最初创建的对象

下面是本积件的原理部分。以上图为基础,可以绘制图 10.18 所示的电路图。线段 f=1,选段 g 的长度即为占线段 f 的比例。和滑动条 R 关联,如果滑动变阻器总电阻为 fR,则选段 g 表示的电阻为 gR。

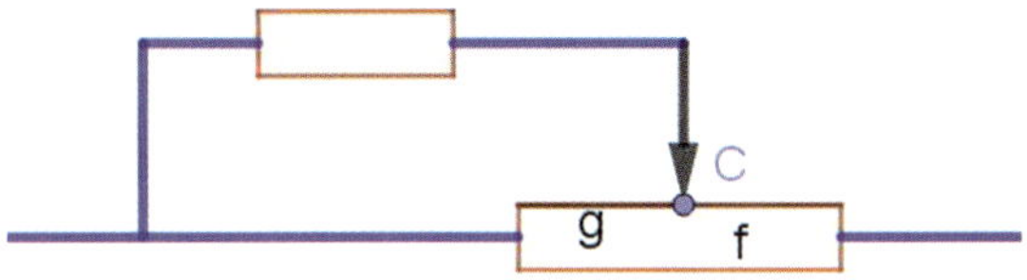

图 10.19　构建电路图(局部)

如果电源的总电压为 U_0,待测电阻为 r,则负载上获得的电压 U 为

$$U=\frac{\left(\frac{gRr}{gR+r}\right)}{\left(\frac{gRr}{gR+r}\right)+(R-gR)}U_0$$

令 g 为自变量 x,则上式变为图像的函数式

$$U=\frac{\left(\frac{xRr}{xR+r}\right)}{\left(\frac{xRr}{xR+r}\right)+(R-xR)}U_0$$

设 $U_0=10V$,根据软件的要求,方程的指令为:

10(xR r) / (xR + r) / ((xR r) / (xR + r) + R - xR)

选择菜单:视图—绘图区 2,调整绘图区 2 的宽度,设置坐标轴,只显示坐标轴的正方向,光标移到横坐标上,按下 Ctrl 键,同时按下鼠标左键向右拉,直到标度 1 临近边界。在指令栏输入:

函数(10(xR r) / (xR + r) / ((xR r) / (xR + r) + R - xR),0,1)

点击绘图区 2(这一点很重要,否则会把图像绘制在绘图区 1 上),在指令栏输入:

(g, p(g))

创建数据点 D,修改样式为红色、×型。

点击绘图区 2,在指令栏输入:

序列((m,p(m)),m,0,1,0.1)

在图像上产生是个数据点。如图 10.20 所示。

后面是辅助工作,但也很重要,否则听讲人是难以听懂讲解的。以选段 g 为滑动变阻器

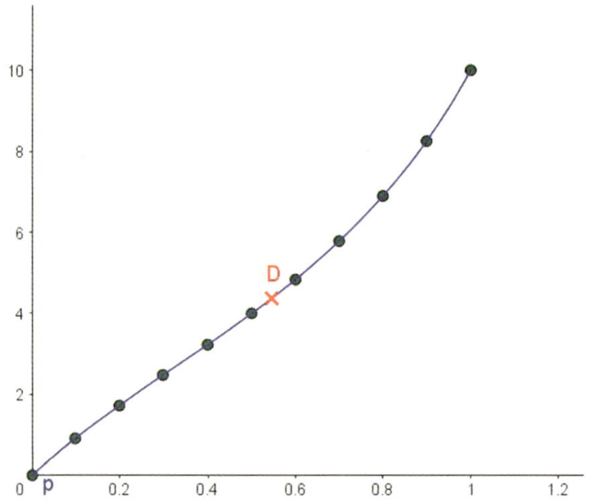

图 10.20　滑片滑动时待测电阻的电压变化曲线及其数据点

的上边,以点 C 为滑动触头,构建一个电路图,如图 10.21 所示,这里从略。

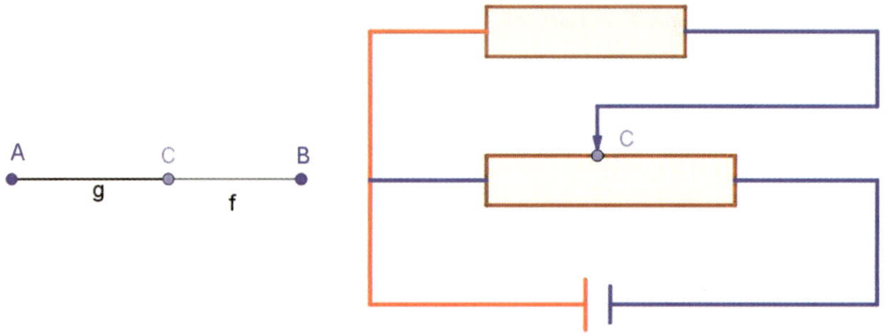

图 10.21　在线段 f 的基础上构建电路图(建议用这种)

【友情提示】

这个积件的难点是函数方程的搭建,前文已经讲述。看似一个很难的问题,一组指令就能解决,足见 GeoGebra 软件功能的强大。提醒:这里用到的指令比较长,要按照指令的要求输入。

【小结】

本案例以一条线 f 和一个点 C 为基点,创建函数和图像,创建电路图,对象之间关联密切,创建的积件对解决学科教学中的疑难问题有帮助。

【扫码看视频制作流程】

如果有条件,请扫描二维码观看本积件制作过程的视频。

图 10.22　制作过程视频二维码

第 11 章　GeoGebra 和《2.3 机械波》的深度融合

11.1　纵波传播过程的创建

【设计意图】

本积件要实现如下功能，如图 11.1 所示，点击“播放/暂停”按钮，控制纵波的传播和定格操作，滑动条 A 控制纵波的振幅，滑动条 f 控制纵波的频率或者波长。“质点”复选框可以显示一个质点的振动，便于观察如下现象：波向右传播，质点只是在平衡位置附近振动，并没有向右迁移。

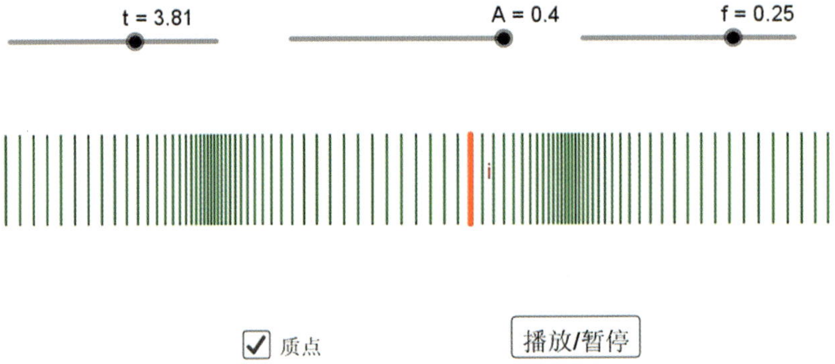

图 11.1　课例场景

【构造详解】

新建一个 GeoGebra 文件，选择“滑动条”工具，创建控制播放的滑动条 t，设置属性如下，名称：t；最小值：0；最大值：2π（π 输入的快捷键是英语状态下 Alt+P）；“动画”选项卡的增量：0.01；重复：递增。再创建调节振幅的滑动条 A，设置属性如下，名称：A；最小值：0.2；最大值：0.4；增量：0.01；重复：双向。最后创建调节频率（或者波长）的滑动条 f，设置属性如下，名称：f；最小值：0.2；最大值：0.27；增量：0.01；重复：双向。

在指令窗口输入指令：

序列(线段((m + A cos(2π f m − t), 2), (m + A cos(2π f m − t), 3)), m, 0, 6.28 * 2, 0.1)

上述指令产生系列线段模拟纵波。其中的 6.28 是 2π 的整数倍，也可以修改为 2π 的 2 倍、3 倍等，否则会出现图像的传播不连续现象。

在指令窗口再输入指令：

线段((6 + A cos(2π f * 6 − t), 2), (6 + A cos(2π f * 6 − t), 3))

上面指令只产生一个线段，系统默认名字为：g。

选择"复选框"工具，在下拉菜单中选择 g 后确定。

选择"按钮"工具，标题为：播放/暂停；在"脚本"框里输入指令：

赋值[a,¬ a]

启动动画[t,a]

该按钮是播放和暂停的反复键。隐藏坐标轴，即创建好了纵波的传播积件。选择"移动"工具，进行交互性操作，看看效果。

【友情提示】

可以做如下修饰工作，选择"移动"工具，选择线段组，修改线段的粗细；选择线段 g，修改颜色为红色，如图 11.2 所示。滑动条 A 和 f 的数值不能太大，否则会出现质点振动"跨越"前面质点的现象。

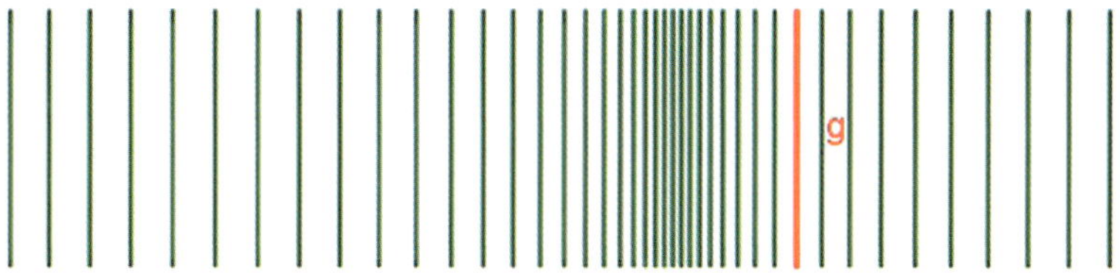

图 11.2　场景展示

【小结】

本积件主要用到了软件的"序列"指令，指令比较复杂，下面做一下提示。指令：线段((m + A cos(2π f m − t), 2), (m + A cos(2π f m − t), 3))，其功能是产生一个线段，括号内部的两项提供了线段的两个端点，端点的横坐标是相同的，纵坐标不同。指令的剩余部分是产生一系列线段，线段的相位差和位置有规律地变化，从而产生波动效果。

【扫码看视频制作流程】

如果有条件，请扫描二维码观看本积件制作过程的视频。

图 11.3　制作过程视频二维码

11.2　机械波的传播和质点的振动

【设计意图】

本积件模拟横波的传播,如图 11.4 所示。具有以下特点,可调性,可以调节振幅、波长和显示的波的长度;显示机械波上的一个质点,该质点随波的传播而振动,便于研究波的传播和质点振动的关系,该质点可以移动位置。

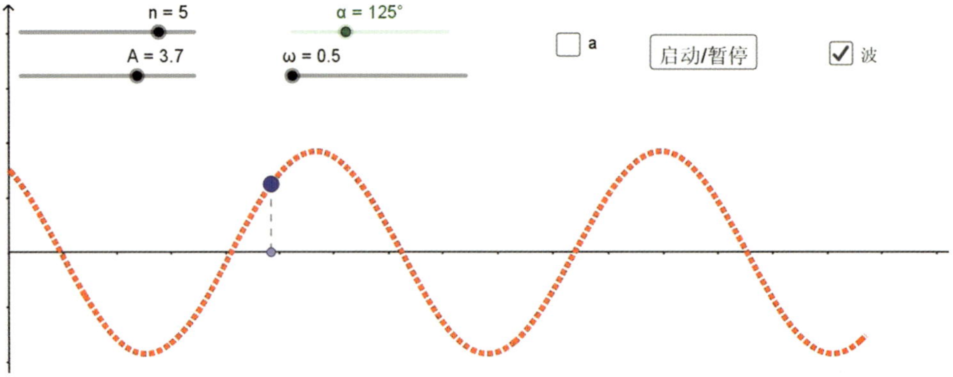

图 11.4　场景展示

【构造详解】

新建一个 GeoGebra 文件,先创建四个滑动条,滑动条 n 控制显示的波的个数;滑动条 A 控制波的振幅;滑动条 ω 控制波长;滑动条 α 控制波的传播。

方法小集锦

【方法小集锦 21:滑动条的属性设置】

选择“滑动条”工具,点击绘图区,在弹出的对话框里,名称:n;最小:1;最大:6;增量:1,其他为默认值,如图 11.5 所示,点击“确定”按钮。

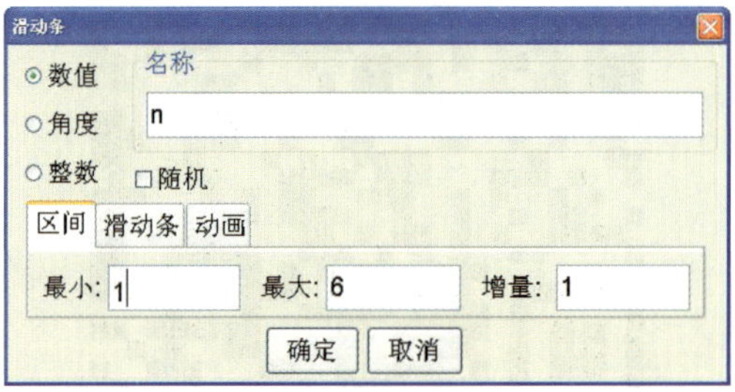

图 11.5　滑动条属性窗口

用同样的办法创建滑动条 A,名称:A;最小:1;最大:6;增量:0.1,其他为默认值。创建滑动条 ω,名称:ω;最小:0.5;最大:2π;增量:π/10,其他为默认值。特殊符号 ω 和 π 的输入方法之一是,在属性对话框里,点击“名称”框,框后面有一个“α”工具(如图 11.6 所示),此工具里有常用的特殊符号,选中后用剪切的办法输入。继续创建滑动条 α,类型选:角度,名称:α;最小、最大、增量为默认值,点击“动画”标签,在“重复”栏选择“递减”项。

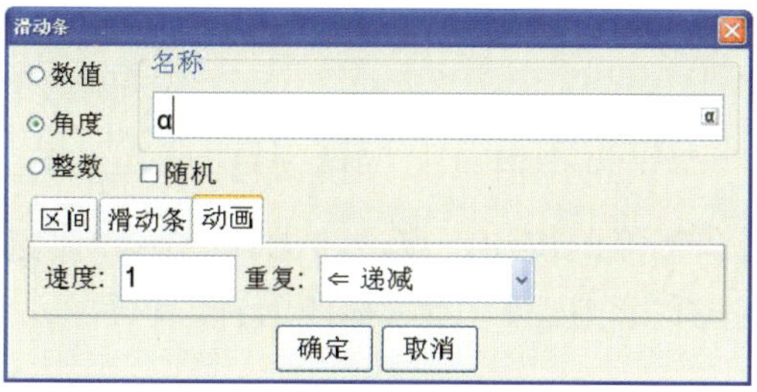

图 11.6　滑动条属性窗口

下面要创建一个函数,只绘制某一区间,在指令栏输入:

函数(A sin(ω x + α),0,2n π)

窗口就出现函数的曲线。如图 11.7 所示。调整函数图像为粗的点线。

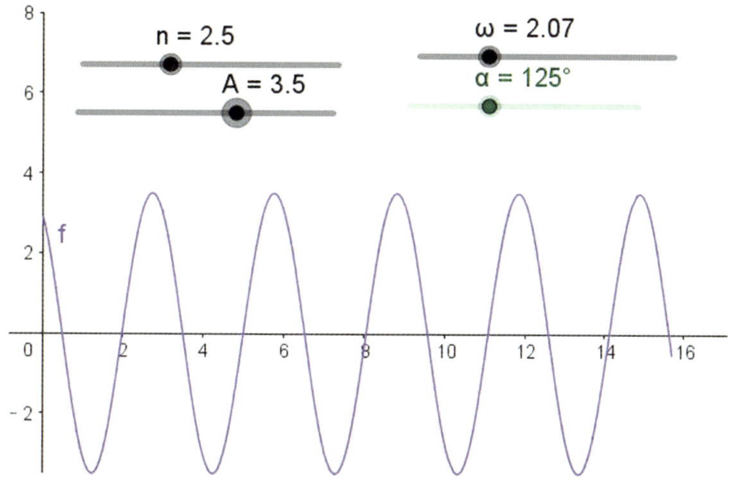

图 11.7　创建过程

选择“对象上的点”工具,在横坐标的正方向创建点 B,选择“垂线”工具,创建过点 B、垂直横坐标的直线 g;选择“交点”工具,点击直线 g 和函数曲线的交点,创建点 C。修改点 C 的样式,点径大一点,红色。点 C 即为波的一个质点,如果需要改变研究的质点的位置,拖动点 B 即可,如图 11.8 所示。

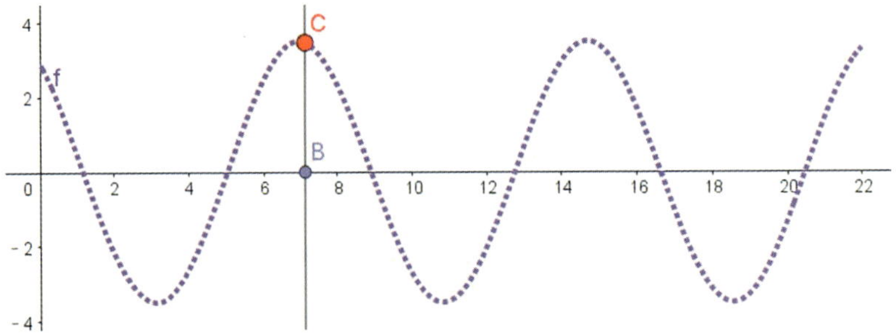

图 11.8 创建过程

下面创建控制波传播和暂停的按钮。点击绘图区，选择“复选框”工具，在绘图区点击、确定，创建布尔值 e。选择“按钮”工具，标题为：播放/暂停。指令为：

赋值[a,¬ a]

启动动画[α,a]

再创建隐藏、显示波的按钮。选择“复选框”工具，在绘图区点击，在出现的窗口里，名称为波，下拉菜单选“函数 f”，确定。该复选框可以隐藏、显示波形。隐藏直线 g 和不必要的标签。积件制作完毕。

【友情提示】

这里谈谈在 GeoGebra 绘制函数的几种方法。

小方法集锦

【方法小集锦 22：GeoGebra 绘制函数的几种方法】

第一种是开区间函数，如，直接在指令栏输入：

$$y=x$$

绘图区显示图像 f，如图 11.9 所示。该图像的定义域是$(-\infty,\infty)$。

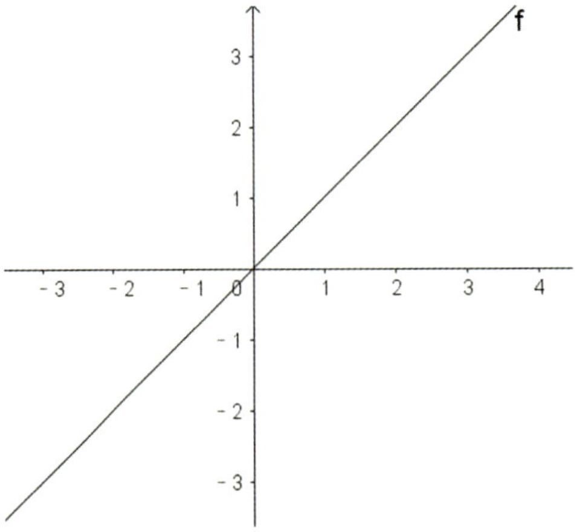

图 11.9 创建过程

第二种情况是只显示某一区间的函数，其语法规则是：

函数(<函数>, <x-起始值>, <x-终止值>)

如只显示上图 0 到 2 之间的图像，指令为：

函数(x, 0, 2)

图像如图 11.10 所示。等效的指令是：如果(0≤x≤2, x)

语法规则为：如果(<条件>, <结果>)

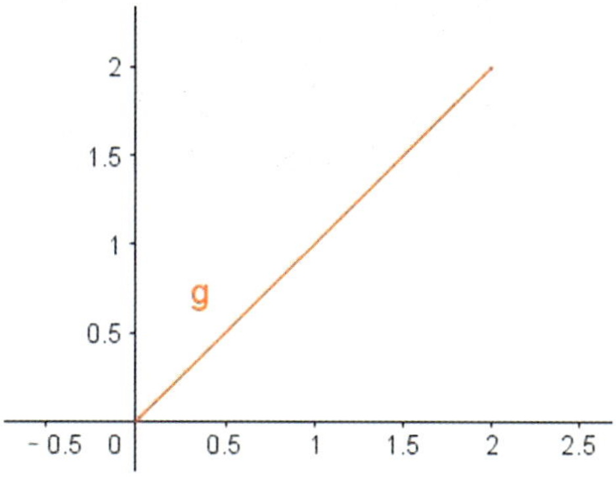

图 11.10　创建过程

另一个语法规则是：如果(<条件>, <结果>, <否则>)

这个指令的嵌套能绘制分段函数，如输入指令：

如果(0 ≤ x ≤ 2, x, 如果(2 ≤ x ≤ 4, 2, 如果(4 ≤ x ≤ 6, -x + 6)))

显示的图像如图 11.11 所示，这个图像可以用于速度-时间的图像，或者位移-时间的图像，十分必要。

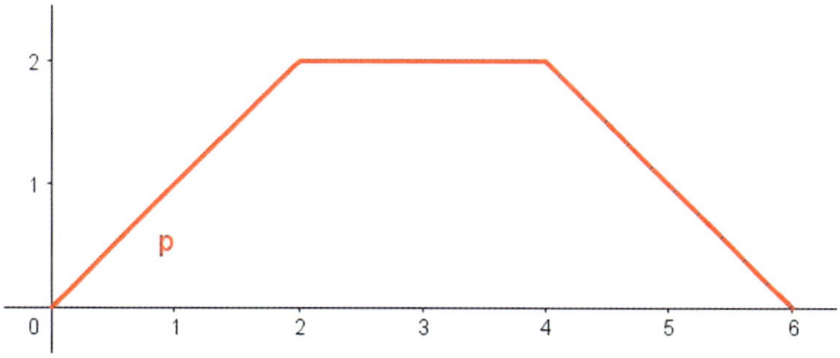

图 11.11　创建过程

【小结】

本案例有几个核心功能，要注意体悟。一个是复选框的应用，它既可以控制对象的显示和隐藏，也可以和按钮配合完成一些动作，如动画的启动和暂停。另一个是函数图像绘制的几种方法。最后一个是滑动条的变量和函数参量关联，能产生控制动画演示等很多功能。

【扫码看视频制作流程】

如果有条件，请扫描二维码观看本积件制作过程的视频。

图 11.12　制作过程视频二维码

11.3　可控的横波(质点系)

【设计意图】

本积件能配合讲解横波的很多问题。如图 11.13 所示,这列横波是由质点组成的,组成波的点的疏密由滑动条 a 来控制。滑动条 b 能控制波向右传播、向左传播或者静止。滑动条 n 可以帮助选取波上的某一质点进行研究。“波形”和“质点”两个复选框控制波形和质点的显示和隐藏,便于课堂讲解。波的传播和暂停由按钮来控制。

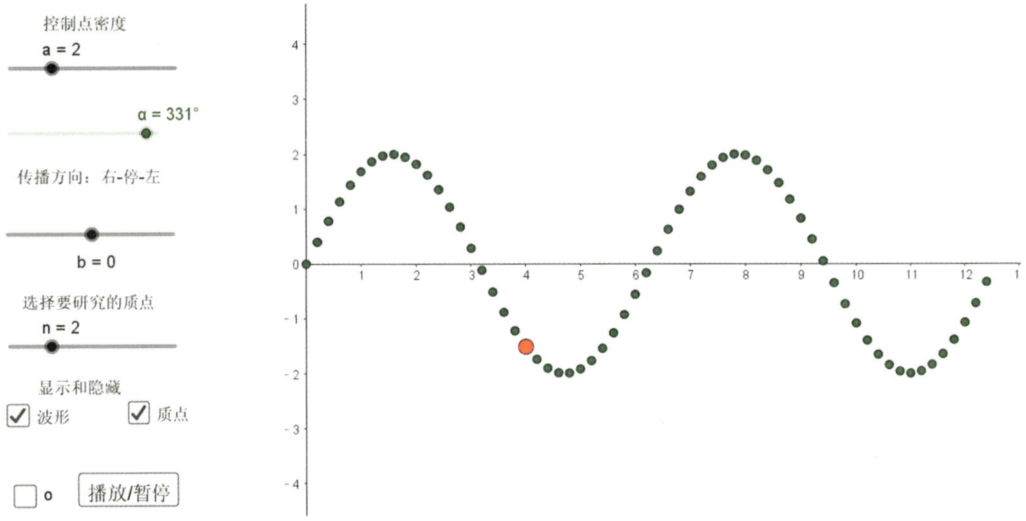

图 11.13　场景展示

【构造详解】

新建一个 GeoGebra 文件,选择“滑动条”工具,点击绘图区,在弹出的对话框里,最小:1,最大:5,增量:1,其他为默认值,确定,创建滑动条 a,用来控制波上的点密度。

再创建第二个滑动条 α,增量为 1°,选择“动画”标签,在“重复”一栏选择“递增”,其他取默认值。创建第三个滑动条 b，最小：-1，最大：1，增量：1。创建第四个滑动条 n，最小：1，最大：5，增量：1。

在指令区输入指令：

序列((t, 2sin(t + b α)), t, 0, 4π, a * 0.1)

该指令和前面创建的四个滑动条关联，产生相应的效果。

在指令栏输入指令：

(n a, 2sin(n a + b α))

该指令将产生一个质点，用于研究。系统默认名为点 A。选择“移动”工具，选择点 A，修改样式为红色，线径大一点。

选择“复选框”工具，在绘图区点击：确定三次，创建布尔值 c，d，e 的复选框。选择“移动”工具，点击波形曲线，右键，在弹出的窗口属性里，点击高级选项卡，在“显示条件”栏内输入：c。同样的操作，在点 A 属性框的“显示条件”栏内输入：d。选择“文本”工具，创建“波长”文本放置在复选框 c 的上面，创建“质点”文本放置在复选框 d 的上面，起到提示的作用。两个文本均选“屏幕绝对位置”（右键的快捷菜单勾选），在拖动时，文本不移动。注意：复选框一般不要重命名。

方法小集锦

【方法小集锦 23：设置坐标轴的方法】

下面创建按钮工具，控制播放和停止。点击绘图区，选择“按钮”工具，标题：播放/暂停。指令为：

赋值[e,¬ e]

启动动画[α,e]

至此，积件制作完毕。隐藏横坐标的负半轴。隐藏的方法是，选择菜单：编辑—属性，在出现的对话里，选择绘图区选项卡，再选择“x 轴”，勾选“只显示正方向”。如图 11.14 所示。

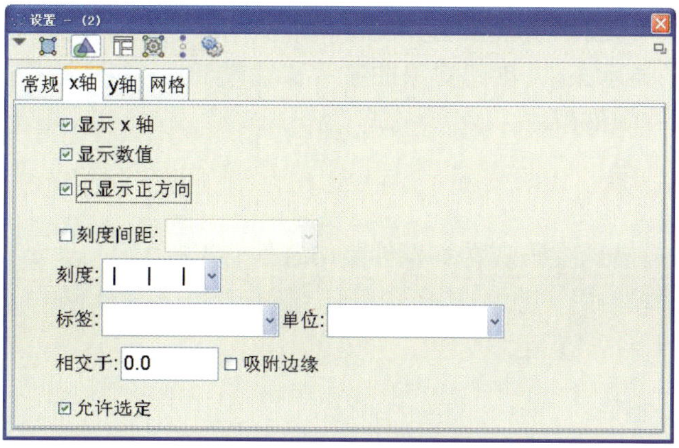

图 11.14　设置坐标轴

【友情提示】

小方法集锦

【方法小集锦 24:复选框控制对象的显示和隐藏】

本方法在 4.7 节、6.2 节、11.3 节、12.2 节均有涉及,这里做一下总结。通过操作和方法的梳理,希望您能把控这一工具的使用。

这里重点讲解复选框控制对象显示和隐藏的操作。如果要创建显示和隐藏本课例的点 A,选择复选框点击绘图区,出现属性窗口,如图 11.15 所示。下面的三个操作是等效的。

操作方法一是在属性窗口的下拉菜单里选择点 A。

操作方法二是直接点绘图区的对象 A。

第三种方法是,如果该复选框的布尔值是 d,也可以在点 A 属性窗口“高级”选项卡“显示条件”栏输入:d。

第一种方法和第二种方法用于初次创建复选框时选用,第三种方法用在已经创建了复选框后,想让某对象也用该复选框来控制的操作。

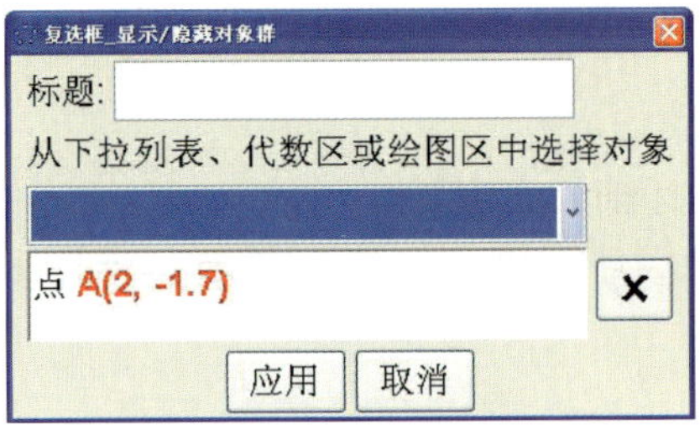

图 11.15　复选框对话框

【小结】

本案例涉及如下操作:对坐标轴的调试,这一调节比较常用,如绘制速度-时间图像就不要显示横坐标的负半轴;用滑动条工具使得积件具有多变性,实现一件多用的功能;利用复选框工具和对象的显示条件,创建对象的显示和隐藏工具;说明文字的创建对使用者是很有必要的,有利于积件的推广。

【扫码看视频制作流程】

如果有条件,请扫描二维码观看本积件制作过程的视频。

图 11.16　制作过程视频二维码

11.4　波的叠加

【设计意图】

本积件要演示两个波峰相遇时叠加的情况，如图 11.17 所示。振幅较大的波峰向右传播，振幅较小的波峰向左传播，当它们相遇时出现叠加波形，但彼此独立，互相穿过对方后继续前行。

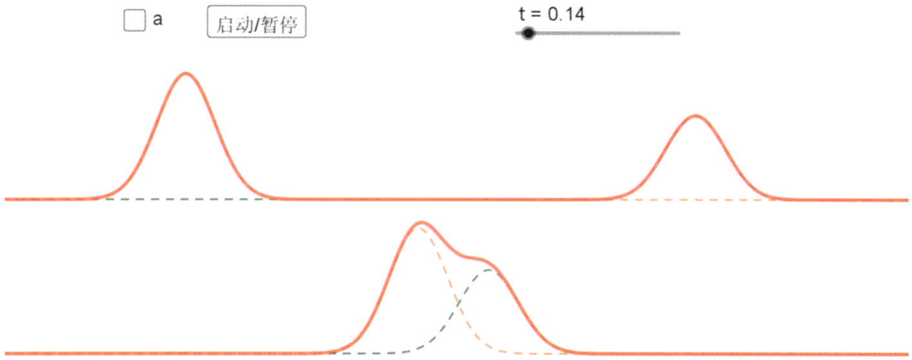

图 11.17　场景展示

【构造详解】

新建一个 GeoGebra 文件，先创建一个滑动条 t，再创建一个按钮来控制 t 的运动。选择“滑动条”工具，点击绘图区，在出现的属性窗口里，名称为 t，最小栏为 0，最大栏为 2，增量栏清空。动画选项卡“重复”选：递增，如图 11.18 所示。

选择“复选框”工具，点击绘图区，出现窗口后直接点击：应用，创建布尔值为 a 的复选框。选择“按钮”工具，点击绘图区，出现属性窗口，标题为：启动/暂停；脚本（指令）为：

赋值[a,¬ a]

启动动画[t,a]

在指令栏内输入指令：

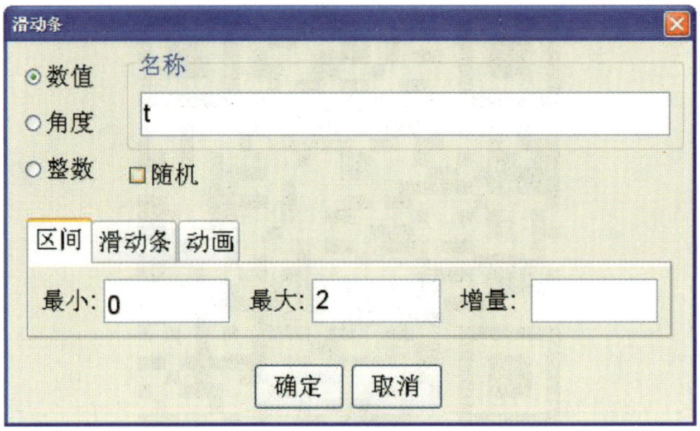

图 11.18　滑动条的属性窗口

2e^(-(x - 15 + 10t)^2)

得到函数 f,图像为波峰较小的波。在指令栏内输入指令:

3e^(-(x - 10t)^2)

得到函数 g,图像为波峰较大的波。修改上面两个函数的图像为虚线。在指令栏内输入指令:

f+g

得到函数 h,修改图像的样式为粗实线。关闭代数区,隐藏坐标网格和坐标系,制作完毕。

【友情提示】

指数函数能产生只有一个波峰的波,这里说明一下该指数函数各项的意义。

$$y=3e^{-(x-10t)^2} \tag{1}$$

式(1)中 3 表示振幅,可以修改为其他值。(x-10t)中,"-"使得图像向右移动,移动的值随滑动条 t 的变化而变化,这就产生了运动效果;"-"如果变为"+",图像就向左移动,规律是"加左减右"。

【小结】

本案例利用指数函数产生只有一个峰的波,通过和滑动条的关联产生图像平移的效果。

【扫码看视频制作流程】

如果有条件,请扫描二维码观看本积件制作过程的视频。

图 11.19　制作过程视频二维码

11.5　平面波、圆形波和波的干涉

【设计意图】

本积件要展示三维情境下几种波的传播。一种是平面波的传播，如图 11.20 所示。

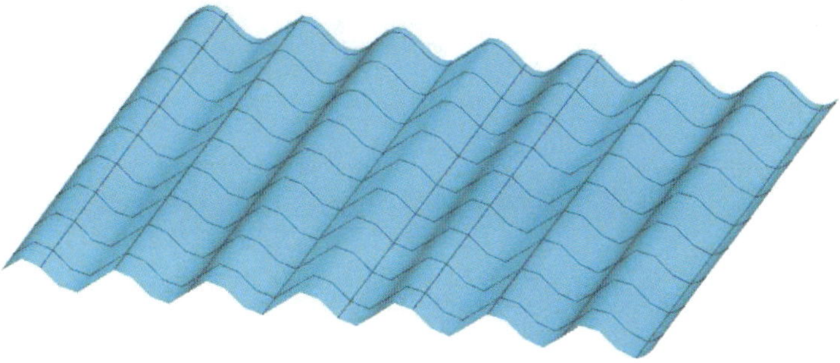

图 11.20　场景展示

一种是圆形波的传播，如图 11.21 所示。

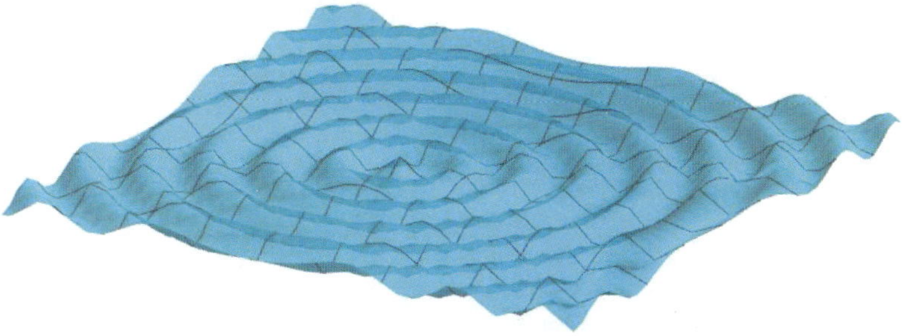

图 11.21　场景展示

一种是波的干涉，如图 11.22 所示。

图 11.22　场景展示

【构造详解】

新建一个 GeoGebra 文件,选择“滑动条”工具,点击绘图区,弹出属性窗口。在窗口里,类型选:角度;最小和最大选默认值,增量填:1°;动画选项卡里重复选:递增。如图11.23所示。该滑动条 α 将控制波的传播动画的形成。

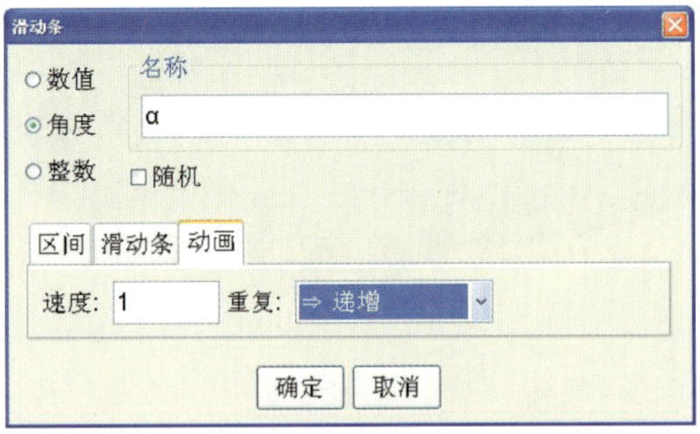

图 11.23　滑动条的属性(角度型)

选择“复选框”工具,在绘图区连续创建四个复选框,分别是 a,b,c,d。选择“文本”工具,创建文本:平面波、圆形波、波的干涉,分别放在复选框 b,c,d 的前面。利用绘图区的网格调整各对象的位置，使得布局合理，隐藏网格和坐标轴，如图 11.24 所示。选择“按钮”工具，标题为：播放/暂停卫星。指令为：

赋值[a,¬ a]

启动动画[α,a]

创建的对象布局如图 11.24 所示。

图 11.24　控制按钮

选择菜单视图—3D 绘图区，出现 3D 绘图区，这是出现三个窗口：代数区、绘图区、3D 绘图区和最下面的指令栏。调整它们的宽度，使 3D 绘图区的宽度大一些。如图 11.25 所示，这是多窗口操作，属于软件的高级操作。

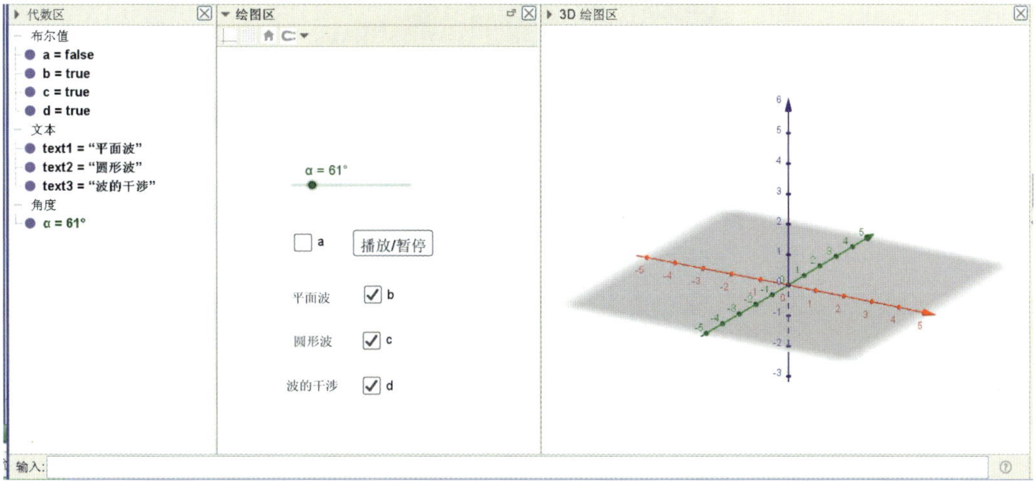

图 11.25　窗口分布

在指令栏输入：

z=sin(x − α)

产生平面波，如图 11.26 所示。把光标放在 3D 绘图区，向下滚动鼠标，缩小视图，使得看到的波列多一点。隐藏 3D 绘图区的坐标轴。

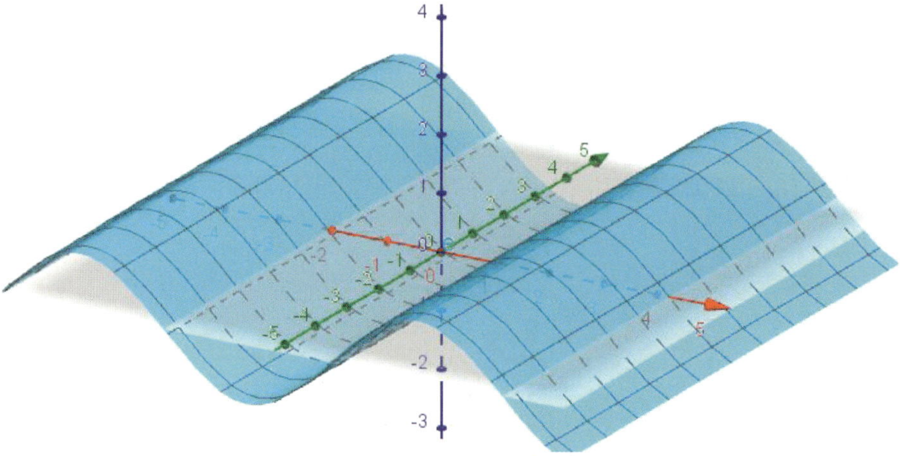

图 11.26 创建过程

系统默认平面波名为 e,需要用复选框 b 来控制其显示和隐藏。打开平面波 e 的属性窗口,在高级选项卡的显示条件栏输入:b。点击复选框 b 隐藏平面波。

在指令栏输入:

z=sin(sqrt(x^2+y^2) - α)

得到圆形波,系统默认名为 f,隐藏 3D 绘图区,如图 11.27 所示。

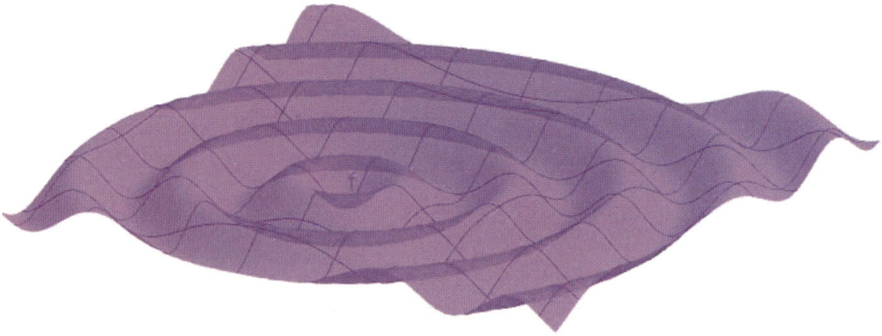

图 11.27 创建过程

打开圆形波 f 的属性窗口,在高级选项卡的显示条件栏输入:c。点击复选框 c 隐藏圆形波。

在指令栏输入:

$0.5\sin(\mathrm{sqrt}((x-8)^2+y^2)-\alpha)+0.5\sin(\mathrm{sqrt}((x+8)^2+y^2)-\alpha)$

系统默认名为 g,干涉图样不太逼真,显示水平面(3D 绘图区样式工具栏的第三个工具,如图 11.28 所示),选择“xOy 平面视图”,如图 11.28 所示。

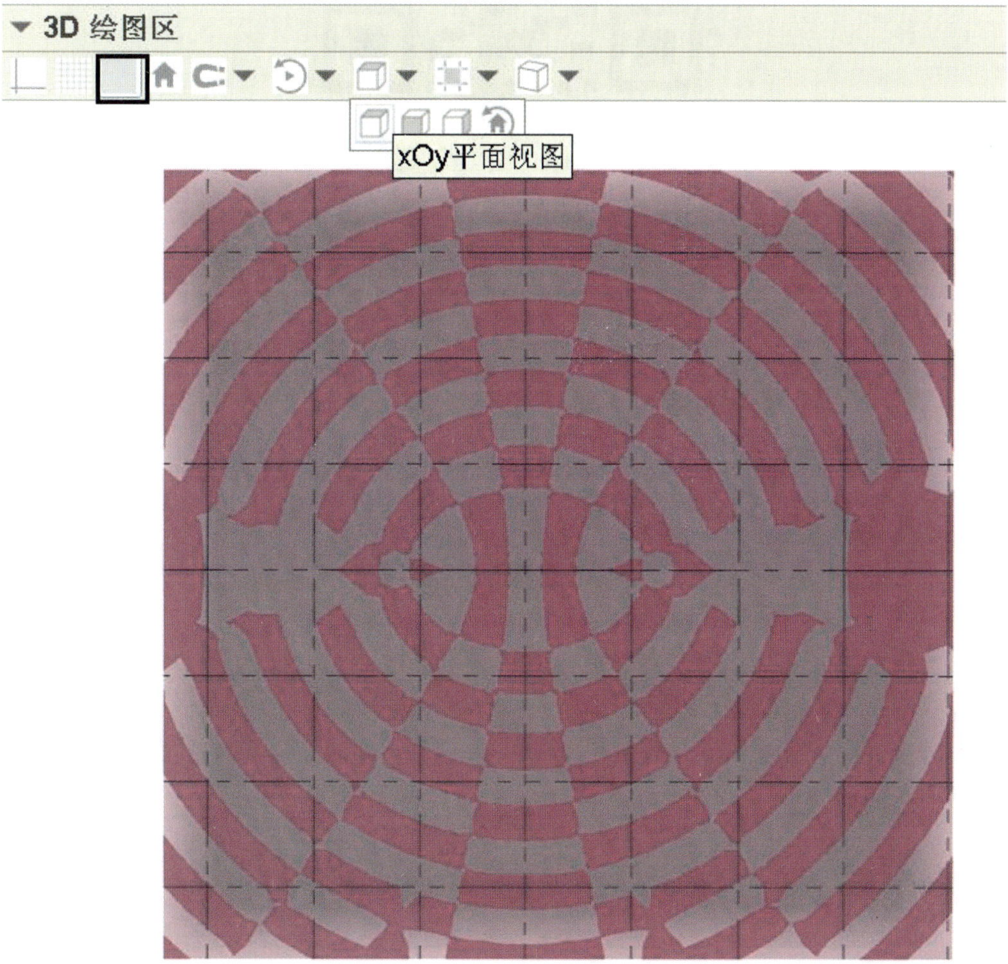

图 11.28　创建过程

打开干涉波 g 的属性窗口，在高级选项卡的显示条件栏输入：d。点击复选框 c 隐藏圆形波。三个波创建完毕，用“播放/暂停”按钮来控制它们的播放和暂停，用几个复选框来显示和隐藏三个对象，一旦显示两个对象，画面就很杂乱了。

【友情提示】

注意学习在三维空间里，正弦函数如何变化而形成三维曲面的方法。第 10.4 节是关于波的干涉的平面图画法，请参考。

【小结】

本积件通过几个指令完成了波的创建，而且是三维曲面，足见软件指令功能的强大。

【扫码看视频制作流程】

如果有条件，请扫描二维码观看本积件制作过程的视频。

图 11.29　制作过程视频二维码

11.6　驻波的创建

【设计意图】

本积件要创建驻波。如果两列波的频率和传播速度的大小完全相等,但传播方向相反,它们叠加后就形成驻波。积件的操作如下:先按下“播放/暂停”按钮,勾选复选框 c,显示一列向右传播的波,如图 11.30 所示;勾选复选框 b,显示一列向左传播的波;勾选复选框 d,显示一列向右传播的波。

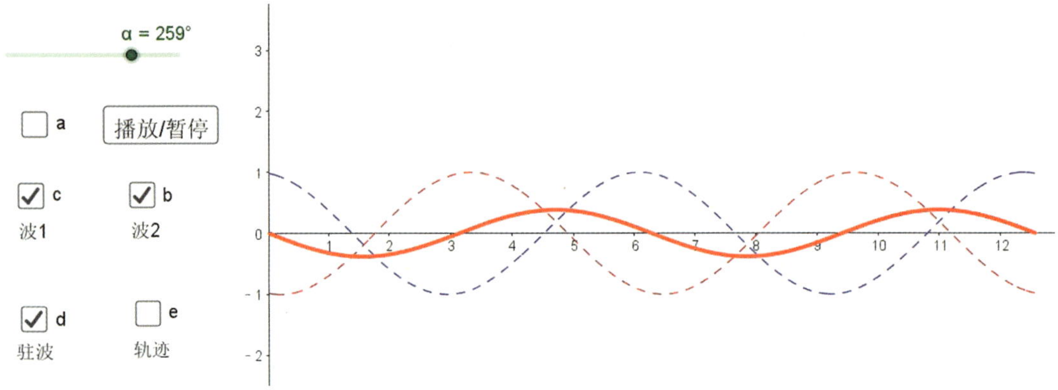

图 11.30　场景展示

勾选复选框 e,显示驻波的轨迹,如图 11.31 所示。可以看到波节、波腹。

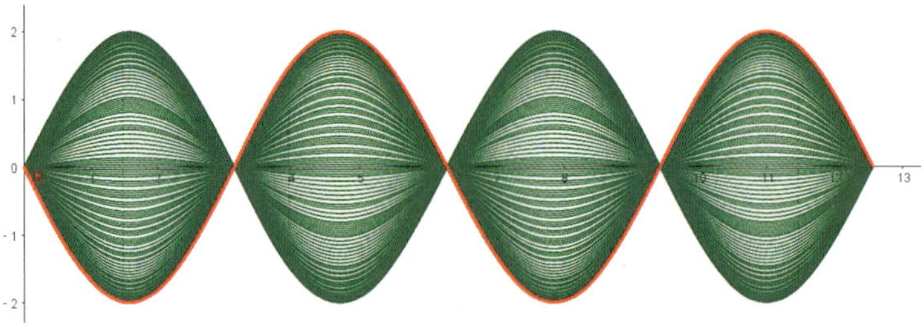

图 11.31　场景展示

【构造详解】

本积件用到一个滑动条、一个按钮、5 个复选框和 4 个区间函数。新建一个 GeoGebra 文件，选择“滑动条”工具，选择“角度”，最小值和最大值选默认值，增量为 1°；动画选项卡下重复栏选：递增，如图 11.32 所示，确定。

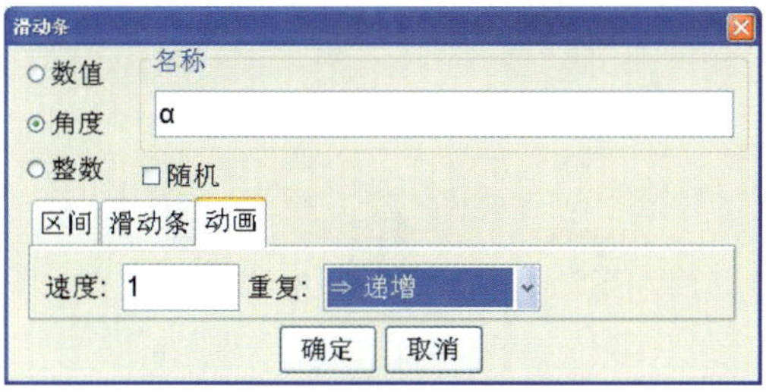

图 11.32　滑动条的属性窗口

选择“复选框”工具，点击绘图窗口，出现窗口后点击：应用，创建布尔值为 a 的复选框；同样的方法依次创建 b，c，d，e 复选框。后四个复选框控制波形的显示和隐藏。这里连续创建的目的是，默认的布尔值连续。

选择“按钮”工具，点击复选框 a 后面的区域，出现对话框，标题为：启动/暂停，脚本输入：

赋值[a，¬ a]

启动动画[α，a]

下面创建几列机械波。下面的指令绘制的是区间函数，由于引入了变量 α，因此，滑动条 α 移动时，就有了动画效果，产生了一系列的波。

在指令窗口输入指令：

函数(sin(x−α)，0，4 π)

函数(sin(x+α)，0，4 π)

函数(sin(x+α)+sin(x−α)，0，4 π)

函数(sin(x+α)+sin(x−α)，0，4 π)

分别得到函数 f，g，h，p。

选择“移动”工具，点击代数区的函数 f 或者绘图区的 f 曲线，右键在属性窗口里，选“高级”选项卡，在“显示条件”里输入：b，如图 11.33 所示。这样，复选框 b 就能控制函数 f 的显示和隐藏。

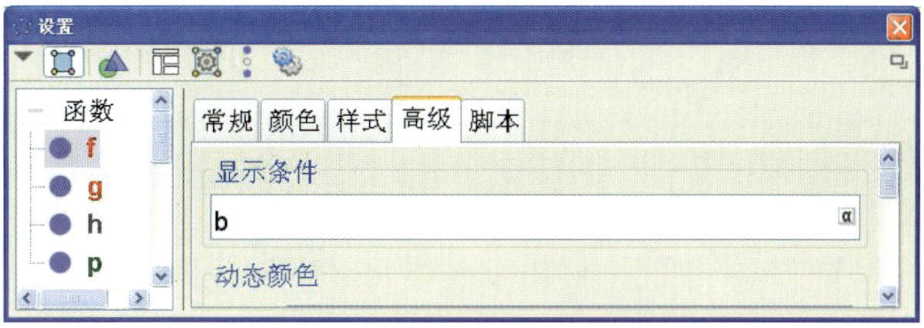

图 11.33　对象的显示条件设置

同样的操作,把函数 g 的“显示条件”里输入:c;把函数 h 的“显示条件”里输入:d;把函数 p 的“显示条件”里输入:e。点击复选框 d,隐藏函数 h。选择函数 p,右键在快捷菜单里选择“开启跟踪”。隐藏函数 p,显示函数 h,把函数 h 的样式修改为红色粗实线。隐藏代数区、网格和横坐标的负半轴,选择“文本”工具,对复选框的功能做批注,便于识别要隐藏和显示的对象,制作完毕。

【友情提示】

【方法小集锦 25:在软件中输入汉字不出现词汇列表的解决办法】

输入法的“异常”问题。如果在记事本里输入“zhubo”,会显示对应词汇的列表,如图 11.34 所示。有时候在 GeoGebra 软件里不出现词汇的列表(某些输入法可以),解决的方法之一是先在记事本文件里输入相关内容,再粘贴到 GeoGebra 文件里。GeoGebra 软件的快捷菜单里不出现复制、粘贴项,但依然支持快捷键,复制的快捷键是:Ctrl+c;粘贴的快捷键是:Ctrl+v。这两个快捷键是很多系统通用的。

图 11.34　记事本辅助输入

【小结】

本案例利用滑动条和区间函数指令产生波的动画效果。滑动条的值控制正弦函数的相位,当相位发生变化时,图像就向左或者向右平移,从而产生动画效果。

【扫码看视频制作流程】

如果有条件,请扫描二维码观看本积件制作过程的视频。

图 11.35　制作过程视频二维码

11.7　看函数式—欣赏图像—聆听声音—深度理解声音 3 要素

【设计意图】

学生在初中学习了声音的三要素知识，但对声音的三要素的理解是肤浅的。高中学习了振动的知识，随着数学知识的丰富，可以对声音的三要素进行深度学习。这对学习音乐的同学学习乐理知识也是有帮助的。

本积件通过滑动条 A 来改变纯音（单一频率的声音）的振幅。增大振幅时，可以看到图像的振幅增大，函数表达式的振幅项增大，听到的声音的音量增大，我们说“响度”变大。学生容易理解响度和振幅的关系。如图 11.36 所示。

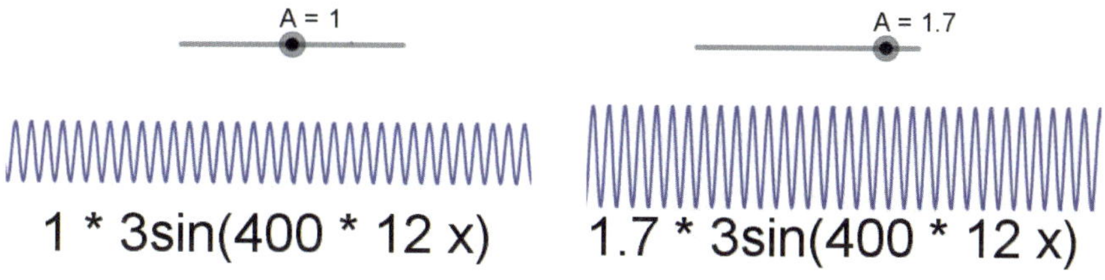

图 11.36　响度和声波的振幅有关

通过滑动条 a 来改变纯音的频率。增大频率，可以看到，波形在变密，函数表达式的角频率项在变大，听到的声音音调在变高。学生容易理解，音调是由频率决定的。如图 11.37 所示。

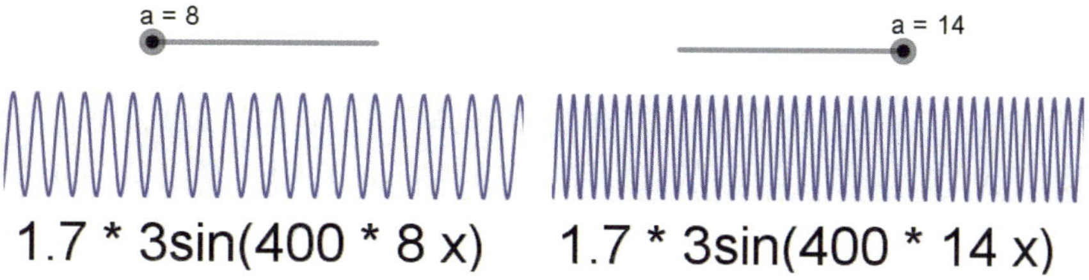

图 11.37　音调和声音的频率有关

用六种不同频率的波叠加以后,形成图11.38的周期波。不同的乐器发出的声音的波形不同,归根到底是组成这些波形的纯音不同造成的,这就是音色的本质。如图11.38所示。

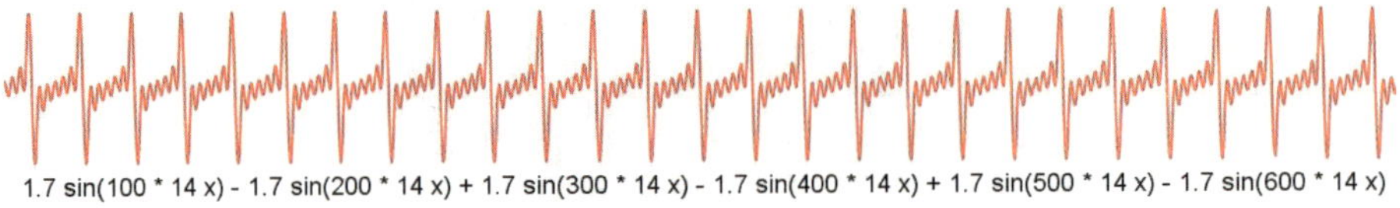

图11.38 组成不同乐器波形的纯音不同

在积件中,我们创建了7个小键盘,可以播放出不同频率的声音,即音调高低不同。还能用这些小键盘演奏出一曲简单的音乐《两只老虎》,趣味性很强。如图11.39所示。

图11.39 用7个键研究乐曲

【构造详解】

创建本积件的流程如图11.40所示,分别在两个绘图区绘制对象。

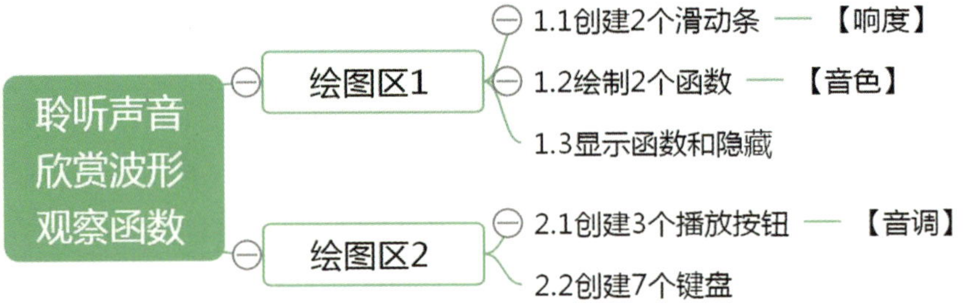

图11.40 创建流程图

积件的画面如图11.41所示。用到了绘图区1和绘图区2两个窗口,在绘图区1里创建列波:纯音和混合音,分别显示波形对应的函数式,函数式的部分参数由两个滑动条控制,波形和函数式的显示和隐藏由复选框控制。在绘图区2创建7个小键盘,用来演奏音乐,3个控制按钮用来控制波形音频的播放控制。

新建一个GeoGebra文件,关闭代数区,选择菜单:视图—绘图区2,拖动绘图区2的标题栏,移动到绘图区1的下部,两个绘图区呈上下分布。分别拖动两个绘图区的坐标轴,使原点在绘图区中间位置。

在绘图区1里创建两个滑动条,其位置如图11.41所示。第一个滑动条,名称:a,最小:4,最大:8,增量:0.001。第二个滑动条,名称:A,最小为:0,最大为:2,增量为:0.1。

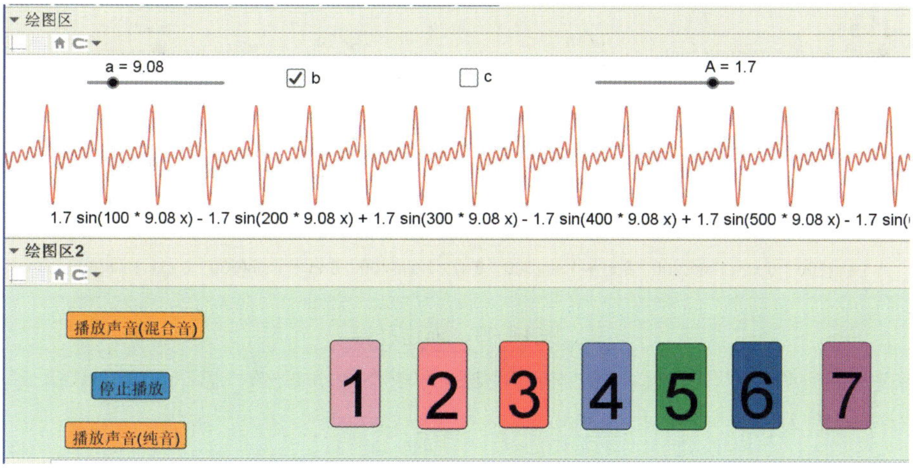

图 11.41　积件画面对象及其布局

在绘图区 1 里创建两个复选框，分别为 b 和 c。

由于绘制的波形的波长很短，如果直接在绘图区绘制图像，将用到大量电脑内存，所以先进行坐标轴的缩放。把光标移动到纵坐标的正半轴，按下 Ctrl 键和鼠标左键，光标变成上下指向的箭头，往下拉，每格表示 5。同样的操作，把横坐标放大到每格表示 0.01，如图 11.42所示。

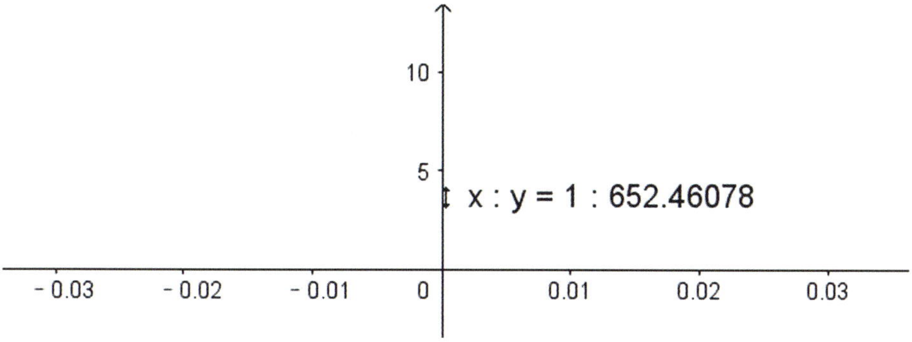

图 11.42　放缩坐标轴的操作

在指令栏输入：

A ＊sin(100a x) −A ＊ sin(200a x) + A ＊sin(300a x) −A ＊ sin(400a x) +A ＊ sin(500a x) −A ＊ sin(600a x)

绘制的图像名为：f(x)。

选择“文本”工具，点击绘图区 1，在弹出的窗口里，在对象下拉菜单里选择：f，确定，绘图区出现函数表达式。如图 11.43 所示。

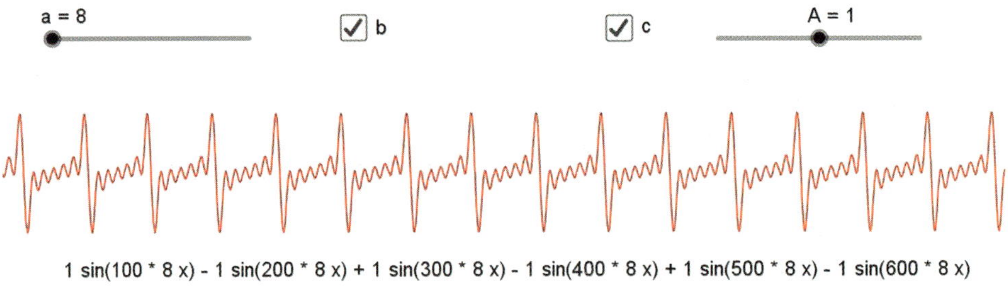

图 11.43 创建过程

在函数表达式和图像的属性窗口里,选择“高级”选项卡,在“显示条件”里输入:b。

在指令栏输入:

A * 3sin(400a x)

绘制的图像名为:g(x)。

选择“文本”工具,点击绘图区 1,在弹出的窗口里,在对象下拉菜单里选择:g,确定,绘图区出现函数表达式。如图 11.44 所示。

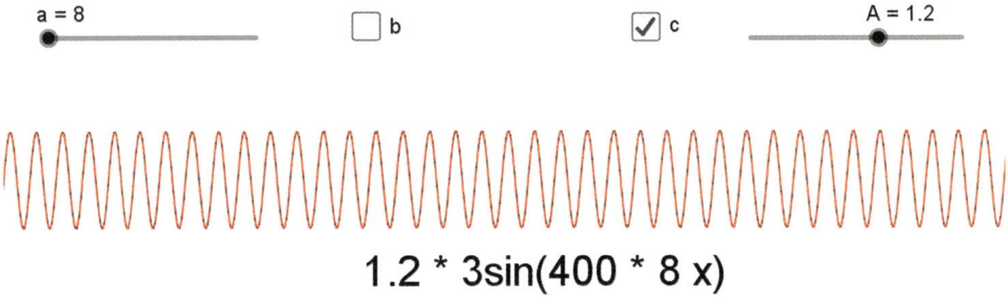

图 11.44 创建过程

在函数表达式和图像的属性窗口里,选择“高级”选项卡,在“显示条件”里输入:c。绘图区 1 的对象创建完毕。

在绘图区 2 先创建 3 个控制播放的按钮。排列如图 11.41 所示。

按钮 1,名称:播放声音(混合音),指令:播放声音[f,1,100]。

按钮 2,名称:停止播放,指令:播放声音[false]

按钮 3,名称:播放声音(纯音),指令:播放声音[g,1,100]

再绘制 7 个小键盘,排列如图 11.41 所示。

按钮 4,名称:1,指令:赋值[a,4.14]

按钮 5,名称:2,指令:赋值[a,4.66]

按钮 6,名称:3,指令:赋值[a,5.18]

按钮 7,名称:4,指令:赋值[a,5.53]

按钮 8,名称:5,指令:赋值[a,6.22]

按钮 9,名称:6,指令:赋值[a,6.91]

按钮 10,名称:7,指令:赋值[a,7.77]

通过按钮的属性窗口修改字体的大小、背景颜色,对于类似功能的按钮,可以采用批量处理的方法来提高效率。最后修改绘图区 2 的背景颜色,隐藏坐标系和网格。创建完毕。

【友情提示】

本积件用到了“播放声音指令”的两个语法结构，一个是播放某一个函数的语法结构：播放声音(<函数>, <最小值>, <最大值>)，例如前文中播放函数 f 的指令：播放声音[g, 1,100]；另一个是播放和停止指令，其语法结构是：播放声音(<是否播放? true|false>)，例如前文中停止播放的指令是：播放声音[false]。

我们在创建积件时，有时会用到缩放坐标的操作，尤其是图像水平方向或竖直方向过大或者过小，其操作是把光标移动到该坐标轴上，按下 Ctrl+左键，光标变成双箭头状，然后往坐标原点近处拉或者远处拉，实现坐标标度缩放的操作。

【小结】

本积件用滑动条、函数、复选框、按钮工具和指令，实现了声音三要素的控制，可以调节单音或者混合音、音调、响度，帮助学生对声音三要素的本质理解，对物理学的学习有帮助，对乐理知识的理解有帮助，对数学函数的学习也有帮助。

【扫码看视频制作流程】

如果有条件，请扫描二维码观看本积件制作过程的视频。

图 11.45　制作过程视频二维码

图 11.46　自制简易电子琴演奏效果二维码

第 12 章　GeoGebra 和《2.4 光》的深度融合

12.1　光的折射和全反射

【设计意图】

本积件能展示光的反射、折射和全反射。光从材料射到与空气或者真空的界面上,发生反射和折射,有时出现全反射。用复选框控制说明文字(材料折射率)的显示和隐藏,便于使用者参考,又做到了画面简洁,如图 12.1 所示。

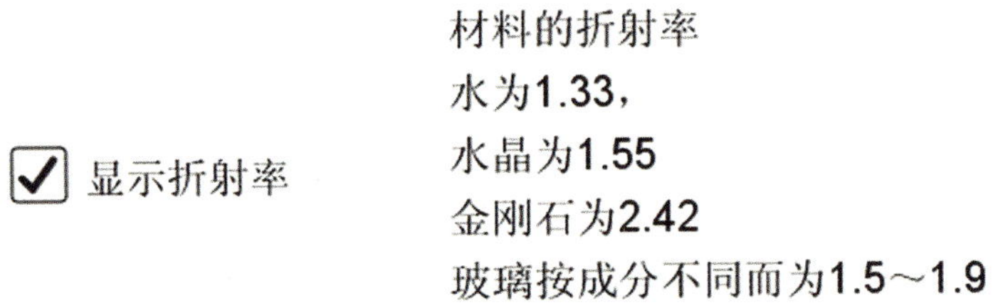

图 12.1　显示和隐藏文字

如果我们需要研究水晶材料,调节滑动条 n=1.55,调节入射点 C 改变入射角,可以看到同时发生反射和折射的情况,也可以看到发生全反射的情况,如图 12.2 所示。

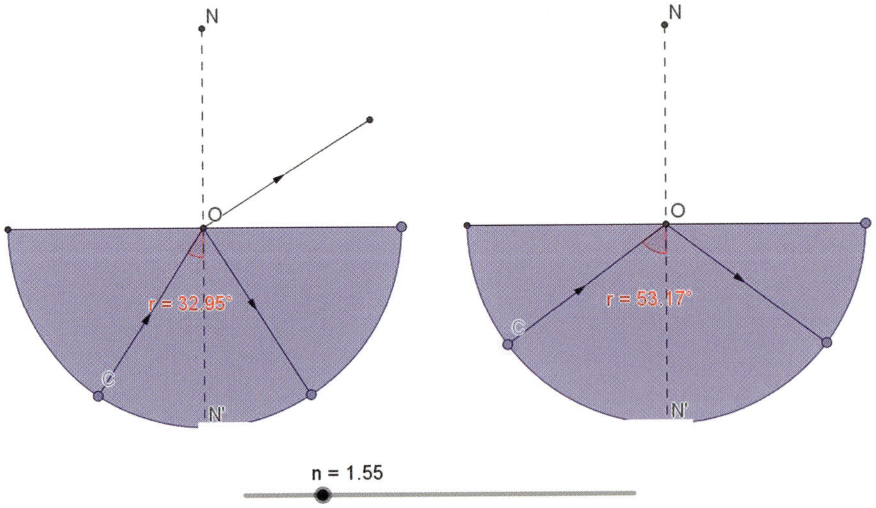

图 12.2　选择材料进行探究

【构造详解】

新建一个 GeoGebra 文件，选择“交点”工具，点击坐标原点，创建点并重命名为 O。选择“对象上的点”工具，在横坐标的正方向创建点 A，选择“圆(圆心与一点)”工具，先后点击点 O 和点 A，创建圆 c。选择“交点”工具，创建圆 c 和坐标轴的其他几个交点，重命名为 B,N,N′，如图 12.3 所示。

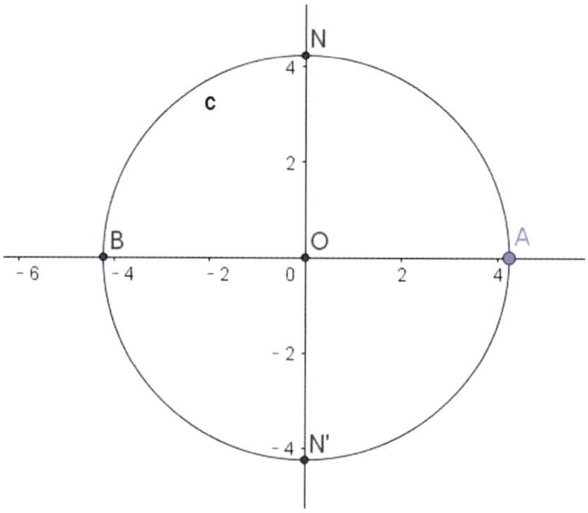

图 12.3　作图过程

隐藏圆 c，选择“半圆”工具，先后点击点 A 和点 B，创建圆 d，并隐藏。选择“圆弧”工具，先点击点 O，再依次点击点 B 和点 N′，创建圆弧 e。选择“对象上的点”工具，在圆弧 e 上创建点 C。隐藏坐标系，选择“线段”工具，联结点 B 和点 A，创建线段 g；联结点 N 和点 N′，创建线段 f；修改线段 f 为虚线，该线段为材料界面的法线。

下面创建由点 C 指向点 O 的光线，箭头在中间，这种方法后面多次遇到，称为“绘制光线的方法”。第一步，选择“中点”工具，先后点击点 C 和点 O，创建中点 D；第二步，选择“线段”工具，先后点击点 D 和点 O，创建线段 h；第三步，选择“向量”工具，先后点击点 C 和点 D，创建向量 u；如图 12.4 所示。隐藏点 D，隐藏线段 h 和向量 u 的标签，得到由点 C 指向点 O 的光线。

选择“轴对称”工具，先后点击点 C 和线段 f，创建点 C′。用前文介绍的“绘制光线的方法”创建由点 O 指向点 C′的光线。如图 12.4 所示。

选择“角度”工具，先后点击点 C、点 O 和点 N′，创建角度，并重命名为 r。下面创建滑动条 n，选择“滑动条”工具，点击绘图区，在弹出的窗口里，名称为 n，最小为 1.33(水的折射率)，最大为 2.42(水晶的折射率)，增量为 0.01。如图 12.5 所示，确定。

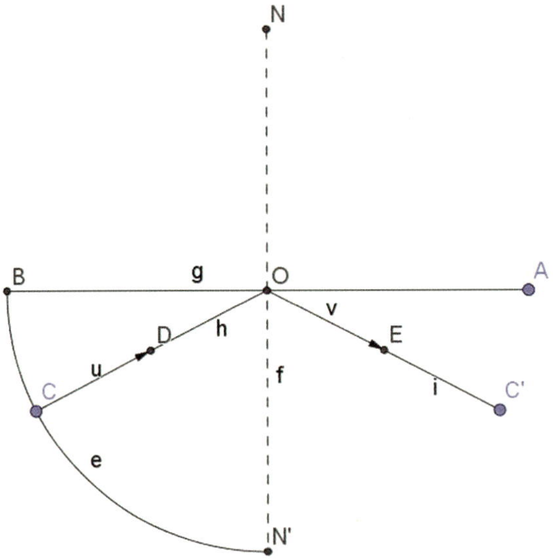

图 12.4 作图过程

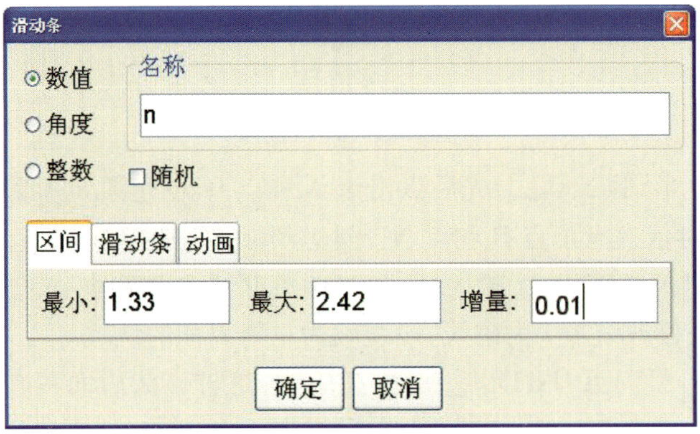

图 12.5 滑动条对话框

打开滑动条 n 的属性窗口,如图 12.6 所示,在滑动条标签内,宽度栏修改为 400 像素,滑动条变长,便于调节。这是调节滑动条长度的操作,要记住修改的方法。修改后直接关闭属性窗口即可。

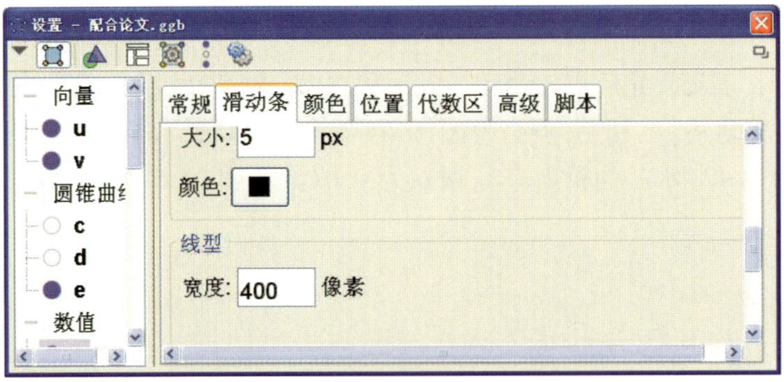

图 12.6 改变滑动条宽度的操作

选择“旋转”工具，先后点击点 N 和点 O，在弹出的对话框（图 12.7）里，角度输入：arcsin(nsinr)，点选“逆时针”，确定。把创建点重命名为 P。如果创建点没有出现，拖动点 C 减小 r 即可。这是本积件的关键环节。

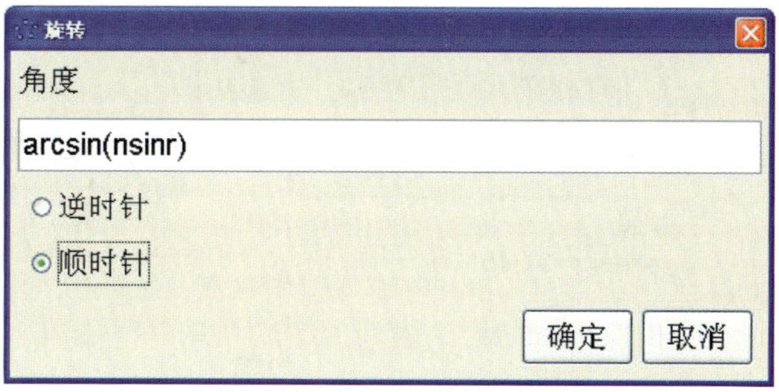

图 12.7　创建折射光线的操作

用前文介绍的绘制光线的方法创建由点 O 指向点 P 的光线。

下面介绍显示和隐藏文字的操作，也很常用。选择“文本”工具，点击绘图区要放置文本的位置，在对话框的编辑栏输入：

材料的折射率

水为 1.33，

水晶为 1.55

金刚石为 2.42

玻璃按成分不同而为 1.5 ~ 1.9

确定。

选择“复选框”工具，点击绘图区，在弹出的对话框里，标题为：显示折射率。关联的对象是刚创建的文本：text1。点应用按钮。

小方法集锦

【方法小集锦 26：让窗口显示变化的量的数值】

下面创建放大显示某对象的方法，很常用。绘图区显示的入射角 r 的字体很小，选择“文本”工具，点击绘图区要放置文本的位置，在对话框的编辑栏输入：入射角 r=，后面在对象下拉菜单里找到 r，点选，如图 12.8 所示，这样就和 r 关联，窗口中显示 r 的数值，并可以调节字体的大小。

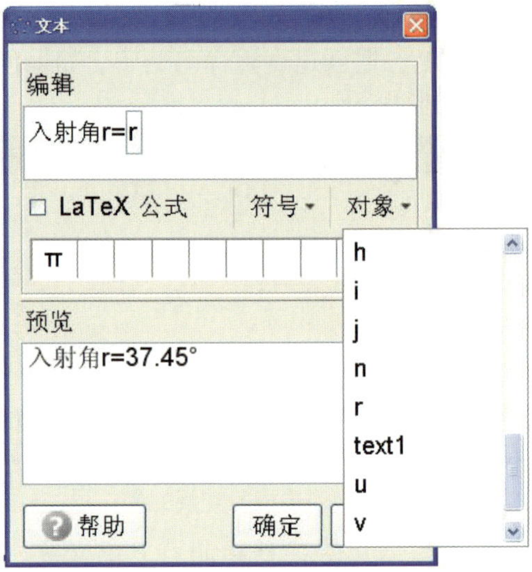

图 12.8 创建放大显示对象数据的操作

至此，我们创建的对象如图 12.9 所示，隐藏不需显示的对象和标签。隐藏第三象限的圆弧 e，显示半圆 d，修改半圆 d 的颜色为蓝色，并填充内部，表示材料。

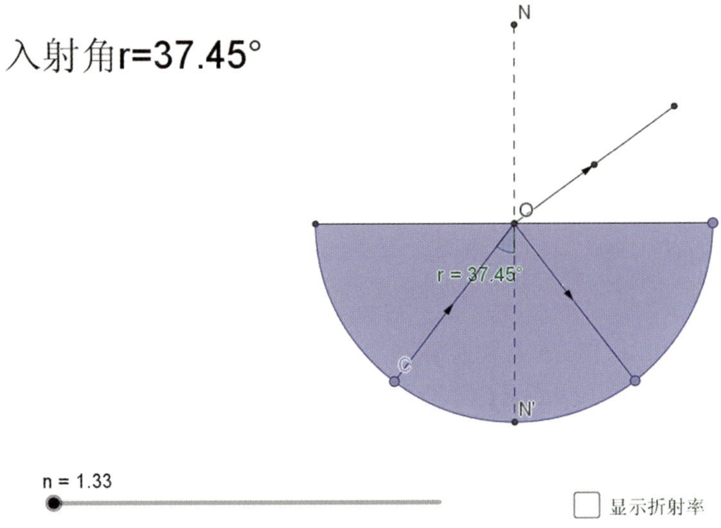

图 12.9 积件最后的界面

【友情提示】

积件如何实现当入射角大于临界角时，折射光线消失呢？秘密在"arcsin(nsinr)"指令上，如果入射角小于临界角，arcsin(nsinr)有解，根据解绘制折射光线；如果入射角大于临界角，arcsin(nsinr)无解，就不再绘制折射光线。

如果入射光线可以在坐标系内任意旋转，容易出现不符合物理规律的现象出现。如何实现入射点被约束在第三象限呢？如图 12.10 所示，先绘制点 A，点 A 被限制在横坐标上；再作过 A 的圆，交坐标轴于点 B 和点 N′；再作过点 B 和点 N′的圆弧，在圆弧上创建点 C 作为光线的入射点，从而实现入射点被约束在第三象限。

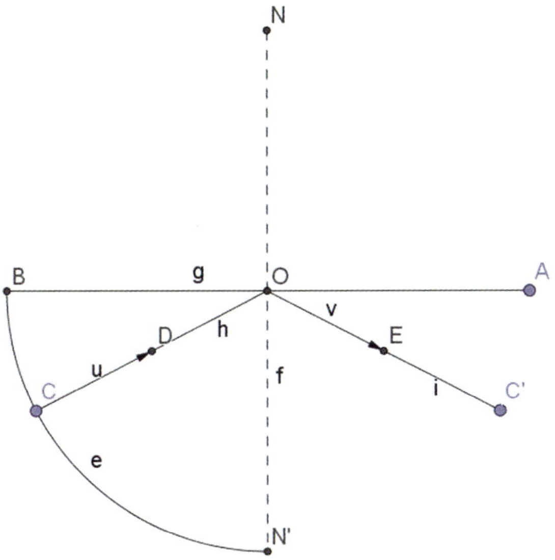

图 12.10　实现约束的办法

【小结】

本案例利用文本工具和复选框，实现文本的显示与隐藏，是积件创作中很基本的操作，避免画面中信息太多。在文本工具中插入对象，可以放大显示需要显示的物理量。

【扫码看视频制作流程】

如果有条件，请扫描二维码观看本积件制作过程的视频。

图 12.11　制作过程视频二维码

【他山之石】

高中物理的光学部分有光路的知识，Algodoo 软件很擅长创建这一领域的积件。可以做到“边创建边演示”，非常快捷。先创建一个长方形，用切割法切成两部分，如图 12.12 所示，设置材料为“玻璃”，添加“激光笔”即可演示。想了解 Algodoo 软件，详见 8.1 节后简介。

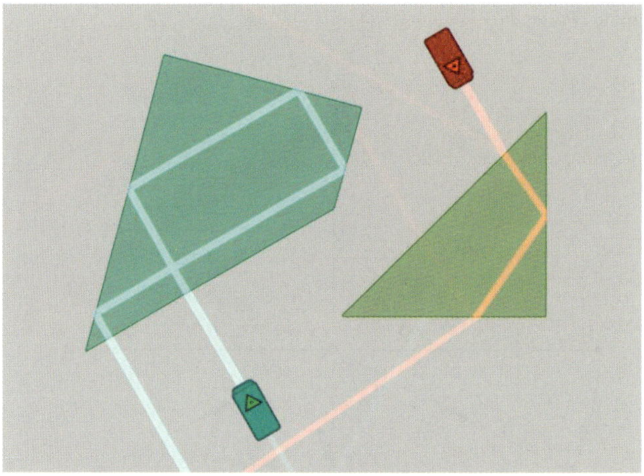

图 12.12 Algodoo 软件创建光路积件

12.2 凸透镜成像

【设计意图】

本积件要展示凸透镜成像的规律。改变物距时，像距和像的大小发生变化。改变焦距，透镜的凸出程度也发生变化，用于解释眼睛成像的规律，即像距不变，物距变化，眼睛就是靠改变焦距来维持像距不变的。如图 12.13 所示。

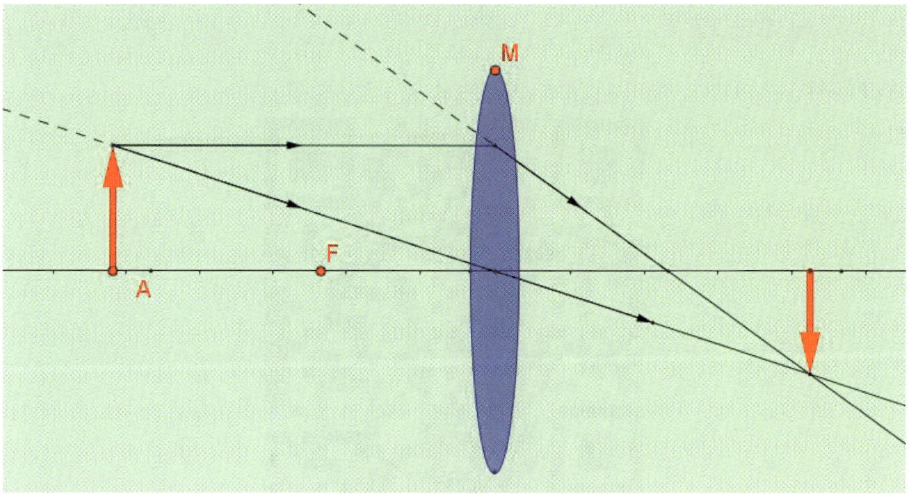

图 12.13 积件界面

【构造详解】

本积件需要五个步骤来创建，创建的流程图如图 12.14 所示。

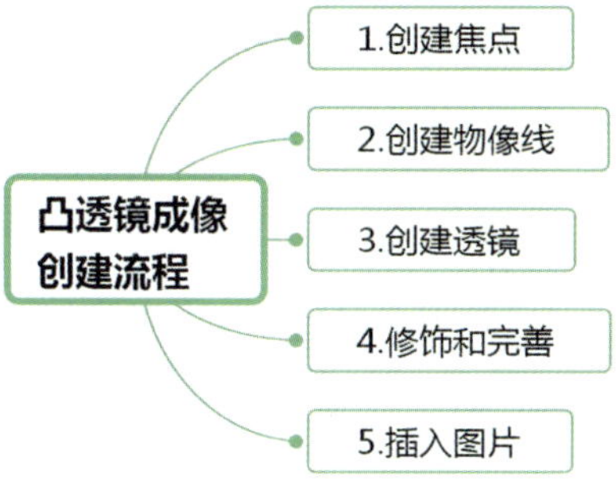

图 12.14　创建积件的流程图

新建一个 GeoGebra 文件，选择“交点”工具，在坐标原点创建点，并重命名为 O。选择“对象上的点”工具，在 x 轴的负半轴创建点，并重命名为 F。选择“中心对称”工具，先后点击点 O 和点 F，创建点 O′。选择“轴对称”工具，先后点击点 F 和纵坐标，创建点 F′；再先后点击点 O′和纵坐标，创建点 O″。如图 12.15 所示。

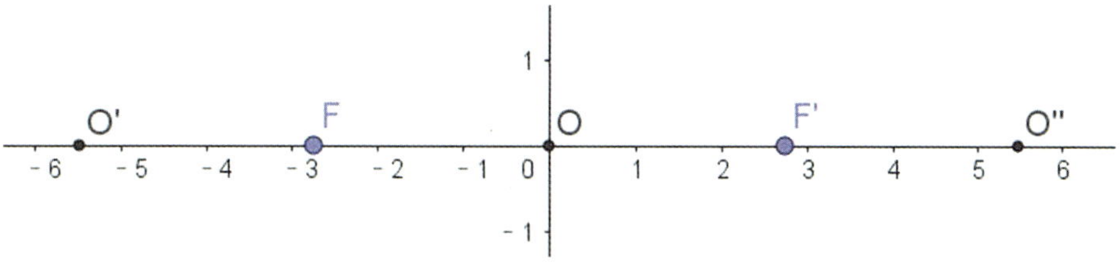

图 12.15　创建交点和 2 倍焦距位置

下面创建物、像和光线，这是积件的核心部分。物的创建需要五步操作。选择“对象上的点”工具，在横坐标的负半轴创建点 A；选择“垂线”工具，先后点击点 A 和横坐标，创建直线 f；选择“对象上的点”工具，在直线 f 上创建点 B；选择“向量”工具，先后点击点 A 和点 B，创建向量 u；隐藏直线 f。如图 12.15 所示。

向量 u 表示物。可以通过拖动点 A 来改变物距，拖动点 B 来改变物的大小。提示：点 B 不能是自由点，否则会出现点 A 被拖动时，点 B 不动的现象。选择“射线”工具，先后点击点 B 和点 O，创建射线 g。选择“垂线”工具，先后点击点 B 和纵轴，创建直线 h；选择“交点”工具，点击直线 h 和纵轴的交点，创建点 C。隐藏直线 h。选择“线段”工具，先后点击点 B 和点 C，创建线段 i。选择“射线”工具，先后点击点 C 和点 F′，创建射线 j。如图 12.15 所示。

下面创建像。选择“交点”工具，点击点和点，创建射线 g 和射线 j 的交点，创建点 D。选择“垂线”工具，先后点击点 D 和横坐标，创建直线 k。选择“交点”工具，先后点击直线 k 和横坐标，创建交点 E。选择“向量”工具，先后点击点 E 和点 D，创建向量 v。向量 v 代表物体经过透镜成的实像。如图 12.15 所示。

下面为关系添加表示方向的箭头，以光线 BC 为例。选择“中点”工具，先后点击点 B 和点 C，创建点 G。选择“向量”工具，先后点击点 B 和点 G，创建向量 w，其箭头表示光线的方向。用同样的方法为其他光线添加方向。如图 12.16 所示。再隐藏中点 G，H，I，J，使得画面简洁。

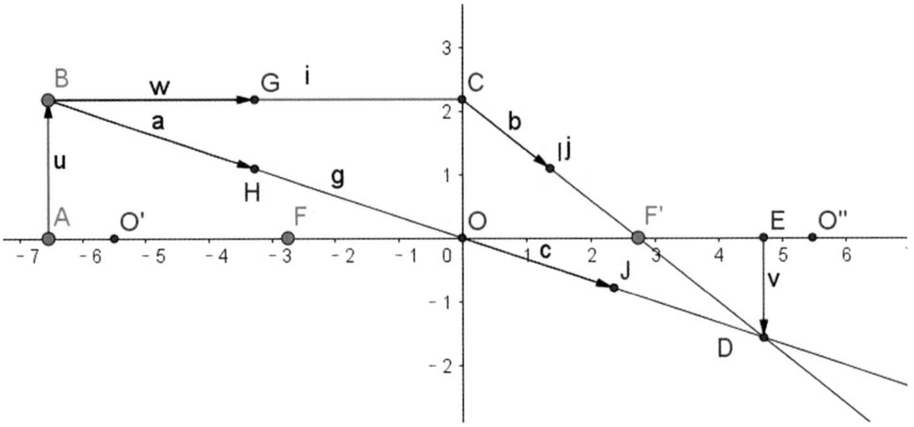

图 12.16 作图过程

下面创建虚像。选择“射线”工具，先选择样式为虚线。先后点击点 f′和点 C，创建射线 l；再先后点击点 O 和点 B，创建射线 m。选择“交点”工具，点击射线 l 和射线 m，创建点 K。选择“垂线”工具，先后点击点 K 和横坐标，创建直线 n。选择“交点”工具，点击直线 n 和横坐标的交点，创建点 L。选择“向量”工具，先后点击点 L 和点 K，创建向量 d。修改向量 d 为虚线，它表示虚像。隐藏直线 n。如图 12.17 所示。

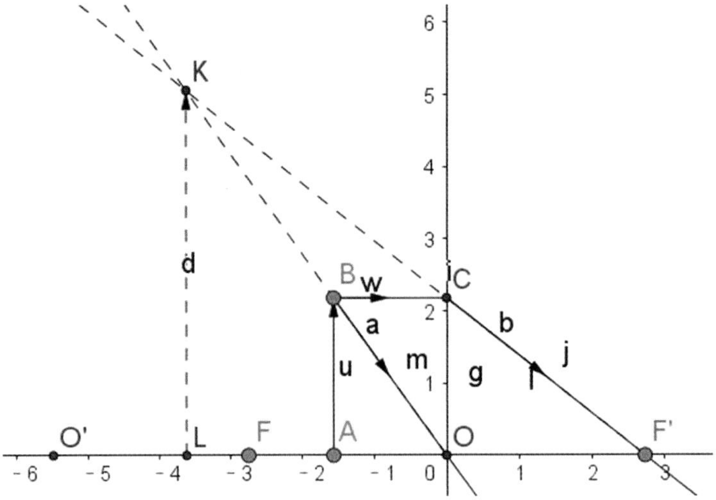

图 12.17 作图过程

修改物、像的样式为红色、加粗，实像为实线，虚像用虚线。

下面我们创建透镜，透镜的凸出程度要随着焦距的变化而变化。选择“对象上的点”工具，在纵坐标、点 C 的上方创建点 M。选择“轴对称”工具，先后点击点 M 和横坐标，创建点 M′。

在指令栏输入：

(3/x(F),0)

创建点 N。选择“椭圆”工具，先后点击点 M、点 M′和点 N，创建椭圆 e。椭圆 e 表示透镜，修改其样式为蓝色，填充。如图 12.18 所示。

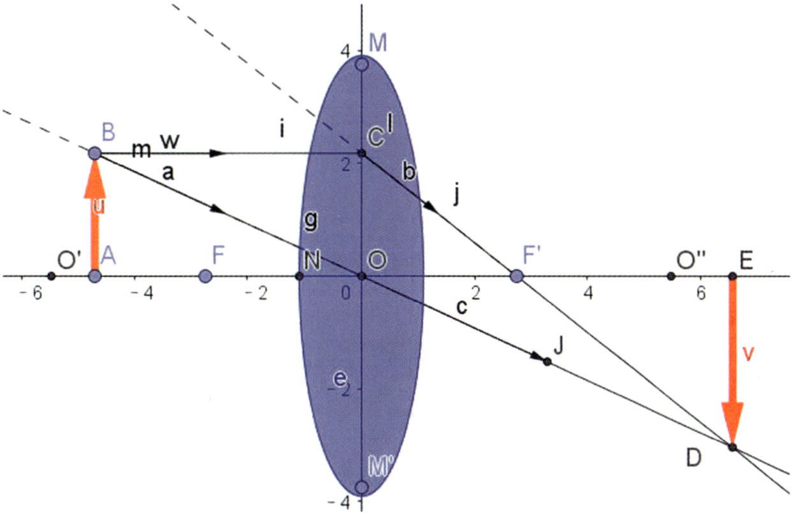

图 12.18　作图过程

第四步:修饰和完善。选中代数区的任意对象,按下:Ctrl+a 键,选中所有对象,右键,选"显示标签",绘图区所有标签被隐藏。这是一种批量隐藏的方法,提高效率。需要显示个别标签时,对该对象进行单独操作。

打开菜单:选项—高级,在打开的窗口里,隐藏纵坐标、隐藏横坐标的刻度,修改背景颜色。如图 12.19 所示。

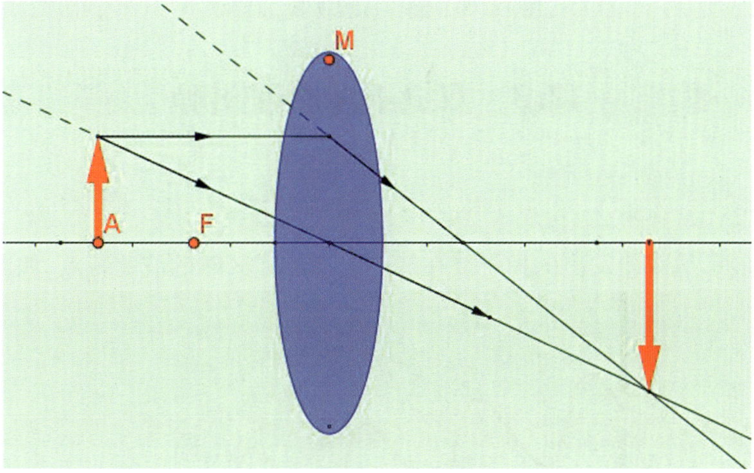

图 12.19　最后场景

第五步:插入图片和创建隐藏复选框的操作,请看文后的二维码关联的视频,这里不再赘述。

【友情提示】

本积件利用各种点型和各种线型,创建互相约束的点、线和向量,注意理解它们之间的逻辑关联。从物像位置向右侧作射线,从而得到实像;从物像位置向左侧作射线,从而得到虚像。如果不是用射线来限制方向,而是用直线来确定像,就会出现"异常"。

严格来说，这个积件属于初中知识，相信您对它感兴趣，所以不舍得丢弃。

【小结】

本课例除了创建对象外，还涉及坐标轴的选取问题，不仅仅是隐藏或者显示问题，而是要精确设置，可以用菜单调出属性窗口，也可以用设置工具来打开属性窗口。图片的插入和控制显示、隐藏复选框的创建，是积件中的基本操作，要熟练掌握。

【扫码看视频制作流程】

如果有条件，请扫描二维码观看本积件制作过程的视频。

图 12.20　制作过程视频二维码

12.3　双缝干涉原理图解

【设计意图】

本积件要展示从双缝发出的相干波在屏上出现加强区时的波的特点，如图 12.21 所示。

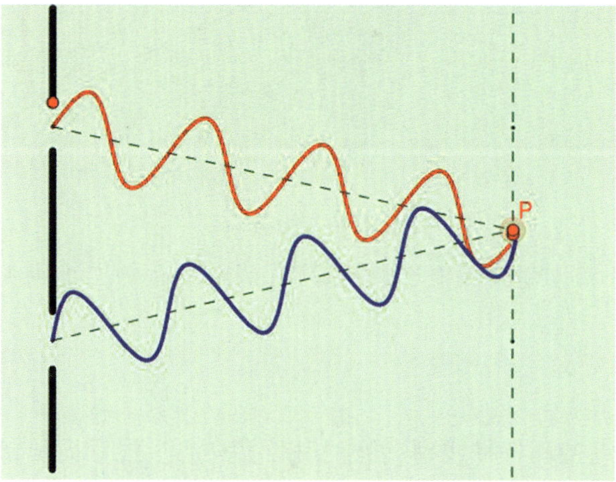

图 12.21　两列波叠加形成加强区

出现振动减弱的波形特点如图 12.22 所示。

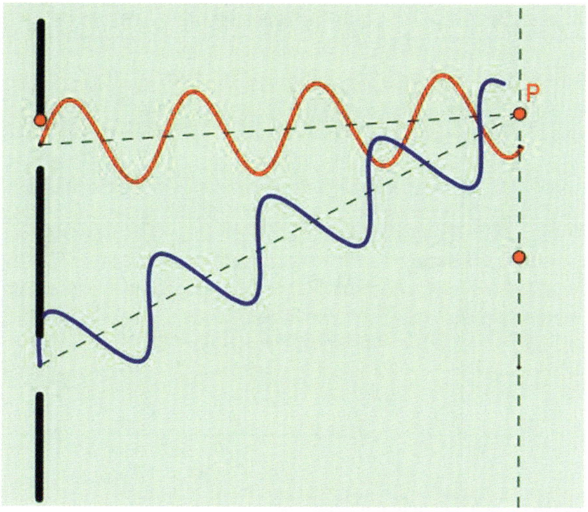

图 12.22　两列波叠加形成减弱区

积件的交互性很强，可以移动屏的位置、选择屏上的研究位置、改变波长、显示波长差、显示干涉条纹，干涉条纹与波形进行对应，对讲解波的干涉有很好的辅助作用。

【构造详解】

如图 12.23 所示。

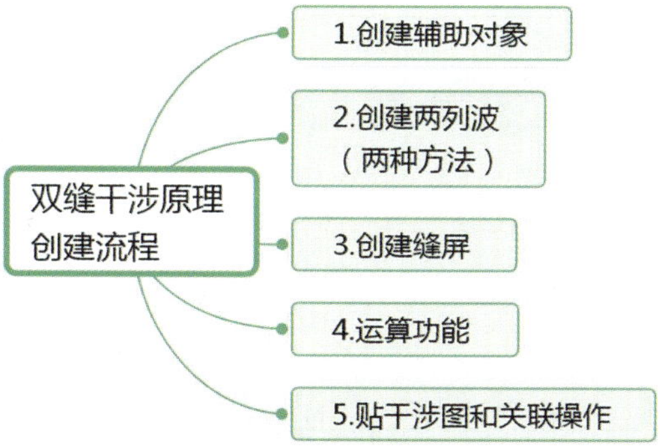

图 12.23　创建流程图

新建一个 GeoGebra 文件，第一步要创建辅助对象。选择“交点”工具，在坐标原点创建点，并重命名为 O。选择“对象上的点”工具，在纵坐标的正半轴上创建点，重命名为 S。选择“轴对称”工具，先后点击点 S 和横坐标，创建点 S′。点 S 和点 S′表示双缝形成的两个波源。选择“对象上的点”工具，在横坐标的正半轴创建点 A；选择“垂线”工具，先后点击点 A 和横坐标，创建直线 f。选择“对象上的点”工具，在直线 f 上创建点，重命名为 P。直线 f 表示光屏，点 P 为光屏上需要研究的点。如图 12.24 所示。

选择“垂线”工具，先后点击点 S 和纵坐标，创建直线 g；再先后点击点 S′和纵坐标，创建直线 h。选择“交点”工具，点击直线 f 和直线 g 的交点，创建点 B；点击直线 f 和直线 h 的交点，创建点 C。选择“线段”工具，先后点击点 S 和点 P，创建线段 i，修改样式为虚线，作为波形的轴线；先后点击点 S′和点 P，创建线段 j，修改样式为虚线，作为波形的轴线。选择“角度”工具，先后点击点 P、点 S 和点 B，创建角度 α；再先后点击点 C、点 S′和点 P，创建角度 β。如图 12.24 所示。

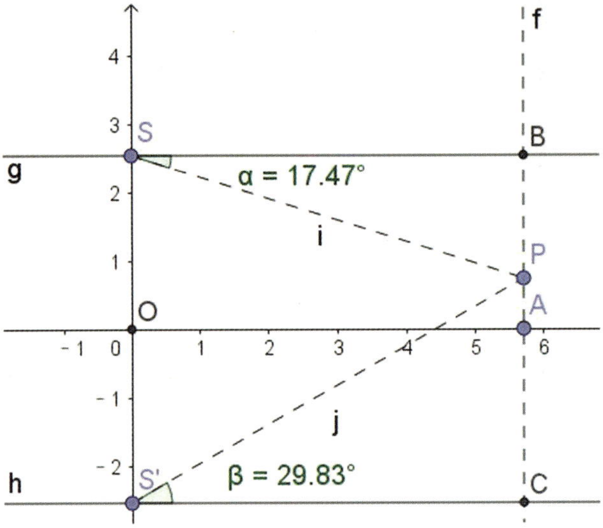

图 12.24　创建辅助对象

第二步：创建两列波。先用分步法创建从点 S 到点 P 的波形。先创建控制波长的滑动条。选择“滑动条”工具，点击绘图区，在弹出的窗口里，名称：ω；最小：1；最大：15；增量：0.1，如图 12.25 所示，确定。

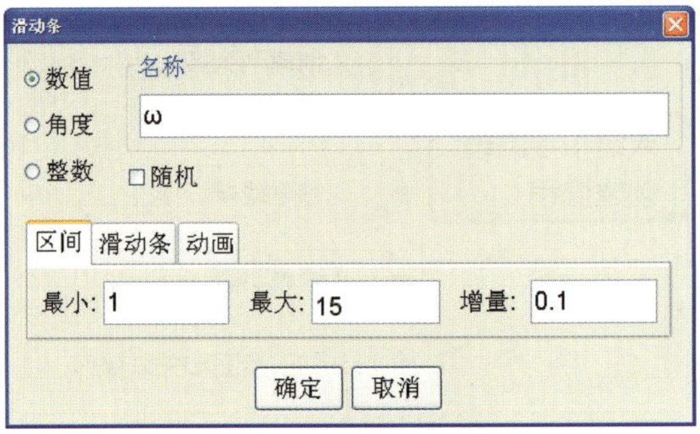

图 12.25　滑动条对话框

先用分步法绘制从 S 到 P 的波形。在指令栏输入：

函数(sin(ωx)+y(S),0,i)

创建区间函数图像 p(x)。

选择“旋转”工具，先后点击图像 p(x)和点 S，在弹出的对话框里，角度：α，类型：顺时针，如图 12.26 所示，确定。隐藏图像 p(x)。

图 12.26 旋转工具对话框

再用指令的嵌套法一次绘制从点 S′到点 P 的波形。在指令栏输入:

旋转(函数(sin(ωx) +y(S′) , 0, j) , β, S′)

得到波形图像 a。两种方法是等效的。隐藏角度 α 和 β。如图 12.27 所示。

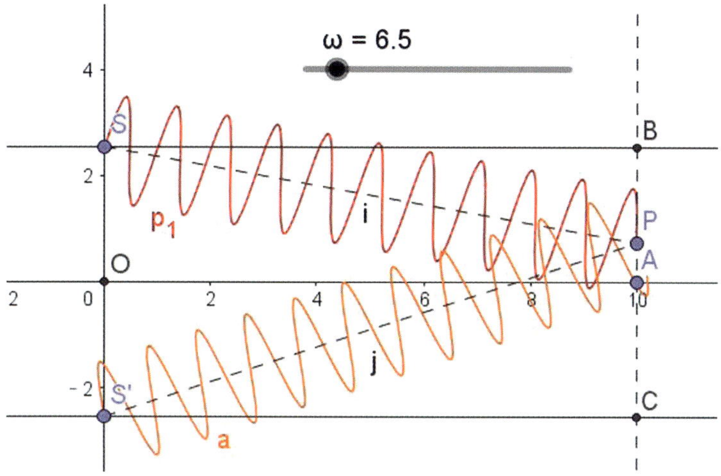

图 12.27 创建两列波

第三步:创建双缝屏。选择“对象上的点”工具,在纵坐标点 S 的上方创建点 D;在纵坐标点 S′的上方创建点 E。选择“中心对称”工具,先后点击点 D 和点 S,创建点 D′;再先后点击点 E 和点 S′,创建点 E′。选择“对象上的点”工具,在纵坐标点 D 的上方创建点 F;在纵坐标点 E′的下方创建点 G。选择“线段”工具,选择样式为最粗,先后点击点 D 和点 F,创建线段 k;再先后点击点 D′和点 E,创建线段 l;先后点击点 E′和点 G,创建线段 m;点 D 和点 E 可以控制缝的大小。如图 12.28 所示。

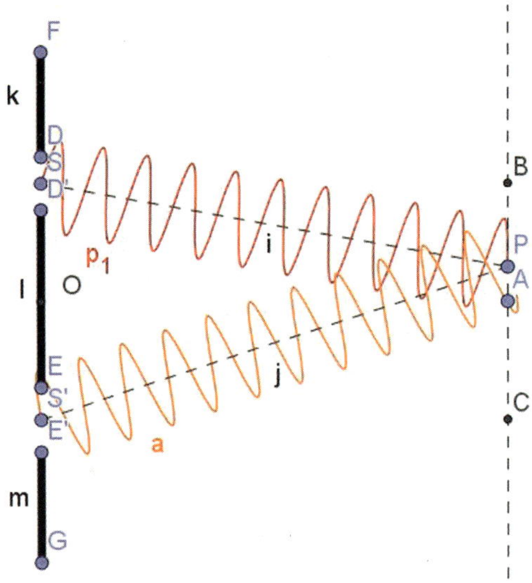

图 12.28　创建双缝屏

第四步：运算功能。在指令栏输入：

Δ＝j－i

Δ 为波源到点 P 的路程差。

在指令栏输入：

λ＝2 π／ω

λ 为波长。

在指令栏输入：

n＝Δ/λ

n 为 Δ 中的波长个数。

方法小集锦

【方法小集锦 27：在绘图区显示变化量的方法】

选择“文本”工具，在编辑区输入：路程差＝nλ，如图 12.29 所示，注意：带虚框的 n 是在“对象”下拉菜单里选取的。点击确定，改变字体大小。特殊符号是在“符号”下拉菜单里的“选项”里。

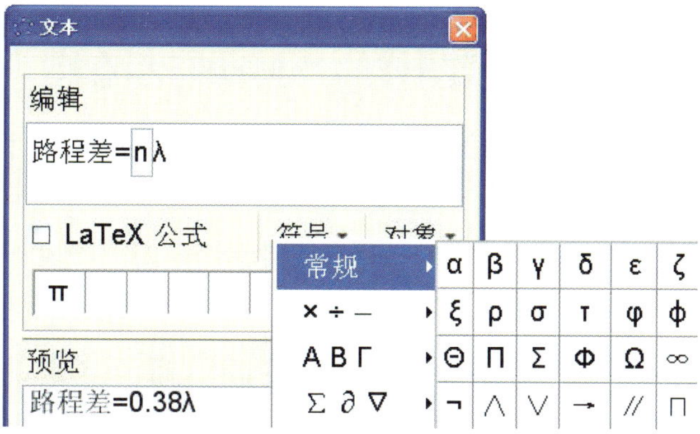

图 12.29　用文本工具显示变量

第五步：干涉图样的插入，这里不再赘述。详情请看本节后的二维码关联的视频介绍。

【友情提示】

本积件的创建涉及几个要点，一是产生倾斜的波形，创建的方法可以是区间函数指令和旋转工具配合实现，也可以用一段指令实现上述步骤；二是测量和运算功能，GeoGebra 软件有天然的测量功能，比如创建了线段 j，变量 j 就等于线段的长度，可以被调用，或者参与运算；三是贴图的使用，通过控制点可以改变图的大小和旋转角度。

【小结】

本案例创建了互相关联的对象，它们互相被调用，注意它们之间的逻辑关联。比如，创建角度 α 是为了旋转波形。

【扫码看视频制作流程】

如果有条件，请扫描二维码观看本积件制作过程的视频。

图 12.30　制作过程视频二维码

12.4 干涉图样的几何动态示意图

【设计意图】

用两个球在平静的水面上同频率地上下振动，在水面上就会形成干涉图样，如图 12.31 所示，水面出现振动加强区和减弱区交替分布的现象。

图 12.31 水面形成干涉图样

本积件用实线圆表示波峰、用虚线圆表示波谷，辅助解释干涉现象的原理，界面如图 12.32 所示，两个波源的位置可调、波长和绘图的范围可调，还能产生动画效果，像水波一样，波纹从圆心处不断冒出来，向四周扩散。

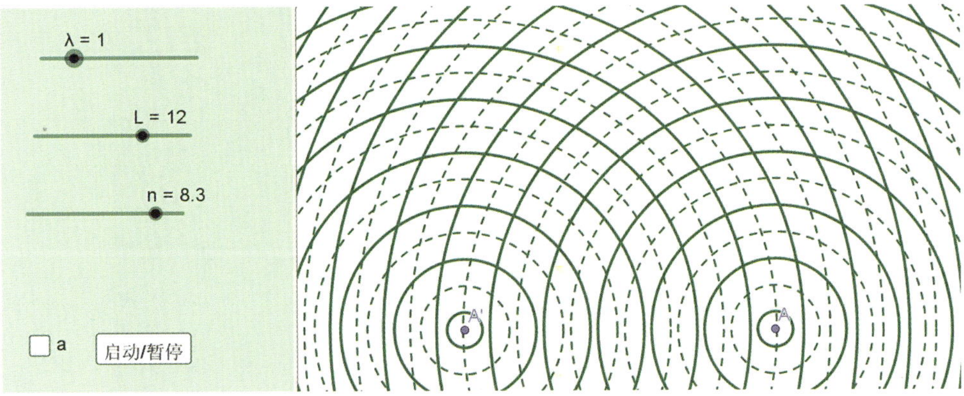

图 12.32 积件的界面

【构造详解】

如图 12.33 所示。

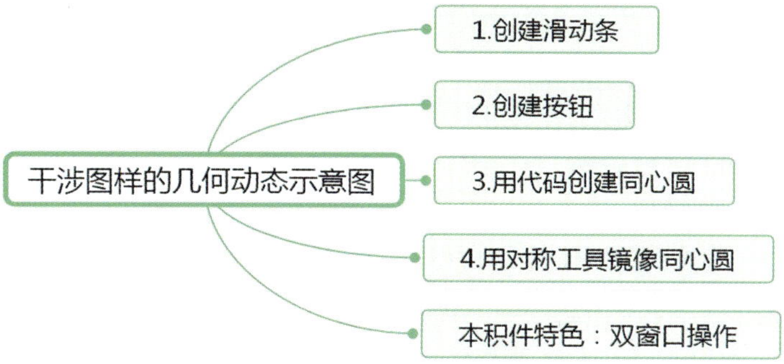

图 12.33　积件创建的流程图

新建一个 GeoGebra 文件，选择菜单：视图—绘图区 2，调整窗口的边界，使其左右分布，左绘图区放置按钮，所以宽度窄一点。先创建 3 个滑动条。

选择"滑动条"工具，点击绘图区 1，弹出的对话框，名称：λ，最小：0.2，最大：4，增量：0.2，如图 12.34 所示，确定。创建滑动条 λ，用来控制波长。

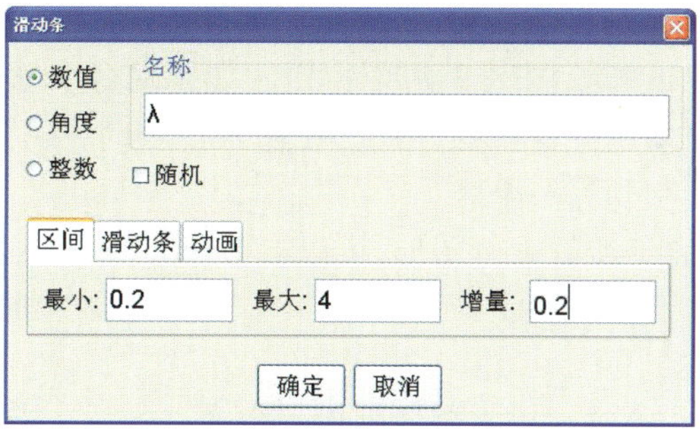

图 12.34　滑动条窗口

再点击绘图区 1，弹出的对话框，名称：L，最小：5，最大：15，增量 1，确定。创建滑动条 L，用来控制绘制圆的个数。继续点击绘图区 1，弹出的对话框，名称：n，最小：0，最大：10，增量：0.1；再选择"动画"选项卡，在"重复"菜单里选择"递增"，确定。滑动条 n 能辅助产生动画效果，让波纹从波源冒出并向外延展传播。滑动条放置位置如图 12.32 所示。

下面创建控制动画按钮。选择"复选框"工具，在绘图区点击：确定，创建的复选框布尔值 a。选择"按钮"工具，标题为：启动/暂停。指令为：

赋值[a,¬ a]

启动动画[n,a]

隐藏绘图区 1 的坐标系，修改背景颜色。按钮区创建完毕。

下面用指令生成系列圆。先点击绘图区 2（这一步很重要，否则图像会绘制在绘图区 1 里），在指令窗口输入：

序列(圆周(A, t + λ n / 10), t, -(λ * 2), L, λ)

生成一组圆，名称：列表 l1。修改圆的样式为虚线，表示波谷。

在指令栏输入：

序列(圆周(A, t + λ n / 10), t, (-3 λ) / 2, L, λ)

生成一组圆,名称:列表 l2。修改圆的样式为加粗,表示波峰。

第 4 步,用对称工具生成对称同心圆。

选择“轴对称”工具,先后点击虚线同心圆和纵轴,创建关于纵轴对称的同心圆。再先后点击实线同心圆和纵轴,创建关于纵轴对称的同心圆。

隐藏绘图区 2 的坐标轴,关闭代数区,积件创建完毕。

【友情提示】

本课例的核心是指令的理解。以列表 l1 的指令为例。

序列(圆周(A, t + λ n / 10), t, -(λ * 2), L, λ)

本指令应用绘制圆周的语法规则是:

圆周(<圆心>, <半径>)

利用序列指令产生一系列圆周。本指令序列指令的语法规则是:

序列(<表达式>, <变量>, <起始值>, <终止值>, <增量>)

序列指令和圆周指令嵌套即为列表 l1 的指令。

【小结】

本案例用到了绘图区 1 和绘图区 2 两个窗口。如果对象太多又全部集中在一个窗口里,它们会互相干扰,就要采用分窗口的方式。在输入指令时,要先用鼠标点击要绘图的窗口,再输入指令,避免图绘制到另一个区。

第 11.5 节创建了波的干涉的立体图形,可以参考。

【扫码看视频制作流程】

如果有条件,请扫描二维码观看本积件制作过程的视频。

图 12.35　制作过程视频二维码

第 13 章　GeoGebra 和《3.1 安培力与洛伦兹力》的深度融合

13.1　圆形磁场中的放缩圆

【设计意图】

本积件要展示一个带正电的粒子进入圆形磁场，进入时速度指向磁场的圆心，经过磁场偏转后离开磁场。如图 13.1 所示。

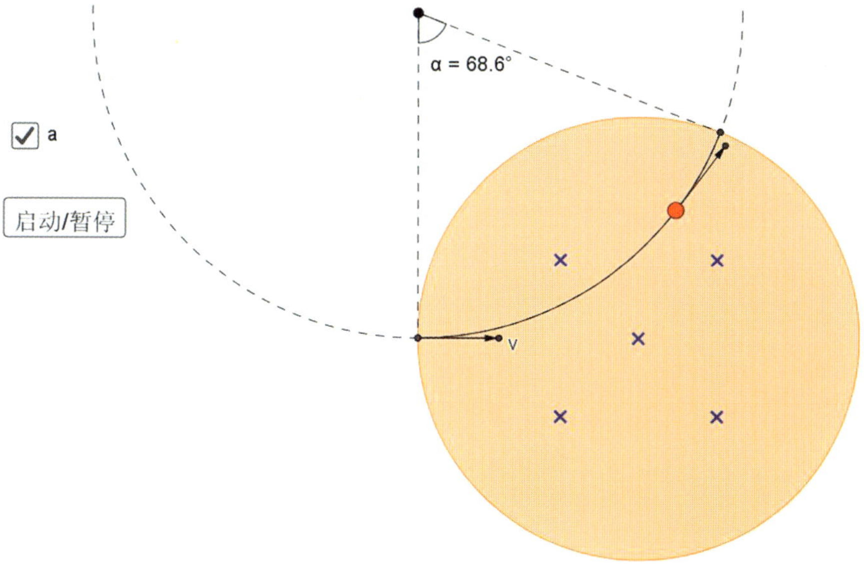

图 13.1　场景展示

减小粒子入射的初速度，粒子在磁场中偏转，在磁场中的运动时间变大，轨迹对应的圆心角变大，如图 13.2 所示。这是高中物理常见的推理题型，学生头脑中难以形成图景，造成思维困难，积件对破解这一难题有辅助作用。

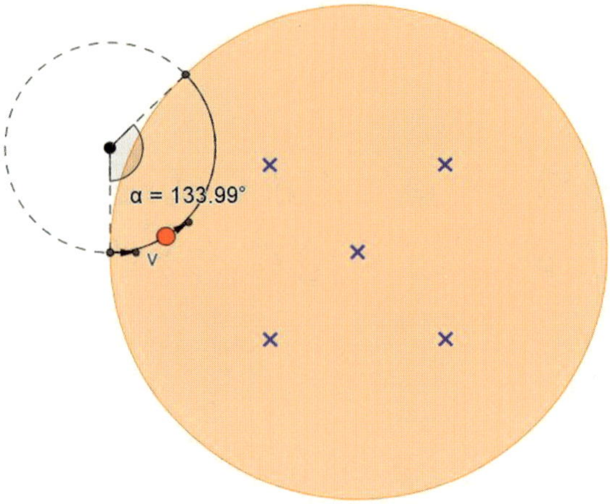

图 13.2　场景展示

【构造详解】

这类积件显示的对象很少,但背后的关联对象很多,注意理解对象之间的关联和制约关系。新建一个 GeoGebra 文件,选择“交点”工具,在坐标原点创建点 A;选择“对象上的点”工具,在横坐标的正方向上点击创建点 B,在纵坐标的正方向上点击创建点 C,隐藏坐标轴。选择“射线”工具,先点击点 A,再点击点 B,创建射线 AB,系统默认名为 f;同理创建射线 AC,系统默认名为 g。选择“对象上的点”工具,在射线 f 上创建点 E,在射线 g 上创建点 F。选择“圆(圆心与一点)”工具,先点击 D,再点击点 A,创建圆 c;再先后点击 E 和点 A,创建圆 d,如图 13.3 所示。提示:不要选错圆心。

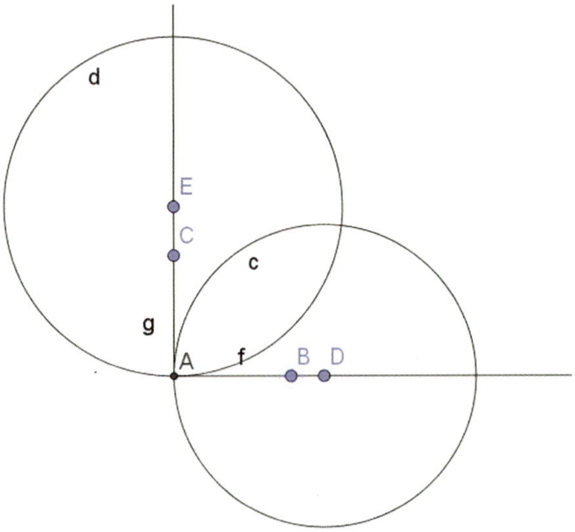

图 13.3　创建过程

选择“移动”工具,拖动点 D 能放缩圆 c,拖动点 E 能放缩圆 d。而且点 D 无法越过点 A 到下部,点 E 不能越过点 A 到达左侧。这是避免出现“意外”而提前预设的。隐藏点 B 和点 C。把点 D 和点 E 的样式修改为红色,表示他们能够拖动。

下面创建质点的速度矢量,要求半径大速度也随之增大,符合物理实际。选择“位似”工具,先点击点 A,再点击点 E,创建点 A′,该点会随着点 E 的移动而移动。选择“线段”工具,先点击点 A,再点击点 A′,创建线段 h。选择“交点”工具,点击圆 c 和圆 d 的另一个交点,创建点 F。隐藏圆 d。选择“圆弧”工具,先点击圆心 E,再先后点击点 A 和点 F,创建圆弧 e。选择“对象上的点”工具,在圆弧 e 上创建点 G。如图 13.4 所示。点 G 表示在磁场中运动的粒子。

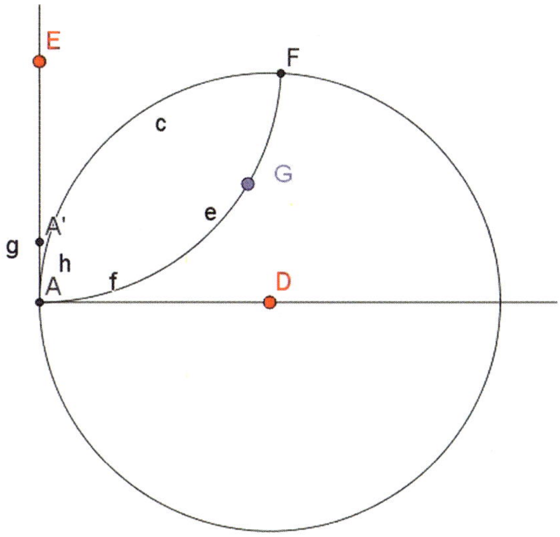

图 13.4　创建过程

下面创建点 G 的速度矢量,方向沿着圆弧 e 的切线方向,大小为 h。选择“切线”工具,先点击点 G,再点击圆弧 e,创建直线 i。选择“定长线段”工具,点击点 G,出现对话框如图 13.5 所示,输入:h,确定,创建点 H。

图 13.5　定长线段工具的窗口

选择“圆(圆心与一点)”工具,先点击点 G,再点击点 H,创建圆 k。选择“交点”工具,点击圆 k 和直线 i 右上的交点,创建点 I。选择“向量”工具,先后点击点 G 和点 I,创建向量 u,修改名字为 V,表示质点速度。如图 13.6 所示。

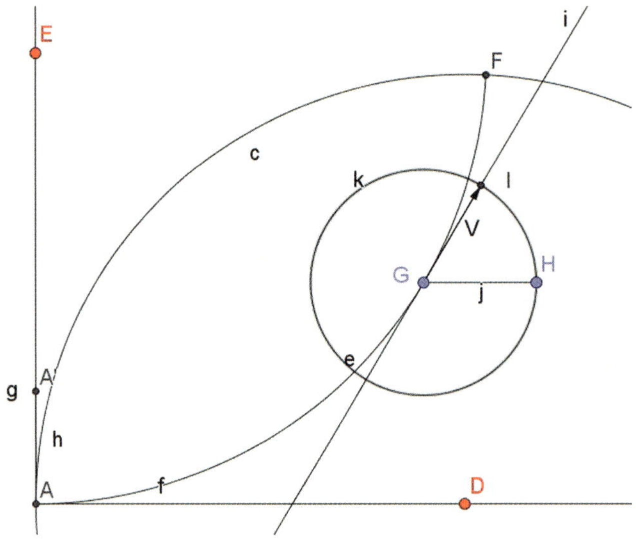

图 13.6　创建过程

隐藏不需要显示的对象,最后剩余的对象如图 13.7 所示。

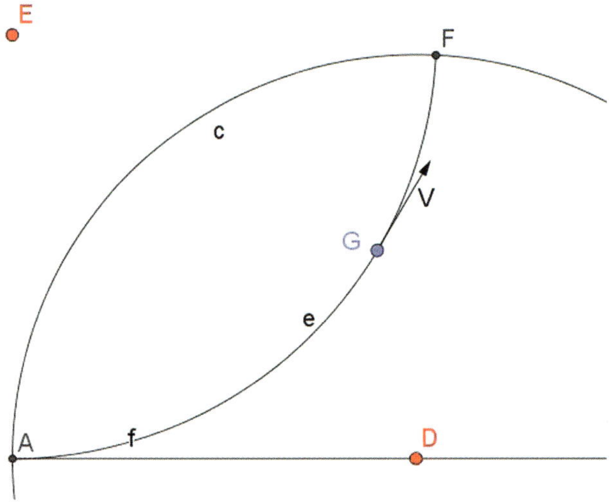

图 13.7　创建过程

下面创建动画按钮。点击绘图区,选择“复选框”工具,在绘图区点击:确定,创建布尔值 a。选择“按钮”工具,标题为:卫星。指令为:

赋值[a,¬ a]

启动动画[G,a]

打开点 G 的属性窗口,在代数区选项卡里速度栏填:h,点 G 的速度就会随着半径的变化而随之变化。

下面创建磁场。选择圆 c,在样式栏选择颜色,并把虚实度滑动条向右滑动一定距离,圆 c 内部被填充,代表磁场。把点 D 的样式改为 ×,表示磁场向里。选择“线段”工具,联结点 E 和点 F 得到线段,联结点 E 和点 A 得到线段,把线段样式修改为虚线,表示半径。把圆弧 e 改为虚线。如图 13.8 所示，隐藏除了 V 之外的所有标签。

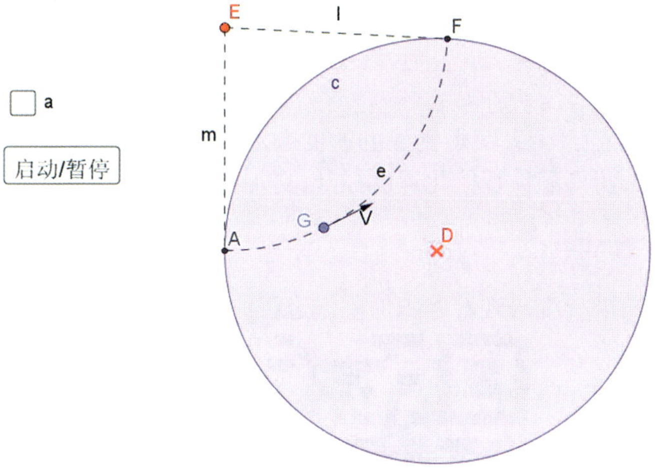

图 13.8　创建过程

【友情提示】

积件用到了软件的最内核部分，绘制的点、直线、射线、线段、圆、弧线存在关联和制约关系，从而达到需要的效果。以本积件为例，点 C 创建在纵坐标上，它能沿着纵坐标上下移动，如果直接创建以点 C 为圆心过点 A 的圆表示质点运动轨迹，就会出现图 13.9 的情景。在本案例中，粒子向左发射，不进入磁场，不会做圆周运动，因此，图 13.9 下面的圆弧是不需要的，如何解决这一问题呢？我们先创建从点 A 指向点 C 的射线 g，我们在射线 g 上创建点 E，点 E 只能在纵坐标的正半轴上移动。再创建以点 E 为圆心、过点 A 的圆，拖动点 E 改变轨迹的大小，就满足题目要求，不会出现“反常现象”了。

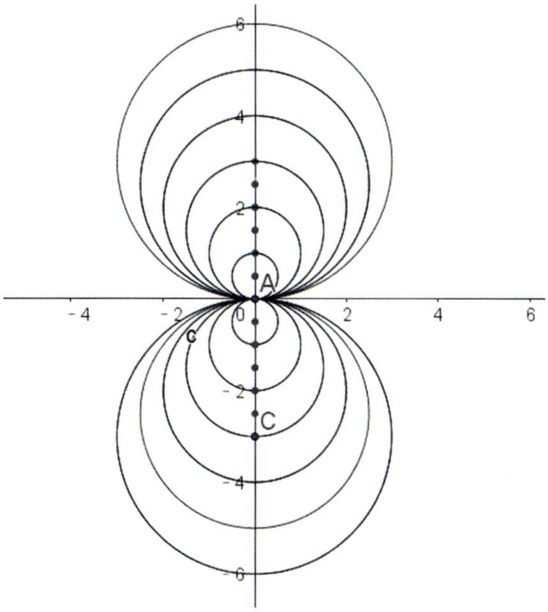

图 13.9　创建过程

我们在制作积件的时候，要考虑周全，因为我们创建的积件可能交给其他老师和学生使用，避免出现不严密的情形。

【小结】

本案例利用“位似”工具，使得创建的速度会随着半径的增大而增大，粒子的速度大小也和半径关联起来，使得积件智能化程度提升，更加符合物理实际。

【扫码看视频制作流程】

如果有条件，请扫描二维码观看本积件制作过程的视频。

图 13.10 制作过程视频二维码

13.2 矩形磁场中的放缩圆问题

【设计意图】

本积件要展示在矩形磁场中，粒子从磁场左边界的中点以一定的角度 α 进入磁场，角度 α 可以通过滑动条来调节。磁场区域的长宽也可以改变，而且磁场区域的磁场标志也随之增减。如图 13.11 所示是粒子速度方向与磁场边界成 30°，当粒子轨迹圆和磁场下边界相切时，这时对应的速度是粒子从下边界离开和从上边界离开的临界条件。“复位”按钮让粒子回到初位置，“运动/暂停”按钮让粒子沿着轨道逆时针运动，其速度大小和半径成正比，会自动改变。如图 13.11 所示。

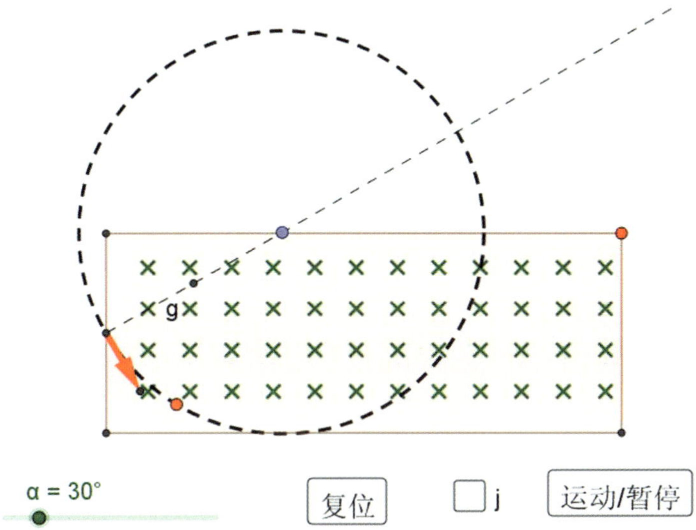

图 13.11 场景展示

如图 13.12 所示，粒子圆形轨迹和上边界相切，对应的速度是粒子从左边界还是从上边界离开磁场的临界条件。

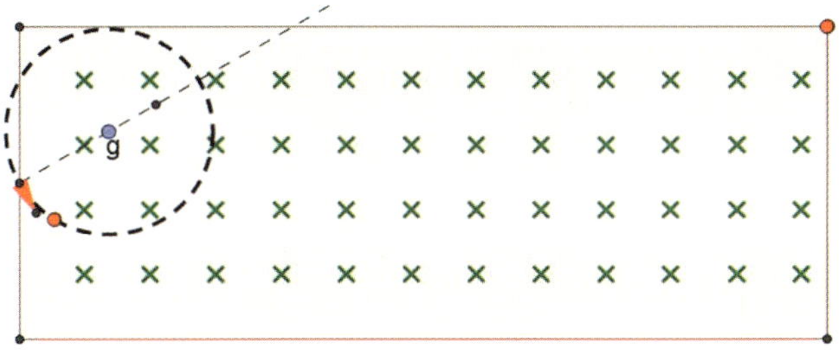

图 13.12 场景展示

通过滑动条 α 改变粒子的入射速度方向，可以演示多种情况，如图 13.13 所示是粒子垂直进入磁场的情景，可以改变轨道半径寻找粒子从左边界和上边界离开磁场的临界条件，实现“一件多用”的目的，提高功效。如图 13.13 所示。

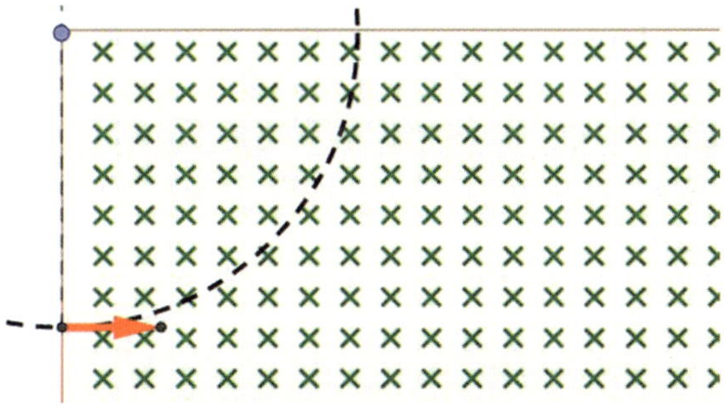

图 13.13 场景展示

【构造详解】

新建一个 GeoGebra 文件，选择“交点”工具，在坐标原点创建点 A；选择“描点”工具,在第一象限任意位置创建点 B。拖动点 B 可以改变磁场区域的大小,满足不同题目的需求。

在指令栏输入:

(x(B), 0)

创建点 C,点 C 是点 A 在横坐标上的投影点。指令中的 x(B)表示提取点 B 的纵坐标值。

在指令栏输入:

(0, y(B))

创建点 D,点 D 是点 A 在纵坐标上的投影点。

在指令栏输入:

序列(序列((m, n), m, 1, x(B) - 0.3), n, 1, y(B) - 0.3)

在矩形区域 ACBD 内产生一系列的点 l1,表示磁场,且磁场方向向外。如果磁场方向指向纸面内,把系列点 l1 的样式修改为 ✕ 。如图 13.14 所示。选择“多边形”工具,依次点击点 A,D,B,C,A,创建矩形表示磁场区域。隐藏坐标系。

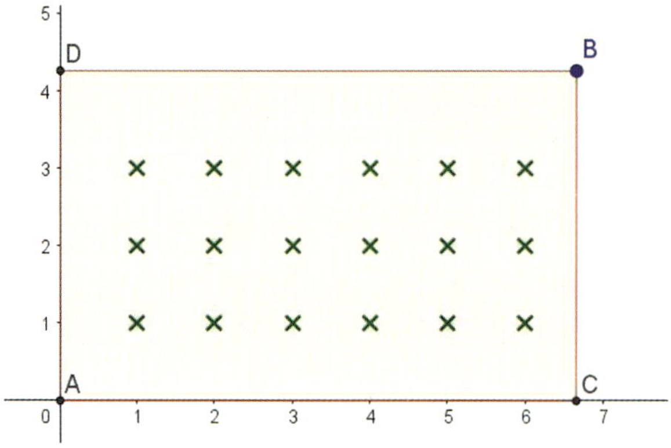

图 13.14 创建过程

选择“中点”工具,先后点击点 A 和点 D,创建中点 E。点 E 为粒子进入磁场的入射点。下面创建滑动条控制粒子入射的速度大小。

选择“滑动条”工具,点击绘图区,在出现的属性窗口里,点选“角度”,最小为 0°,最大为 90 °,增量为 15°,如图 13.15 所示,确定。系统默认名为 α。

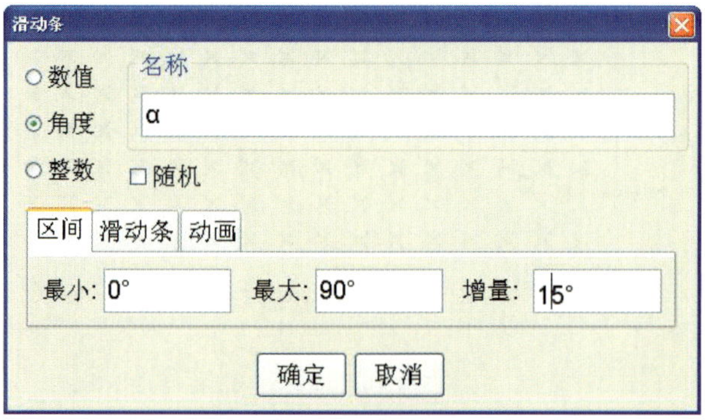

图 13.15 滑动条的对话框

选择“旋转”工具，先点击点 A，再点击点 E，出现对话框，输入 α，类型选择“逆时针”，确定。得到点 A′。如图 13.16 所示。

图 13.16　旋转工具的对话框

选择“射线”工具，先点击点 E，再点击点 A′，创建射线 f。选择“旋转”工具，先点击点 A′，再点击点 E，在角度栏输入 90°，类型选择“逆时针”，确定。得到点 A″。选择“射线”工具，先点击点 E，再点击点 A″，创建射线 g。选择“对象上的点”工具，点击射线 g，创建点 F。选择“圆(圆心与一点)”工具，先点击点 F，再点击点 E，创建圆 e。修改圆 e 的样式为虚线，表示粒子运动的轨迹所在的圆。如图 13.17 所示。

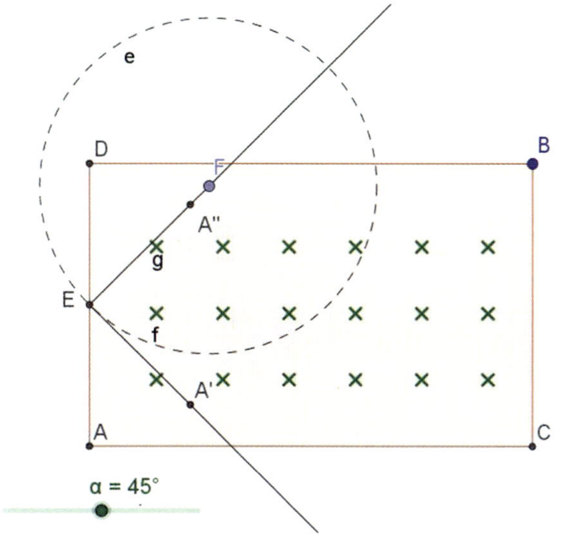

图 13.17　创建过程

下面创建粒子。选择“线段”工具，先后点击点 E，F，创建线段 h。h 表示轨道半径，后面有两次关联操作。选择“对象上的点”工具，在圆 e 上创建点，修改名字为 P。选择“移动”工具，点击点 P 右键打开属性窗口，在代数区标签栏的速度框里输入：h/3，这样粒子的速度就会随着半径的增大而增大。也可以输入 h/4，h/5…，获得比较合适的显示速度。

下面创建初速度矢量。选择“定长线段”工具，点击点 E，在出现的对话框里输入：h/2，确定，得到点 G。选择“圆(圆心与一点)”工具，先后点击点 E 和点 G，创建圆 k。选择“交点”工具，点击圆 k 和射线 f 的交点创建点 H。选择“向量”工具，先后点击点 E 和点 H，创建向量 u，修改名字为 v，表示粒子速度。修改点 F 的名字为 O，表示圆心。如图

13.18所示。

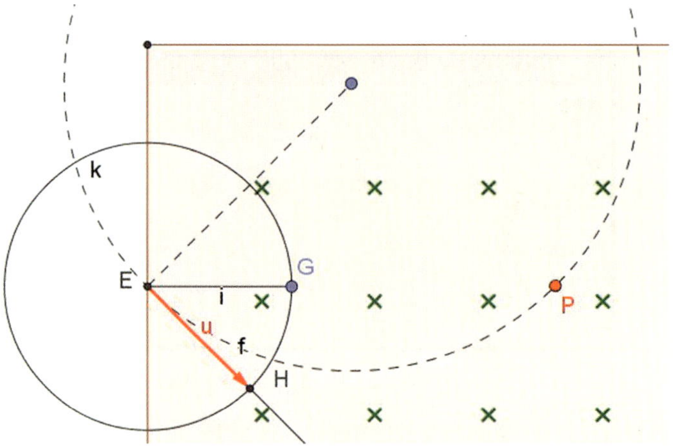

图 13.18　创建过程

隐藏部分对象和标签,如图 13.19 所示,使得画面简洁一些。下面创建几个按钮来控制粒子的运动。

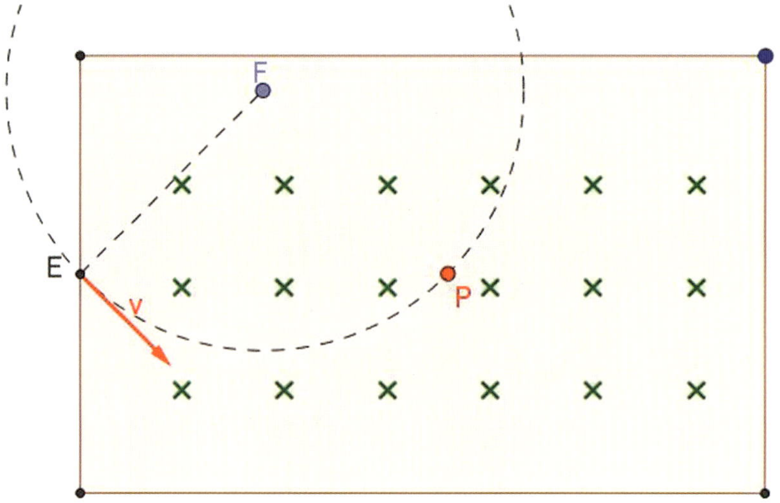

图 13.19　创建过程

选择“按钮”工具,标题为:复位。指令为:

赋值[P,E]

确定,指令表示让点 P 复位到点 E 的位置。

选择“复选框”工具,在绘图区点击:确定,创建布尔值 j。选择“按钮”工具,标题为:启动/暂停。指令为:

赋值[j,¬ j]

启动动画[P,j]

积件制作完毕。

【友情提示】

这个课例的磁场是矩形的,磁场也可以是其他形状的,如正三角形磁场、正六边形磁场,制作方法大同小异,读者可以自己根据需要创作。

【小结】

本案例中用序列指令产生矩形区域磁场的方法比较常用,要学会应用(会套用也可以)。放缩圆的创建原理是:圆心在射线上,圆在射线的端点,这样圆心在射线上移动,就产生了放缩圆的效果,这给问题的探究,尤其是临界条件的探寻提供了工具。

【扫码看视频制作流程】

如果有条件,请扫描二维码观看本积件制作过程的视频。

图 13.20　制作过程视频二维码

13.3　磁场中的滚动圆问题

【设计意图】

本积件涉及如下问题情境:如图 13.21 所示,矩形区域内匀强磁场的磁感应强度方向垂直纸面向里。从磁场的下边界坐标原点向磁场里的各个方向射入速度大小相同、方向不同的同种正粒子,这些粒子在磁场中的轨迹是什么形状?经过横坐标和纵坐标的粒子,哪个距离坐标原点最远?最远距离是多少?

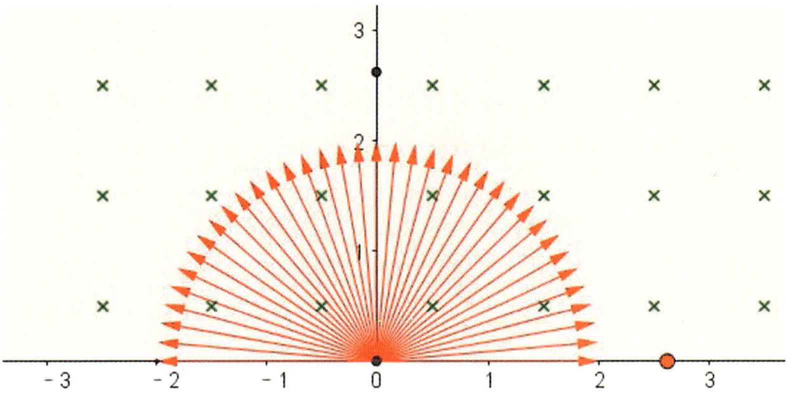

图 13.21　问题情境

本积件展示出这些粒子轨迹所在区域的形状，如图 13.22 所示，可以用滑动条 β 调节轨迹的疏密。

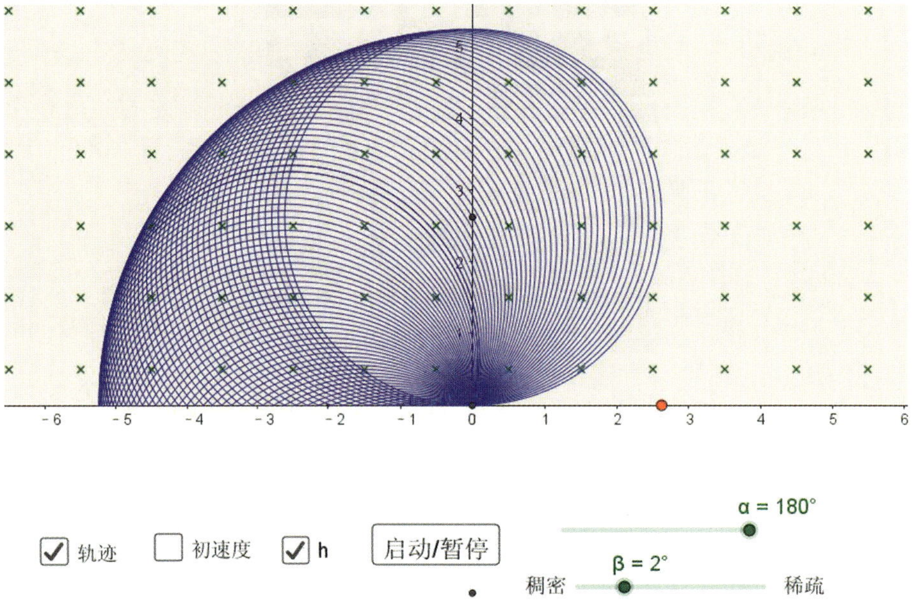

图 13.22　场景展示

从图 13.23 可以推理出，初速度沿着 x 轴正方向的粒子经过 y 轴的点距离坐标原点最远，最远值等于 2 倍的轨道半径；初速度沿着 y 轴正方向的粒子经过 x 轴的点距离坐标原点最远，最远值等于 2 倍的轨道半径。这种从一般情况推理特殊点的方法降低了思维的难度。

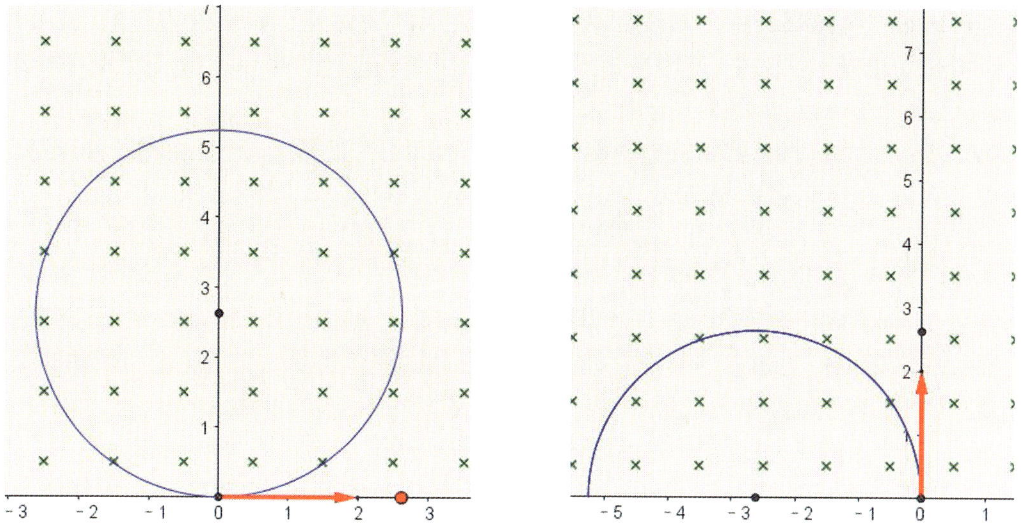

图 13.23 创建过程

【构造详解】

新建一个 GeoGebra 文件，第一步创建磁场。选择“描点”工具，在第一象限创建点 A；下面创建点 A 在 x 轴上的投影点 B，在指令栏输入：

(x(A), 0)

选择“轴对称”工具，先点击点 A，再点击纵坐标，创建对称点 A′。同样的办法创建点 B 关于纵坐标的对称点 B′。把点 A 的样式改为红色，表示能够调节。选择“多边形”工具，依次点击点 A，B，B′，A′，A，创建矩形区域，创建多边形的方法是顺时针或者逆时针点击多边形的顶点，最后点击初始点。拖动点 A 可以随意改变磁场的大小。如图 13.24 所示，隐藏点 B、点 A′、点 B′和矩形磁场四条边的标签，使画面简洁一些。

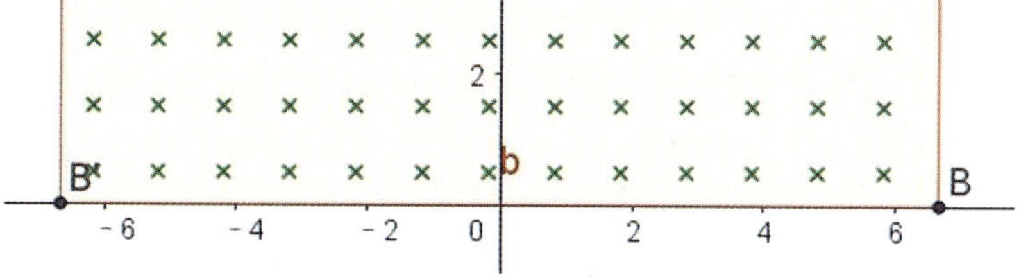

图 13.24 创建过程

下面创建磁场。在指令栏输入：

序列(序列((m, n), n, 0 + 0.5, y(A) − 0.2), m, −x(A) + 0.5, x(A) − 0.2)

矩形区域产生磁场标记。系统默认为点状,表示磁场向外。如果磁场向里,怎么操作呢? 点击磁场边界无法选中,原因是矩形区域覆盖了磁场标记。可以点击代数区的列表 l1,修改样式,点径小一点,形状为×,如图 13.24 所示。

第二步:创建滑动条,控制轨迹的旋转。选择“滑动条”工具,点击绘图区,出现窗口,选择类型为角度,默认名为 α,最小为 0°,最大为 180°,增量为 Δ,动画选项卡的重复栏选:递增(一次)确定。再创建滑动条 Δ,类型选角度最小为 1°,最大为 5°,增量为 1°。滑动条 Δ 控制轨迹的疏密,滑动条 α 控制轨迹的旋转。

第三步:创建底图。选择“交点”工具,在坐标原点创建点 C。结果发现无法创建,为什么呢? 原来横坐标上还有一条线段,系统不知道是纵轴和线段的交点还是和横轴的交点。操作是:先在矩形区域外点击横坐标,再点击矩形区域外纵坐标,创建点 C。

选择“对象上的点”工具,在矩形区域外的横坐标正方向创建点 D。选择“移动”工具,把点 D 拖到点 C 附近一定距离。点 D 可以控制轨迹圆的大小,把样式改为红色,如图 13.25 所示。选择“圆(圆心与一点)”工具,先点击点 C,再点击点 D,创建圆 c。选择“交点”工具,点击圆 c 和纵坐标正方向的交点,创建点 E。选择“圆(圆心与一点)”工具,先点击点 E,再点击点 C,创建圆 d。

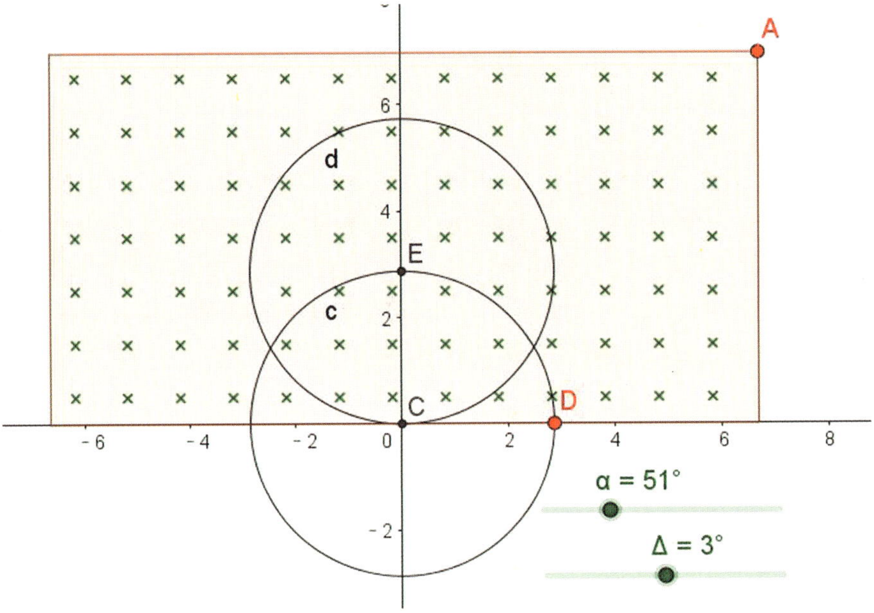

图 13.25 创建过程

第四步:创建轨迹和速度矢量。选择“旋转”工具,先点击点 E,再点击点 C,出现对话框如图 13.26 所示,角度输入:α,创建点 E′。选择“圆(圆心与一点)”工具,先点击点 E′,再点击点 C,创建圆 e。

选择“交点”工具,先点击矩形磁场外的横坐标,在点击圆 e,产生交点 G 和 F。这样在坐标原点有两个点,为了避免混乱,在代数区隐藏点 F。选择“圆弧”工具,先点击点 E′,再依次点击点 C 和点 G,创建圆弧 f,圆弧 f 表示粒子运动轨迹。隐藏圆 e。在圆弧 f 的快捷菜单里勾选“开启跟踪”。

图 13.26　旋转工具的对话框

再创建初速度矢量。选择“切线”工具，先点击点 C，在点击圆弧 f，创建直线 g。选择“交点”工具，创建直线 g 和圆 c 右上方的交点 H。选择“向量”工具，先后点击点 C 和点 H，创建向量 u，表示初速度。修改样式为红色加粗。如图 13.27 所示。

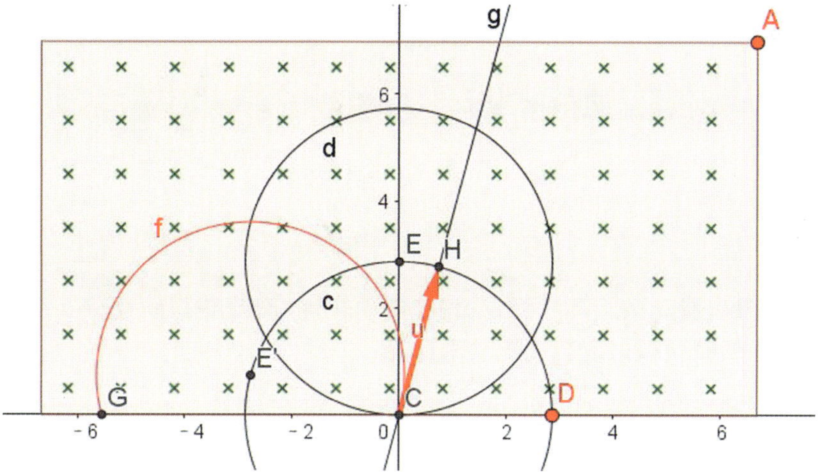

图 13.27　创建过程

第五步：创建显示、隐藏复选框和控制滑动条 α 的按钮。打开绘图区的网格，便于对齐按钮。选择“复选框”工具，标题为轨迹，点击绘图区的圆弧 f，如图 13.28 所示，点击：应用，创建控制轨迹显示和隐藏的复选框。同样的操作，创建标题为“初速度”的复选框，控制速度 u 的显示和隐藏。

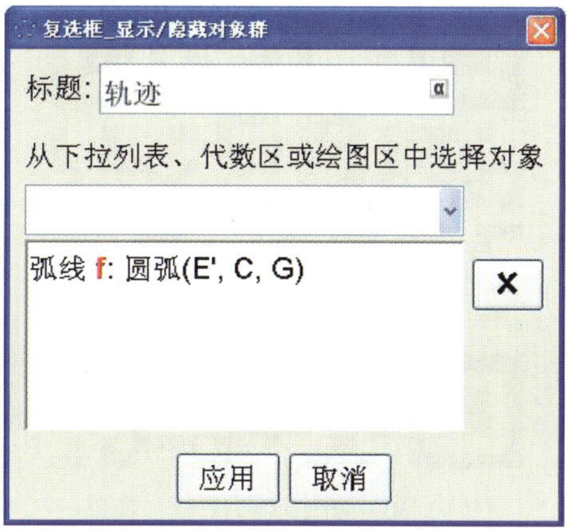

图 13.28　复选框的对话框

选择"复选框"工具,点击绘图区,直接点击:应用,创建布尔值为 j 的复选框。选择"按钮"工具,标题为:启动/暂停。指令为:

赋值[j,¬ j]

启动动画[α,j]

隐藏网格和纵坐标的负半轴。隐藏不必要的对象和标签,最后画面如图 13.29 所示。

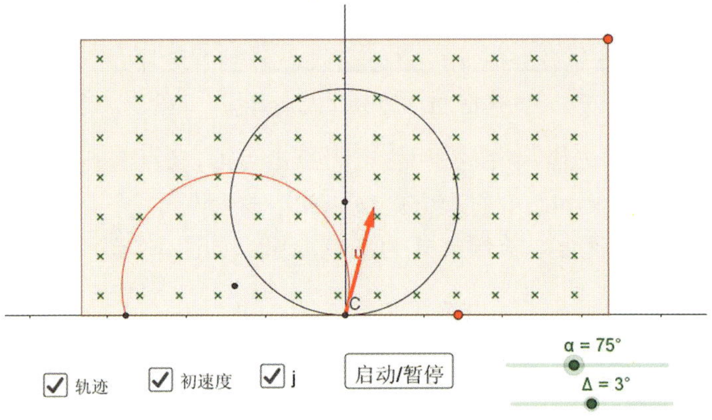

图 13.29 最后的场景

【友情提示】

本积件如果没有滑动条工具的配合,直接拖动轨迹旋转,获得轨迹分布疏密不均,很不美观。当寻求临界问题时,可以直接拖动来探究。

【小结】

本案例利用滑动条工具和旋转工具,获得轨迹分布均匀的图案;利用"序列"指令创建某一区域的磁场标志,这是设计上的亮点,注意灵活运用。

【扫码看视频制作流程】

如果有条件,请扫描二维码观看本积件制作过程的视频。视频中的创建顺序不同,把磁场的绘制放在了最后,避免了图像重叠造成的问题。

图 13.30 制作过程视频二维码

13.4 圆形磁场中的磁聚焦

【设计意图】

本积件要展示如图 13.31 情景，这是一个物理难点。一个圆形的匀强磁场区域的底部有一放射源，放射源能向纸面内各个方向发射同种粒子，粒子的初速度大小相同、指向各个方向，经过磁场偏转的运动整体有什么特点？我们要分三种情况讨论。当粒子的轨道半径大于磁场半径时，所有粒子的运动轨迹如图 13.31 所示，这里存在一种粒子，该粒子在磁场中的运动弧长最长，速度偏转角度最大。

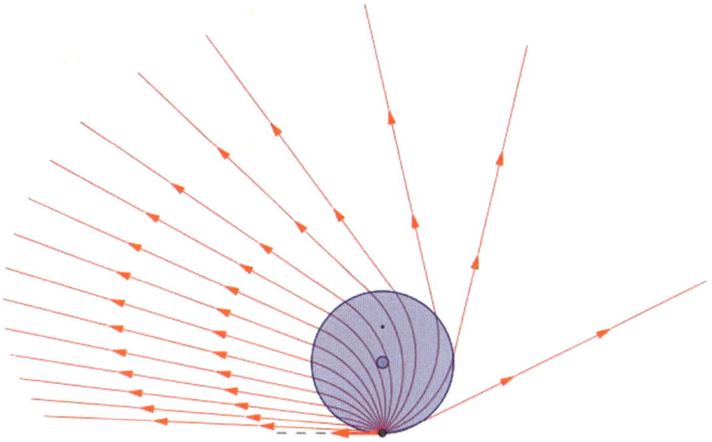

图 13.31 轨道半径大于圆形磁场半径

当粒子的轨道半径等于磁场半径时，所有粒子的运动轨迹如图 13.32 所示，这些粒子离开圆形磁场的速度方向居然是平行的。

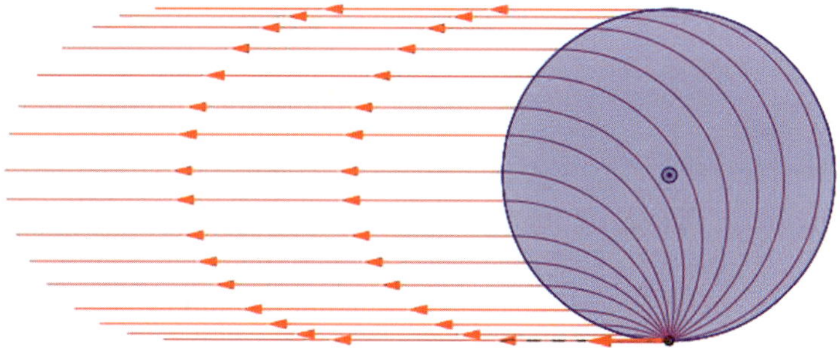

图 13.32 轨道半径等于圆形磁场半径情景

磁聚焦中速度偏角为 60°，90°，120°三种典型偏转是考察的热点，如图 13.33 所示。

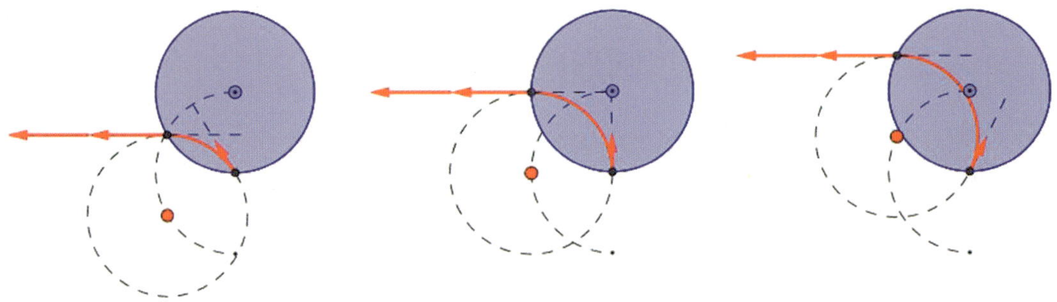

图 13.33　磁聚焦(发散)的三个典型轨迹

当粒子的轨道半径小于磁场半径时,所有粒子的运动轨迹如图 13.34 所示,这里存在一种粒子,该粒子经过磁场边界的位置距进入磁场的位置距离最大,其最大值等于 2 倍的轨道半径。如图 13.34 所示。

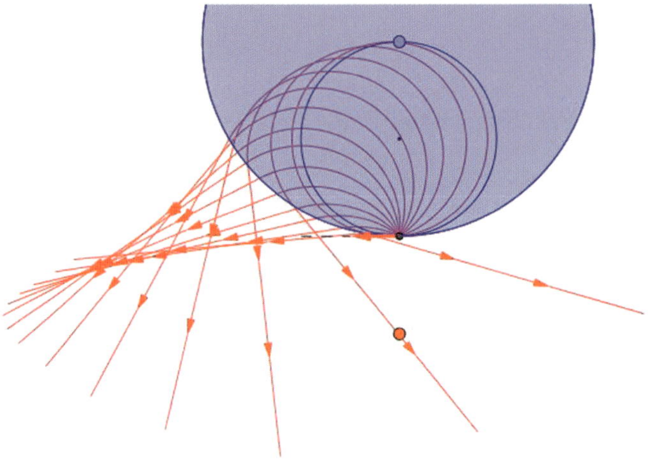

图 13.34　轨道半径小于圆形磁场半径

你是否发现,这些图形很美丽、很壮观,给人以美学的享受。

【构造详解】

新建一个 GeoGebra 文件,先完成第一个步骤,创建由滑动条控制的圆。选择“交点”工具,在坐标原点创建点,重命名为 O,这样符合习惯。选择“对象上的点”工具,在纵坐标的正方向创建点 A。选择“圆(圆心与一点)”工具,先后点击点 A 和点 O,创建圆 c,圆 c 表示磁场区域。选择“滑动条”工具,点击绘图区出现属性窗口,类型为数值,最小为 1,最大为 6,增量为 1,如图 13.35 所示,确定。

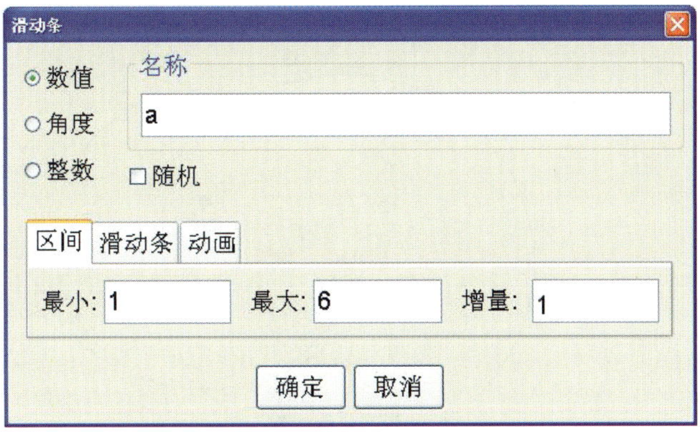

图 13.35　滑动条的属性窗口(数值型)

选择"位似"工具,先点击点 A,再点击点 O,在对话框里输入:a/4,创建点 A′。选择"圆(圆心与一点)"工具,先后点击点 A′和点 O,创建圆 d,圆 d 表示粒子轨迹圆。如图 13.36所示。选择"移动"工具,拖动滑动条 a,可以发现圆 d 会放缩,这样能满足一件多用的效果。滑动条又能够保证调节的定量化。

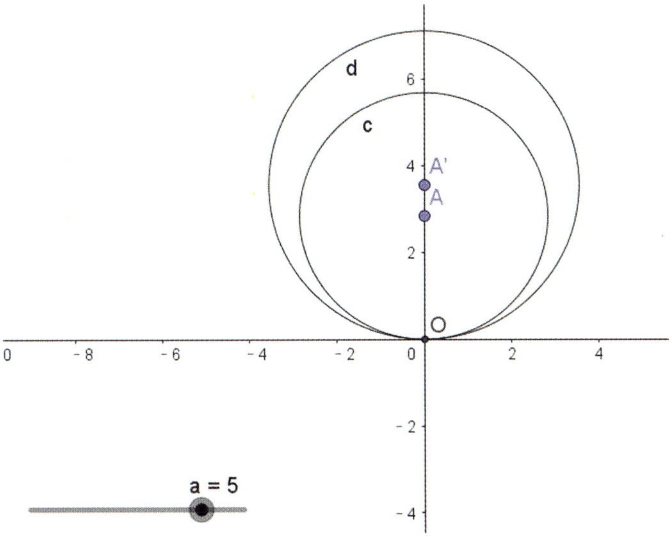

图 13.36　创建过程

第二步:创建滚动圆。滚动圆的圆心在第二和第三象限里,因此,先创建圆弧,再创建滚动圆。选择"中心对称"工具,先后点击点 A′和点 O,创建点 A″,讲解视频中用到了"轴对称"工具,异曲同工。选择"圆弧"工具,先后点击点 A″和点 A′,创建圆弧 e,修改样式为虚线,隐藏坐标轴。选择"对象上的点"工具,在圆弧 e 上创建点 B。选择"圆(圆心与一点)"工具,先后点击点 B 和点 O,创建圆 f,粒子轨迹就在圆 f 上。如图 13.37 所示。

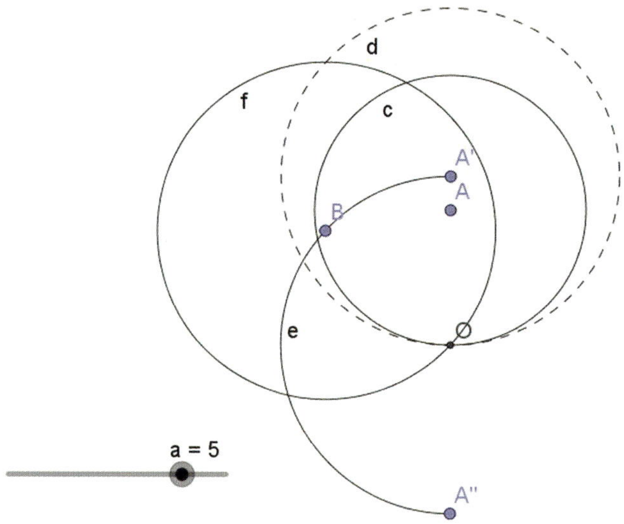

图 13.37　创建过程

第三步:创建粒子的实际轨迹。选择“交点”工具,点击圆 c 和圆 f 的交点(点 O 除外),创建点 C。选择“旋转”工具,先后点击点 B 和点 O,弹出窗口,角度填写为 90°,类型选顺时针,如图 13.38 所示,确定,创建点 B′。选择“向量”工具,先后点击点 O 和点 B′,创建向量,修改名字为 v。

图 13.38　旋转工具的对话框

选择“圆弧”工具,先点击点 B,再先后点击点 O 和点 C,创建圆弧 g。选择“旋转”工具,先后点击点 B 和点 C,在弹出的窗口里,角度为 90°,类型为顺时针,确定后创建点 B'_1(系统指令为 B′_{1})。选择“中心对称”工具,先后点击点 C 和点 B'_1,创建 C′;再先后点击点 B'_1 和点 C′,创建点 D。选择“向量”工具,先后点击点 C 和点 B'_1,创建向量 u;再依次点击点 B'_1 和点 C′,创建向量 w。选择“射线”工具,先后点击点 C′和点 D,创建线段 h。如图 13.39 所示,我们创建的圆弧 g、向量 u、向量 w、线段 h 为粒子的运动轨迹,我们将绘制两次,本次显示轨迹扫过的区域,体现整体运动效果;再作一次,用于显示轨迹,用于研究某一运动。

修改圆弧 g、向量 u、向量 w、线段 h 的样式为红色,并在快捷菜单里勾选“显示轨迹”。选择“复选框”工具,在对话框里,标题为“显示轨迹”,在下拉菜单、绘图区、代数区选择对象:圆弧 g、向量 u、向量 w、线段 h,确定创建显示或者隐藏轨迹的复选框。利用复选框隐藏粒子轨迹后,再创建粒子运动轨迹上的圆弧、向量和线段,修改样式为红色,名称和前面创建

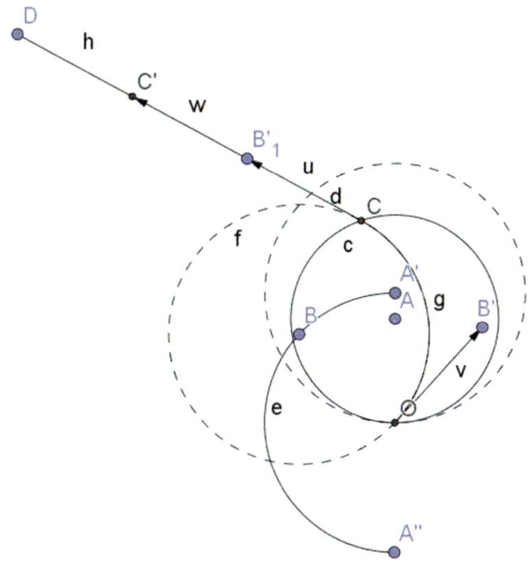

图 13.39　创建过程

的不同。选择“复选框”工具，创建复选框，名称：显示辅助对象，隐藏下图之外的所有对象，使画面显得简洁。如图 13.40 所示。

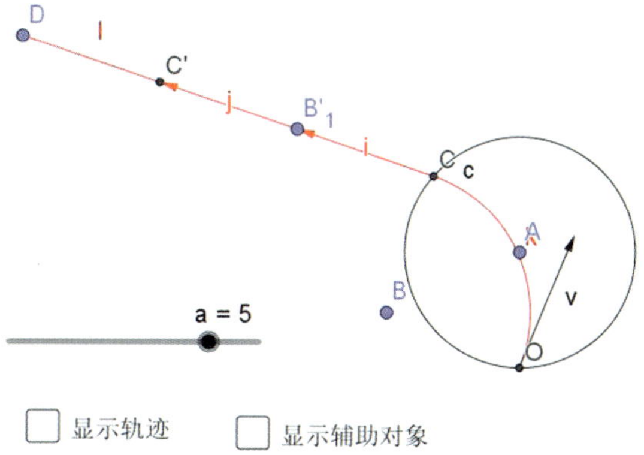

图 13.40　创建过程

下面创建控制点 B 运动的按钮。先打开点 B 的属性窗口，把点 B 的属性中代数区的速度改为 10，重复改为递增(一次)。下面创建按钮。

选择“复选框”工具，在绘图区点击：确定，创建的复选框布尔值 n。

选择“按钮”工具，标题为：轨迹扫描。指令为：

赋值[n,¬ n]

启动动画[B,n]

选择“按钮”工具，标题为：复位。指令为：

赋值[B,A′]

修改表示磁场的圆 c 为蓝色或者其他颜色，填充内部。隐藏不必要的对象和标签，如图 13.41 所示。磁场内部的磁场标记用点来表现，也可以说明而不绘制，使得画面简洁。

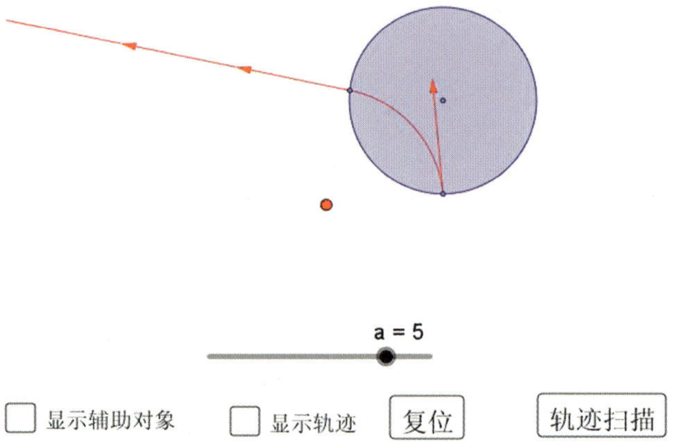

图 13.41 最后的场景

【友情提示】

创建本积件的过程中,注意体悟这几个点。一个是利用旋转工具作圆的切线向量。作者发现,本积件如果直接作圆上点 C 的切线,在切线上创建一个点 D,再创建线段来显示粒子离开磁场的轨迹,文件保存后再打开,运行异常,原因是系统自动把点 D 移动到点 C 上,这个现象要回避。另一个是粒子运动轨迹绘制了两次,一次显示轨迹扫描,一次显示粒子轨迹,用复选框控制它们的显示和隐藏,有利于教学使用时分步展示。

【小结】

本案例用滑动条工具实现了 3 种情形的展示:粒子轨道半径大于、等于和小于圆形磁场半径。利用旋转工具作圆的切线,用在圆周运动的速度矢量显示上。利用 2 次绘制对象和复选框的配合,实现只显示粒子运动轨迹和只显示运动轨迹扫描区域的目的。

【扫码看视频制作流程】

如果有条件,请扫描二维码观看本积件制作过程的视频。视频提供了用仿真物理实验室软件模拟本积件中的粒子运动,体悟软件的优势互补作用。

图 13.42 制作过程视频二维码

【他山之石】

带电粒子在磁场中运动的情景,用仿真物理实验室软件创建非常便利,只要创建磁场和粒子,设置参数就可以运行。图 13.43 创建的情景中,粒子从一点出发,通过几个圆形磁场,发散、汇聚、发散……,循环运动,十分壮观。当只留下一个磁场(图 13.43 右下角磁场),把其他磁场拉到粒子无法到达的区域,就演示了本节磁聚焦积件的情景,磁场的半径可以调大、调小,就可以演示其他情况了。

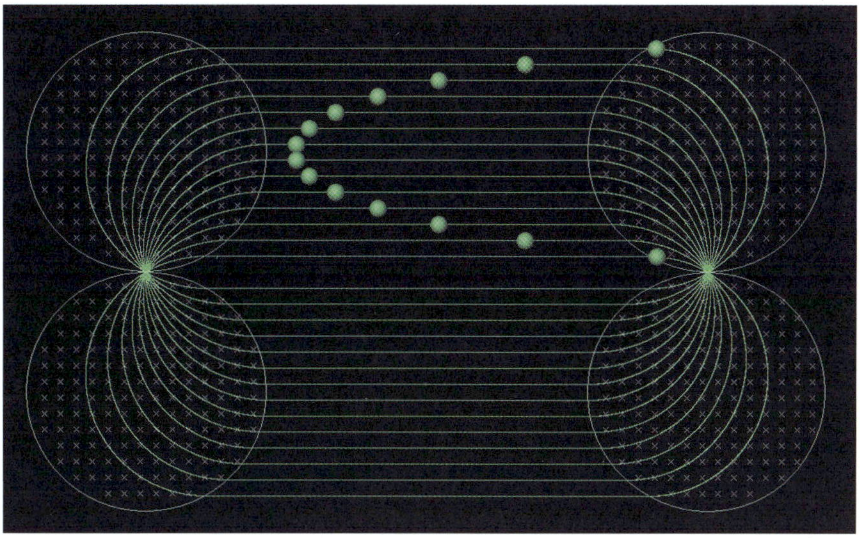

图 13.43 仿真物理实验室软件创建的情景

13.5 三维情景下电流磁场安培力方向的关系

【设计意图】

本积件要展示在三维情景下,互相垂直的磁场、电流和安培力三者方向在空间上的关系,它们的方向满足左手定则,如图 13.44 所示。本积件可以展示三维图景、各个方向的侧视图,能辅助在空间里讲解左手定则,有利于弥补学生空间想象力不足的问题。

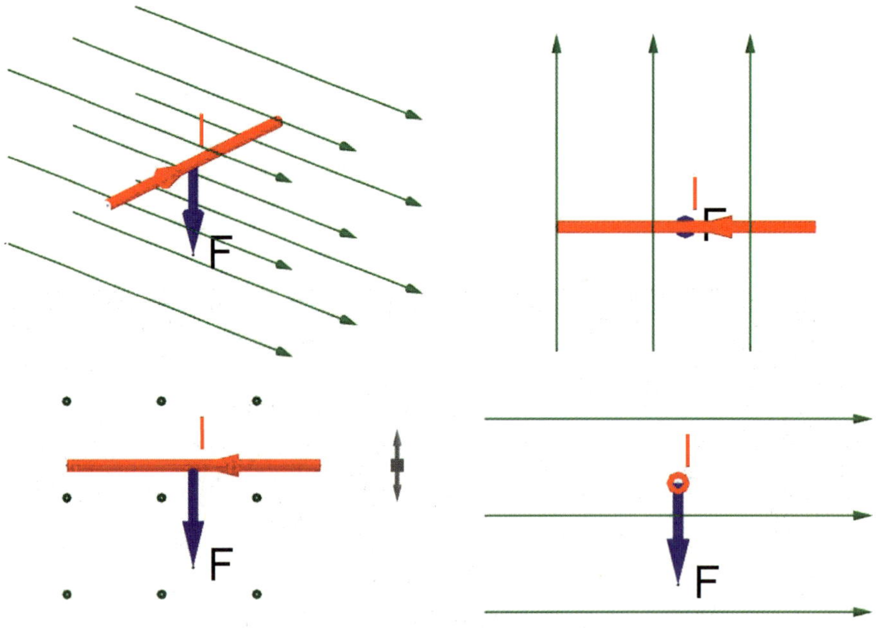

图 13.44　积件场景

【构造详解】

新建一个 GeoGebra 文件，关闭绘图区 1，打开 3D 绘图区，隐藏水平面。选择“描点”工具，在 x 轴 x=2 位置创建点 A；在坐标原点创建点 B；在 z 轴负方向创建点 C。选择“中心对称”工具，先后点击点 A 和点 B，创建点 A′。选择“向量”工具，先后点击点 A 和点 B，创建向量 u；再先后点击点 B 和点 C，创建向量 v。选择“线段”工具，先后点击点 A 和点 A′，创建线段 f。修改向量 u、线段 f 的样式为加粗、红色。修改向量 v 的样式为加粗、蓝色。如图 13.45 所示。

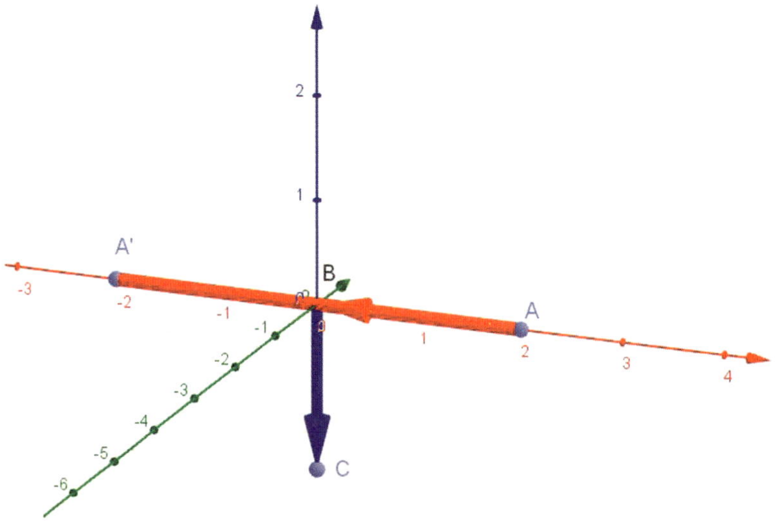

图 13.45　创建过程

重命名点 B 为 I,表示电流;重命名点 C 为 F,表示安培力。隐藏坐标系。在指令栏输入:

序列(序列(向量((m, -3, n), (m, 3, n)), m, -2, 2, 1.5), n, -2, 2, 1.5)

创建一族磁感线。把各点的点径调小,隐藏不需要显示的标签,如图 13.46 所示,积件创建完毕。

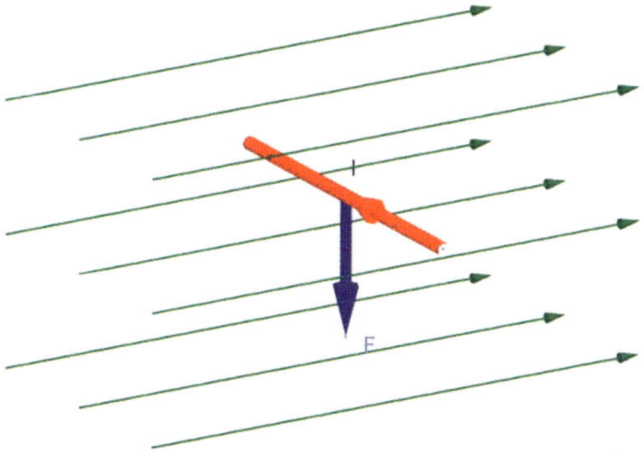

图 13.46　最后场景

【友情提示】

方法小集锦

【方法小集锦 28:3D 绘图区中的对象不在中心怎么办】

下面介绍 3D 绘图区的一个重要操作:“移动视图”工具的应用。当对象在画面上不居中时,选择“移动视图”工具,在空白区,光标变成左右双箭头,可以左右拖动;点击一次,光标变成上下双箭头,可以上下拖动;如图 13.47 所示。如果把箭头放在坐标轴上,会放缩坐标轴,除非特殊需要,一般不要放缩坐标轴,以免图形变形。

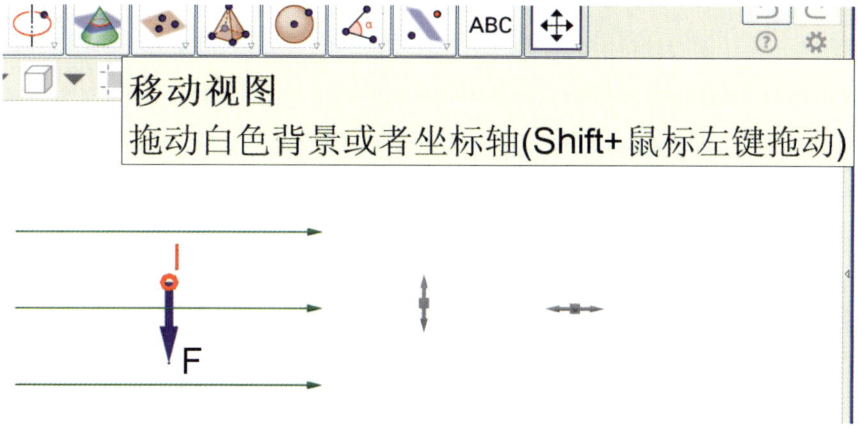

图 13.47　“移动视图”工具的使用

小方法集锦

【方法小集锦 29:沿着不同方向磁场线的创建指令】

沿着 x 轴正方向的向量代码:

序列(序列(向量((-3, m, n), (3, m, n)), m, -2, 2, 1.5), n, -2, 2, 1.5)

产生一族向量如图 13.48(甲)所示。

沿着 y 轴正方向的向量代码:

序列(序列(向量((m, -3, n), (m, 3, n)), m, -2, 2, 1.5), n, -2, 2, 1.5)

产生一族向量如图 13.48(乙)所示。

沿着 z 轴正方向的向量代码:

序列(序列(向量((m, n, -3), (m, n, 3)), m, -2, 2, 1.5), n, -2, 2, 1.5)

产生一族向量如图 13.48(丙)所示。

沿着 z 轴负方向的向量代码:

序列(序列(向量((m, n, 3), (m, n, -3)), m, -2, 2, 1.5), n, -2, 2, 1.5)

产生一族向量如图 13.48(丁)所示。

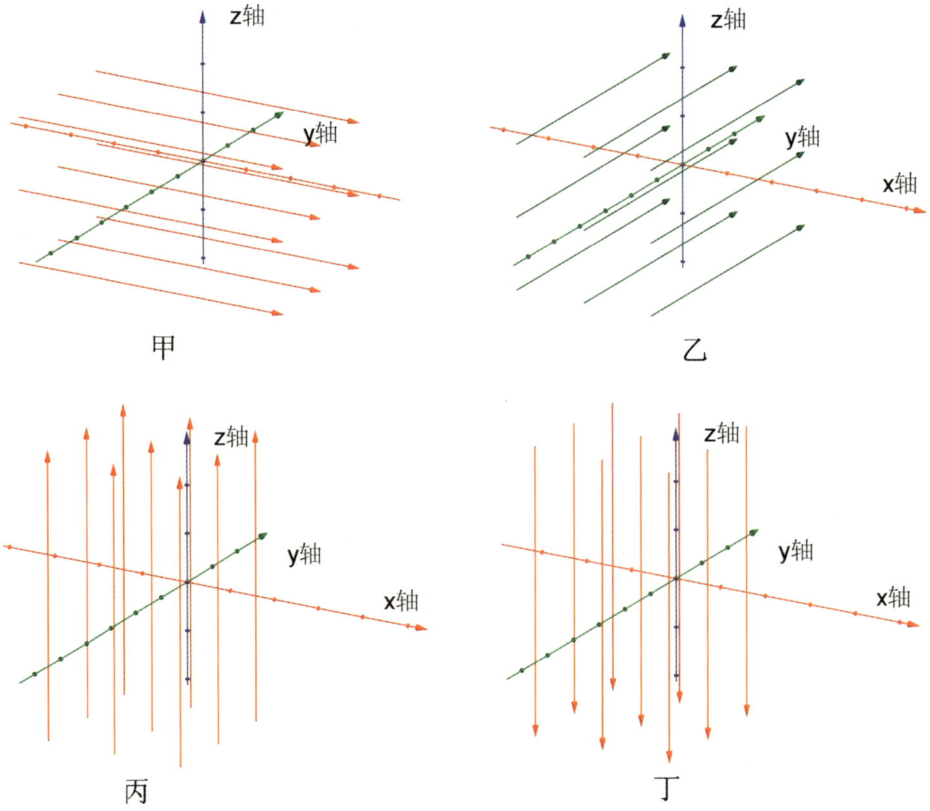

图 13.48　创建不同方向的磁场

【扫码看视频制作流程】

如果有条件,请扫描二维码观看本积件制作的流程视频。

图 13.49　制作过程视频二维码

13.6　粒子在磁场中的螺旋运动

【设计意图】

本积件要创建一个匀强磁场,粒子在磁场中做螺旋线运动,可以通过滚动条 b 控制螺距,当 b=0 时,运动蜕变成匀速圆周运动。点击"复位"按钮,粒子回到原点,"启动/暂停"按钮控制粒子的运动或者暂停。

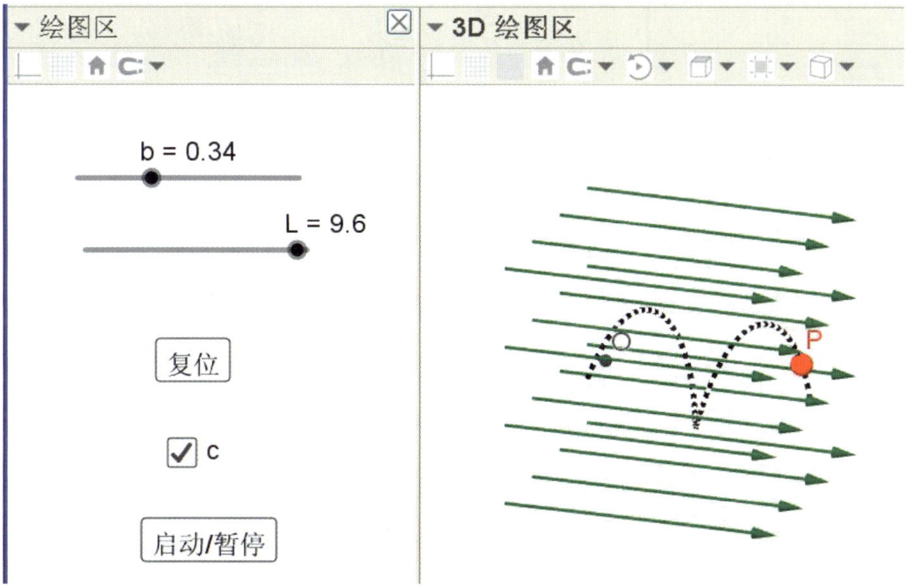

图 13.50　积件情景

【构造详解】

新建一个 GeoGebra 文件，选择菜单：视图—3D 绘图区，拖动 3D 绘图区的左边框，使 3D 绘图区的区域大一些。先在绘图区 1 里创建对象，隐藏绘图区 1 坐标轴。选择"滑动条"工具，点击绘图区，弹出对话框，类型：数值，名称：b，最小：0.001，最大：1，增量：0.1，确定。选择"滑动条"工具，点击绘图区，弹出对话框，类型：数值，名称：L，最小：1，最大：10，增量：0.1，确定。在指令栏输入：

曲线(cos(t), b t, sin(t), t, 0, L)

在 3D 绘图区创建了螺旋线(曲线)a，修改螺旋线为虚线。旋转 3D 绘图区，让螺旋线能看清楚，如图所示。选择"交点"工具，在坐标原点创建点，重命名为 O。选择"对象上的点"工具，在曲线上创建点，重命名为 P，修改样式为红色，点径大一点，如图 13.51 所示。

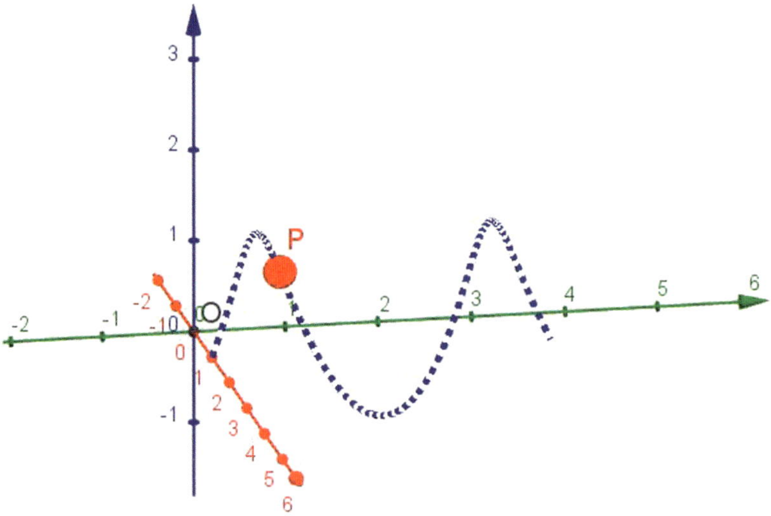

图 13.51　创建螺旋线和粒子

点击绘图区 1，选择"按钮"工具，标题为：复位。代码为：

赋值[P,O]

选择"复选框"工具，在绘图区点击：确定，创建的复选框布尔值 c。选择"按钮"工具，标题为：启动/暂停。代码为：

赋值[c,¬ c]

启动动画[P,c]

在指令栏输入：

序列(序列(向量((m, -1, n), (m, 4, n)), m, -2, 3, 1.5), n, -2, 3, 1.5)

创建磁场，关闭代数区，隐藏 3D 绘图区的坐标系，积件创建完毕。

【友情提示】

小方法集锦

【方法小集锦 30:如何创建一个您想要的螺旋线】

我们看几个案例就知道了。指令:曲线(0.5t, cos(t), sin(t), t, 0, 10),产生的是如图 13.52 甲所示的螺旋,螺旋轴线在 x 轴上。指令:曲线(sin(t), 0.5t, cos(t), t, 0, 10),产生的是如图 13.52 乙所示的螺旋,螺旋轴线在 y 轴上。规律是:0.5t 项放在(x,y,z)中的哪一个位置,轴线就是该坐标轴。

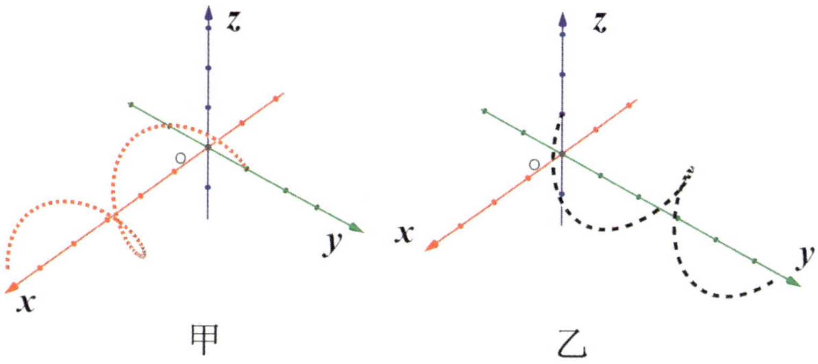

图 13.52 螺旋的轴不同

曲线(sin(t), 0.5t, cos(t), t, 0, 10) 产生的曲线如图 13.53(甲)所示;曲线(cos(t), 0.5t, sin(t), t, 0, 10) a 产生的曲线如图 13.53(乙)所示。两个螺旋线的轴向都是 y 轴,但绕向不同,规律:cos(t)和 sin(t)在(x,y,z)的位置不同,决定了不同的绕向。

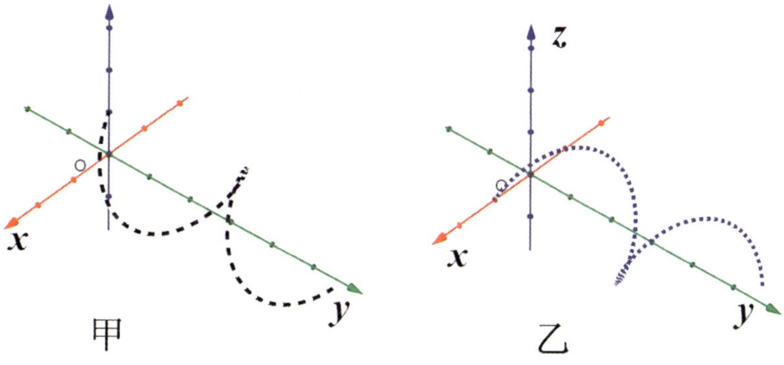

图 13.53 螺旋的绕向不同

【扫码看视频制作流程】

如果有条件,请扫描二维码观看本积件制作的流程视频。

图 13.54　制作过程视频二维码

第 14 章　GeoGebra 和《3.2 电磁感应》的深度融合

14.1　线框在磁场中转动

【设计意图】

本积件要展示扇形线框在有界磁场中的转动，是电磁感应和交流电综合知识的经典情景。线框的角度、大小可以调节；线框的转动方向可以调节；磁场的大小可以调节，内部磁场标记随之自动增减。积件布局如图 14.1 所示。

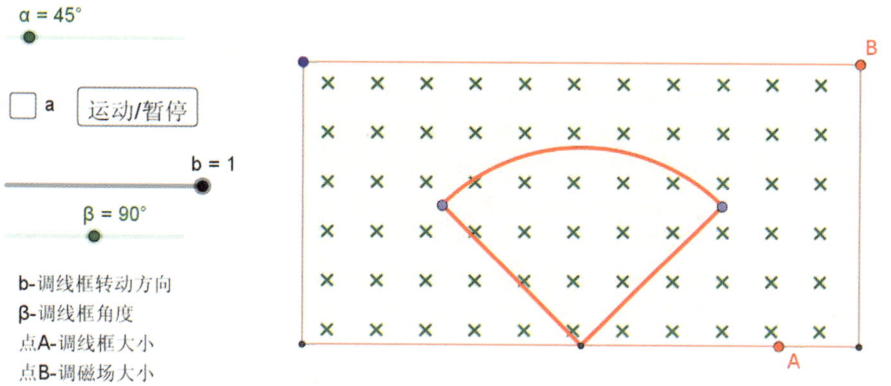

图 14.1　场景展示

【构造详解】

如图 14.2 所示。

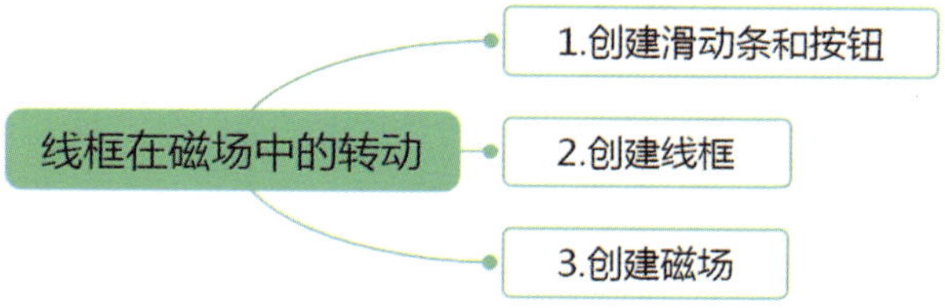

图 14.2　流程图

新建一个 GeoGebra 文件，选择“滑动条”工具，点击绘图区，弹出的对话框，类型：角度，名称：α，最小：0°，最大：360°，增量：1°，在动画选项卡里的重复菜单里，选择：递增，确定。选择“复选框”工具，点击绘图区，弹出的对话框，点击：应用，创建布尔值为 a 的复选框。选择“按钮”工具，点击绘图区，弹出的对话框，标题为：运动/暂停，指令（脚本）为：

赋值[a,¬ a]

启动动画[α,a]

点击:确定。

选择"滑动条"工具,点击绘图区,弹出的对话框,名称:b,类型:数值,最小:-1,最大:1,增量:2,确定。创建滑动条b,用来控制线框的转动方向。选择"滑动条"工具,点击绘图区,弹出的对话框,类型:角度,名称:β,最小:0°,最大为:180°,增量为:5°,确定。创建滑动条β,用来控制扇形线框的角度。创建的对象如图14.3所示。

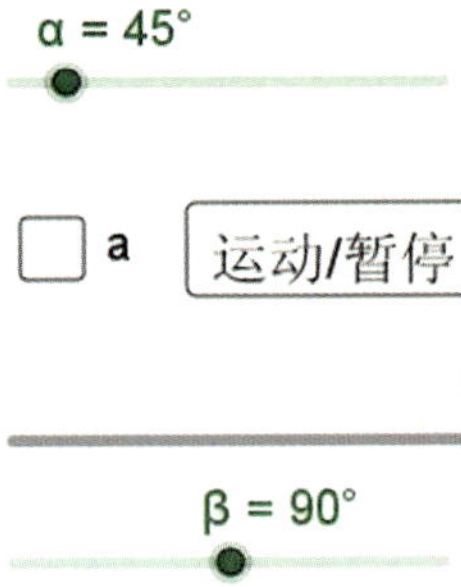

图14.3　创建控制和辅助对象

选择"描点"工具,在坐标原点创建点,重命名为O。再选择"描点"工具,在横坐标的正方向创建点A;在第一象限创建点B。选择"旋转"工具,先后点击点A和点O,弹出的对话框,角度:b*α,类型:逆时针,如图14.4所示,确定。创建点A′。点A′是线框的基点。

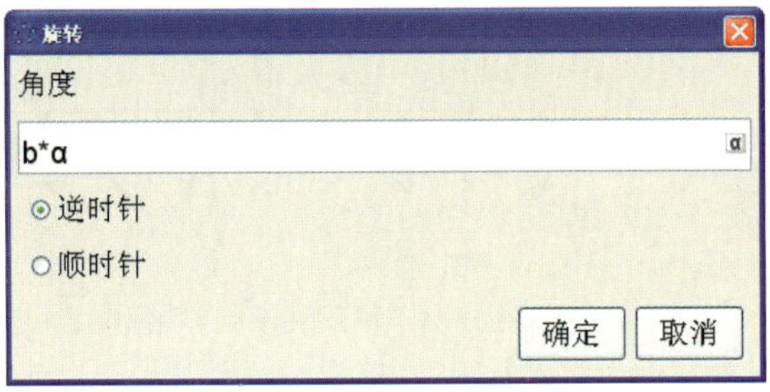

图14.4　旋转工具对话框

选择"旋转"工具,先后点击点A′和点O,弹出的对话框,角度:β,类型:逆时针,确定。创建点A″。选择"圆扇形"工具,先后点击点O、点A和点A′,创建圆扇形c。修改样式:边线为加粗红色、内部不填充,表示相框。如图14.5所示。

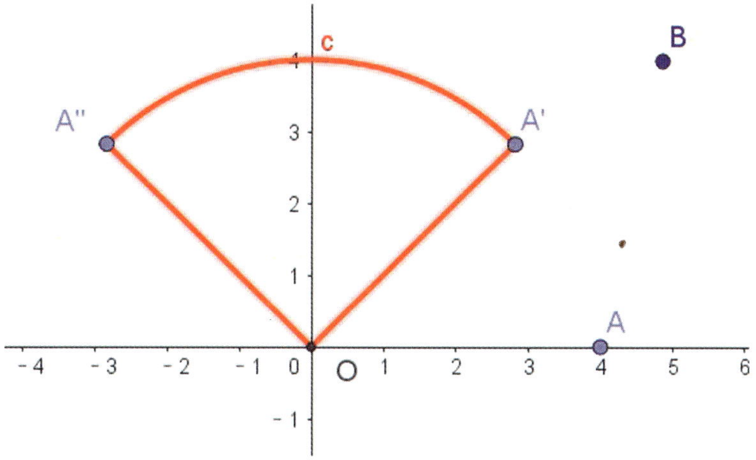

图 14.5 创建线框

选择“轴对称”工具，先后点击点 B 和纵坐标，创建点 B′。选择“垂线”工具，先后点击点 B 和横坐标，创建直线 g；再先后点击点 B′和横坐标，创建直线 f。选择“交点”工具，直线 f 和横坐标的交点，创建点 C；直线 g 和横坐标的交点，创建点 D。如图 14.6 所示。隐藏直线 f、直线 g 和坐标系。

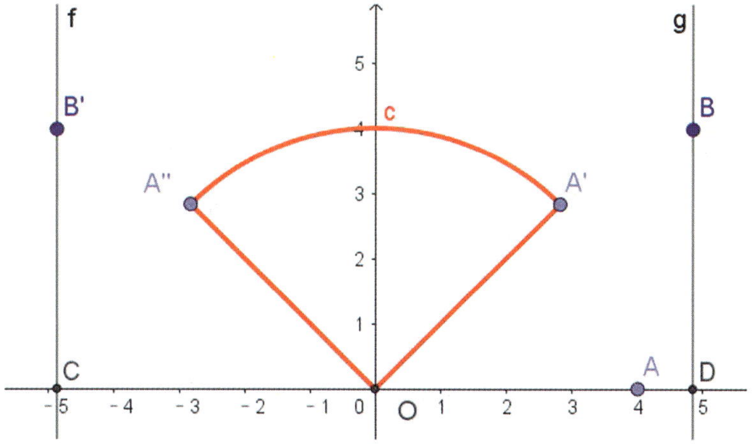

图 14.6 创建磁场

在指令栏输入指令：

序列(序列((m, n), n, 0.3, y(B) - 0.3), m, -x(B) + 0.5, x(B) - 0.1)

产生磁场标志，默认为点，表示磁场向外；如果磁场向内，修改点的样式为 “×”。选择“多边形”工具，依次点击：点 C,D,B,B′,C，创建多边形表示磁场区域。如图 14.7 所示。隐藏不需要显示的标签，创建完毕。

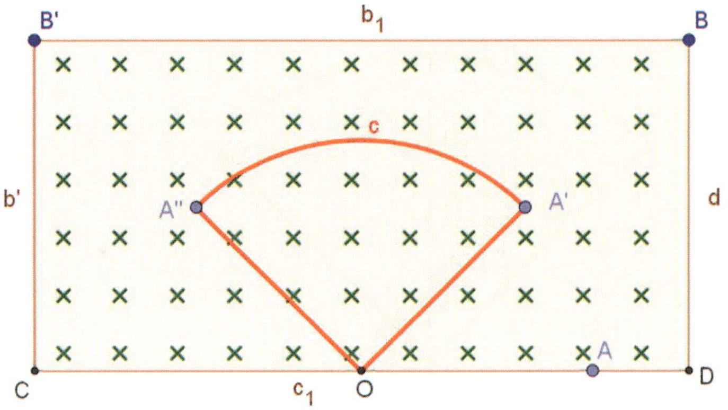

图 14.7　创建磁场

【友情提示】

为什么线框会产生转动效果？还能控制转动方向？这里解释一下生成的机理。点 A′是线框的基点，它通过旋转工具又生成点 A″，构成圆弧的两个端点。点 A″是由点 A′逆时针旋转 β 角而成，因此滑动条 β 有了调节线框角度的功能。

线框的基点 A′是由点 A 逆时针旋转 bα 角而成，$b=1$ 时，$b\alpha=\alpha$，线框逆时针旋转 α；$b=-1$ 时，$b\alpha=-\alpha$，线框顺时针旋转 α；滑动条 α 是逐渐增大的，这样就产生了转动方向可调的转动效果。

【小结】

本案例把滑动条、按钮、旋转工具巧妙地结合起来，实现了线圈转动的控制和线圈角度的灵活调节。利用“序列”产生磁场的方法，在绘制磁场时经常遇到。

【扫码看视频制作流程】

如果有条件，请扫描二维码观看本积件制作过程的视频。

图 14.8　制作过程视频二维码

14.2　线框穿过磁场的过程

【设计意图】

本积件要展示线框穿过磁场的过程,这是电磁感应的图像问题常常涉及的情景。本积件绘制了正方形(图 14.9(甲))、等边三角形(图 14.9(乙))、直角三角形(图 14.9(丙))三种形状的线框,放在同一位置,用复选框控制它们的显示和隐藏,实现了一件多用的目的。还绘制了直角三角形线框穿过磁场的过程中,电流随位置变化的图像(图 14.9(丁))。

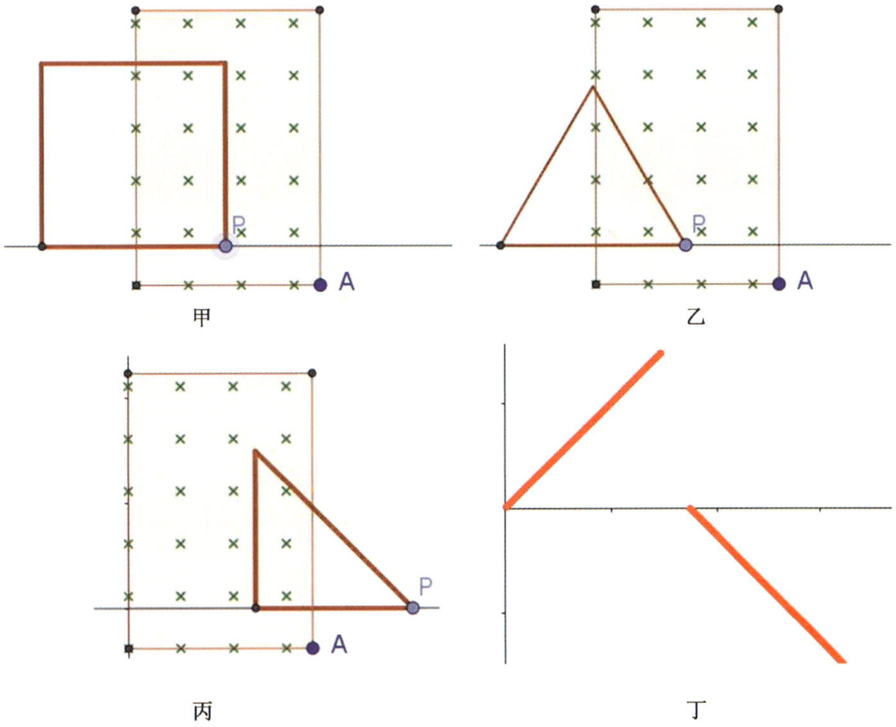

图 14.9　场景展示

【构造详解】

如图 14.10 所示。

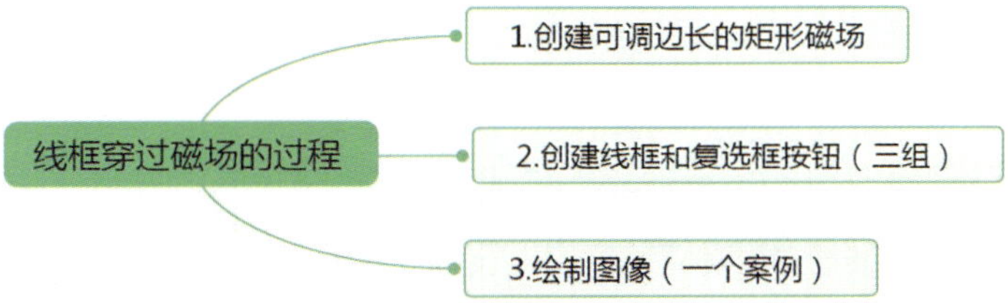

图 14.10　流程图

第一步,新建一个 GeoGebra 文件,选择“描点”工具,在绘图区的空白处创建点 A。选择“滑动条”工具，点击绘图区，弹出的对话框，类型：数值，名称：a，最小：1，最大：5，增量：0.5，确定。在指令栏输入：

(x(A)−a,y(A))

创建点 B。

在指令栏输入：

(x(A)−a,y(A)+1.5a)

创建点 C。

在指令栏输入：

(x(A),y(A)+1.5a)

创建点 D。选择“多边形”工具，依次点击点 A,B,C,D,A，创建多边形 q1，修改边线为虚线。在指令栏输入：

序列(序列((m, n), n, y(B), y(C)), m, x(B), x(A))

在矩形区域内出现系列点，可以根据需要把点型修改为点或者×。隐藏不需要显示的标签，添加使用说明，磁场创建完毕，如图 14.11 所示。请另存为“矩形磁场”文件，今后遇到有矩形磁场情景的问题，可以直接调用该文件，避免重复劳动。

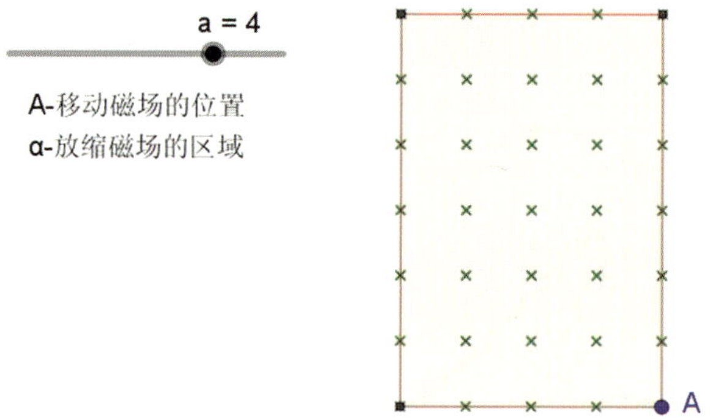

图 14.11 创建过程

第二步，创建线框及其相关对象。选择“描点”工具，在绘图区空白处创建点 E。选择“平行线”工具，先后点击点 E 和横坐标，创建直线 f。隐藏直线 f 和坐标系。选择“线段”工具，联结点 F 和点 E，得到线段 g。选择“对象上的点”工具，在线段 g 上创建点，重命名为 P。如图 14.12 所示。

选择“滑动条”工具，点击绘图区，弹出的对话框，类型：数值，名称：L，最小：1，最大：5，增量：0.5，确定。在指令栏输入：

(x(P)−L,y(P))

创建点 G。

图 14.12 创建过程

小方法集锦

【方法小集锦 31：复选框控制对象的显示和隐藏】

现在以点 P 和点 F 为基点，创建正方向和正三角形，并分别创建复选框控制其隐藏和显示。选择“正多边形”工具，先后点击点 G 和点 P，创建在弹出的对话框里输入：4（如果需要三角形请输入：3）。创建正方形，隐藏上面两个顶点和标签。选择“复选框”工具，点击绘图区，弹出的对话框，先点击最下方的空白栏，然后点击绘图区的多边形、四条边，如图 14.13 所示，再点击：应用。这样就创建了复选框 e 来控制正方形的显示和隐藏。点击复选框 e，隐藏正方形。用上述方法，再创建以点 G 和点 P 为基点的三角形，并创建复选框 o 来控制三角形的显示和隐藏。

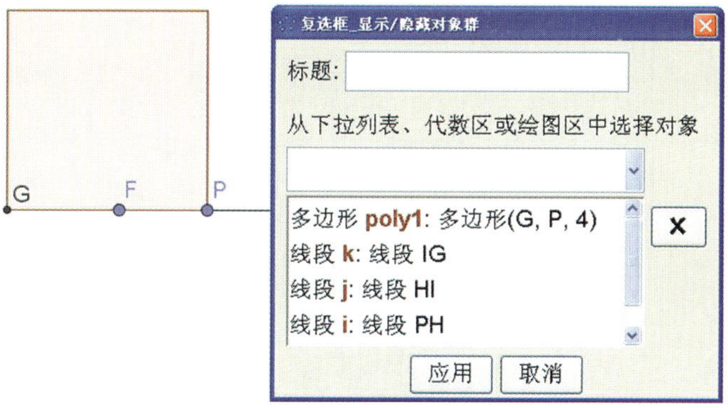

图 14.13　复选框的对话框

第三步，创建直角三角形，并绘制电流图像。选择“旋转”工具，先后点击点 P 和点 G，把对话框的“角度”值改为 90°，创建点 P′。选择“多边形”工具，先后点击点 G，P，P′，G，创建直角三角形。用上面的办法，创建复选框 q 控制其隐藏和显示。如图 14.14 所示。显示坐标系，拖动点 E 和点 A，使得三角形斜边和磁场左边界相交。选择“交点”工具，点击三角形斜边和磁场左边界的交点，创建点 K。在指令栏输入：

(x(P), y(K) - y(P))

创建点 M。在点 M 的快捷菜单里选“开启跟踪”，并隐藏标签。在点 M 属性窗口“显示条件”里输入：q。拖动点 P，使三角形斜边和磁场右边界相交，选择“交点”工具，点击三角形斜边和磁场左边界的交点，创建点 N。在指令栏输入：

(x(P),y(P)-y(N))

创建点 O。在点 O 的快捷菜单里选“开启跟踪”，并隐藏标签。在点 O 属性窗口“显示条件”里输入：q。最后要隐藏点 K 和点 N。

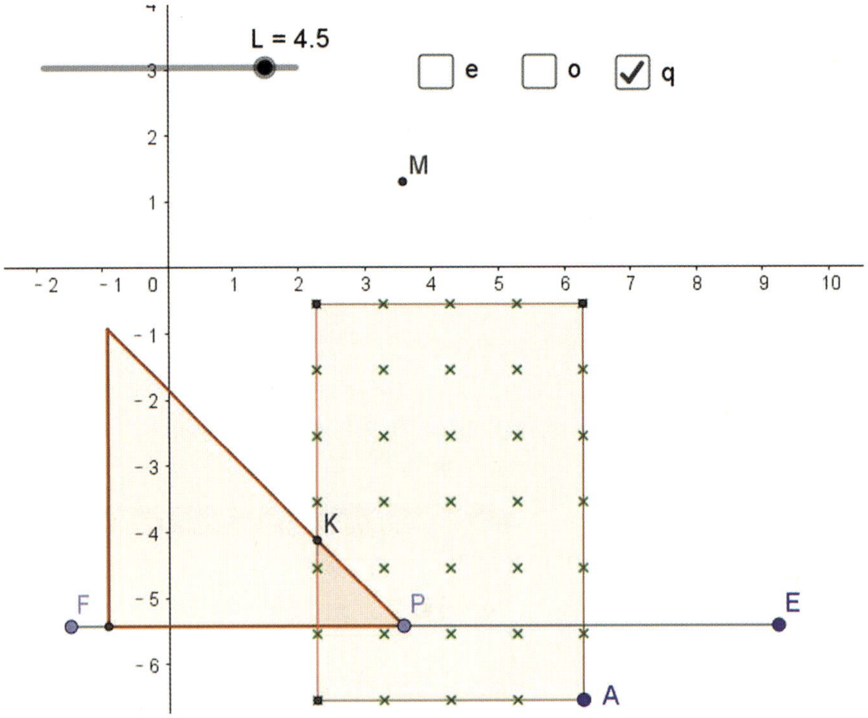

图 14.14　创建过程

方法小集锦

【方法小集锦 32：绘制图像的一种方法】

点击点 P，右键，在快捷菜单里选“启动动画”，三角形开始移动，并同步绘制出图像。图 14.15 是把磁场左边界移动到和纵坐标重合获得的图像。

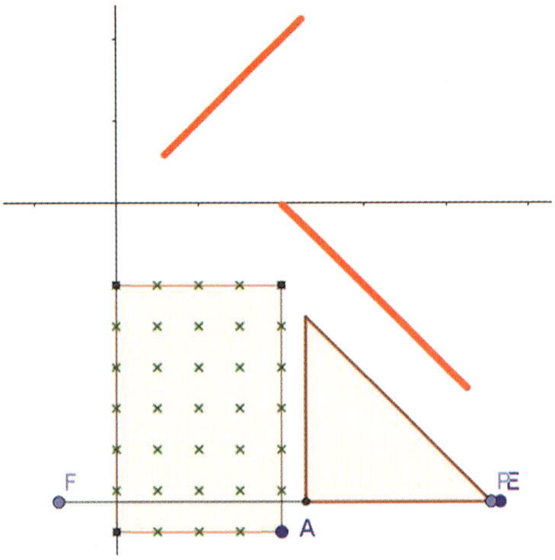

图 14.15　绘制图像

选择“按钮”工具，标题为：复位，指令为：

赋值[P,F]

选择“复选框”工具，在绘图区点击：确定，创建的复选框布尔值 r。选择“按钮”工具，标题为：启动/暂停。指令为：

赋值[r,¬ r]

启动动画[P,r]

打开点 P 的属性窗口，在代数区-重复栏，选择：递增(一次)。

【友情提示】

本积件的创建过程中，利用了点坐标关联实现了多个功能。

实现了滑动条控制图形大小的功能。滑动条产生一个变量，如：L，以点 P 为参照，又创建一个新点 F，位于点 P 的左侧 L 处，指令为：(x(P)-L,y(P))，以点 P 和点 F 创建的几何图形就受到滑动条的控制了。

我们创建的点的横坐标为点 P 的横坐标，纵坐标为线框和磁场边界相交点的距离，相当于切割磁场的有效长度，点 P 的轨迹即为电流随位置变化的图像。

【小结】

本案例利用不多的几个工具实现了线框过磁场的过程模拟，还实现了一件多用，注意体悟为什么能实现这些功能，对软件工具的功能及其组合功能有一个感性认识。

【扫码看视频制作流程】

如果有条件，请扫描二维码观看本积件制作过程的视频。

图 14.16　制作过程视频二维码

第 15 章　GeoGebra 和《3.3 交流电》的深度融合

15.1　线圈在匀强磁场中转动产生交流电

【设计意图】

本积件要展示线圈在匀强磁场中转动，产生交流电的情景，如图 15.1 所示。点 A 和滑动条 r 调节线框的大小。滑动条 θ 调节线框的方位，使线框的轴线和磁场垂直，演示交流电的产生；使线圈的轴线和磁场平行，演示不能产生交流电的情景。本积件可以用于《交流电的产生原理》这节课的新课讲解。

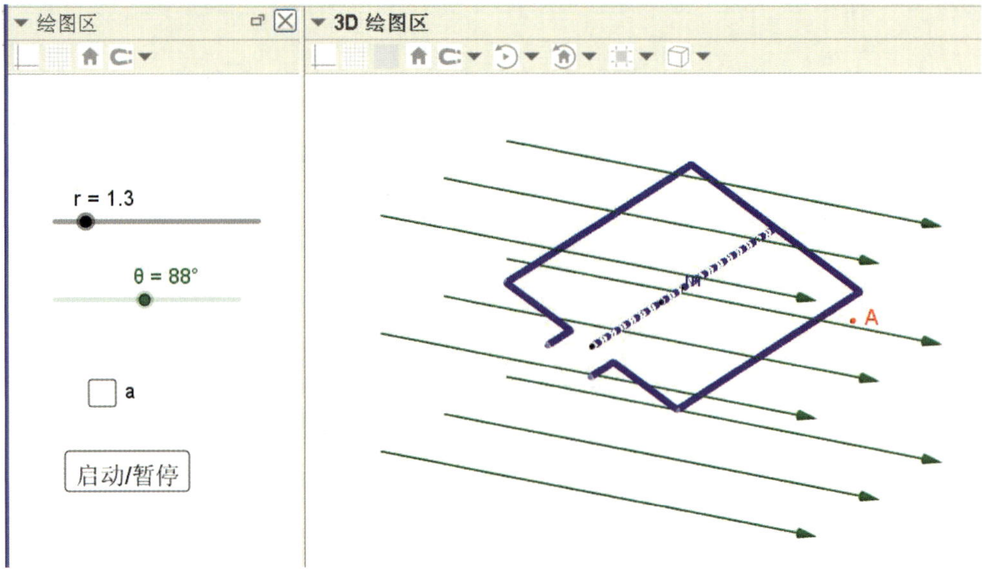

图 15.1　积件场景

我们在讲解交流电产生原理时，经常用到线圈在磁场中转动情景的侧视图，如图 15.2（甲）所示，学生难以想象出侧视图对应的立体结构，利用该积件，当学生不懂时，拖动鼠标即可显示三维结构，出现如图 15.2（乙）的立体图景，学生就明白了。

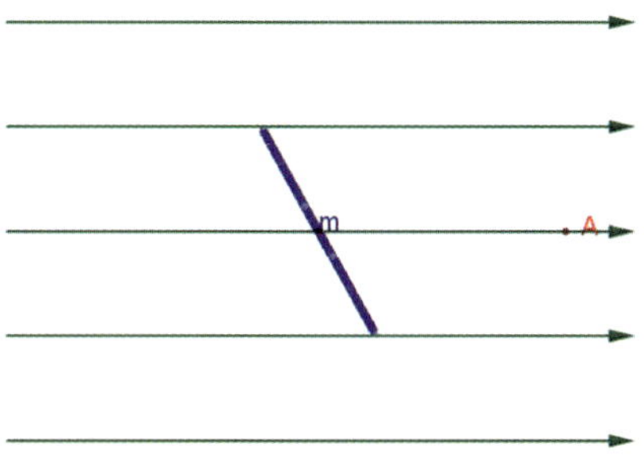

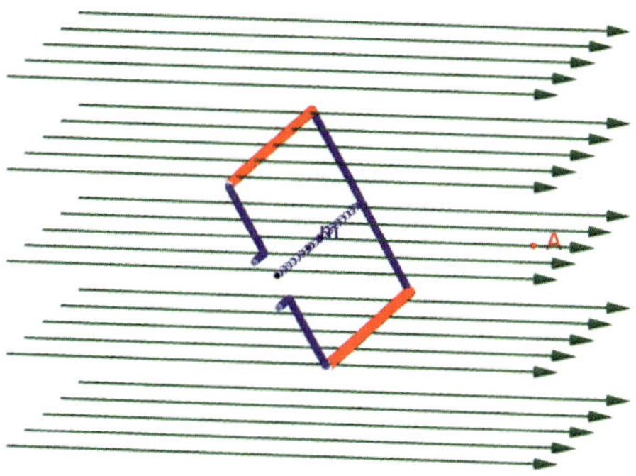

图 15.2 侧视图和立体图

【构造详解】

新建一个 GeoGebra 文件,选择菜单:视图—3D 绘图区。本积件要用到 GeoGebra 软件的四个窗口:代数区、绘图区 1、3D 绘图区和指令区,操作富有挑战性。

先在绘图区 1 里创建 2 个滑动条。点击绘图区(否则对应工具不出现),选择"滑动条"工具,点击绘图区 1,弹出对话框,类型:数值,名称:r,最小:1,最大:3,增量:0.1,确定,创建滑动条 r,用来控制线圈的半径。再点击绘图区 1,弹出对话框,类型:角度,名称:θ,最小:0°,最大:180°,增量:1°,确定,创建滑动条 θ,用来控制线圈的方位。在 3D 绘图区调节不方便,所以把控制按钮创建在绘图区 1 里。点击"移动"工具,退出继续创建滑动条的操作。

下面在 3D 绘图区里创建对象。选择"交点"工具,在坐标原点创建点,重命名为 O。选择"对象上的点"工具,在 x 轴上创建点 A。在指令栏输入:

旋转(A,-θ,z 轴)

创建点,重命名为 M。选择"中心对称"工具,先后点击点 M 和点 O,创建点,重命名为 N。选择"向量"工具,先后点击点 M 和点 N,创建向量 u。选择"圆(圆心法向量与半径)"工具,先点击点 M、在点击向量 u,弹出对话框,输入:r,确定,创建圆 c。如图 15.3 所示。修改圆 c 的样式为虚线,圆 c 可以作为切割磁场的边框的轨迹,也可以显示速度方向,本文从略,您不妨一试。

选择"对象上的点"工具,在圆 c 上创建点,重命名为 P。选择"平移"工具,先后点击点 P 和向量 u,创建点 P′。选择"中心对称"工具,先后点击点 P 和点 M,创建点,重命名为 Q;再先后点击点 P′和点 N,创建点,重命名为 R,如图 15.3 所示。重命名的目的是避免系统自动命名添加很多角标,容易说错。

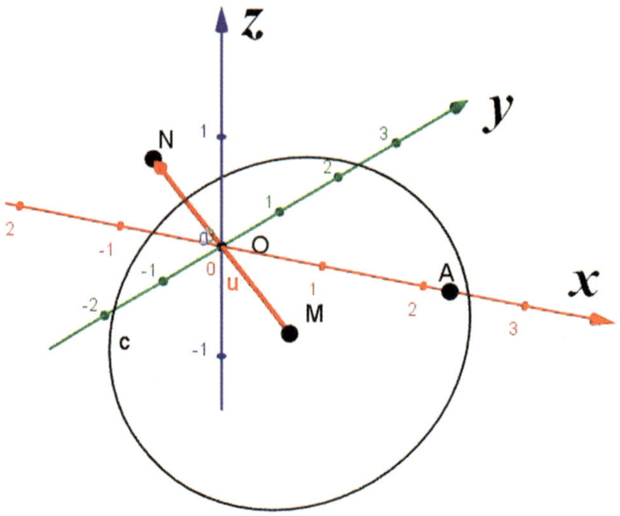

图 15.3　创建过程

我们已经把线框的四点点确定好了。隐藏圆 c 和向量 u。建议用创建复选框控制圆 c 的显示和隐藏，作为线框切割磁场的两条边的轨迹。选择“线段”工具，样式选粗线、蓝色，联结点 P 和点 P′；联结点 P′和点 R；联结点 R 和点 Q，创建了线框的三条边。如图 15.4 所示。最后一条边有引出线，所以还需几个步骤才能完成。

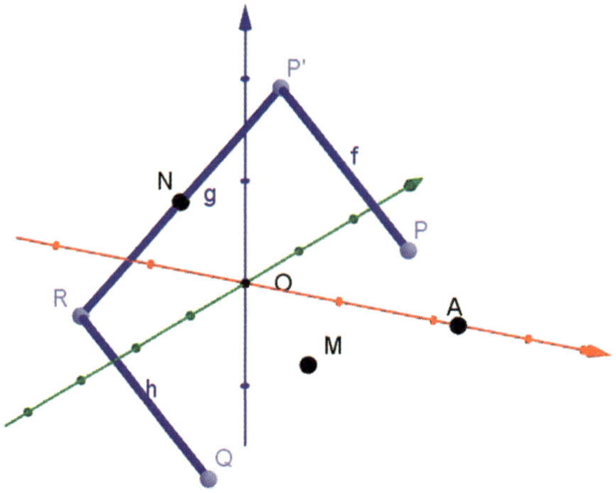

图 15.4　创建过程

选择“位似”工具，先后点击点 P 和点 M，弹出对话框后输入 0.25，创建点，重命名为 E；再先后点击点 Q 和点 M，弹出对话框后输入 0.25，创建点 Q′；再先后点击点 M 和点 O，弹出对话框后输入 0.25，创建点 M′。选择“线段”工具，联结点 P 和点 E；联结点 Q 和点 Q′。如图 15.5 所示。

最后创建线框的两根引出线。选择“向量”工具，先后点击点 O 和点 M′，创建向量 v。选择“平移”工具，先后点击点 E 和向量 v，创建点 E′；再先后点击点 Q′和向量 v，创建点 Q″。

选择“线段”工具，联结点 E 和点 E′；联结点 Q′和点 Q″。至此，线框创建完毕。使用者在调节这个线框时,各条边会随之成比例变化,有一定的“智能性”。如图 15.5 所示,隐藏向量 v。

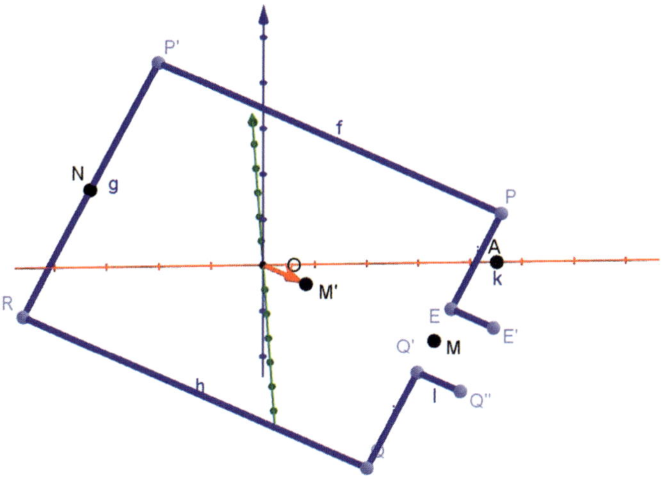

图 15.5　创建线框(积件的核心部分)

再回到绘图区 1 里创建控制点 P 转动的按钮,实现线圈转起来的目的。这个操作您已经很熟悉了。点击绘图区 1,选择“复选框”工具,在绘图区点击:确定,创建的复选框布尔值为 a。选择“按钮”工具,标题为:启动/暂停。代码为:

赋值[a,¬ a]

启动动画[P,a]

在指令栏输入:

序列(序列(向量((-3, m, n), (3, m, n)), m, -2, 2, 1), n, -2, 2, 1)

创建一族向量表示磁感线。隐藏 3D 绘图区的坐标系。如图 15.6 所示。选择“线段”工具,联结点 M 和点 N,样式为点横线,作为转轴。轴线的参照作用很强,避免视错觉。

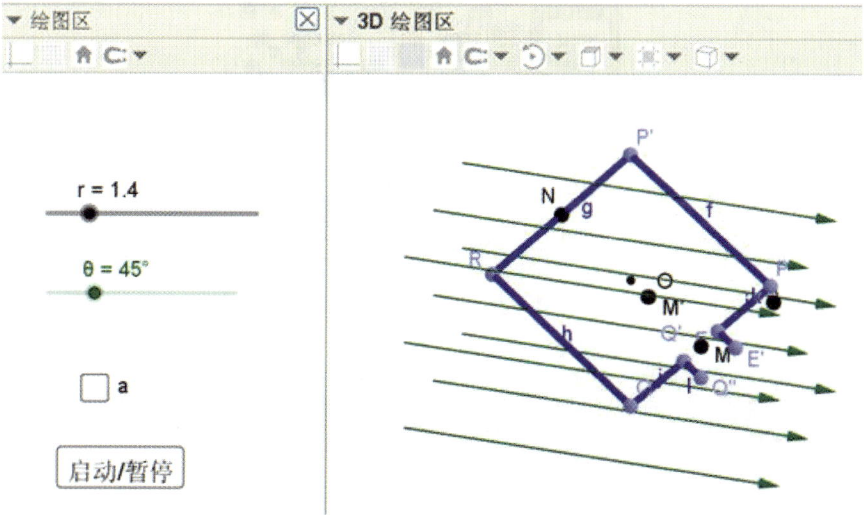

图 15.6　最后的场景

最后做一些修饰工作。请把代数区的对象按照“对象类型”排列。选“点”，我们创建的所有点均被选中，调整所有点的点径为中号（滑块在滑动条中间位置）。光标放在代数区，按下 Ctrl+A，右键，点“显示标签”，隐藏所有标签。绘图区 1 的标签是要显示的，右键拖拉绘图区 1 里的对象，选中其中对象，光标移到代数区的带阴影的对象上，右键，点“显示标签”，绘图区 1 里的对象标签显示出来，便于操作。关闭代数区，创建完毕。

【友情提示】

本积件中线框的创建最为复杂，创建是从点 A 开始的，形象地说，后面的对象都是从点 A“生出来”的。点 A 通过旋转得到点 M，点 M 和坐标原点确定了线框的轴线，在此基础上创建线框，创建的对象不是固定的，通过滑动条引入了外部参数，就像一个生命体，能独立生长，又从外部获得能量和信息，多么奇妙呀。

【小结】

本案例在三维场景下创建互相关联对象，操作比较复杂。这个积件如果顺利完成，您就可以独立地创建三维场景了，不妨一试。

【扫码看视频制作流程】

如果有条件，请扫描二维码观看本积件制作的流程视频。

图 15.7　制作过程视频二维码

第 16 章　GeoGebra 和《4.1 分子动理论》的深度融合

16.1　分子排列的空间点阵

【设计意图】

本积件能生成在平面、空间有序排列的质点，如果表示分子，就是空间点阵。积件通过滑动条可以改变三个方向分子的层数，可以改变点的大小。如图 16.1 所示。

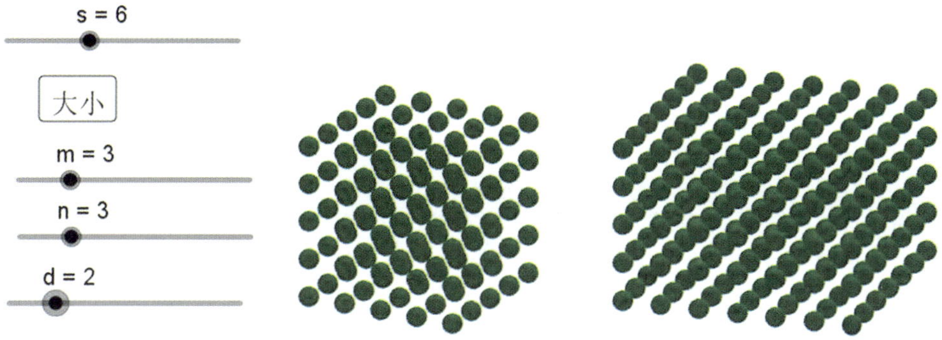

图 16.1　排列有序的点阵表示分子的空间点阵

如果我们只显示分子的一层，从不同方位看去，不同方向分子的个数是不同的，这能解释晶体的各向异性，如图 16.2 所示。

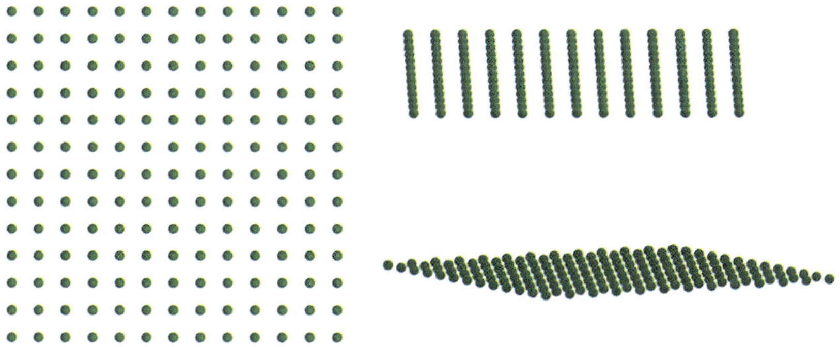

图 16.2　不同方向分子的个数不同

用单分子油膜法可以测分子直径，其原理是，假设分子紧密排列，且是单分子膜，则膜的厚度（即分子直径）乘以膜的面积等于油膜的体积。利用下面直观的图形，可以帮助学生建立场景理解物理量之间的关系。如图 16.3 所示。

图 16.3 单分子油膜法测分子直径的图解

【构造详解】

新建一个 GeoGebra 文件，选择菜单：视图—3D 绘图区。点击绘图区，选择“滑动条”工具，名称：m；最小值：0；最大值：5；增量：1。如图 16.4 所示，确定。

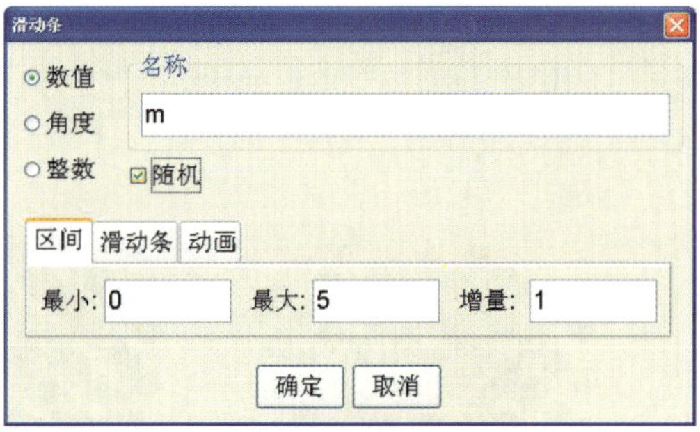

图 16.4 滑动条的属性窗口

依次再创建滑动条 n 和滑动条 d，参数设置同滑动条 m。这三个滑动条分别控制三个方向的分子个数，数量过大会占用较大的计算机内存资源，影响运行速度。

在指令栏输入指令：

序列(序列(序列((p, q, r), p, −m, m), q, −n, n), r, −d, d)

两个绘图区就出现了排列有序的点，系统默认名为：l1（提示：就是 L1 的小写，看起来很相似）。选择“移动”工具，拖动滑动条，看看点的数量变化。

下面创建控制点大小的按钮。点击绘图区，选择“滑动条”工具，名称：s；最小值：1；最大值：10；增量：1。确定控制点径大小的滑动条 s。选择“按钮”工具，点击绘图区，在弹出的对话框里，标题：大小，指令：设置点径[l1,s]。

调节点大小的方法是，先拖动滑动条 s 到合适值，再按动一次“大小”按钮，空间点阵的点的大小就一起变化，如果点太多，这会需要一定的时间。

至此，积件制作完毕，拖动滑动条看看效果吧。

【友情提示】

小方法集锦

【方法小集锦 33：序列命令讲解】

“序列”指令,英文为:Sequence。该指令能批量处理一些问题,在今后的积件中使用频繁,要熟练掌握。“序列”指令的语法形式比较多,下面是其中常用的一种。

序列(<表达式>, <变量>, <起始值>, <终止值>)

下面举例说明。新建一个 GeoGebra 文件,在指令栏输入:

序列((m,0),m,-3,3)

绘图区就出现 7 个点。如图 16.5 所示。

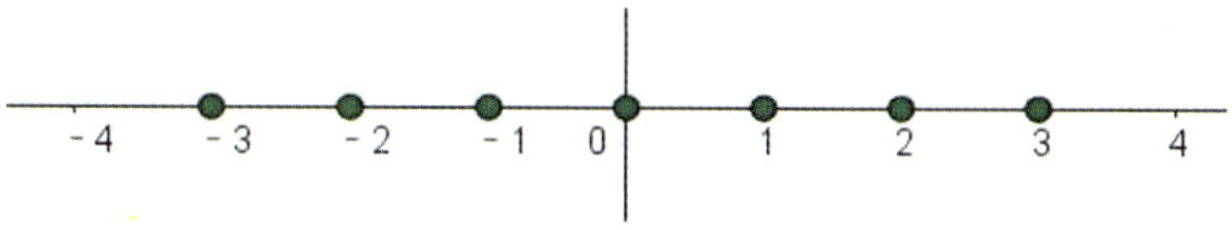

图 16.5　创建过程

指令的执行的任务是:m 分别取-3,-2,-1,0,1,2,3,分别填入(m,0),形成 7 个点坐标(-3,0),(-2,0),(-1,0),(0,0),(1,0),(2,0),(3,0),并在绘图区绘制出这些点。

“序列”指令可以嵌套,如果在指令栏输入:

序列(序列((m,n),m,-3,3),n,-3,3)

绘图区就出现 49 个点阵,如图 16.6 所示。

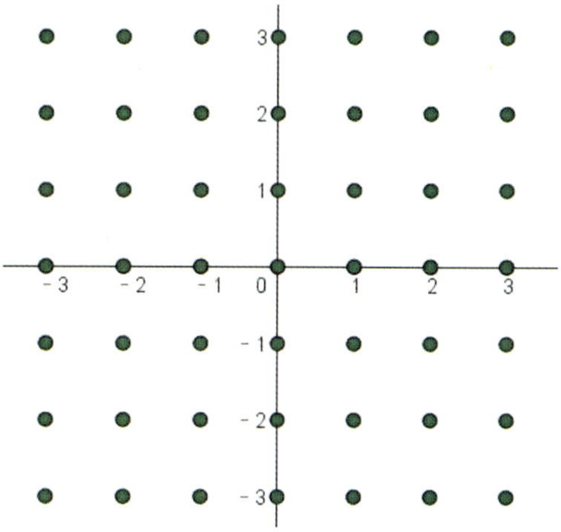

图 16.6　创建过程

上面案例是三层嵌套,形成空间上的点阵。请仔细研究“序列”指令的语法结构,在实践中灵活应用。

【小结】

本案例用序列的一条指令,竟产生了空间点阵的效果,体现了软件功能的强大。GeoGebra 软件的指令汇编了很多有用的功能,注意体会和灵活应用。

【扫码看视频制作流程】

如果有条件,请扫描二维码观看本积件制作过程的视频。

图 16.7　制作过程视频二维码

16.2　绘制分子力、分子势能图像

【设计意图】

本积件根据分子相互作用力的理论，在一个坐标系内，绘制了分子之间的引力和斥力、分子力的合力、分子势能三个物理量随分子间距离的变化的图像。用复选框控制图像的显示和隐藏，便于教学中选择展示。分子势能图像和分子力图像同时显示在坐标系里，便于对比，找出两者的区别和联系，学生容易混淆这两个图像，是教学难点，该积件对突破这一教学难点有帮助。图 16.8 是参照权威数据绘制的，具有科学性。

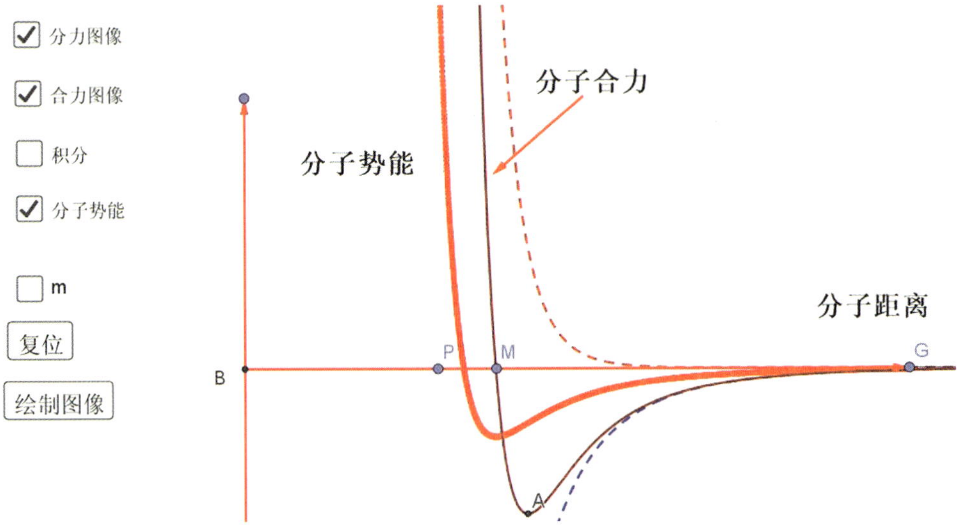

图 16.8　积件显示的对象

【构造详解】

1　分子力图像的绘制及其应用

1.1　分子力

《中国大百科全书》(第二卷)关于分子力的描述如下:分子力由吸引力和排斥力两部分组成。吸引力阻碍拉伸,排斥力对抗压缩。对于无极性分子,分子力公式可写成

$$f=\frac{\lambda}{r^s}-\frac{\mu}{r^t} \tag{1}$$

式子中 λ 和 μ 是两个大于零的比例系数,s 的数值介于 9 到 15 之间,t 的数值介于 4 到 7 之间。[4]

1.2　分子力图像的绘制

式(1)中的$\frac{\lambda}{r^s}$项表示分子之间的引力,如果 λ=1,s 取 9 到 15 之间的中间数字 12,则分子引力表示为

$$f_1=\frac{1}{r^{12}} \tag{2}$$

在 GeoGebra 软件的指令窗口输入指令即可生成分子间斥力的图像:

函数(1/x^12,0,20)

式(1)中的$\frac{\mu}{r^t}$项表示分子引力,如果 μ=1,s 取 4 到 7 之间的中间数字 5.5,则分子引力表示为

$$f_2=\frac{1}{r^{5.5}} \tag{3}$$

生成该图像的指令:

函数(-1/x^5.5,0,20)

分子间合力的生成指令是:f+g

生成图像如图 16.9 所示。

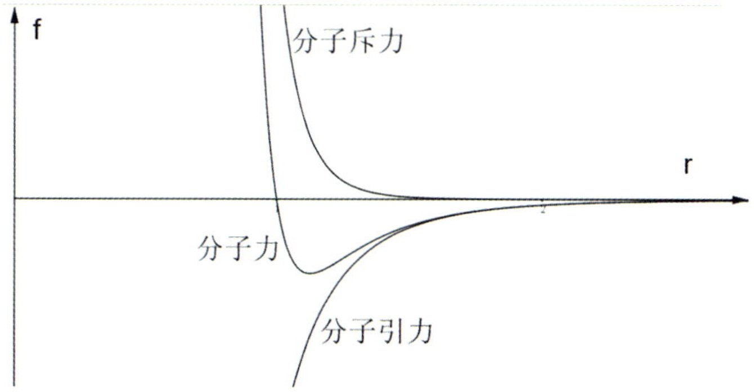

图 16.9　分子之间的引力、斥力以及合力的图像

2 从分子力图像推理分子势能图像

分子势能的图像和分子力图像轮廓近似,学生容易混淆。平时的教学是直接给出图像,学生缺乏两个图像之间的联系,因此,我们要建立力和能的联系。

2.1 从分子力做功到势能图像

这里从做功、面积、势能进行逻辑推理。W=FS,因此,力和位移图像的面积表示力做的功。我们假想一个分子 M 固定,另一个分子 N 从距离 M 分子 $r=10r_0$处逐渐靠近分子 M,分子力为引力时,分子力做正功,功的大小的几何意义是分子力图像和横坐标围成的面积,其数学意义就是分子力函数在对应区间里的积分。

指令:定积分(h,x(A),10)

指令意义:求合力图像在 A 到 $10r_0$区间内的定积分,积分的结果赋值给变量 a,后面会调用 a 变量。点 A 是可以拖动的,拖动点 A 观察面积变化,然后推理分子势能的变化,在此基础上绘制分子势能的图像。

生成图像如图 16.10 所示。

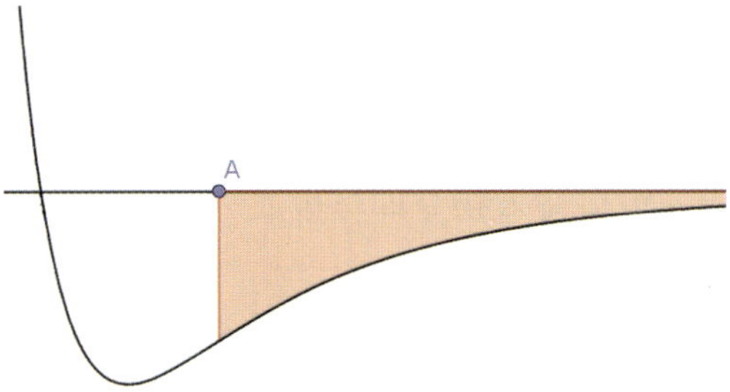

图 16.10 分子力和横坐标围成的面积表示分子的功

2.2 分子势能图像的绘制

分子势能图像的绘制要用到绘制点指令和轨迹工具,它将占用巨大的内存,所以,一旦绘制出了分子势能图像,就不要进行窗口的放缩操作,因为电脑可能反应很慢。绘制方法如下:

在指令窗口输入指令:P=(x(A),a)

指令意义:创建一个点 P,横坐标等于点 A 的横坐标值,纵坐标值为 a,a 为合力图像在 A 到 $10r_0$区间的定积分,a 值等于从无限远处($10r_0$)到点 A 势能的变化,即为点 A 的分子势能。

选择轨迹工具,先点击点 P,再点击点 A,稍等片刻,出现势能点 P 的轨迹,即为分子势能的图像,软件自动命名该图像为 loc1,如图 16.11 所示。

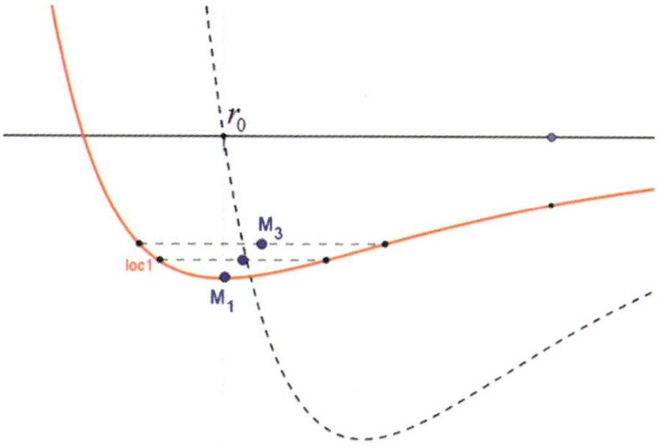

图 16.11　分子势能图线(实线)

势能图像绘制成功后,不要进行整体图像平移和图像缩放操作。如果需要,先删除轨迹,操作后再绘制。

【友情提示】

本积件的重点是如何把函数表达式转换成指令,利用软件显示出来。“轨迹”指令绘制的图像占用巨大的内存,处理的方式一个是用点轨迹替换,另一个是在积件调试完毕、后面不需要调的情况下绘制这类图像。

【小结】

本案例用到了两种绘制图像的方法:函数式法和轨迹法。积件在教学中使用,能避免平时选用这类图形的不准确性,有利于理解分子力和分子势能图像的联系。

【扫码看视频制作流程】

如果有条件,请扫描二维码观看本积件制作过程的视频。

图 16.12　制作过程视频二维码

第 17 章　GeoGebra 和《4.2 气体固体和液体》的深度融合

17.1　绘制定质量理想气体的三维图像[8]

【设计意图】

本积件以理想气体的压强 P、体积 V、热力学温度 T 为坐标轴，绘制曲面，一定质量的理想气体的所有状态都对应该曲面上的一个点，因此，此曲面可以称之为理想气体的状态曲面。并在三维空间里绘制了等温线、等容线和等压线，不同视图下观察，这些线的形状和走向不同。

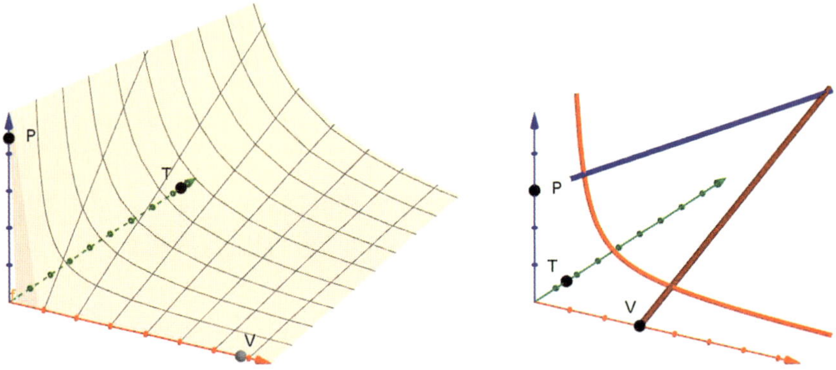

图 17.1　积件场景

如图 17.2 所示为气体的等温膨胀过程，在 T-V 图上是一条向右的直线；在 P-V 图上是一条曲线；在 P-T 图上是一条向下的直线。这种图像变换在教学中会遇到，从图形角度看，是同一条空间曲线从不同侧面看的结果。

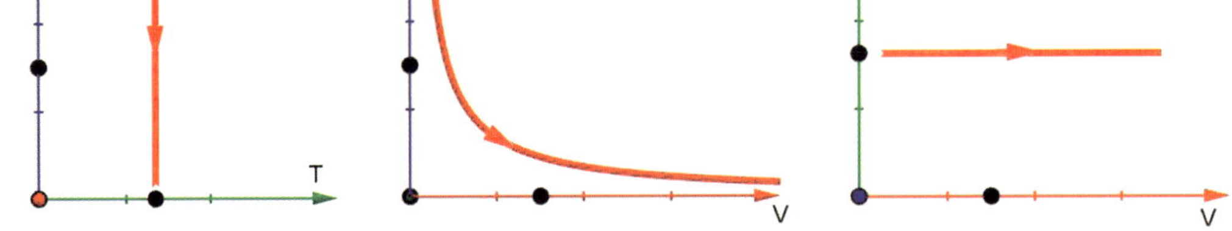

图 17.2　等温线在不同坐标系的图线

【构造详解】

由于篇幅所限，这里只介绍内核的创建。新建一个 GeoGebra 文件，打开 3D 绘图区，修改坐标，只显示三个坐标轴的正方向，不显示标度。选择“移动视图”工具，把坐标拖到 3D 绘图区中间。如图 17.3 所示。选择“对象上的点”工具，在 x 轴上创建点，重命名为 V，表示气体的体积；在 y 轴上创建点，重命名为 T，表示气体的热力学温度；在 z 轴上创建点，重命名为 P，表示气体的压强。

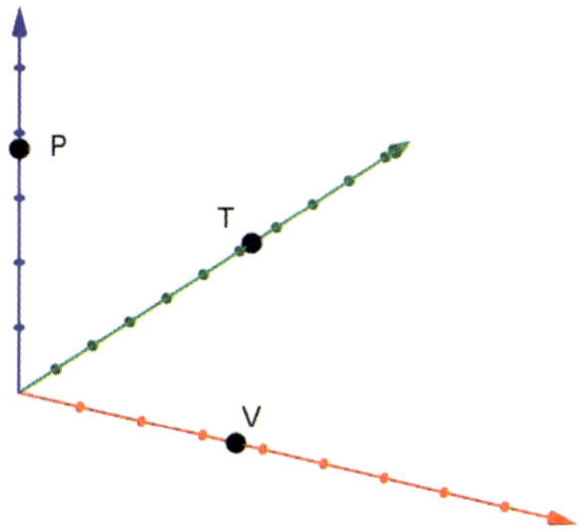

图 17.3　修改坐标系样式

在指令栏输入：

f(x, y) = 如果(x > 0 ∧ y > 0, y / x)

创建函数 f(x,y)，对应的图像是曲面，本文简称“曲面”。修改曲面的颜色和虚实度。对指令的解释请参考文献。

选择“垂直平面”工具，先后点击点 V 和 x 轴，创建平面 p。选择“相交曲线”工具，依次点击“曲面”和平面 p，创建交线 eq1。如图 17.4 所示。交线 eq1 即为气体的等容线。

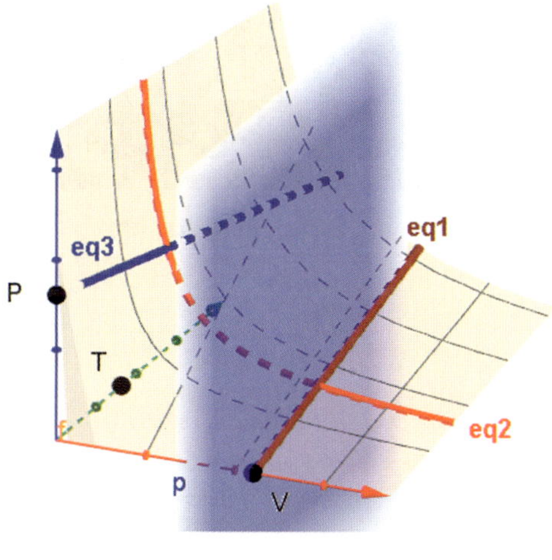

图 17.4　场景过程

隐藏平面 p，后面创建的对象多，这样做能避免干扰。后面用同样的方法，创建过点 T、垂直 y 轴的平面 q，再创建平面 q 与曲面的交线 eq2。交线 eq2 即为气体的等温线。创建过点 P、垂直 z 轴的平面 r，再创建平面 r 与曲面的交线 eq3。交线 eq3 即为气体的等压线。修改三条交线的样式为粗,并选取不同颜色,隐藏曲面,如图 17.5 所示。

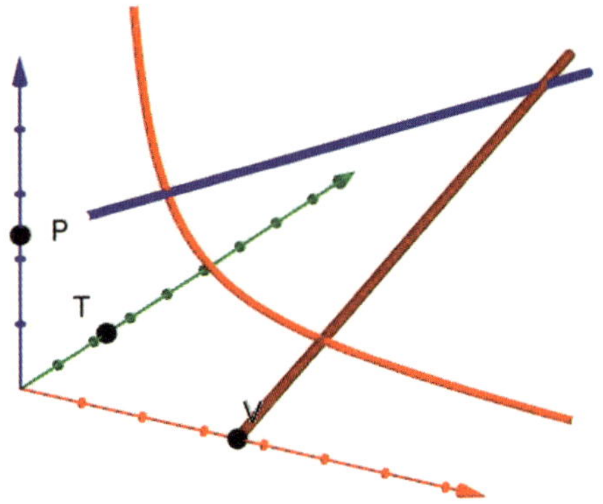

图 17.5　三维坐标下的等温线、等容线和等压线

【友情提示】

本积件的理论部分请参阅《用 GeoGebra 绘制定质量理想气体的三维图像》。

【扫码看视频制作流程】

如果有条件,请扫描二维码观看本积件制作的流程视频。视频中介绍的创建积件的方法,使得积件的控制更加方便。

图 17.6　制作过程视频二维码

第 18 章　GeoGebra 软件和物理 STEM 教学实践

18.1　绘制冯·卡门曲线头锥(整流罩)

【设计意图】

我们观看航天发射时,会听到播报:整流罩分离。整流罩在火箭的头部,其作用是减小空气阻力、保护载荷(卫星等),整流罩采用冯·卡门曲线头锥造型,最大限度地减小了空气阻力的影响。本积件将创建冯·卡门曲线头锥如图 18.1 所示。

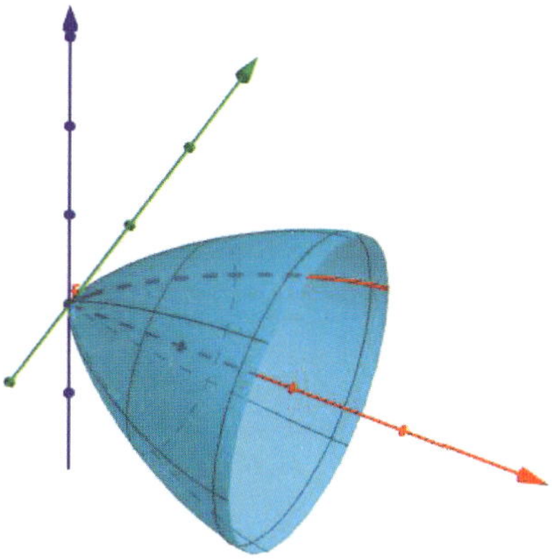

图 18.1　冯·卡门曲线头锥

【构造详解】

冯·卡门曲线是由美国航天工程学家冯·卡门发现并创立的一个流体动力学概念,具有减小空气阻力的作用。在给定某些参数(长度 L、半径 R)的前提下,空气阻力最低的曲线为:

$$y=\frac{R}{\sqrt{\pi}}\sqrt{\theta-}$$

其中 $\theta=\cos^{-1}(1-\frac{2x}{L})$

新建一个 GeoGebra 文件,选择菜单:视图—3D 绘图区,隐藏水平面。

点击绘图区 1(点击哪个绘图区,出现的是该区对应的工具),选择“滑动条”工具,弹出对话框,类型:数值,名称:L,最小:0.1,最大:5,增量:0.1,确定。选择“滑动条”工具,点击绘图区,弹出对话框,类型:数值,名称:R,最小:0.1,最大:5,增量:0.1,确定。在指令栏输入：

$y=(R/\pi\,\hat{}\,0.5)*((\arccos(1-2x/L)-\sin(2\arccos(1-2x/L))/2))\,\hat{}\,0.5$

创建曲线 f，如图 18.2 所示。

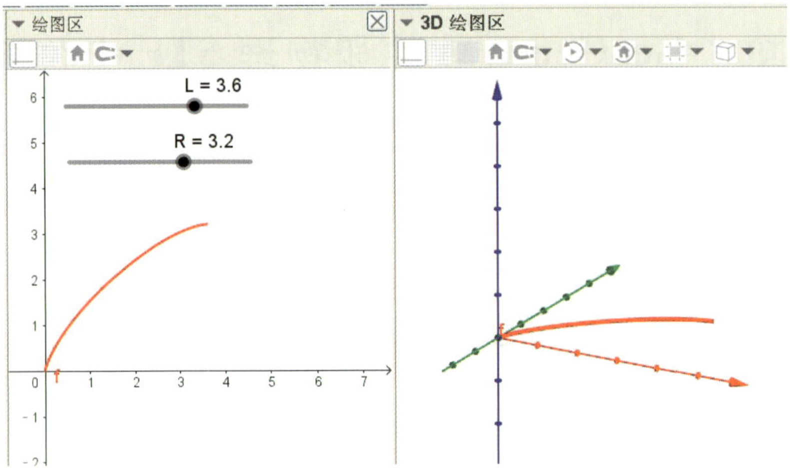

图 18.2　创建冯·卡门曲线

在指令栏输入：

曲面(f，2 π ，x 轴)

在 3D 绘图区产生曲面，这是曲线 f 绕 x 轴旋转一周形成的曲面，形成锥状，它在空气中运行，空气阻力是最小的，因此，运载火箭的整流罩采用这种形状，可以最大限度地减小空气阻力的影响。

【友情提示】

中学阶段，学生在开展科研活动的时候，GeoGebra 软件就是一个很好的工具，在使用者不具备高等数学知识的情况下，该软件可以提供包括积分等复杂运算和绘图。

【扫码看视频制作流程】

如果有条件，请扫描二维码观看本积件制作的流程视频。

图 18.3　制作过程视频二维码

18.2　创建引力波情景

【设计意图】

引力波是指时空弯曲中的涟漪。2017 年 10 月 16 日，全球多国科学家同步举行新闻发布会，宣布人类第一次直接探测到来自双中子星合并的引力波。[9]

本积件模拟两颗双星彼此绕行时，产生“螺旋波纹”向外展开的图景。如图 18.4 所示。

图 18.4　模拟引力波

【构造详解】

新建一个 GeoGebra 文件，选择“滑动条”工具，点击绘图区，弹出对话框，类型：角度，名称：α，最小：0°，最大：360°，增量：1°，“动画”选项卡里“重复”栏选：递增，确定。在指令栏输入：

曲线((0.1θ; α − θ), θ, 1, 5π)

曲线((0.1θ; α + π − θ), θ, 1, 5π)

创建曲线 a 和 b。滚动鼠标，放大视图，隐藏坐标系。修改曲线样式为：粗、蓝或者红。选择“对象上的点”工具，样式选点径最大，在曲线 a 和 b 上创建点 A 和点 B。选择“移动”工具，把点 A 和点 B 拖到曲线的前端。

选择“复选框”工具，在绘图区点击：确定，创建复选框的布尔值为 c。选择“按钮”工具，标题为：启动/暂停。代码为：

赋值[c,¬ c]

启动动画[α,c]

关闭代数区，积件创建完毕。选择“移动”工具，通过“启动/暂停”按钮就可以实现螺旋线旋转模拟引力波的效果了。如图 18.4 所示。

【友情提示】

代码释义:曲线((0.1θ; α - θ), θ, 1, 5π)

这里用到了极坐标方程形式,代码中,“0.1”控制裸线的间距;“α”由滑动条控制,从而实现螺旋线的旋转效果。

【扫码看视频制作流程】

如果有条件,请扫描二维码观看本积件制作的流程视频。

图 18.5 制作过程视频二维码

18.3 创建李萨如图判定频率比

【设计意图】

两个传播方向相互垂直的简谐波的振动叠加时,如果两列波的传播频率比值成简单整数比时,两列波的合成轨迹是规则的图形,叫李萨如图形(Lissajous-Figure)[10]。本积件要用滑动条控制两个振动的频率和相位差,用“曲线”指令的参数形式生成李萨如图形,如图 18.6 所示。从图形的特征上,容易找到判断频率比的方法。

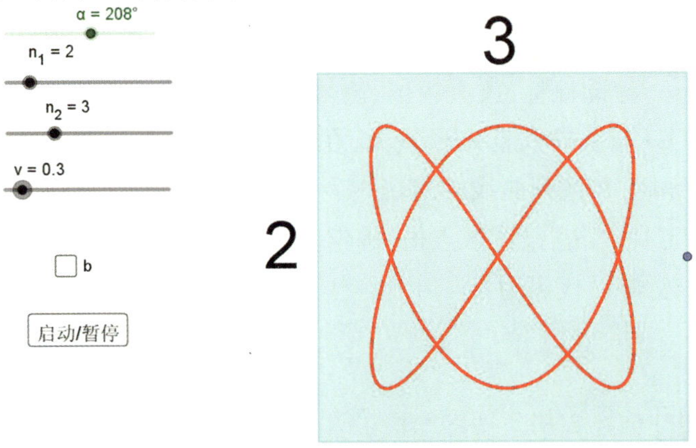

图 18.6 积件场景

【构造详解】

新建一个 GeoGebra 文件，选择“滑动条”工具，点击绘图区，弹出对话框，类型：角度，名称：α，最小：0°，最大：360°，增量：1°，在“动画”标签的“重复”栏选择：递增，确定。再创建一个滑动条，类型：数值，名称：n_1，最小：1，最大：8，增量：1，确定。创建第三个滑动条，类型：数值，名称：n_2，最小：1，最大：8，增量：1，确定。选择“复选框”工具，在绘图区点击：确定，创建复选框的布尔值 a。选择“按钮”工具，标题：启动/暂停。代码为：

赋值[a,¬ a]

启动动画[α,a]

在指令栏输入：

曲线(cos(n_1 t + α), cos(n_2 t), t, 0, 2π)

创建参数曲线 b。隐藏坐标轴，放大视图，修改曲线 b 的样式为粗、蓝线条。如图 18.7 所示。从生成的曲线能看出两个振动的频率比是 4:3，观察的方法是，从整体上观察曲线，上下各有 4 个“峰”，左右各有 3 个“峰”，峰的个数比等于两个振动的频率比。

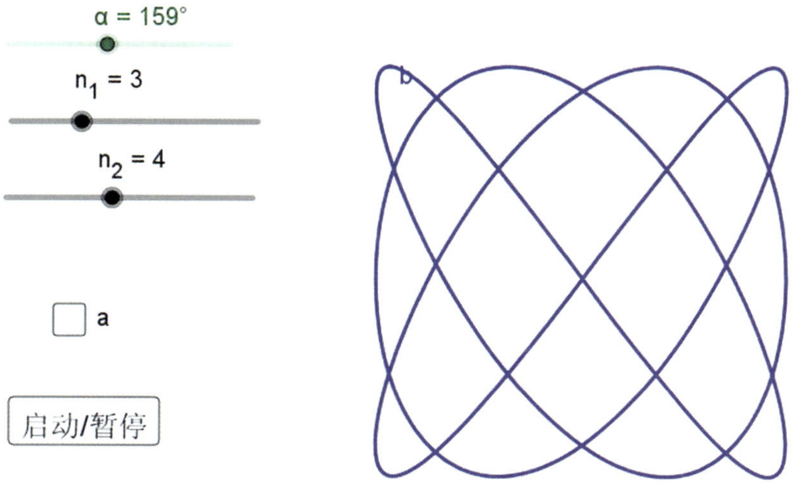

图 18.7　创建过程

按“启动/暂停”按钮后，发现曲线有立体感，好像绕着竖直轴旋转的线条，从侧边看，它们会互相阻挡。有时会出现线条不闭合的现象，如图 18.8(丙)所示，这时一个峰计数 2，一根线计数 1，依然能得到 4:3 的频率比，这是由于图线互相重叠造成的。这样我们就会从形状各异的李萨如图形上看到规律。理论部分请参考《用 GeoGebra 软件设计李萨如图形仿真平台》。

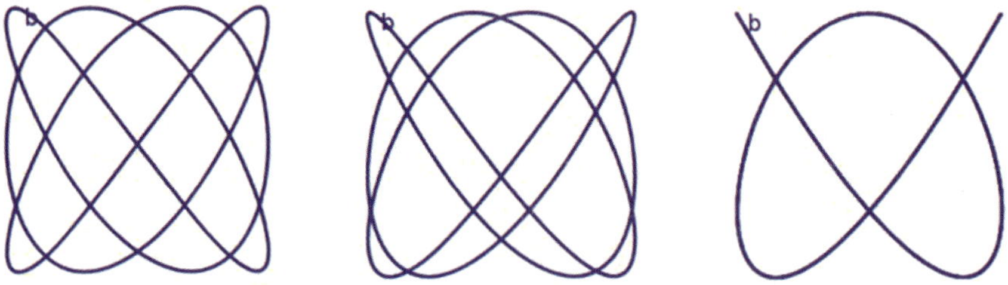

甲　　乙　　丙

图 18.8　图线从闭合到不闭合的变换

【友情提示】

曲线(cos(n_1 t + α), cos(n_2 t), t, 0, 2π)

该指令用到了曲线的参数方程形式,其语法要求是:

曲线(<x(t)>, <y(t)>, <参变量 t>, <t-起始值>, <t-终止值>)

曲线(<x(t)>, <y(t)>, <z(t)>, <参变量 t>, <t-起始值>, <t-终止值>)

第一组是在二维平面上创建曲线;第二组是在三维空间创建曲线。用参数方程创建抛物线、螺旋线的方法非常简洁,对创建抛体运动、电偏转、粒子在磁场中的螺旋运动有帮助。

【小结】

一条指令创建一个积件,解决的还是物理学的疑难问题,为 GeoGebra 软件点赞。

【扫码看视频制作流程】

如果有条件,请扫描二维码观看本积件制作的流程视频。

图 18.9　制作过程视频二维码

第 19 章　工具简介和资源获取

19.1　工具 1——用 GeoGebra 解二次非特殊根方程和高次方程

在平时的教学研究中，遇到一元二次方程，而且方程的解是整数解，求解比较方便。如果一元二次方程的解是一般解，还要开根号等运算，会增大很多的工作量。GeoGebra 软件有没有解方程的功能呢？这是该软件最擅长的。下面介绍 GeoGebra 软件解方程的方法。

选择菜单：视图—CAS，打开软件的运算区窗口，注意到，这时候软件的工具栏发生了变化。如图 19.1 所示。

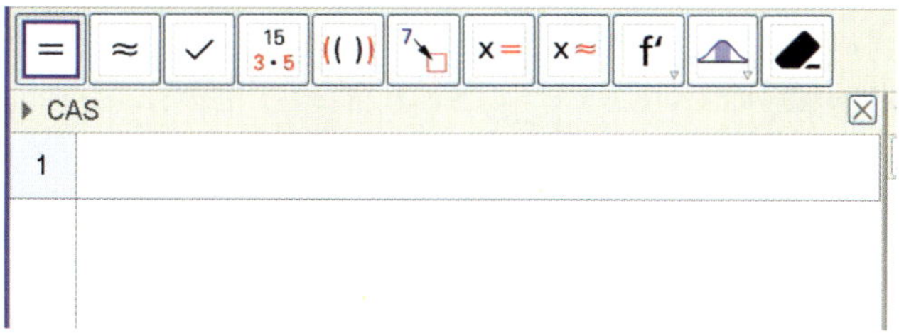

图 19.1　运算区及其工具栏

【举例 1】求方程的解：$2x^2-4.5x-1=0$

在运算区第一行输入：

2x^2-4.5x-1=0

回车后，在选择“近似解”工具，在第二行出现方程的两个解。如图 19.2 所示。

近似解的精确度是可以选择的。选择菜单：选项—精确度—保留 4 位小数，就出现了近似解的结果，$x=-0.2038$，$x=2.4538$。

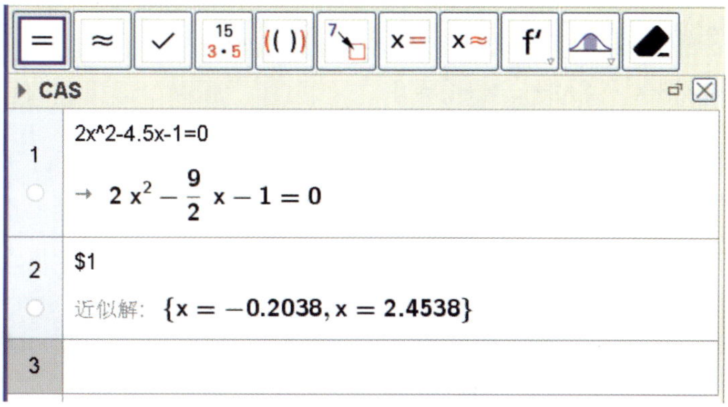

图 19.2　解一元二次方程

打开绘图区，在运算栏第 3 行输入：

y=2x^2-4.5x-1

点击第 3 行的空心点,变成实心后,在绘图区出现图像,点击第 2 行的空心点,变成实心后,在绘图区出现图像与横坐标的交点,其横坐标值就是方程的两个根。如图 19.3 所示。

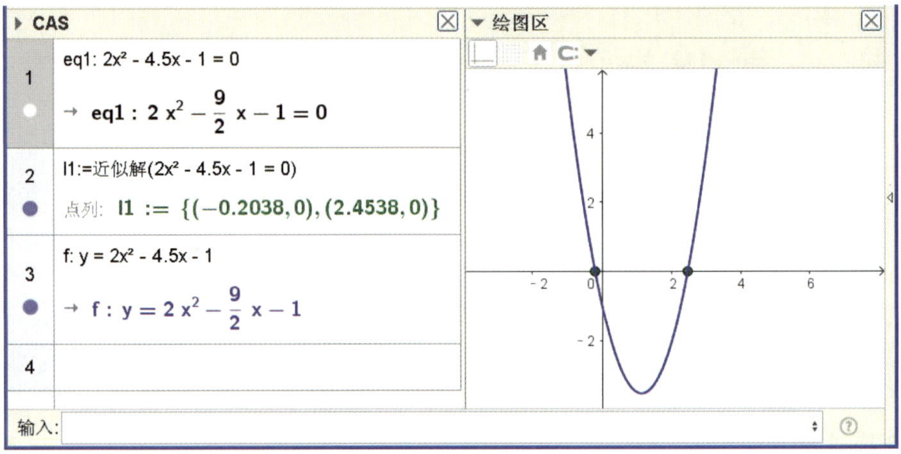

图 19.3　方程和图像对应

【举例 2】求方程的解:$-2x^5+x^3+5x^2+4.5x+0.5=0$

这个方程是一元五次方程,是没有根式解的。新建文件,打开运算区,在第一行输入:

-2x^5+x^3+5x^2+4.5x+0.5=0

在选择“近似解”工具,在第二行出现方程的三个解。如图 19.4 所示。

在运算栏第 3 行输入:

y=-2x^5+x^3+5x^2+4.5x+0.5

回车后,点击第 2 行和第 3 行的点,由空心变为实心,在绘图曲线“N”型曲线,这是函数的图线,图像与横坐标有 3 个交点,交点的横坐标对应方程的根。

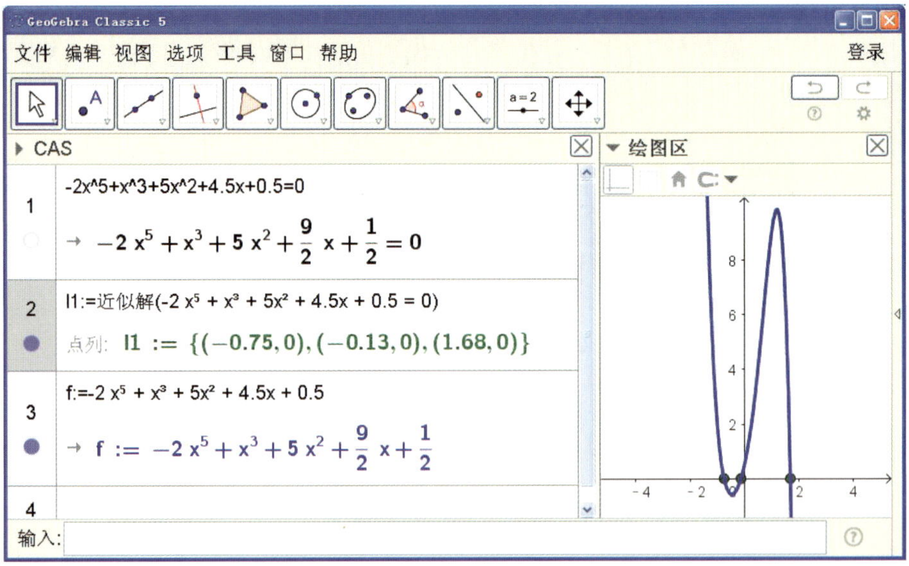

图 19.4　解高次方程

有了这一工具,我们在探究问题时,遇到复杂方程的求解问题,就不会被数学知识难倒了。

【扫码看视频制作流程】

如果有条件,请扫描二维码观看本积件制作的流程视频。

图 19.5　制作过程视频二维码

19.2　工具 2——把 GeoGebra 文件生成 GIF 文件的方法

在教学中使用 GeoGebra 生成的积件,可以直接运行文件。如果在网页、微信上发布,会需要动图来演示,这里介绍生成 GIF 文件的两种方法。

【创建一个简易的动图文件】

新建一个 GeoGebra 文件,选择"描点"工具,在坐标原点创建点,重命名为 O。选择"对象上的点"工具,在横坐标的创建点 A。选择"圆(圆心与一点)"工具,先后点击点 A 和点 O,创建圆 c。如图 19.6 所示。

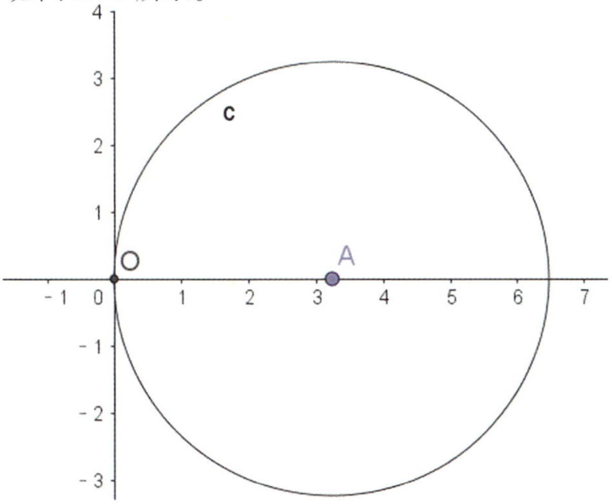

图 19.6　创建滑动条控制的动图文件

选择“滑动条”工具，点击绘图区，弹出的对话框，类型：角度，名称：α，最小：0°，最大：180°，增量：10°，确定。选择“旋转”工具，先后点击圆 c 和点 O，弹出的对话框，角度：α，类型：逆时针，确定。隐藏坐标轴。修改一下圆的样式为加粗，如图 19.7 所示。保存文件。

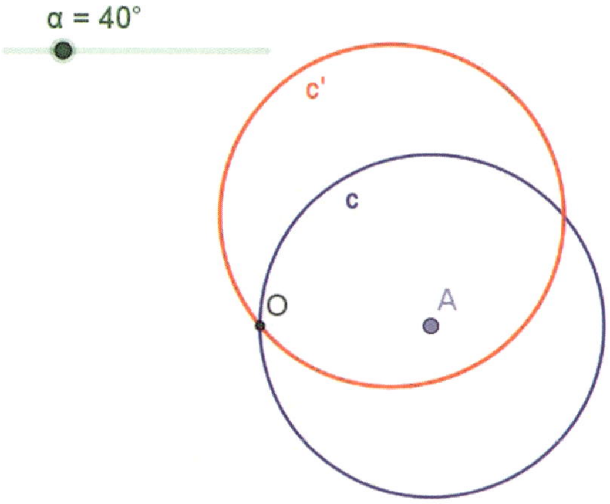

图 19.7　创建滑动条控制的动图文件

【生成 gif 文件方法 1】应用软件自带的功能完成

先把滑动条调到零，选择菜单：文件—导出—文件 GIF，弹出对话框，如图 19.8 所示。勾选“循环”，修改时间间隔，点“导出”按钮，等待生成 Gif 文件，生成的速度和计算机的速度有关。提醒：生成 Gif 文件的源文件必须有滑动条，并和一个滑动条关联。

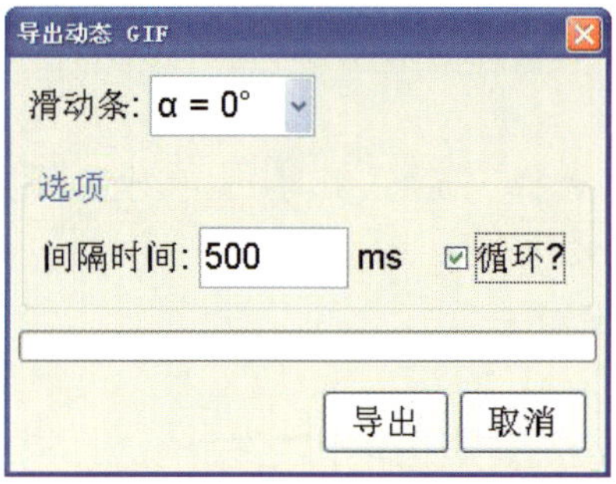

图 19.8　到处动图 GIF 的对话框

【生成 gif 文件方法 2】应用相关的软件生成

这里以 GifCam 软件为例介绍。打开 GifCam 软件，拖动软件边框，使其框住圆，保证动圆不出框。按下“录制”键，让动圆运动，运动结束，即按“停止”按钮。如果需要其他动图，重复上面的操作，如图 19.9 所示。完毕，按下保存即可。这样生成的 Gif 文件比较小，生成速度快，针对性强。

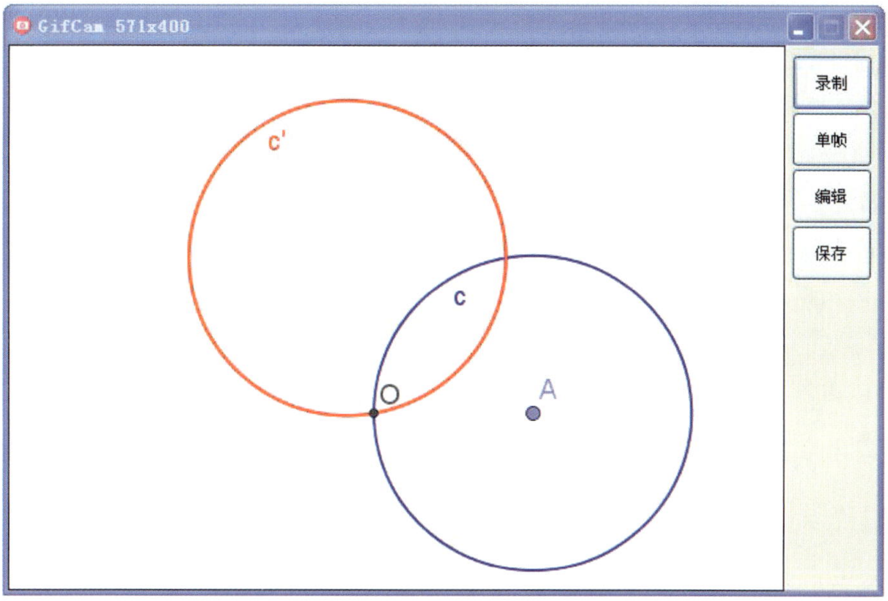

图 19.9　用软件生成 GIF 文件的界面

【扫码看视频制作流程】

如果有条件，请扫描二维码观看本积件制作的流程视频。

图 19.10　制作过程视频二维码

19.3　下载全球作者作品的方法

由于 GeoGebra 软件是免费的，在其资源网站上你可以浏览并下载全球关于自己关注的作品，并下载来应用、学习。下面介绍这一流程。

进入软件的官网，网址是：https://www.geogebra.org/

进入页面如图 19.11 所示，点击右上角的“登录”按钮，即可进入自己的账户。只有注册账户才能下载文件。登录前需要注册一个微软的邮箱。

图 19.11　官网资源网页

进入自己的账户后,点击页面左侧的"资源",这里有海量的资源,当然数学是绝大多数的,物理资源很匮乏,如图 19.12 所示。如果我们需要搜索有关力的资源,在最上部搜索栏输入:force,回车。

图 19.12　官网资源网页(登录后)

搜索出的相关作品以图片形式出现,如图 19.13 所示,便于直观地检索。

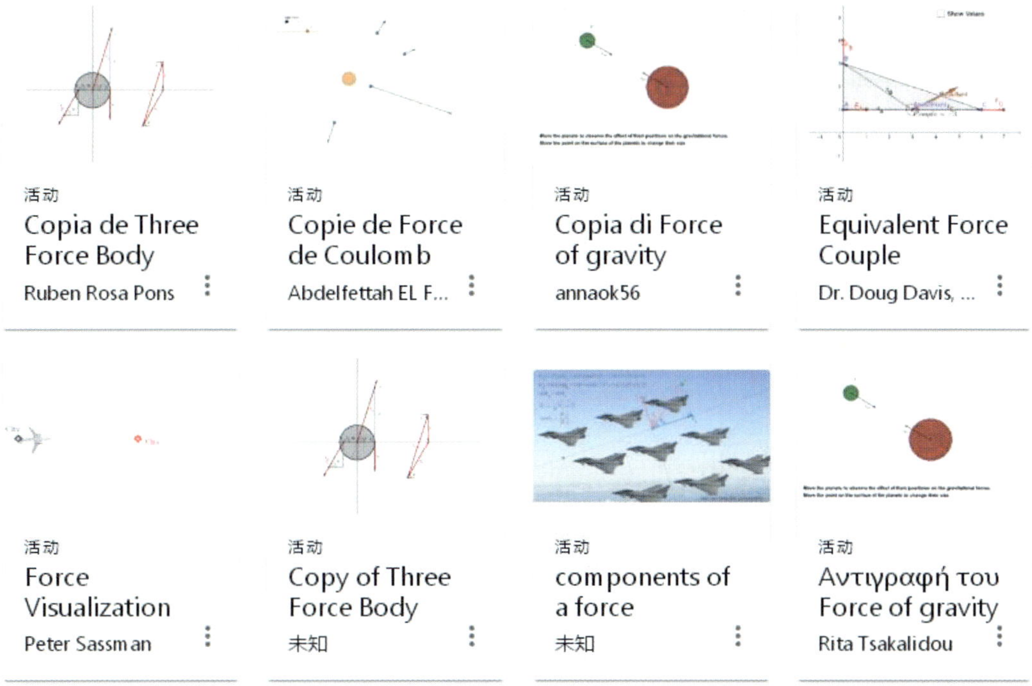

图 19.13　显示出你搜索的资源

我们选择看似动态分析的作品：Copy of Three Force Body Example，点击进入作品页面。点击页面右上方的三个点按钮，在下拉菜单里，选择：在应用中打开，如图 19.14 所示。这需要等待一定的时间。

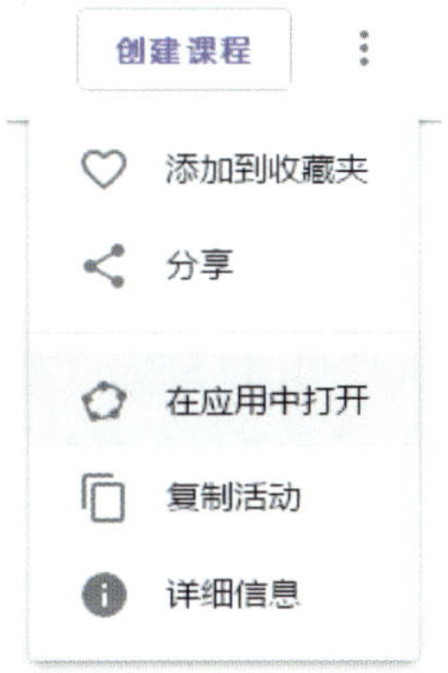

图 19.14　下载资源的过程

打开的页面上有操作工具。点击页面右上的三条横线的按钮 ≡，在下拉菜单里选择：下载—GeoGebra 文件(.ggb)，如图 19.15 所示。

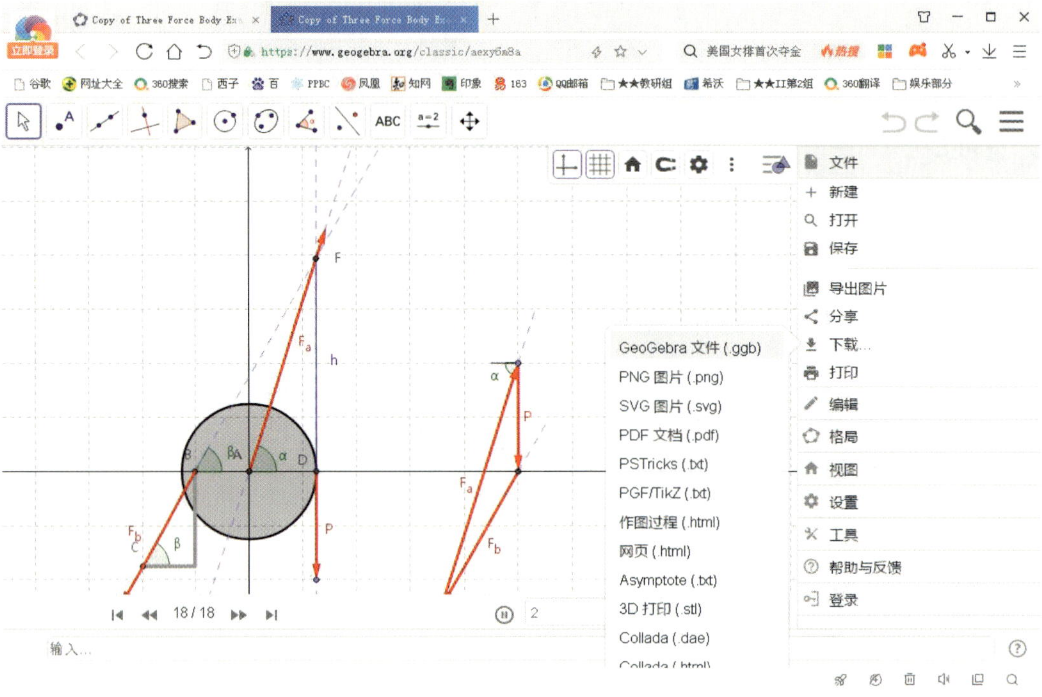

图 19.15　下载资源的过程

弹出保存对话框,如图 19.16 所示,点击保存。

图 19.16　保存文件

保存后,找到该文件打开学习,如图 19.17 所示。软件是免费的,全世界每个人的作品也是免费的,我们可以互相交流、学习,这是多好的事情呀。建议你保存好文件的作者名字,在应用这些文件时,说明文件的作者,这也是对知识产权的保护。我们下载积件的作者是:vjosa68, William Haynes。

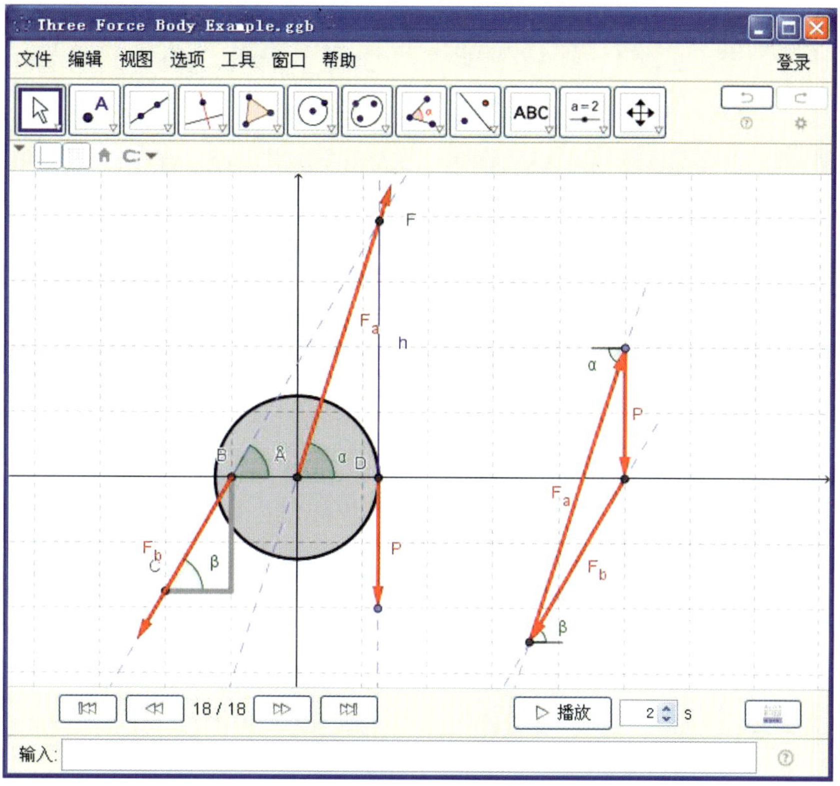

图 19.17　欣赏文件

希望通过本书,把你引入 GeoGebra 的精彩世界里。

附录　新人教版高中物理教材和本书案例对应索引

为了更具有针对性，我们依据 2021 新版人教版高中物理教材的目录编排本书的章目录。比如“第 4 章 GeoGebra 和《1.3 相互作用》的深度融合”和人教版必修一（第一册）教材的第三章对应。再比如“第 11 章 GeoGebra 和《3.1 安培力与洛伦兹力》的深度融合”和人教版选择性必修 2（第二册）教材的第一章对应。

【注】节标题中（1-x）标记的为必修教材内容。

普通高中教科书物理必修 1

第一章 运动的描述

第二章 匀变速直线运动的研究

第三章 相互作用

第四章 运动和力关系

普通高中教科书物理必修 2

第五章 抛体运动

第六章 圆周运动

第七章 万有引力与宇宙航行

第八章 机械能守恒定律

普通高中教科书物理必修 3

第九章 静电场及其应用

第十章 静电场中的能量

第十一章 电路及其应用

第十二章 电能 能量守恒定律

第十三章 电磁感应与电磁波初步

【注】节标题中（2-x）标记的为选择性必修 1 内容。

普通高中教科书物理选择性必修 1

第一章 动量守恒定律

第二章 机械振动

第三章 机械波

第四章 光

【注】节标题中(3–x)标记的为选择性必修1内容。

普通高中教科书物理选择性必修2

【注】节标题中(4–x)标记的为选择性必修1内容。

普通高中教科书物理选择性必修3

参考文献

[1] 沈翔. GeoGebra 基本操作指南[M]. 1 版. 北京:高等教育出版社,2016:1-2,7.

[2] 王贵军. GeoGebra 与数学实验[M]. 1 版. 北京:清华大学出版社,2017:1-2.

[3] 金惠吉,王静. GeoGebra 软件在物理教学中的应用研究综述[J]. 物理通报,2021(06):145-148.

[4] 中国大百科全书(第二版)[M]. 北京:中国大百科全书出版社,2009:6-500

[5] 乔永海. 用软件工具探究抛体运动的最值问题[J]. 物理教学探讨,2021,39(02):46-48.

[6] 乔永海,张晓爽. GeoGebra 动态展示行星椭圆运动的立体模型[J]. 物理通报,2021(S1):144-147.

[7] 董顺成,张盛源,王欣然,王思妍,武沉瑶,王成会. 用 GeoGebra 软件绘制并分析两个点电荷所成电场[J]. 物理通报,2020(S2):105-111.

[8] 乔永海. 用 GeoGebra 绘制定质量理想气体的三维图像[J]. 物理教学探讨,2020,38(08):48-50.

[9] 吴纯新,刘志伟. 又是引力波发现致密双星并合最后一块“拼图”[N]. 科技日报,2021-07-13(008).

[10] 乔永海. 用 GeoGebra 软件设计李萨如图形仿真平台[J]. 物理通报,2021(03):114-116.